柳宗元研究新探

中国柳宗元研究会第九届年会暨国际学术研讨会论文集

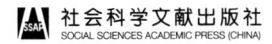

莫道才 主编

社会科学文献出版社
SOCIAL SCIENCES ACADEMIC PRESS (CHINA)

目录 CONTENTS

柳宗元思想研究

中唐公羊学：定义柳宗元思想
　　——兼论中唐公羊学的发生、发展及其理论化、思辨化、系统化
　　　　………………………………………………… 刘真伦　岳　珍 / 3
从"八司马"与湖湘谈柳宗元、刘禹锡的文化贡献 ………… 吕国康 / 41
顾少连、杜黄裳与柳宗元的为人与为文 ………………… 万德敬 / 59
伸长黜奇，援佛济儒
　　——柳宗元"统合儒释"思想试论
　　　　…………………………………………………………… 王玉姝 / 67

作品内容与艺术研究

柳宗元诗赋"乡愁"意蕴探析 …………………………… 陈文烟 / 81
从孤囚之所到悠游家园：柳宗元永州空间书写的再考察 …… 段天姝 / 90
论柳诗的排忧适性意识 ………………………………… 何方形 / 110
从韩愈和柳宗元的寓言文创作看中唐散文的因革 ………… 胡　静 / 122
文学批评视野中的柳宗元与司马迁
　　——以唐至民国初期为中心 ………………………… 刘　城 / 137
粤西唐诗之路视野下的柳宗元诗歌 ……………………… 卢盛江 / 157

对话与独白：柳宗元诗作中塑造的孤独者形象………… 田恩铭 / 170
柳宗元诗的"泪" ……………………………………… 下定雅弘 / 183
贬谪蛮荒远域与柳宗元诗文的草木情缘…………… 许仕刚 / 195
柳宗元永州书信论……………………………………… 翟满桂 / 221

文献考论

关于《柳宗元集》校笺的几处补正 …………………… 蔡自新 / 243
"宗元不谨先君之教，以陷大祸"探析 ………………… 贾　茜 / 253
中国书店《柳子厚咏柳山水文》价值探微与版本指瑕 …… 李都安 / 269
唐代墓碑文体之变革
　　——从王维《能禅师碑》到柳宗元《大鉴禅师碑》…… 莫山洪 / 284
《种柳戏题》本事之传播讹变与原初推探 …………… 尚永亮 / 298
《段太尉逸事状》意蕴诠释 ……………………………… 张乃良 / 306

研究新视野

柳侯祠传统祭礼仪程之恢复…………………………… 陈　俊 / 321
永贞革新辨……………………………………………… 郭新庆 / 327
柳宗元"英年早逝"成因剖析 ………………………… 骆正军 / 341
柳宗元与永州、柳州赏石文化渊源…………………… 欧阳辉亮 / 355
利民万代　彪炳千秋
　　——柳子庙堂与柳子精神 ………………………… 吴同和 / 360
柳宗元"因俗而治"施政理念之"俗"再探
　　——兼论其与岭南少数民族之关系…………… 杨智雄 / 377
柳宗元对桂林"甲天下"山水形象的发现与建构 …… 莫道才 / 388
从《三管英灵集》中咏柳宗元诗看广西诗人对
　　柳宗元的接受 …………………………………… 张　彦 / 400

附 录

《文学遗产》2020年第3期报道："中国柳宗元研究会
　　第九届年会暨国际学术研讨会"召开 …………………………… / 411
《中国社会科学网》2019年11月3日报道：柳宗元研究逐步
　　走向深入 …………………………………………………………… / 412
《唐代文学年鉴》（2020年卷）报道：中国柳宗元研究会
　　第九届年会暨国际学术研讨会在桂林举行 …………………… / 415
《桂林日报》2019年11月5日报道：纪念柳宗元去世1200周年
　　——海内外专家会聚桂林作学术研讨 ………………………… / 417
《唐代文学年鉴》（2020年卷）报道：柳宗元研究在新时代
　　走向深入
　　——中国柳宗元研究会第九届年会暨国际学术
　　　　研讨会述要 ………………………………… 莫道才 / 419

编后语 ……………………………………………………………… / 431

柳宗元思想研究

中唐公羊学：定义柳宗元思想

——兼论中唐公羊学的发生、发展及其理论化、思辨化、系统化

刘真伦　岳　珍[*]

摘　要：柳宗元思想的主体是中唐公羊学。他不但完整接受了啖助、赵匡、陆淳"立忠为教，以大一统""以权辅正，裁之圣心""民为国本，观民定赋"的国家治理学说；还通过对社会、国家、权力的起源，国家制度建设以及治国之道的讨论，建立了自己独树一帜的国家学说体系；通过对"经""权"的内涵及其边界的界定以及具有理论性和思辨性的剖析，构建出一套"大中""大公""大和"的理论体系，为啖助、赵匡、陆淳的主张提供了必要的理论支撑。除此之外，啖助、赵匡、陆淳没有涉及，但作为一个思想流派不能回避的一些重大基础理论问题，柳宗元也有多方面的建树。如以阴阳三合为特征的天地人三元宇宙本体论，以"明"与"志"为内涵的人性论，天人相分、两不相预的天人关系理论，等等。中唐公羊学的理论化、思辨化、系统化，至此告一段落。

关键词：柳宗元思想　中唐公羊学　执经用权　大公之道

---

[*] 作者简介：刘真伦，华中科技大学中文系教授，博士生导师，主要从事古代文学及文献学的教学与研究，发表过《韩愈、柳宗元、刘禹锡天人关系理论的现代诠释》《柳集百家注作者及刊刻时地补证》等文章；岳珍，华中科技大学中文系教授，博士生导师，主要从事古代文学及文献学的教学与研究，发表过《柳集五百家注俞良甫翻宋本考述》《宋刊〈重校添注音辩唐柳先生文集〉考述》等文章。

大中之道

柳宗元思想的主体框架、基本属性、核心价值是什么？换言之，在现代学术语境中我们应该如何定义柳宗元思想，这是百年柳宗元思想研究最大的困惑。

20世纪初叶到"文革"结束，柳宗元思想被定义为唯物主义、无神论、反封建、政治革新家、法家。八十年代以后，柳宗元思想被定义为儒家、援佛济儒、统合儒释，或现实主义、民本思想、法治思想、吏为民役、大公之道、大中之道，中晚唐儒学复兴的主将、宋明理学的先驱等。但即便是唯物论、无神论的主张者也承认，柳宗元思想中还存在唯心论、有神论的成分；法家、儒家的主张者也承认，柳宗元思想中还存在儒家、法家乃至佛家的成分。迄今为止柳宗元思想研究存在的问题是：研究者始终着力于在柳宗元思想中发掘唯物主义、无神论、反封建、政治革新、法家，或者儒家、佛家、现实主义、民本思想等思想要素，一旦有所发现，即以之定义柳宗元思想。于是一大批五彩斑斓、相互矛盾的标签贴满了柳宗元的额头。然而问题要害并不在于柳宗元思想中有没有上述的思想要素，而是必须明确一个基本的事实：半截唯心、半截唯物，说明唯物、唯心这个筐子装不下柳宗元思想；半截有神、半截无神，说明有神、无神这个筐子装不下柳宗元思想；半截法家、半截儒家、半截佛家，说明法家、儒家、佛家这个筐子装不下柳宗元思想；半截革新、半截复古，说明政治革新家这个筐子装不下柳宗元思想，柳宗元思想远远大于上述的几个筐子。要准确定义柳宗元思想，还需要寻求新的理论框架，这就是百年柳宗元思想研究带给我们的启示。①

本文认为，柳宗元思想的主体框架，是中唐春秋公羊学；其基本属性，是儒家荀学；其核心价值观，是尊君统、反封建。

---

① 参见刘真伦《柳宗元思想研究百年述评》，《周口师范学院学报》2018年第11期。

一　中唐的政争与党争

渔阳鼙鼓动地来，惊破霓裳羽衣曲。天宝十四载（755）爆发的安史之乱让大唐王朝由极盛的巅峰跌落到谷底，短短八年的安史之乱造成全国户口减员 2/3 以上，令人触目惊心。安史之乱的性质是什么？应该如何应对？不同的判断，引发出不同的政治决策以及理论思考。

1. 尊王贱霸还是尊王攘夷

安史之乱是王朝国家平定藩镇叛变的内战，战争的动因是集权与分权的矛盾，其应对措施是尊王贱霸、强化中央集权。平叛的目标是权力的集中、秩序的重建，也是人性的复归、人心的整合。至于达成目标的途径，强调权力集中与经济改革，促进了思想文化变革、思想启蒙、社会转型、文明进步。

2. 尚忠还是尚文

八年平叛刚刚结束，代宗宝应二年（763），杨绾上疏条奏贡举之弊。他认为，自"进士加杂文，明经填帖，积弊浸转成俗"，导致"幼能就学，皆诵当代之诗；长而博文，不越诸家之集。递相党与，用致虚声"。他提出的解决办法，就人才选拔制度而言，废除贡举制，恢复魏晋六朝察举推荐制："县令察孝廉，审知其乡闾有孝友信义廉耻之行，加以经业才堪策试者，以孝廉为名，荐之于州。刺史当以礼待之，试其所通之学，其通者送名于省。自县至省，不得令举人辄自陈牒。"就考试科目而言，废除进士、明经，改试经义、策论："所习经，《左传》、《公羊》、《谷梁》、《礼记》、《周礼》、《仪礼》、《尚书》、《毛诗》、《周易》，任通一经，务取深义奥旨，通诸家之义，每经问义十条。问毕，对策三道。其策皆问古今理体，及当时要务取堪行用者。"① 其实质是回归魏晋六朝，尚行而不尚文。李栖筠、李廙、贾至、严武等奉诏论议（《新唐书·选举志上》），原则上赞同杨绾的意见，承认

---

① 杨绾：《条奏贡举疏》，四部丛刊影印明嘉靖刊本《重校正唐文粹》卷二十八，第 6 叶下至 7 叶下。

"考文者以声病为是非,唯择浮艳,岂能知移风易俗、化天下之事"。实际上却另有主张:"夏之政尚忠,殷之政尚敬,周之政尚文。文与忠、敬,皆统人之行也。且谥号述行美于文,文兴则忠敬存焉。是故前代以文取士,本行文也;繇词以观行,则及词也。"其实质是以"文"统"忠""敬",所尚者为"文"。其具体措施是:"请兼广学校,以弘训诱。今京有太学,州县有小学,兵革一动,生徒流离,儒臣师氏,禄廪无向。贡士不称行实,胄子何尝讲习。其国子博士等,望加员数,厚其禄秩。选通儒硕生,间居其职。十道大郡,量置太学馆,令博士出外,兼领郡官。召置生徒,依乎故事。保桑梓者,乡里举焉;在流寓者,庠序推焉。朝而行之,夕见其利。如此则青青不复兴刺,扰扰由其归本矣。人伦之始,王化之先,不是过也。"① 其措施是强化教育,尤其是思想文化教育,其实质仍然是"尚文"。此后,围绕"尚忠"还是"尚文",中唐的政争与党争持续百年之久。从元载、刘晏之争,刘晏、杨炎之争,陆贽、裴延龄之争,历经永贞革新、牛李党争,直到会昌六年(846)李德裕外贬,所争千头万绪,归根结底,即在于此。

3. 尊君还是守道

不同的治国之道表现在思想文化领域,前者以柳宗元为代表,最终体现为"君统";后者以韩愈为代表,最终体现为"学统",即民族文化传统。用韩愈《原道》的语言来表述,前者侧重于"自周公而上,上而为君,故其事行",后者侧重于"自周公而下,下而为臣,故其说长"。也就是说,韩、柳的共同出发点,都是春秋公羊学;其共同归宿,则是合"君统""学统"为一的"道统"。韩、柳合一,构成了中唐思想革新运动,进而推动汉学向宋学转型,成为宋明学术的先声。

二 啖、赵、陆与中唐公羊学派的发生与发展

春秋学在中唐的兴起,萧颖士已开其先②。至李栖筠、贾至等引汉人

---

① 贾至:《议杨绾条奏贡举疏》,《重校正唐文粹》卷二十八,第7叶下至9叶上。
② 刘太真:《送萧颖士赴东府序》:"昔左氏失于烦,谷梁失于短,公羊失于俗,而夫子为其折衷。"见清嘉庆内府刻本《全唐文》卷三百九十五,第5叶下。

三统循环之说以辨章学术,已经将相关的讨论纳入了春秋公羊学的轨道。而同一时期啖助、赵匡、陆淳集三传释《春秋》,基本确立了中唐春秋公羊学的理论基础。朝野精英,几乎无人不说《公羊》,其说遂得以风靡天下。

啖助(724—770),字叔佐,关中人。天宝末客于江东,因中原难兴,遂不还归。以文学入仕为台州临海尉,复为润州丹阳主簿。秩满,因家焉。始以肃宗上元二年(761),集三传释《春秋》,至大历五年庚戌岁(770)而毕。赵匡时宦于宣歙之使府,因往还浙中,途过丹阳,乃诣室而访之,深话经意,事多响合。是岁先生即逝,时年四十有七。

赵匡,字伯循,天水人。为萧颖士弟子(《新唐书·萧颖士传》)。大历元年陈少游领宣歙,召为僚佐。大历五年随迁浙东,大历八年随迁扬州,为殿中侍御史、淮南节度判官。历左司员外郎(岑仲勉《郎官石柱题名新考订》),终扬州刺史(吕温《代国子陆博士进集注春秋表》)。

陆淳,字伯冲,永贞后避宪宗讳改名"质",吴郡人。大历间陈少游镇扬州,辟为从事。荐于朝,拜左拾遗。转太常博士,迁刑部员外郎(《唐会要》卷二二)。贞元六年,为仓部郎中(《旧唐书·柳冕传》),累迁左司郎中。坐细故改国子博士,出为信州刺史。贞元二十年,为台州刺史(吴顗《送最澄上人还日本国诗序》)。淳素与韦执谊善,顺宗即位,征为给事中、皇太子侍读。执谊惧太子怒己,故令淳伺东宫,伺意解释之。淳伺间有所言,太子辄怒,淳惶惧而出,未几病。宪宗即位,元和元年九月十五日卒(《旧唐书·宪宗纪上》)。淳有经学,尤深于《春秋》。著有《集注春秋》《类礼》《君臣图翼》等。今有《春秋集传纂例》《春秋集传微旨》《春秋集传辨疑》传世。

啖、赵、陆的春秋学,弃传宗经,对《左传》《公羊》《谷梁》均有批判。而其基本主张,"以夏为本,不全守周典",所本者"夏之忠道",正公羊家学说核心观念。① 所以啖、赵、陆的春秋学,准确的定性,应该

---

① 《春秋公羊传》桓公十一年何休解诂:"春秋改周之文,从殷之质。王者起,所以必改质文者,为承衰乱,救人之失也。天道本下,亲亲而质省;地道敬上,尊尊而文烦。故王者始起,先本天道以治天下,质而亲亲。及其衰敝,其失也亲亲而不尊,故后王起法地道以治天下,文而尊尊。及其衰敝,其失也尊尊而不亲,故复反之于质也。"见《春秋公羊经传解诂》卷二,第12叶下。

是春秋公羊学。

啖、赵、陆公羊学的纲领性主张，集中体现在《春秋集传纂例·春秋宗指议第一》中："予以为《春秋》者，救时之弊，革礼之薄。何以明之？前志曰①：'夏政忠，忠之弊野，殷人承之以敬；敬之弊鬼，周人承之以文；文之弊塞，救塞莫若以忠，复当从夏政。'夫文者忠之末也，设教于本，其弊犹末；设教于末，弊将若何？武王、周公承殷之弊，不得已而用之。周公既没，莫知改作，故其颓弊甚于二代，以至东周，王纲废绝，人伦大坏。夫子伤之曰：虞夏之道，寡怨于民；殷周之道，不胜其弊。又曰：后代虽有作者，虞帝不可及已。盖言唐虞淳化，难行于季末；夏之忠道，当变而致焉。是故《春秋》以权辅正，以诚断礼，正以忠道，原情为本。不拘浮名，不尚狷介，从宜救乱，因时黜陟。或贵非礼勿动，或贵贞而不谅，进退抑扬，去华居实。故曰：救周之弊，革礼之薄也。"②啖、赵、陆的主张，与同一时期朝廷论辩中李栖筠、贾至等人的观点针锋相对，与杨绾的主张遥相呼应。其具体的施政方略，主要表现为以下三点。

1. 立忠为教，以大一统

《春秋集传纂例》卷一《春秋宗指议第一》引啖子曰："何氏所云'变周之文，从先代之质'，虽得其言，用非其所。不用之于性情（性情，即前章所谓用忠道原情），而用之于名位（谓黜周王鲁也），失指浅末，不得其门者也。周德虽衰，天命未改，所言变从夏政，唯在立忠为教，原情为本；非谓改革爵列，损益礼乐者也。故夫子伤主威不行，下同列国，首王正以大一统，先王人以黜诸侯，不言战以示莫敌，称天王以表无二尊，唯王为大，邈矣崇高。"《春秋集传纂例》卷一《赵氏损益义第五》引赵子曰："问者曰：然则《春秋》救世之宗指安在？答曰：在尊王室，正陵僭，举三纲，提五常，彰善瘅恶，不失纤芥，如斯而已。"按：蒙昧

---

① 《史记·高祖本纪》太史公曰："夏之政忠，忠之敝，小人以野，故殷人承之以敬；敬之敝，小人以鬼，故周人承之以文；文之敝，小人以僿，救僿莫若以忠。三王之道若循环，终而复始。周秦之间，可谓文敝矣。秦政不改，反酷刑法，岂不谬乎？故汉兴，承敝易变，使人不倦，得天统矣。"

② 陆淳：《春秋集传纂例》卷一，景印文渊阁四库全书本，第2叶上。

时期，天人一体，尧帝、舜帝既是君主，也是天帝，观《尚书》《山海经》可知。对于天帝，人类只能无条件崇拜；对于君主，百姓只能无条件服从。君主的意志即上天的意志，所谓"夏之政忠"，其实质在此。殷、周之后，天人分立，意味着人类的自我意识初步觉醒。不过天在上，人在下，君主受命于天，代天牧民。所以殷人每事必卜，即所谓"敬"。至西周封建，一个人的统治开始向一群人的统治转变，八百诸侯必须遵循一个统一的游戏规则，这就有了周公的制礼作乐。礼乐刑政，即所谓"文"，也就是制度文明。两千多年来，每当国家面临危难，就会出现对中央集权、强力政府乃至强力君主的呼唤。立忠为教，以大一统，正是战时体制的客观需要。春秋公羊学复兴于安史之乱后的中唐社会，原因即在于此。

2. 以权辅正，裁之圣心

《春秋集传纂例》卷一《赵氏损益义第五》："春秋因史制经，以明王道，其指大要，二端而已：兴常典也，著权制也。故凡郊庙、丧纪、朝聘、搜狩、昏取、皆违礼则讥之。是兴常典也；非常之事，典礼所不及，则裁之圣心，以定褒贬，所以穷精理也。精理者，非权无以及之，故曰：'可与适道，未可与立；可与立，未可与权。'（《论语·子罕》）是以游、夏之徒不能赞一辞。然则圣人当机发断，以定厥中，辨惑质疑，为后王法，何必从夏乎。"[①] 按：啖助之所谓"以权辅正，以诚断礼，正以忠道，原情为本"，赵匡之所谓"裁之圣心""圣人当机发断，以定厥中"，主张在"正经""常典"之外，要敢于超越，敢于突破。超越经典，即所谓"权"。而权道的裁断，取决于"圣人""圣心"。也就是说，国家危难之际，"典礼所不及"者，只能由时君"当机发断"，这正是公羊学派一贯主张的"法后王"。它的实质，是在强力政府之上，树立一个可以超越礼乐制度的强力君主。很明显，这仍然是战时体制的客观需要。

3. 民为国本，观民定赋

《春秋集传纂例》卷六《军旅例第十九》引啖子曰："凡军旅之事，

---

① （唐）陆淳：《春秋集传纂例》卷一，景印文渊阁四库全书本，第9叶上。

国之所以安危也，故纪其善否焉。观民以定赋，量赋以制用。于是经之以文，董之以武；使文足以经纶，武足以御寇。故静而自保，则为礼乐之邦；动而救乱，则为仁义之师。统论书军旅之意，赋不过什一。"①《春秋集传纂例》卷六《赋税例第二十一》引赵子曰："赋税者，国之所以治乱也，故志之。民，国之本也，取之甚则流亡，国必危矣。故君子慎之，统论书赋税之意。"② 按："立忠为教"，其意图在集权；"以权辅正"，其意图在尊君。但无论是集权还是尊君，其终极目的，是"自保""救乱"；其合法性标志，是"志之民"。从原则上讲，即便是战时经济体制，也只能"观民定赋"，不能不顾及百姓的承受能力；"赋不过什一"，则是啖、赵、陆为强力政府与强力君主设立的不可逾越的税收警戒线。"观民以定赋，量赋以制用"，是啖、赵、陆为强力政府与强力君主设立的政策底线。就代、德时期的财政状况而言，啖、赵、陆的主张绝非坐而论道，而是具有强烈的批判意识。民为邦本，本固邦宁。儒家的传统，仍然具有无上的权威性。

4. 小结

上元、宝应之际，河北初定，安史之乱余波未息，藩镇割据大局已定。公羊学主张"立忠为教"，主张集权、尊君，其实质是尊王贱霸，为分裂动荡的社会打造一个强力政府与强力君主，自有其历史的必然性与合理性。但啖、赵、陆的主张，最终以"民"为"志"，以保民、救乱作为强力政府与强力君主得以存在的合法性前提，与法家的主张具有质的区别。特别值得注意的是，"观民以定赋，量赋以制用"的经济主张，与代、德时期"量出为入"的经济政策针锋相对，反映了底层百姓的生存需求。如果说肃宗、代宗在安史之乱期间的横征暴敛属于战时经济政策，确有不得已的苦衷。那么当战争已经结束，仍然坚持"量出为入"，难免"取之甚则流亡，国必危矣"。啖、赵、陆的这一主张，关乎此后大唐国运，绝非坐而论道，不得等闲视之。

---

① （唐）陆淳：《春秋集传纂例》卷六，景印文渊阁四库全书本，第6叶上。
② （唐）陆淳：《春秋集传纂例》卷一，景印文渊阁四库全书本，第10叶上。

三　柳宗元的国家学说

有关社会、国家、权力的起源，传统的权威学说是天命论。君权神授，君主受命于天，代天牧民。王朝的更替，以天命更改为前提，这才有了"殷革夏命""周革商命"。到了中唐，韩愈认为人类"相生相养"的经济需求导致了职业的分工与地位的分化，这才有了君、臣、民的分野；规范君、臣、民的权力与权利、责任与义务，才有了礼乐刑政、国家制度。柳宗元则认为，国家起源于征伐，胜利者的战胜攻取，才是政权合法性的唯一来源。

1. 征伐：建国之本

增广注释音辩唐柳先生集（以下简称"柳集"）以《唐雅》冠首。"雅"者，大雅也。《诗·大雅》叙周先王建政之劳，"其选徒出狩，则《车攻》、《吉日》；命官分土，则《崧高》、《韩奕》、《烝人》；南征北伐，则《六月》、《采芑》；平淮夷，则《江汉》、《常武》。铿鎗炳耀，荡人耳目"[①]。与此相对应，《唐雅》叙高祖、太宗直至宪宗的征伐之功：《唐铙歌鼓吹曲十二篇》完整地叙述大唐王朝通过征伐以保民、救乱，建立政权的过程；《唐雅》又以《平淮夷雅》冠首，正面歌颂宪宗"东取淮右，北服恒阳"（《上裴晋公度献唐雅诗启》）的中兴伟业。《贞符》"言唐家正德受命于生人之意"，以"民意"取代"大电""大虹""巨迹""白狼""白鱼""流火之乌"等作为君主受命之符。《视民诗》通过房、杜沟通君、民，"乃学与仕，乃播与食，乃器与用，乃货与通"，最终达到贞观之治"士实荡荡，农实董董，工实蒙蒙，贾实融融"的境界。[②] 通过对高祖、太宗、宪宗战胜攻取的形象描绘，揭示社会、国家、权力的起源，为大唐王朝的政权合法性与政策合理性提供理论依据，这就是《唐雅》的创作意图。很明显，对柳宗元而言，这组作品"有以佐唐之光明"（《献平淮夷雅表》），具有特别重

---

① 柳宗元：《献平淮夷雅表》，四部丛刊影元刊本《增广注释音辩唐柳先生集》卷一，第1叶下。

② 同上。

要的地位。"柳集"的编纂打破唐集赋、诗、文分类编纂或先诗后文惯例，而以诗文合编的《唐雅》冠首，应该体现了柳宗元本人的意志。①

2. 集权：立国之制

有关国家制度建设的传统理论，主要区分为封建制、郡县制两大体系。

封建，指封爵建国。帝王将爵位、土地分赐子弟或功臣，建立邦国，屏蔽王室。相传始于黄帝，至周公制礼作乐，制度始备。《礼记·王制》："王者之制禄爵，公、侯、伯、子、男凡五等。天子之田方千里，公、侯田方百里，伯七十里，子、男五十里。"《左传·僖公二十四年》："昔周公吊二叔之不咸，故封建亲戚，以蕃屏周。"孔颖达疏："故封立亲戚为诸侯之君，以为藩篱，屏蔽周室。"此上古之制。秦一统天下，立郡县，废封建。汉承秦制，历代延续，此中古之制。不过汉分封子弟，封爵功臣，其间有实有虚，有失有得。魏禁锢诸王，强本弱枝；晋实封诸王，枝强本弱；而终至亡国，则殊途同归。六朝时期，封建制死灰复燃。其时天下纷争，烽烟遍地，"出门无所见，白骨蔽平原"，结寨自保，才是乡绅、草民共同的求生之路。在这个体制下，贵族就是将军，草民就是士兵，以家族、种姓为纽带结成的生存共同体，就是官爵一体、军政一体的来源，也是均田制、府兵制的来源，这就是周隋封建的真正源头。浸至唐代，封建、郡县并存，虚爵、实封并存，藩镇权重，酿成安史之乱，使大唐王朝由极盛的巅峰跌落下来，其政权合法性危机空前严峻。延至中唐，安史之乱虽然在形式上已经平定，社会的危机却更为深重。到德宗年间，两河藩镇的割据已成定局，内地诸镇也日渐纵恣，其间称王者五，称帝者二，袭夺攻掠，自称留后、节度者更是数不胜数。在这期间，随着边镇兵力向内战战场的转移，周边异族政权的侵凌也日益猖獗，吐蕃、回纥连年入侵，连南诏、安南也纷扰不息。广德元年（763）吐蕃攻占长安，代宗出奔，建中四年（783）泾原镇兵作乱长安，德宗出奔，就是中唐时代内忧外患最集中的体现。面临世道人心的全面崩溃，中唐社会迫切需要重建社会的

---

① 参见户崎哲彦《刘禹锡编〈唐柳先生文集〉三十卷本新探——由南宋永州刊三十三卷本窥探刘禹锡"编次"及其用意》，《文学遗产》2017年第5期。

向心力、凝聚力、动员力，这就是杨绾、啖助、赵匡、陆淳以及中唐公羊学同时崛起的时代背景。

柳宗元的国家治理思想继承了公羊学派的一贯主张，大一统，尊王贱霸。不过，与传统公羊学家着力于表层的治理策略不同，柳宗元具体选择了西周封建制与秦汉郡县制进行研究，从政治制度的角度比较二者的优劣，这就有了千古名篇《封建论》。

柳宗元这样描绘人类社会以及国家、权力的起源：

> 天地果无初乎？吾不得而知之也。生人果有初乎？吾不得而知之也。然则孰为近？曰：有初为近。孰明之？由封建而明之也。彼封建者，更古圣王尧、舜、禹、汤、文、武而莫能去之。盖非不欲去之也，势不可也。势之来，其生人之初乎？不初，无以有封建，封建非圣人意也。彼其初与万物皆生，草木榛榛，鹿豕狉狉，人不能搏噬，而且无毛羽，莫克自奉自卫。荀卿有言，"必将假物以为用者也"。夫假物者必争。争而不已，必就其能断曲直者而听命焉。其智而明者，所伏必众。告之以直而不改，必痛之而后畏，由是君长刑政生焉。故近者聚而为群，群之分，其争必大，大而后有兵。德又大者，众群之长又就而听命焉，以安其属，于是有诸侯之列。则其争又有大者焉。德又大者，诸侯之列又就而听命焉，以安其封，于是有方伯、连帅之类。则其争又有大者焉。德又大者，方伯、连帅之类又就而听命焉，以安其人，然后天下会于一。是故有里胥而后有县大夫，有县大夫而后有诸侯，有诸侯而后有方伯、连帅，有方伯、连帅而后有天子。自天子至于里胥，其德在人者，死必求其嗣而奉之。故封建非圣人意也，势也①。

在柳宗元看来，由于"人不能搏噬，而且无毛羽，莫克自奉自卫"，在严酷的大自然面前处于弱势地位，所以他们必须组织起来，

---

① 柳宗元：《封建论》，四部丛刊本《增广注释音辩唐柳先生集》卷三，第1叶上。

"聚而为群""假物以为用"。有"群"有"假",就必然有"争",有"争",就需要"断",需要"智而明者""痛之而后畏"者裁判案断。一乡之争听命于里胥,一县之争听命于县大夫,一国之争听命于诸侯,数国之争听命于方伯、连帅,天下之争听命于天子,"由是君长刑政生焉"。人类社会以及国家、权力起源于人类的生存需求,这一结论,与韩愈《原道》完全相同。这一思想出自《荀子·王制篇》,韩、柳也完全相同。

然而封建之弊,乡县邦国封爵裂土,各私其私,各土其土,各亲其亲,各子其子。东迁之后,礼崩乐坏,诸侯纷争,天下分裂,封建的本意也就荡然无存了:

> 周有天下,裂土田而瓜分之。设五等,邦群后,布濩星罗,四周于天下,轮运而辐集。合为朝觐会同,离为守臣扞城。然而降于夷王,害礼伤尊,下堂而迎觐者。历于宣王,挟中兴复古之德,雄南征北伐之威,卒不能定鲁侯之嗣。陵夷迄于幽、厉,王室东徙,而自列为诸侯矣。厥后问鼎之轻重者有之,射王中肩者有之,伐凡伯诛苌弘者有之,天下乖戾,无君君之心。余以为周之丧久矣,徒建空名于公侯之上耳!得非诸侯之盛强,末大不掉之咎欤!①

唯其如此,柳宗元高度推崇秦始皇统一中国之后废封建、置郡县的制度建设:

> 秦有天下,裂都会而为之郡邑,废侯卫而为之守宰。据天下之雄图,都六合之上游,摄制四海,运于掌握之内,此其所以为得也。②
>
> 汉有天下,矫秦之枉,徇周之制,剖海内而立宗子,封功臣。数年之间,奔命扶伤而不暇。困平城,病流矢,陵迟不救者三代。后乃

---

① 柳宗元:《封建论》,四部丛刊本《增广注释音辩唐柳先生集》卷三,第1叶下。
② 同上书,第2叶上。

谋臣献画,而离削自守矣。然而封建之始,郡国居半,时则有叛国而无叛郡,秦制之得,亦以明矣。①

以汉初三代复封子弟、功臣,"奔命扶伤而不暇"证封建之失;以"有叛国而无叛郡",证"秦制之得";以东周"乱国多,理国寡,侯伯不得变其政,天子不得变其君,私土子人者百不有一,失在于制,不在于政,周事然也"证封建制之失;以"有罪得以黜,有能得以赏。朝拜而不道,夕斥之矣;夕受而不法,朝斥之矣"证郡县制之得。《封建论》的论证有理有据,无可辩驳。在中唐藩镇割据,军阀混战的动乱时代,柳宗元的倡言以集权为目标的立国体制,以强化中央政府的权威,重建国家的向心力、凝聚力、动员力、执行力,亦"势也,非圣人之意也"。

3. 大中:治国之道

中,甲文作❦(前一·六·一)、ϟ(粹一二一八)、中(甲三九八)。籀文作❦(颂鼎)、❦(克鼎)、中(兮仲篹)。《说文》:"中,内也。从口、丨。上下通。⿴,古文中。⿴,籀文中。"段注:"内者,入也。入者,内也。然则中者,别于外之辞也,别于偏之辞也,亦合宜之辞也。"《玉篇》:"中,致隆切,半也,和也。又丁仲切,《礼·射》:'矢至的曰中。'⿴、⿴,并古文。"

甲文、籀文字形,象射箭所置箭靶。上下贯通者为靶杆,靶杆所贯之圆形为靶牌,靶杆上下部撇线、折线、三角旗,是测试风力与风向的飘带。靶杆直线,即《说文》"丨",靶牌圆形,即《说文》"口"。靶牌与靶杆即"口"与"丨"相贯有两个交点,这两个交点形成一条线段,这条线段的中点,就是射箭的目标靶心,也就是《礼·射》所说的"的"。

从数学的角度讲,同一个平面内,连接两点的直线叫线段。把一条线段分为两条相等线段的点,叫作这条线段的中点。回到甲文、籀文字形分析,"口""丨"两个交点的中点,即"中"字的本义,也就是靶心。"中"位于"口"内而不是"口"外,即《说文》"内也";"中"位于上

---

① 柳宗元:《封建论》,四部丛刊本《增广注释音辩唐柳先生集》卷三,第2叶下。

下、左右的正中位置，即《玉篇》"半也"；"中"不上不下、不左不右、不偏不倚，即《说文》"和也"。

从思想史的角度讲，"中"的第一层含义是宇宙的本根，即中和之气。《左传》成公十三年："民受天地之中以生，所谓命也。"《汉书·律历志上》颜师古注云："中，谓中和之气也。"《书·大禹谟》："人心惟危，道心惟微，惟精惟一，允执厥中。"这里的"道""心""精""一"，就是"中"的第二层含义，也就是宇宙的本体。对"中"的形上性质，清黄生《字诂》"一"条表述得最为清楚："有物混成，先天地生。视之不见，听之不闻，强名曰道。以立造化之根，以成万事万物之纪。万事万物，其数莫殚，归根复命，必统于一。一也者，又道之别名也。在《易》曰'极'，在《书》曰'中'。'极'言至，'中'言央，皆一也。"①

形上的"中"体现于形下，就是人的道德规范与行为准则，也就是中庸之道。《礼记·中庸》："执其两端，用其中于民。"郑注："两端，过与不及也。用其中于民，贤与不肖皆能行之也。"孔颖达疏："端，谓头绪。谓知者过之，愚者不及，言舜能执持愚知两端，用其中道于民，使愚知俱能行之。"这一道德规范与行为准则用之于国家治理，也就是大中之道。《尚书·洪范》以九畴言治道："次五曰建用皇极。"孔传："皇，大。极，中也。凡立事，当用大中之道。"正义："皇，大也。极，中也。施政教治下民，当使大得其中，无有邪僻，故演之云大中者。人君为民之主，当大自立其有中之道，以施教于民。凡所立事，王者所行，皆是无得过与不及，当用大中之道也。《诗》云'莫匪尔极'，《周礼》'以为民极'，《论语》'允执其中'，皆谓用大中也。皇极居中者，总包上下，故《皇极》传云'大中之道大立，其有中'，谓行九畴之义是也。"

柳宗元论治道，以"大中"为核心。"大中"一词，柳集凡16见。《与吕道州温论非国语书》云：

> 近世之言理道者众矣，率由大中而出者咸无焉。其言本儒术，则

---

① （清）黄生：《字诂》，清指海本，第35叶下。

迂回茫洋而不知其适；其或切于事，则苛峭刻核不能从容，卒泥乎大道。甚者好怪而妄言，推天引神以为灵奇，恍惚若化而终不可逐。故道不明于天下，而学者之至少也。吾自得友君子，而后知中庸之门户阶室，渐染砥砺，几乎道真。①

在这里，柳宗元明确地将"大中"的"中"指实为"中庸"。不过，"大中"虽然以中庸为基础，但在"中庸"前面加上了一个"大"字，显然就不能等同于"中庸"了。"大中"的性质为"理道"，亦即治国之道，在这里表述得最为明确。"中"之为用，行于百姓日用为"中庸"，行于国家治理为"大中"。大中，即是皇极，"由中庸以入尧舜之道"（《与吕道州温论非国语书序》），也就是治国之道。

4. 小结

啖、赵、陆公羊学主张集权、尊君，呼唤强力政府与强力君主，在风雨飘摇、动荡不安的安史之乱后，自有其时代的必然性。但其学说注重功利、实用，缺乏理论的辨析与体系的完整，《春秋集传纂例》十卷、《春秋微旨》三卷、《春秋集传辨疑》十卷中，也没有为其主张的治国之道提供自己的国家学说。柳宗元通过对社会、国家、权力的起源，国家制度建设以及治国之道的讨论，建立了自己独树一帜的国家学说体系，为啖、赵、陆的主张提供了必要的理论支撑。柳宗元的国家学说，意味着中唐公羊学理论的深化，也推动了中唐公羊学体系的完善。

四　执经用权：柳宗元的辩证思维

商、韩之术，置经用权。《商子·更法》："苟可以强国，不法其故；苟可以利民，不循于礼。"② 中唐公羊学派的核心观点之一，是以权辅正，裁之圣心。柳宗元继承了公羊学派这一观点，并将其发展深化。柳集中

---

① 柳宗元：《与吕道州温论非国语书》，四部丛刊本《增广注释音辩唐柳先生集》卷三十一，第7叶上。
② （秦）公孙鞅：《商子》卷一，景印文渊阁四库全书本，第1叶下。

"经""权"对举凡 10 条。"经也者，常也。权也者，达经者也"（《断刑论下》）、"道之常""变之权"（《与吕道州温论非国语书下》"救饥"条），此"经""权"之内涵定义。"知经而不知权，不知经者也；知权而不知经，不知权者也"（《断刑论下》）、"知经者不以异物害吾道，知权者不以常人怫吾虑"（《断刑论下》）、"果以为仁必知经，智必知权，是又未尽于经权之道也"（《断刑论下》），此"经""权"之相互关系。"雪霜者，天之经也；雷霆者，天之权也"（《断刑论下》）、"非常之罪，不时可以杀，人之权也；当刑者必顺时而杀，人之经也"（《断刑论下》）、"凡化人，立中道而教之权"（《南岳弥陀和尚碑》），举天时、人事具体案例描述"经""权"之用。不过，柳宗元"经""权"观念对前人理论的深化，主要体现在其理论思维的辩证逻辑。解剖柳宗元独具特色的小、大之辩，可以准确、清晰地理解柳宗元的辩证思维。

　　小、大之辩，是中国传统辩证思维的典型范例。《老子道德经》四十一章："大方无隅，大器晚成，大音希声，大象无形。"王弼注："方而不割，故无隅也。大器成天下不持全别，故必晚成也。听之不闻名曰希，不可得闻之音也。有声则有分，有分则不宫而商矣。分则不能统众，故有声者非大音。有形则有分，有分者不温则炎，不炎则寒，故象而形者非大象。"《老子德经·恩始》"大小多少"，河上公章句："欲大反小，欲多反少，自然之道也。"《老子道德经》二十六章"重为轻根，静为躁君"，王弼注："凡物轻不能载重，小不能镇大，不行者使行，不动者制动。是以重必为轻根，静必为躁君也。"庄子的辩证思维尤为活跃，《齐物论》"天下莫大于秋毫之末，而太山为小；莫寿乎殇子，而彭祖为夭"，《秋水》"天地之为稊米，毫末之为丘山"，《天下》"天之中央，燕之北、越之南"。《逍遥游》："北冥有鱼，其名为鲲。鲲之大，不知其几千里也。化而为鸟，其名为鹏。鹏之背，不知其几千里也。怒而飞，其翼若垂天之云。"鲲，鱼子。见《尔雅·释鱼》、《国语·鲁语》韦昭注、《文选·西京赋》薛综注。《说文》段注："鱼子未生者曰鲲，鲲即卵字。卵，《说文》作卝，古音读如关，亦可读如昆。凡未出者为卵，已出者为子。"以鱼腹中尚未出生的小鱼卵命名"其大不知其几千里"的鲲鹏，讲对立统

一、质量互变，这段文字最为直观生动。

柳宗元的小、大之辩，集中表现在有关大公、大中、大和的界定与辨析中。这批概念的界定与理论的辨析，也展现了柳宗元精辟的思辨逻辑。

1. 大私为公：柳宗元的大公之道

《说文》："𥝌，禾也。从禾，厶声。"其本字作㠯（古钵），《说文》作厶，民田、私田，象形也。加"禾"为"私"，会意也。《说文》："公，平分也。从八，从厶。音司。八，犹背也。韩非曰：'背厶为公。'"段注："仓颉之作书也，自环者谓之私，背私者谓之公。自环为厶，六书之指事也。八厶为公，六书之会意也。"谨按：《诗·周颂·噫嘻》："骏发尔私。"毛传："私，民田也。言上欲富其民而让于下，欲民之大发其私田耳。"据毛传，知"公""厶"二字造型，本之上古井田制。《谷梁传》宣公十五年："古者三百步为里，名曰井田。井田者，九百亩，公田居一。"古之井田制，以方九百亩为一里，划为九区，形如"井"字。其中间一区为公田，围绕公田之外八区为私田。八家均私百亩，同养百亩公田，公事毕然后治私事，所以《说文》称"平分也"。"从八"之"八"，别也。《说文》："八，别也。象分别相背之形。"私田八区，"分别相背"，环绕公田。"背"字本身亦有环绕一义，《汉书·天文志》记日晕曰："晕、适、背、穴。"颜师古注引如淳曰："凡气在旁如半环，向日为抱，向外为背。"归纳起来讲：私谓民田，公谓公田。公田在内，私田向外，私田所环即为公田。就朝廷而言，"欲富其民而让于下，欲民之大发其私田"，此朝廷之爱民；就百姓而言，"雨我公田，遂及我私"（《诗·小雅·大田》），先公后私，此百姓之爱君。分，甲文作𠔁（铁三八·四），籀文作𠚁（大梁鼎）。《说文》："𠔁，别也。从八，从刀。刀以分别物也。"以刀分割物体，引申为利益分配。公田私田均为百亩，此为平分。上下同心，公私两利，才是"平分"的最高境界。《韩非子·五蠹》："古者仓颉之作书也，自环者谓之私，背私谓之公。公私之相背也，乃仓颉固以知之矣。今以为同利者，不察之患也。"将"厶"定性为"奸邪"（《说文》），将"背"理解为对立、悖逆，将公私利益的分配设置为零和博弈，正是管、商"利出一孔"的嫡传。以此批评"仁义者"上下同利的公私观，是法家的观念，并非儒家的学说。

柳集中，公、私对举者凡13条，其主要内涵包括两个方面。《贞符》讨论皇权传承的制度问题：

> 君臣什伍之法立，德绍者嗣，道怠者夺。于是有圣人焉，曰黄帝，游其兵车，交贯乎其内，一统类，齐制量，然犹大公之道不克建。于是有圣人焉，曰尧，置州牧四岳，持而纲之；立有德、有功、有能者，参而维之。运臂率指，屈伸把握，莫不统率。尧年老，举圣人而禅焉，大公乃克建。由是观之，厥初罔非极乱，而后稍可为也。非德不树，故仲尼叙《书》：于尧曰"克明峻德"，于舜曰"浚哲文明"，于禹曰"文命祗承于帝"，于汤曰"克宽克仁，彰信兆民"，于武王曰"有道曾孙"。稽揆典誓，贞哉！惟兹德实受命之符，以奠永祀。①

"尧年老，举圣人而禅焉，大公乃克建"，这是大公之道的第一层含义。这层含义，汉人已经揭示，刘向《说苑·至公》："《书》曰：'不偏不党，王道荡荡。'言至公也。古有行大公者，帝尧是也。贵为天子，富有天下，得舜而传之，不私于其子孙也。"② 站在现代学术的高度看问题，上古政治制度可以区分为两个阶段：母系氏族时期，部落首领的继承传贤不传子；父系氏族时期，部落首领的继承传子不传贤。在中国历史上，前者称为公天下，后者称为家天下；前者的代表是尧、舜、禹，后者的代表是夏、商、周。柳宗元推崇前者，其《舜禹之事》阐述得最为明确。柳宗元建立的儒学传承统绪，始于尧、舜、禹，下至孔、孟、荀、扬，与韩愈相同。但其侧重点在二帝不在三王，在"周公而上"不在"周公而下"，在君统不在学统，则与韩愈不同。不过，在中古社会开始向近现代社会演变的历史转折点上，安史之乱之后的李唐王朝正面临着政权合法性危机。

---

① 柳宗元：《贞符》，《增广注释音辩唐柳先生集》卷一，四部丛刊本，第10叶上。
② 刘向：《说苑》卷十四，四部丛刊本，第1叶下。

在这样敏感的时刻，韩、柳同时讨论皇权传承的制度问题，绝非发思古之幽情，不得等闲视之。

《封建论》讨论郡县制为公、封建制为私的问题：

> 诸侯归殷者三千焉，资以黜夏，汤不得而废；归周者八百焉，资以胜殷，武王不得而易。夫不得已，非公之大者也，私其力于己也，私其卫于子孙也。秦之所以革之者，其为制，公之大者也；其情私也，私其一己之威也，私其尽臣畜于我也。然而公天下之端自秦始。①

"彼封建者，更古圣王尧、舜、禹、汤、文、武而莫能去之"，并非出以公心，而是不得已。汤黜夏，借助了三千诸侯的力量；周胜殷，借助了八百诸侯的力量。建政之后，这批功臣的地位"不得而废""不得而易"。所以汤、武封建，同样出于私心，私其效忠王室，私其屏蔽子孙。秦始皇废封建、置郡县，将天下土地、威权、臣民、财产收归一己，就个人情欲而言，确实是出于私心：私其一己之威，私其尽臣畜于我。溥天之下，莫非王土，率海之滨，莫非王臣，天下成为王室的私产，可以说是最大的私。但溥天之下，没有人不爱自己，不爱自己的亲人，不爱自己的土地、财产。天下一家，朕即天下。将天下视为私有，将溥天之下所有的人视为自己的人，将溥天之下所有的土地、财产视为自己的土地、财产，利己也就成了利天下，这最大的私也就成了最大的公。从政治制度的角度判断，尧、舜、禹、汤、文、武封建诸侯，表面上为公，实际上自里胥至天子各私其私，才有了历朝历代末世的衰败；秦始皇废封建，一天下，除天子之外，自百姓至群臣，没有一个人可以拥有私权、私人、私产、私利，利出一孔，权归一家，才有了国富兵强，天下太平，这才是真正的天下为公。所以柳宗元断言："公天下之端自秦始。""大公"的这一层含义，《说苑》并不具备。首先接触这层意义的，应该是永贞革新期间柳宗元的上司兼战友杜佑。《通典·职官·王侯总叙》云：

---

① 柳宗元：《封建论》，《增广注释音辩唐柳先生集》卷三，第3叶下。

> 若以为人而置君，欲求既庶，诚宜政在列郡，然则主祀或促矣；若以为君而生人，不病既寡，诚宜政在列国，然则主祀可永矣。主祀虽永乃人鲜，主祀虽促则人繁。建国利一宗，列郡利万姓，损益之理，较然可知。①

不过杜佑这段文字中，只比较了封建制与郡县制的优劣，并没有采用"大公"一词，也没有提及秦始皇。唐人文字中，早于柳宗元的于志宁《太子少师中书令开府仪同三司并州都督上柱国固安昭公崔敦礼碑》"大公执钧"（《全唐文》卷一百四十五），晚于柳宗元的文宗《册鲁王永文》"持大公之道，且不愧于知子；举守藩之命，亦将教于事君"（《全唐文》卷七十五）、狄兼谟《请编次建中以来制敕奏》"中外百司皆有奏请，各司其局，不能一秉大公"（《全唐文》卷七百二十五），都不具备这层含义。大私为公，应该是柳宗元首先揭示。

其实，在传统文化中，"公天下"与"私天下"之间并不存在不可逾越的鸿沟。《汉书·盖宽饶传》引《韩氏易传》言："五帝官天下，三王家天下。家以传子，官以传贤。"《史记·孝文本纪》"五帝官天下"，司马贞索隐："官，犹公也，谓不私也。"是"公天下"本身就有"官天下"一层含义，"公天下"通过"官天下"转换为"私天下"，大私也就成了大公。所以柳宗元的大私为公，在中国传统文化的长河中并非无源之水、无本之木，汉代今文经学，就是这一逻辑得以成立的思想渊源。而这一逻辑的最终指向，仍然是一个"忠"字，对于这一点，宋人的理解最为深刻。明道答横渠问："故君子之学，莫若扩然而大公。"朱熹曰："大公，忠也，所谓'维天之命，于穆不已'（《诗·周颂·维天之命》）也。"②朱熹的诠释，无异于柳宗元"大公"的最佳注脚。

2. 大中唯忠：柳宗元的大中之道

"大中"一词，《尚书》孔传之外，始见汉成帝建始三年（公元前30

---

① 杜佑：《通典》卷三十一，中华书局，1988，第849页。
② （清）茅星来：《近思录集注》卷二，景印文渊阁四库全书本，第5叶下。

年)"谷永日食地震对"(《汉书·谷永传》)、汉哀帝元寿元年(公元前2年)"孔光日食对"(《汉书·孔光传》)。其含义与孔传略同,均指治国之道。对汉人而言,"大"为"中"修饰性定语;对柳宗元而言,"大"为"中"限制性定语,谓其至高无上也。

"中",通"忠"。《睡虎地秦墓竹简·为吏之道》:"吏有五善,一曰中信敬上。"《魏横海将军吕君碑》:"以中勇显名州司。"宋洪适注:"碑以'中勇'为'忠勇'。"①《周礼·春官·大司乐》:"以乐德教国子,中和祗庸孝友。"郑注:"中,犹忠也。"清丁晏注:"中、忠,古通用。汉张迁碑'中謇于朝'、魏横海将军吕君碑'以中勇显名州司',皆以'中'为'忠'。《孝经》引《诗》'中心藏之',释文:'中,本亦作忠。'"②《别雅》卷一:"中謇,忠謇也。中勇,忠勇也。"清吴玉搢注:"《书·仲虺之诰》'建中于民',释文云:'中,本作忠。'"③

"中庸"的本义,是"执其两端,用其中于民",这是"中庸"的一般意义,即所谓"经""常";"大中"是"中庸"的特殊意义,特指治国之道,这就是"权""变"。不过,柳宗元对"大中"的"权""变"还不止于此,他在《唐故给事中皇太子侍读陆文通先生墓表》一文中揭示了"大中"的终极意义。

> 为《春秋集注》十篇、《辩疑》七篇、《微指》二篇,明章大中,发露公器。其道以圣人为主,以尧舜为的,苞罗旁魄,缪轇上下而不出于正。其法以文武为首,以周公为翼,揖让升降,好恶喜怒,而不过乎物。④

柳宗元认为,陆淳的学说,以"明章大中,发露公器"为宗旨,其道、其法,"以圣人为主,以尧舜为的""以文武为首,以周公为翼"。这

---

① (宋)洪适:《隶释》卷十九,四部丛刊三编景明万历刻本,第16叶下。
② (清)丁晏:《周礼释注》卷一,清六艺堂诗礼七编本,第48叶下。
③ (清)吴玉搢:《别雅》卷一,景印文渊阁四库全书本,第1叶下。
④ 柳宗元:《唐故给事中皇太子侍读陆文通先生墓表》,《增广注释音辩唐柳先生集》卷九,第3叶下。

一观点，也与啖氏的"以权辅正""原情为本"、赵氏的"非常之事""裁之圣心"一脉相承。其所"原"之"情"，即是"圣心"。凡遇"非常之时""非常之事"，就可以通权达变，一切以"圣心"为准。天地玄黄，宇宙洪荒，星斡斗转，森罗万象，皆以君主"为主"、"为的"、"为首"、为"中"。说得更明白一点，所谓"大中"，即是忠君。柳宗元的"大中"，即是啖、赵、陆的"立忠为教"。《与吕道州温论非国语书上》"荀息"条："里克欲杀奚齐，荀息曰：'吾有死而已。先君问臣事君于我，我对以忠贞。'"柳宗元非之曰：

> 夫忠之为言，中也；贞之为言，正也。息之所以为者有是夫？间君之惑，排长嗣而拥非正，其于中正也远矣。

将"忠贞"与"中正"等同起来。"忠"者，"中也"；"贞"者，"正也"。"大中"即"忠"，这是一条直接证据。

"中庸"作为人的道德规范与行为准则，其法是"执其两端用其中"；"大中"作为治国之道，其具体方法可以理解为"执其中，用其两端"。用现代生活常识来打个比喻：沿一条道路的横断面画一条直线，这条直线与道路两侧的白线就有了两个交点，这两个交点就是"两端"，"两端"的中点就是"中"。正常情况下，大车以道路两侧白线为参照坐标，沿中心线前行，"执其两端用其中"，这就是"经""常"；如果道路左侧有来车或障碍，大车就只能右拐，以道路中心线为参照坐标，沿右侧前行，这就是"权""变"；反之亦然。回到国家治理层面：在正常情况下，政策的制定应该兼顾朝廷、百姓两方面的利益，"执其两端用其中"，也就是"中"字的本义"平分"；但具体到中唐肃宗、代宗、德宗年间，军阀混战不息，社会动荡不安，军费开销浩繁，国家财政枯竭，政策的制定不得不侧重朝廷的利益，"执其中，用其端"，沿公路右侧行驶。这样的决策方式，就是"权""变"，本文称之为"执经用权"。很明显，"执经用权"的目的，是全社会的利益分配向朝廷倾斜，这就是"大中唯忠"的实质。这里的"大中"不再是一般意义上的治国之道，也不是帝王统治天下的一般原则，而是特指"忠"——帝王个人统治天下的根本准则。这一层含义，应该是柳宗元首先揭示。

归纳起来讲，"大中"一词，泛指国家治理的规范、规则，汉魏之间已经定型，这是"大中"的第一层含义。唐人使用"大中"一词，如高宗《敕建明堂诏》"殷人阳馆，青珪备礼；姬氏元堂，彤璋合献。至于立大中，建皇极，轨物施教，其归一揆。暨乎西京，创历驳政；逾繁东汉，开基旧章"、玄宗《为元元皇帝设像诏》"猗欤邦欤，克开厥后。翳我列祖，光启大中"、李华《衢州刺史厅壁记》"圣朝字育元元，纳于大中"、符载《贺樊公畋获虎颂并序》"公常握文武之柄，荷申甫之寄，拥旄荆国，星霜四周。流恺悌之仁，布大中之化，政之被民者，如阳和煦，蒸变生物，各遂畅达"（《全唐文》卷六百八十八）、符载《上襄阳楚大夫书》"载顷与友生数人隐居庐山，其所学者，不独文章名数而已。意根于皇极大中之道，用在于佐王治国之术，常欲致君于尧舜，驰俗于中古"（《全唐文》卷六百八十八）、顺宗《即位赦文》"思与群公卿士，方伯连帅，祗若丕训，惟怀永图，内熙庶绩，外宏至化，以弼予理，臻于大中"，均用汉魏旧义。其主语可以泛指历代帝王，还可以包括参与国家治理的"群公卿士，方伯连帅"，并不特指某个具体的君主。"大"字由修饰性定语转为限制性定语，"大中"用以特指帝王个人，应该始于中唐，这是"大中"的第二层含义。如齐映《卧疾辞官表》"伏乞宏广运之道，崇大中之规，是归执象之言，以副垂衣之理"（《全唐文》卷四百五十）、杨凭《贺老人星见表》"陛下丕承宝历，光宅天下，恢宏圣烈，允执大中"（《全唐文》卷四百七十八）、权德舆《中书门下贺新制中和乐状》"伏惟陛下以大中设教，以大和育物"（《全唐文》卷四百八十五）、权德舆《请置两省官表》"伏惟陛下文明御寓，建用大中"（《全唐文》卷四百八十六）、符载《中和节陪何大夫会燕序》"今天子以皇极大中之道，居鸿宝之位"（《全唐文》卷六百九十）、宪宗《停明年耕耤诏》"夫圣人无心，以徇百姓；朕亦虚己，用图大中"（《全唐文》卷六十），均以帝王个人为主语。至柳宗元大规模使用这一概念，并将"大中"与"忠"捆绑在一起，用以伸张公羊学派"尚忠"的政治主张，以效忠君主个人作为"大中"的充分必要条件,这一概念的外延才得以最终完成。会昌四年(844)严厚本谥元载为忠,或许可以看作对柳宗元"大中"概念的第一声响应。① 这是"大中"的第三层含义。汉唐三省六部中央集权的政府体制开始向宋明君主乾纲独断的决策机制转化,其起点就在这里。

3. 强国利民:柳宗元的大和情结

和,籀文作🈁(史孔盉),唱和、声相和(《广韵》)。《说文》:"和,相应也。从口,禾声。"段注:"和,相应也。从口禾声。古唱和字不读去声。"《一切经音义》:"和,胡戈反,《说文》'音乐和调'也,《诗》(《周颂·雝》)云'和铃央央'是也。"龢,甲文作🈁(前二·四五·二),籀文作🈁(王孙钟),和谐(《广雅·释诂》)。《说文》:"龢,调也。从龠,禾声。""调,和也。从言,周声。"段注:"龢,经传多假'和'为'龢'。从龠,禾声,读与'咊'同。和,本系唱和字,故许云'相应也'。"《说文》:"龤,乐和龤也。从龠,皆声。《虞书》曰:'八音克龤。'"段注:"龤训龢,龢训调,调训龢,三字为转注。"

"和"为音乐术语,其本义为唱和、声相和、声相应、音乐和调。大和,协调和谐,包括阴阳冲融调和、社会融洽和谐两义。二者义本相通,但前者侧重天时,后者侧重人事。前者多作"太和",后者多作"大和"。古"大""太"字通,"太和""大和"混用,亦不少见。柳集中,"大和"凡22见,属前者8条,属于后者14条。此外,"致大康于民"(《答贡士元公瑾论仕进书》)中的"大康",其义亦与"大和"略同,指安泰康乐。柳宗元"大和"的具体内涵,可以参见《故银青光禄大夫右散骑常侍轻车都尉宜城县开国伯柳公行状》:

公于是用重典以威奸暴,铺大和以惠鳏嫠,驱除物害,消去人隐,吏无招权干没之患,政无犯令苞苴之蠹。②

---

① 参见陈尚君《元载的平反》,《文汇读书周报》2016年11月7日第三版。
② 柳宗元:《故银青光禄大夫右散骑常侍轻车都尉宜城县开国伯柳公行状》,四部丛刊本《增广注释音辩唐柳先生集》卷八,第4叶上。

"大和"的核心价值在执政惠民、上下同利,此处表述得最为贴切。保民、救乱,本来就是中唐公羊学的要义,啖氏"观民以定赋,量赋以制用"、赵氏"志之民,国之本",表述的是同样的意思。柳宗元虽然主张"用权",但坚持"执经"。无论"权""变"到什么程度,都以"民"为最终目标。《贞符》"言唐家正德受命于生人之意",将受命于民作为李唐王朝政权合法性的终极标志,这就是柳宗元所"执"之"经"。《视民诗》以太宗贞观之治作为"大和"的标本。

> 帝视民情,匪幽匪明,惨或在腹,已如色声。亦无动威,亦无止力,弗动弗止,惟民之极。帝怀民视,乃降明德,乃生明翼。明翼者何?乃房乃杜。惟房与杜,实为民路,乃定天子,乃开万国。万国既分,乃释蠹民。乃学与仕,乃播与食,乃器与用,乃货与通。有作有迁,无迁无作。士实荡荡,农实董董,工实蒙蒙,贾实融融。①

"帝视民情""惟民之极""帝怀民视,乃降明德""天视自我民视,天听自我民听"(《书·泰誓中》),写君主之爱民。"惟房与杜,实为民路""乃定天子,乃开万国",写贤臣之忠君亲民、抚恤四方。"乃学与仕,乃播与食,乃器与用,乃货与通",写天下为公,流通开放,人尽其才,物尽其用,地尽其利,货畅其流,经济繁荣,社会安定。"士实荡荡,农实董董,工实蒙蒙,贾实融融","荡荡""董董""蒙蒙""融融",写民风淳朴无智无欲之貌。士农工商,各司其职,各事其事,各得其所。好一派君、臣、民上下同利,阴阳冲融调和,社会融洽和谐的"大和"景象。柳宗元一生念念不忘"以生人为主"(《唐故给事中皇太子侍读陆文通先生墓表》)、"以生人为己任"(《与杨诲之疏解车义第二书》)、"利于人"(《时令论上》)、"有补于万民之劳苦"(《与杨京兆凭书》)、"吏者人役"(《送宁国范明府诗序》)、"利安元元"(《寄许京兆孟容书》)、"励材能,兴功力,致大康于民"(《答贡士元公瑾论仕进书》)、"以辅时

---

① 柳宗元:《视民诗》,四部丛刊本,第9叶上。

及物为道"(《答吴武陵论非国语书》),原因即在于此。

在这里有必要特别强调的是:"用权"的前提是"执经",对柳宗元而言,"执经"的参照坐标就是"视民"。回到上文的比喻:大车对道路中心线的偏离是有限度的,这个限度就是"两端",也就是道路左右两侧的白线。柳宗元特别重视"视民",并将其视为李唐王朝政权合法性的终极标志,表明他的"用权"没有偏离"执经"的轨道。岂余身之惮殃兮,恐皇舆之败绩。他仍然是上下同利的儒家,而不是利出一孔的法家。这一点,对判断柳宗元辩证思维的义界,有着重要的意义。

4. 小结

啖、赵、陆公羊学主张"以权辅正",但怎样"以权辅正",除了"原情为本""裁之圣心"这样的操作手段之外,对"经""权"的内涵及其边界,缺乏具有理论性和思辨性的界定与剖析。《春秋集传纂例》十卷、《春秋微旨》三卷、《春秋集传辨疑》十卷中,并没有类似"大中""大公""大和"这样的概念。可以认定,柳宗元有关"大中""大公""大和"理论体系的构建,对中唐公羊学的理论化、思辨化、系统化,应该是一个重大的发展。

柳宗元的"大中""大公""大和""大康",其义互通,其结穴点均在一个"忠"字。汉代今文经学源出荀子,以法后王为本,效忠时君,正历代今文家本分。公羊学所辩千头万绪,其核心价值正在一个"忠"字。[①] 柳宗元倡言忠君,与其前辈一脉相承。

作为"结束南北朝相承之旧局面,开启赵宋以降之新局面,承先启后转旧为新关捩点"(陈寅恪《论韩愈》),中唐社会面临着中世纪向近现代转型、皇朝国家向民族国家转型的沉重压力。近现代民族国家最重要的特征,是中央集权的强化,其目的在于政令的统一、市场的统一、法制的统一。《维基百科》这样描述现代民族国家的基本特征:"较之其前身,民族国家一般更加中央化,其公共管理比较一致。地方特征服从民族特

---

① 《汉书·董仲舒传》:"夏上忠,殷上敬,周上文。今汉继大乱之后,若宜少损周之文致,用夏之忠者。"

征，一般地方管理机构服从中央政府。"就历史的趋势而言，日益活跃的商品经济也需要有统一的市场、统一的法制。公羊学派"尚忠"的主张，正好体现了国家集权的必然诉求。不过，严格地说来，身处人类文明由中世纪向近现代转型的历史时期，民智已开，价值多元，单纯地强调一个"忠"字，已经偏离了"中庸"的中点。考虑到今文经学的崛起总是发生在国家民族面临生存危机的历史节点上，再加上缺乏制约的权力机制，"执经用权"很容易转化为"置经用权"，杨炎的"量出以制入"就是典型的案例。与之相对照，柳宗元"执经用权"，始终不忘一个"民"字，这才是其辩证思维的价值所在。

五 中唐公羊学的理论化、思辨化、系统化

啖、赵、陆关注焦点主要在国家治理的实用、操作层面，其理论化、思辨化、系统化，尚有待深入。作为掌门人陆淳的入室弟子，柳宗元才是中唐公羊学理论化、思辨化、系统化的操刀人。柳宗元的国家学说以及经权理论补充和完善了啖、赵、陆的学说，以上两章的小结已经进行了归纳。除此之外，啖、赵、陆没有涉及，但作为一个思想流派不能回避的一些重大基础理论，如以阴阳三合为特征的天地人三元宇宙本体论，以"明"与"志"为内涵的人性论，天人相分、两不相预的天人关系理论等，柳宗元也有多方面的建树，对于中唐公羊学理论的系统化而言，应该具有重要的意义。

1. 阴阳三合：柳宗元的宇宙本体论

有关宇宙的本根、本体、起源与构成，中国文化系统中存在着三个完全不同的阐释路向，即老子的道一元本体论、《易传》的阴阳二元本体论、扬雄的天地人三元本体论。① 和柳宗元同时的韩愈秉持三元本体观念，二

---

① 有关"道一元本体论""阴阳二元本体论""天地人三元本体论"的内涵及其发展演变，请参见刘真伦《天、地、人三位一体：韩愈的宇宙本体观念——兼论中国古代宇宙本体理论的三大系统及其发展演变》，《华中国学》（第六卷）2016年第9期；又见刘真伦《韩愈思想研究》第三章《天、地、人三位一体：韩愈的宇宙本体观念》，河南大学出版社，2018。

者之间应该存在相互影响。至于柳宗元本人，在柳集中提及"扬雄"者一、"子云"者三、"太玄"者二、"法言"者四，并曾亲自为《法言》作注，对扬雄的熟悉程度，远远超过韩愈。他的宇宙本体论在理论上承扬雄，主张三元本体，正是顺理成章。

《天问》："阴阳三合，何本何化？"《天对》柳宗元自注曰：

> 《谷梁》："独阴不生，独阳不生，独天不生，三合然后生。"王逸以为天、地、人，非也。①

王逸《楚辞章句》："谓天地人三合成德，其本始何化所生乎？"② 王逸以"元气"为天、地、人，柳宗元引《谷梁传》为据，否定了王逸的判断。很明显，《谷梁传》的"三合"，指"阴""阳""天"，这就是柳宗元的判断。

范宁《谷梁》集解："徐邈曰：古人称万物负阴而抱阳，冲气以为和。然则传所谓天，盖名其冲和之功，而神理所由也。会二气之和，极发挥之美者，不可以柔刚滞其用，不得以阴阳分其名，故归于冥极而谓之天。凡生类禀灵知于天资，形于二气，故又曰：独天不生，必三合而形神生理具矣。"③ 按徐邈的解释，与"阴""阳"并列的"天"，并不与"地"相对，所以它不是"天地"的"天"，而是自然的"天"。朱熹《楚辞集注》："《谷梁》言'天'而不以'地'对，则所谓天者，理而已矣。"④ 这里的"理"，也就是自然之理。柳宗元以大自然的客观规律而不是天命、帝力诠释"天"，表现出清醒的理性意识。

"阴阳三合"，意味着宇宙的诞生。与"阴""阳"相对应的"天"，指元气。"元气"一词，柳集凡8见，大多与"阴""阳"或"天""地"并列。如"元气、阴、阳之坏，人由而生""人之坏元气、阴、

---

① 柳宗元：《天对》，《增广注释音辩唐柳先生集》卷十四，四部丛刊本，第5叶下。
② 王逸：《楚辞章句》卷三，四部丛刊本，第2叶下。
③ 《春秋谷梁传》庄公第三，四部丛刊本，第3叶下。
④ 朱熹：《楚辞集注》卷三，景印文渊阁四库全书本，第2叶上。

阳也亦滋甚""其为祸元气、阴、阳也,不甚于虫之所为乎""祸元气、阴、阳者滋少"(《天说》)。那么可以肯定:在上述的文字中,"元气"不等于"阴""阳",而是与"阴""阳"并列的东西。在下面一段文字中,柳宗元界定了"元气"与"阴""阳","元气"与"天""地"的关系。

> 彼上而玄者,世谓之天;下而黄者,世谓之地。浑然而中处者,世谓之元气。寒而暑者,世谓之阴阳。①

寒为阴,暑为阳,寒暑之间为元气。《天对》对"阴阳三合"曰:"合焉者三,一以统同。吁炎吹冷,交错而功。"这里的"炎""冷",也就是"寒""暑","阴""阳"。然则《谷梁传》的"阴""阳""天",也就是《天说》中的"阴""阳""元气"。换句话说:《天问》所问"阴阳三合,何本何化",柳宗元的回答就是"阴""阳""元气"三合。阴阳三合何所本?本于"阴""阳""元气"也。《老子道德经》下篇:"道生一,一生二,二生三,三生万物。万物负阴而抱阳,冲气以为和。"王弼注:"万物万形,其归一也。何由致一?由于无也。由无乃一,一可谓无。已谓之一,岂得无言乎?有言有一,非二如何?有一有二,遂生乎三。从无之有,数尽乎斯。"②"阴阳三合"的过程,也就是"负阴而抱阳,冲气以为和"的过程。"阴""阳"相交相冲,"往来屯屯",融为"冲气"亦即"元气"。"元气"是"阴""阳"之外的第三元,所以称之为"阴阳三合"。这是"上下未形"、天地未分之前宇宙原始物质的混沌状态。诉诸现代物理学,类似黑洞中时空未分、物质未形的粒子状态。

那么有形的宇宙又是如何诞生的呢?"合焉者三,一以统同",这"一"就是"道",就是"太极"。"道生一,一生二,二生三,三生万物","阴""阳""元气"合而为"道",分而为物。"上而玄者,世谓之

---

① 柳宗元:《天说》,《增广注释音辩唐柳先生集》卷十六,四部丛刊本,第1叶下。
② 《老子道德经》四十二章,景印文渊阁四库全书本,第9叶下。

天；下而黄者，世谓之地"，天地之间，万物之灵人类挺生，"天、地、人三合成德"。这是宇宙"已形"的状态。至此，柳宗元对《天问》"阴阳三合，何本何化"的问题才算回答完毕：宇宙"未形"状态，"阴""阳""元气"三者"往来屯屯"；宇宙"已形"状态，"天、地、人三合成德"，"交错而功"。阴阳三合何所本？本之"阴""阳""元气"；阴阳三合何所化？化为"天""地""人"。这里特别值得注意的是：无论是"阴""阳""元气"，还是"天""地""人"，都属于宇宙的形上状态，只有"三生万物"之后，作为物质世界的宇宙方才诞生。当然，宇宙"未形"状态的"阴""阳""元气"，与宇宙"已形"状态的"天""地""人"，实际上是一体两面的关系。他们的区分，仅仅是逻辑的解剖、概念的分割。周敦颐、朱熹的"无极而太极""太极即无极"，说的就是这个道理。宋人热衷于讨论"未形""已形"，"未发""已发"，"无极""太极"，其理论的源头就在这里。

道一元论、阴阳二元论、天地人三位一体的三元本体论，代表了不同历史时期的宇宙本体理论，各有特色，各有成就，也各有其存在价值。但从人类文明进程的角度考虑，道一元本体论体现了上古君主"普天之下莫非王土"的意志与利益；阴阳二元本体论体现了中古"王与马共天下"时期贵族集团的意志与利益；天地人三元本体论体现了近现代以中产阶层的崛起为代表的平民阶层的意志与利益；或者说，代表了人类文明发展史上三大国家治理形态"一个人的统治""一群人的统治""多数人的统治"（柏拉图《理想国》）的意志与利益，应该是可以成立的。"三"，在汉语环境中意味着多，三元即是多元。多元文化格局的形成，是人类文明发展进程中不可阻挡的历史潮流。多元本体理论，即是多元文化理论的本体论依据。从这一意义上讲，韩、柳在华夏文明由中世纪向近现代转型的历史关捩点上倡扬多元本体理论，应该具有积极的意义。柳宗元的宇宙本体论是以"阴阳三合"为特征的天地人三元本体论，而不是什么元气一元论，更不是什么唯物论，这是一目了然的事情。

2. "明"与"志":柳宗元的人性论

中国古代的心性理论,集中在有关人性善恶的讨论上。先秦时期的人性理论已经形成了四个主要流派:告子的性无善恶论,世硕的性有善有恶论,孟子的性善论,荀子的性恶论。到两汉时期,性无善恶论发展为扬雄的人之性善恶混,性有善有恶论发展为董仲舒、王充、荀悦的性三品。

韩愈的人性论表面上主张性三品,实际上包含了上述四派的全部主张,其侧重点则在孟子的性善论。柳宗元的人性理论和韩愈一样,实际上包含了上述四派的主要论点,其侧重点则在荀子的性恶论。

《荀子·性恶篇》:"人之性恶,其善者伪也。今人之性,生而有好利焉,顺是,故争夺生而辞让亡焉;生而有疾恶焉,顺是,故残贼生而忠信亡焉;生而有耳目之欲,有好声色焉,顺是,故淫乱生而礼义文理亡焉。然则从人之性,顺人之情,必出于争夺,合于犯分乱理而归于暴。故必将有师法之化、礼义之道,然后出于辞让,合于文理而归于治。用此观之,然则人之性恶明矣。"① 荀子归纳人的本性为"好利""疾恶""好声色",如果"从人之性、顺人之情,必出于争夺,合于犯分乱理而归于暴"。然后推导出结论:"则人之性恶明矣。"柳宗元《贞符》描绘上古人类的原初本性,也突出一个"争"字:

> 惟人之初,总总而生,林林而群。雪霜风雨雷电暴其外,于是乃知架巢空穴,挽草木,取皮革;饥渴牝牡之欲驱其内,于是乃知噬禽兽,咀果谷。合偶而居,交焉而争,睽焉而斗,力大者搏,齿利者啮,爪刚者决,群众者轧,兵良者杀,披披藉藉,草野涂血,然后强有力者出而治之,往往为曹于险阻,用号令起,而君臣什伍之法立。②

原始人类为了生存,彼此之间"交焉而争""睽焉而斗""力大者搏""齿利者啮""爪刚者决""群众者轧""兵良者杀",弱肉强食,"草野涂

---

① 《荀子》卷十七,四部丛刊本,第1叶上。
② 柳宗元:《贞符》,《增广注释音辩唐柳先生集》卷一,四部丛刊本,第10叶上。

血"，与动物没有区别。即便到了蒙昧时期、文明时期，人类社会有"群"有"分"，"出而治之"的也仍然是"强有力者""痛之而后畏"（《封建论》）者。柳宗元对人类本性的描绘，无异于《荀子·性恶篇》义疏。这样看来，柳宗元的人性理论的主流应该属于性恶论。

不过，柳宗元人性理论中也存在人性善以及人性有善有恶等成分，刘禹锡有"天与人交相胜"之说，谓"天之道在生植，其用在强弱；人之道在法制，其用在是非"（《天论上》）。柳宗元驳之云：

> 子所谓交胜者，若天恒为恶，人恒为善。人胜天则善者行。是又过德乎人，过罪乎天也。又曰："天之能者生植也，人之能者法制也。"是判天与人为四而言之者也。生植与灾荒皆天也，法制与悖乱皆人也。二之而已，其事各行不相预，而凶丰理乱出焉，究之矣。①

柳宗元认为，刘禹锡"天与人交相胜"的说法，错在"若天恒为恶，人恒为善"。实际上"生植与灾荒皆天也，法制与悖乱皆人也"，天之性有优胜劣汰之功，也有灾荒饥馑之害。人之性有明辨是非之功，也有悖乱不治之害。前者为善，后者为恶。人性有善有恶，这里表述得非常清楚。柳宗元谓"圣贤之事"，"役用其道德之本，舒布其五常之质，充之而弥六合，播之而奋百代"；"道德与五常，存乎人者也"（《天爵论》）；又谓"圣人之为教，立中道以示于后。曰仁，曰义，曰礼，曰智，曰信，谓之五常，言可以常行者也"（《时令论下》）；此皆孟子性善之说。柳集中孔子凡71见，"孔氏"凡21见，"仲尼"凡20见，"夫子"凡19见，"孟子"凡25见，"性善"凡4见，"仁义"凡28见，柳宗元接受孔、孟的东西并不比荀子少。

柳宗元《天爵论》专门讨论人类先天道德理性。

---

① 柳宗元：《答刘禹锡天论书》，《增广注释音辩唐柳先生集》卷三十一，四部丛刊本，第4叶下。

仁义忠信，先儒名以为天爵，未之尽也。夫天之贵斯人也，则付刚健纯粹于其躬，倬为至灵，大者圣神，其次贤能，所谓贵也。刚健之气钟于人也为志，得之者运行而可大，悠久而不息。拳拳于得善，孜孜于嗜学，则志者其一端耳。纯粹之气注于人也为明，得之者爽达而先觉，鉴照而无隐。盹盹于独见，渊渊于默识，则明者又其一端耳。明离为天之用，恒久为天之道，举斯二者，人伦之要尽是焉。故善言天爵者不必在道德忠信，明与志而已矣。道德之于人，犹阴阳之于天也；仁义忠信，犹春秋冬夏也。举明离之用，运恒久之道，所以成四时而行阴阳也。宣无隐之明，著不息之志，所以备四美而富道德也。①

《孟子·告子上》："仁义忠信，乐善不倦，此天爵也；公卿大夫，此人爵也。"赵注："天爵以德，人爵以禄。"② 爵，动词，授予、赋予。《国语·鲁语上》："乃出而爵之。"韦昭注："出，出之于隶也。爵，爵为大夫也。"天爵以德，上天赋人予德性；人爵以禄，君主授人予禄位。按孟子的说法，上天赋予人仁义忠信等道德良知，使人品性高尚，受人尊敬；和君主授人以公侯伯子男等爵位一样，都能够使人受到敬重。人类先天禀赋着上天赐予的仁义忠信等道德良知，所以人的本性是善良的，这就是孟子人性本善的理论。

柳宗元不同意孟子的判断。他认为：上天赋予人类的不是仁义忠信，而是刚健之气、纯粹之气。刚健之气钟于人，表现为意志；纯粹之气注于人，表现为明智。意志坚强者，"运行而可大，悠久而不息"，也就是志向远大、执着坚定；睿智聪明者，"爽达而先觉，鉴照而无隐"，也就是开朗豁达、先知先觉，照察审辨、物无所隐。至于"仁义"，"拳拳于得善""孜孜于嗜学"，只不过是"志者其一端耳"，也就是"志"的一种外化形态；至于"忠信"，"盹盹于独见""渊渊于默识"，只不过是"明者又其一端耳"，也就是"明"的一种外化形态。"仁义忠信"如阳光（明离），

---

① 柳宗元：《天爵论》，《增广注释音辩唐柳先生集》卷三，第4叶下。
② 《孟子注疏》卷十一下，景印文渊阁四库全书本，第15叶上。

为"天之用",是形而下的东西;"明""志"为"天之道",恒久不变,才是形而上的先天道德理性。

柳宗元上述思想,应该有荀子的影响。《荀子·劝学》篇:"无冥冥之志者,无昭昭之明;无惛惛之事者,无赫赫之功。"唐杨倞注:"冥冥、惛惛,皆专默精诚之谓也。"①《荣辱》篇:"志意致修,德行致厚,智虑致明,是天子之所以取天下也。"②《解蔽》篇:"人生而有知,知而有志。志也者,臧也。"③荀子"志""明"对举,"志""知"对举,"志意致修"与"智虑致明"对举。"志意"即"意志","智虑"即"明智","是天子之所以取天下也",取义非常明显。柳宗元选择"意志""明智"作为上天赋予人类的先天道德理性,而斥"仁义忠信"于人性之外,表明他的人性理论,尚力不尚德,注重功利而轻视公义,重视效率而忽略公平,与荀子人性理论的总体倾向完全相同。当然,尚力不尚德,本来就是公羊家法:"汉家自有制度,本以霸王道杂之,奈何纯任德教,用周政乎!"(《汉书·元帝纪》)

人类历来讨论道德理性,大多围绕"四端""五常"展开,没有人将"意志"和"明智"纳入视野。实际上,人类独有而其他动物并不具备的先天道德理性,还真离不开"意志"与"明智"。而一个民族一旦丧失了"意志"和"明智",也就丧失了血性、勇敢、执着、刚毅,丧失了聪明、睿智、机谋、权变。柳宗元对"四端""五常"的补充,体现了顽强的拼搏精神与清醒的理性意识,对风雨飘摇的中唐社会,无异于一剂良药。不过,柳宗元将孟子性善论的核心要素"仁义忠信"视为"明""志"之一端,并将其逐出"天爵"的行列,与他接受性善论的立场自相矛盾。而这一点,也有助于证实本文的判断:柳宗元的人性理论,包含了古代四派心性理论的主要论点,其侧重点则在荀子的性恶论。

3. 天人相分、两不相预:柳宗元的天人关系理论

天人关系理论讨论人与自然的关系,作为本体论和人性论哲学的链接

---

① 《荀子》卷一,四部丛刊本,第4叶下。
② 《荀子》卷十五,四部丛刊本,第14叶下。
③ 《荀子》卷一,四部丛刊本,第7叶下。

点，具有非常重要的意义。中国古代天人关系理论的发展大致可以区分为三个阶段：商周时期的"上帝""天帝"作为主宰人类命运的人格神，高踞于人类之上，是人的曾祖父；春秋战国直至两汉，天的自然属性得以凸现，而人的地位开始上升，无论是"天人合一"还是"天人相分"，"人"都已经获得了与"天""地"并立为三的平等地位；宋明以后，"天道"被认定为"人性"的形上依据，但这里的"道"，特指"仁义之道"，是人类独有的先天道德理性，"天道"实际上被纳入了"人道"之内。归纳起来可以这样说：上古时期，天在人之上；中古时期，天与人相对；近现代以来，天在人之中。而最早将"天道"纳入"人道"，开启宋明心性论哲学新起点的，是中唐韩愈、柳宗元、刘禹锡有关天人关系理论的一场讨论。

韩愈《天之说》这样描绘"天"与"人"的生存状态：

> 夫果蓏饮食既坏，虫生之；人之血气败逆壅底，为痈疡、疣赘、瘘痔，虫生之；木朽而蝎中，草腐而萤飞，是岂不以坏而后出耶？物坏，虫由之生；元气阴阳之坏，人由之生。虫之生而物益坏，食啮之，攻穴之，虫之祸物也滋甚。其有能去之者，有功于物者也；繁而息之者，物之仇也。
>
> 人之坏元气阴阳也亦滋甚：垦原田，伐山林，凿泉以井饮，窾墓以送死，而又穴为偃溲，筑为墙垣、城郭、台榭、观游，疏为川渎、沟洫、陂池，燧木以燔，革金以镕，陶甄琢磨，悻然使天地万物不得其情。幸幸冲冲，攻残败挠而未尝息。其为祸元气阴阳也，不甚于虫之所为乎？吾意有能残斯人使日薄岁削，祸元气阴阳者滋少，是则有功于天地者也；繁而息之者，天地之仇也。今夫人举不能知天，故为是呼且怨也。吾意天闻其呼且怨，则有功者受赏必大矣，其祸焉者受罚亦大矣。子以吾言为何如？①

韩愈把天与人都看作独立存在的自然之物，人对于天来说只是一个破

---

① 柳宗元：《天说》，《增广注释音辩唐柳先生集》卷十六，四部丛刊本，第1叶上。

坏者，就像蠹虫对于瓜果一样。天与人利益相悖，因而天也就像人对待害虫一样对待人。

柳宗元《天说》批驳了韩愈的见解：

> 天地，大果蓏也。元气，大痈痔也。阴阳，大草木也。其乌能赏功而罚祸乎？功者自功，祸者自祸，欲望其赏罚者大谬，呼而怨欲望其哀且仁者，愈大谬矣。①

柳宗元认为，天地和果蓏、草木一样，都不过是客观存在的物质实体，没有人格，没有意志，当然也就不可能"赏功而罚祸"。"功者自功，祸者自祸"，这就是柳宗元天人相分、两不相预的观点。

刘禹锡《天论上》肯定天的自然性，以"天之道在生植""人之道在法制"，区分天道、人道的不同功用，从而提出"天人交相胜"的命题，并从法令张弛的角度，分析天命论产生的社会根源。《天论中》以行旅和操舟两个例证具体阐释"天人交相胜"，并以"数""势"揭示事物发展的客观规律与必然趋势，进而在"交相胜"的基础上提出"还相用"的命题。

历代天人关系理论纷繁复杂，但无论是天命、天志，还是天人合一、天人相分，都必须回答一个根本性的问题：天与人，是一还是二？天人关系，是一元还是二元？从这一角度考虑，韩、柳、刘有关天人关系问题的讨论，其根本观念是一致的：天人相分，天与人是两个对应的独立存在。至于二者之间的关系，韩强调其相悖相仇，柳强调其相分相对，刘强调其相胜相用。三者各有侧重，相反相成。但归根结底，天人同属于一个存在系统，理一分殊，体用不二。天人相分，由此还原为天人相合。韩、柳、刘的不同命题，共同构建起中唐天人关系理论的完整体系。②

柳宗元天人关系理论最突出的贡献，不是天人相分，而是"两不相预"。柳宗元屡言"二之而已，其事各行不相预"（《答刘禹锡天论书》）、

---

① 柳宗元：《天说》，《增广注释音辩唐柳先生集》卷十六，四部丛刊本，第1叶下。
② 参见刘真伦《韩愈、柳宗元、刘禹锡天人关系理论的现代诠释》，《周口师院学报》2005年第1期。

"山川者，特天地之物也。阴与阳者，气而游乎其间者也。自动自休，自峙自流，是恶乎与我谋？自斗自竭，自崩自缺，是恶乎为我设？"（《与吕道州温论非国语书语·三川震》）所主张的，都是天道自然，"两不相预"。对柳宗元这些观点，现代学术界一直给予极高评价，称之为反天命、反对神学奴婢意识、反神秘主义、反天人感应、对天命和鬼神之否定、体现了劳动人民改造自然的进取精神等，不一而足。不过，即便是这些文章，也大多承认：柳宗元虽然表达了一些反天命的理论观点，但仍然存在着天命论思想和佛教因果报应的糟粕。实际上，只要稍稍浏览一下柳集，不需要统计就可以发现，柳文中涉及天人感应、因果报应、天命、鬼神的文字，要远远多于"两不相预"的文字。这就提示我们：因果报应、天命、鬼神乃至唯物、唯心这些筐子，装不下柳宗元的上述思想。其实只需要诉诸常识，我们就能够判断：上述文字所要传达的，只是自我意识觉醒、自由意志张扬的呼声。这一点，只要回顾一下天人关系思想的历史演变即可以确定。

事实上，人类社会发展进步的历程，也就是在与大自然——天的抗争中，人自身一步步得到解放、得以完善的过程。原始社会时期，人们生活在大自然的强力统治下，没有丝毫的自主能力，人人都是上帝的奴隶。随着生产力的提高，人类开始组织起来，用群体的力量对抗外来的暴力。而群体的组织者最早觉悟到了自己的力量，从"普天之下，莫非王土"，到"朕一人""朕即天下"，他最早摆脱了对上帝的依附地位，最先得到了解放。部落酋长，就是第一个获得自我解放的自由人。到了中古社会，"王与马，共天下"，皇族的统治必须得到世家贵族的支持，才能有效地行使权力。这一时期，拥有土地的贵族也拥有了一份自信，《仪礼·丧服》"君至尊也"，郑玄注云"天子诸侯及卿大夫，有地者皆曰君"，就透露了其中的信息。世家贵族在一定程度上摆脱了对皇族的人生依附和经济依附地位，成为第二批获得自我解放的自由人。到了中唐，随着两税法取代均田制，土地买卖更加自由。和均田制分得国有土地不同，买来的土地产权自有，有产的农民开始有了自信，也开始有了自由。与此同时，脱离土地进入城市的劳动者也得到了出卖劳动力的自由，他们可以自主地选择居住地，选择职业，选择老板。用脚投票，就是他们的自由。读书人也有了更多的自由，他们开始尝试摆脱官场的束缚，寻求自身独立存在的价值，最突出的特点，就是自我意识的觉醒。可以说，士、农、工、商、平民百姓最终摆脱了对贵族的人格依附地位，成为最后一批获得自我解放的自由人。韩、柳、刘的天人关系理论，无论是相悖相仇、相分相对还是相胜相用，都是通过与大自然的抗争，唤醒人的自我意识，凸显人的主体地位，传达自己个性解放、人格独立、精神自由的要求。这样的主张发生在由中世纪向近现代转型的历史节点上，具有特别重要的意义。

六 结语

柳宗元思想的主体是中唐公羊学。他不但完整接受了啖助、赵匡、陆淳"立忠为教，以大一统""以权辅正，裁之圣心""民为国本，观民定赋"的国家治理学说；还通过对社会、国家、权力的起源，国家制度建设以及治国之道的讨论，建立了自己独树一帜的国家学说体系；通过对"经""权"的内涵及其边界的界定以及具有理论性和思辨性的剖析，构建出一套"大中""大公""大和"的理论体系，为啖、赵、陆的主张提供了必要的理论支撑。除此之外，啖、赵、陆没有涉及，但作为一个思想流派不能回避的一些重大基础理论问题，如以阴阳三合为特征的天地人三元宇宙本体论，以"明"与"志"为内涵的人性论，天人相分、两不相预的天人关系理论，等等，柳宗元也有多方面的建树。中唐公羊学的理论化、思辨化、系统化，至此告一段落。

韩愈、柳宗元以其全新的理论思维，以复古为革新，对尧、舜、禹、汤、文、武、周公、孔、孟、荀、扬以来的传统文化进行了创造性的诠释，不但掀起了中唐儒学革新运动的浪潮，而且开启了宋、明以下思想启蒙运动的先声。就其核心价值观而言，柳侧重忠君，韩侧重守道；柳侧重政统，韩侧重文统。功利理性与价值理性、科学精神与人文精神、效率与公平，共同支撑起中唐启蒙思潮的两翼。在中世纪向近现代转型的关捩点上，为华夏文明思想文化系统的现代更新开辟了先路。

从"八司马"与湖湘谈柳宗元、刘禹锡的文化贡献

吕国康**

摘 要：参加永贞革新的"八司马"，均为一代才俊，是中唐一时的风云人物。除韦执谊外，有七人遭贬湖湘，结缘湖湘，而柳宗元、刘禹锡是其中的杰出代表。他们逐渐适应南荒的生活，接受湘楚文化的熏陶，在逆境中奋起，在困难中拼搏，忧国忧民，"穷愁著书"，在政治、哲学、儒学、文学等方面辛勤探索，为湖湘文化及中华文化的发展做出了卓越贡献，成为中华文化史上的两座巨峰、双子星座。

关键词：八司马 柳宗元 刘禹锡 儒学

唐永贞元年（805），以王叔文、王伾为首的政治集团，在唐顺宗李诵的支持下，在朝中进行了一场反对藩镇割据和宦官专权的斗争，历史上称为"永贞革新"。革新的内容包括：力主中央集权，反对分封割据，强调任人唯贤，否定任人唯亲，呼吁合理征赋，谴责横征暴敛，以求社会安定和生产发展。采取的具体措施有：取消宫市制度，罢免五坊小儿（指雕坊、鹞坊、鹰坊、狗坊的给事人员）。取消进奉：除规定的常贡外，不许

---

* 基金项目：本文系2016年国家社科基金项目"历代柳宗元研究文献整理与数据库建设"（项目批准号：16BZW034）的成果之一。

* 作者简介：吕国康，男，湖南永州人，湖南永州柳宗元文化研究会副会长，湖南科技学院客座教授，研究方向为柳学、潇湘文化。

地方官员别有进奉。打击贪官：罢去浙西观察使李锜的转运盐铁使兼职，贬黜京兆尹李实。打击宦官：以范希朝为京西神策诸军节度使、韩泰为行军司马，计划从宦官手中夺回禁军兵权。抑制藩镇：拒绝西川节度使韦皋领有剑南三川（西川、东川及山南西道）的要求。这在历史上是具有进步意义的。正如清代王夫之所评价"革德宗末年之乱政，以快人心，清国纪，亦云善矣"①。柳宗元、刘禹锡等一批青年才俊得到提拔，积极投入永贞革新，同保守势力进行了你死我活的尖锐斗争。革新集团被称为"二王、刘、柳"，可见刘禹锡、柳宗元是其中的核心人物。据《旧唐书·柳宗元传》载："顺宗继位，王叔文、韦执谊用事，尤奇待宗元。与监察吕温密引禁中，与之图事。转尚书礼部员外郎。叔文欲大用之。"《新唐书·刘禹锡传》载："贞元末，王叔文得幸太子，禹锡以名重一时，与之交，叔文每称有宰相器。太子即位，朝廷大议秘策多出叔文。引禹锡及柳宗元与议禁中，所言必从。擢屯田员外郎，判度支盐铁案，兼崇陵使判官。"由于顺宗患中风，口不能言，无法亲掌朝政，加上宦官势力强大，他们胁迫顺宗下敕由太子李纯监国，主持军国政事。自二月施行新政，到八月四日李纯即皇帝位，尊顺宗为太上皇，一场颇有声势的革新不到半年，便宣告流产。

同年八月六日，王叔文被贬渝州司户（第二年被杀），王伾被贬为开州司马（不久病死）。八月九日，李纯正式登基，是为宪宗。九月十三日，革新集团主要成员被贬为远州刺史，十一月又加贬为远州员外司马。韩泰由抚州刺史改贬为虔州司马，陈谏由河中少尹改贬台州司马，柳宗元由邵州刺史改贬为永州司马，刘禹锡由连州刺史改贬为朗州司马，韩晔由池州刺史改贬为饶州司马，程异由岳州刺史改贬为郴州司马，凌准由和州刺史改贬为连州司马。韦执谊在革新时被任命为宰相，因曾与王叔文有分歧，且是宰相杜黄裳的女婿，起初并未被贬。直至十一月，韦才被贬为崖州司马，再贬为司户参军。后世称"二王八司马"。

---

① 吴文治：《柳宗元研究资料汇编》，中华书局，1964，第309页。

从"八司马"与湖湘谈柳宗元、刘禹锡的文化贡献

一 "八司马"中柳宗元、刘禹锡等人贬谪湖湘的情况

湖湘作为一个地域概念，主要指洞庭湖及湘江，泛指湖南。湖湘文化是地域文化概念，一般以宋代理学为标志，但从文化传承的角度看，应该上溯至先秦、两汉，唐代自然包括在其中。不少学者在湖湘文化研究中，重点谈到了屈原、贾谊、柳宗元、刘禹锡等人的影响。湖南之名在唐代已经出现，从湖南观察使、湖南道、湖广省、湖南布政使司，但作为省级行政区划，直至清代才定型。唐代宗广德二年（764），从江南西道划出设置湖南观察使，下辖衡、潭、邵、永、道五州，后又增加了郴州和连州。凌准贬连州，刘禹锡从朗州司马量移连州刺史，所以说他们"谪在三湘最远州"。凌准遭遇最惨，到连州不久，便母丧二弟亡，双目失明，元和元年（806）冬十一月，死于贬所，境况十分凄凉。柳宗元写诗撰文痛悼。柳在《连州司马凌君权厝志》中介绍：他"有谋略，尚气节"，"年二十，以书干丞相……日万言"，先后任崇文馆校书郎、邠宁节度掌书记、大理评事御史、节度判官、殿中侍御史、浙东节度使判官，贞元二十一年（805）正月入为翰林学士。当德宗去世时，宦官企图拖延发丧时间，他"独抗危词"，与王叔文、王伾等争得次日发丧，拥立顺宗即位。身为尚书都官员外郎，他积极参加政治革新，协助王叔文管理财政，打击奸吏。柳在《哭连州凌员外司马》诗中，对他的不幸遭遇表示深切的同情："废逐人所弃，遂为鬼神欺。才难不其然，卒与大患期"。接着赞扬了凌准学识的渊博、才华的卓越、著作的丰富和从政的诸多建树，回顾了作者与凌准两人相交相知、同遭厄运的经历，最后发出了"我歌诚自恸，非独为君悲"的哀叹，抒发了蒙受迫害后的愤懑之情。

刘禹锡任夔州（今四川奉节）刺史时，写有《闻韩宾擢第归觐以诗美之兼贺韩十五曹长时韩牧永州》诗。涉及两位人物。韩十五，即韩晔，为八司马之一。曹长是对尚书省郎中的称呼。《旧唐书·韩晔传》载："宰相滉之族子，有俊才，依附韦执谊，累迁尚书司封郎中。叔文败，贬池州刺史，寻改饶州司马，量移汀州刺史，又转永州，卒。"同书《穆宗

纪》：长庆元年（821）三月"乙丑，以……汀州刺史韩晔为永州刺史"。《新唐书》也有类似记载："晔者，滉族子。以司封郎中贬饶州司马。终永州刺史。"这些记载权威可靠。道光《永州府志》在唐宪宗元和一栏刺史中，第二位为韩晔，注明"以司封郎中贬饶州迁授"。虽然时间弄错，且遗漏汀州刺史一职，但印证了韩晔任永州刺史一事。韩泰与韩晔是长庆初同时量移的，至长庆四年（824）韩泰转睦州刺史，此时韩晔已去世，否则也会量移。可知，韩晔在永州任职二三年。根据刘禹锡年谱，他任过六地刺史，一般三年量移、迁转，但也有例外，如在苏州两年多移汝州刺史，在汝州仅一年多迁同州刺史。白居易《自题》说"一旦失恩先左降，三年随例未量移"也可佐证。韩晔英俊多才，顺宗执政时为司封郎中、判度支案，与刘禹锡同在杜佑、王叔文部下共事，以善于处理某些繁杂的事务，且无差错遗漏著称。故与刘禹锡友谊深厚。韩宾为韩晔之子。宾在长庆中举进士，后任亳州刺史。

八司马中最早遭贬的是陈谏。永贞元年七月，在叔文败前，仓部郎中判度支陈谏被支出朝廷担任河中少尹，后贬台州（今浙江台州）司马，元和十年（815）为封州（今广东封开县）刺史，称循吏。十五年为循州（今广东新丰、连平等地）刺史。是年，韩愈撰文，陈谏书《南海神庙碑附诗》（又作《南海广利王碑》）。南海神庙位于广州黄埔庙头，是祭海的场所。此碑现仍在，高2.47米，宽1.13米。长庆元年（821）移道州刺史，卒于任。江华阳华岩现存摩崖石刻40余方，其中有道州刺史陈谏作、江华令江籍刻立的《华岩寺记》，首句便是"刺吏陈谏"，内容为国内罕见的土地、寺庙购买、测量权属及管理记载。北京图书馆藏《唐故乡贡进士颍川陈君墓志》，墓志是陈谏之子陈修古为其弟陈宣鲁所撰。墓志言及"戈谏，仓部郎中，道州刺史"。可以印证陈谏任道州刺史并卒于道州一事。《旧唐书》也记载："乙丑，以漳州刺史韩泰为郴州刺史，汀州刺史韩晔为永州刺史，循州刺史陈谏为道州刺史，量移也"。但永州地方志却遗漏了陈谏任道州刺史一事，不知何故？陈谏在道州的任职时间不会超过三年，理由同上。

韩泰在贞元中年经累迁官至户部部中，王叔文为夺取军权，起用他担任范希朝的神策行营节度行军司马。韩泰最能筹划，在暗中经常帮作决定，深得王伾和王叔文的器重。他被贬为虔州司马，元和十年，量移为漳州刺史，长庆元年（821）改郴州刺史，四年六月为睦州刺史，后又任湖州、常州刺史。韩泰个性刚正，为柳宗元所钦佩。柳在长安曾说自己与韩泰的关系是"追求古道，交于今世"（《送韩丰群公诗后序》）。元和十五年（820）韩愈自潮州赴袁州（今江西宜春）刺史任后，曾举韩泰自代。称赞韩泰"词学优长，才器端实……自领漳州，悉心为治。官吏惩惧，不敢为非；百姓安宁，并得其所"（《举韩泰自代状》）。因为潮州与漳州接界，情况清楚，所以韩愈说"臣之政事，远所不如"。文宗大和元年（827），韩泰由长安赴湖州，途经洛阳与刘禹锡相遇，刘在筵席上赋诗："昔年意气结群英，几度朝回一字行。海北天南零落尽，两人相见洛阳城。"（《洛中逢韩七中丞之吴兴口号五首》之一）此时，八司马唯存他们二人。大和五年（831），韩泰卒于常州刺史任。

八司马中最幸运的是程异。唐宪宗在元和元年曾下诏："左降官韦执谊、韩泰、陈谏、柳宗元、刘禹锡、韩晔、凌准、程异等八人，纵逢恩赦，不在量移之限。"（《旧唐书·宪宗纪》）但郴州司马程异却成为特例，较早重返朝廷。元和四年（809）盐铁史李巽"荐异心计可任，请拔擢用之，乃授侍御史。复为扬子留后"。因晓达钱谷，"悉矫革征利旧弊"，政绩突出，"遂兼御史大夫为盐铁使"。元和十三年，以工部侍郎同中书门下平章事，犹领盐铁。官至宰相。次年四月无疾而终，赠左仆射，谥恭。郴州距连州、永州不远，但程异与凌准、柳宗元缺交往。在柳宗元、刘禹锡文集中，也未留下与程异相关的只言片语，成为未解之谜。对程异的评价，《新唐书》说他"居乡以孝称……精吏治""身殁官第，无留赀，世重其廉云"（卷一百六十八，列传第九十三）。史载："淮西既平，上浸骄侈。户部侍郎判度支皇甫镈、卫尉卿盐铁转程异晓其意，数进羡余以供其费，由是有宠。镈又以厚赂结吐突承璀。甲辰，镈以本官，异以工部侍郎并同平章事，判使如故。制下，朝野骇愕，至于市井负贩者亦嗤之。"① 两者褒贬明显不同。在柳宗元的书启中，无与程异的内容。元

---

① 司马光：《资治通鉴》，中华书局，1956，第7752页。

和十年（815）夏，柳宗元登柳州城楼，眺望风景，思念友人，写下《登柳州城楼寄漳汀封连四州》，寄赠韩泰、韩晔、陈谏、刘禹锡，未提及程异。元和十一年，杨於陵由户部侍郎判度支贬为郴州刺史后，柳宗元、刘禹锡均与他有诗书来往。程去世时，柳尚在，却无一字提及此事，故引起猜说。有人说"程异在八司马中为下乘，而在当时朝中群僚里，自是高流"。① 我认为，他们虽属八司马，但"同道"又"不同道"，参加永贞革新是同道，兴趣爱好却不同，柳"思报国恩，独惟文章"，程"通晓钱谷"，擅长经济，故两人缺少交集。

韦执谊被贬最迟却最远，元和七年（812）病逝于崖州（今海南省海口市），年仅46岁。同为宰相的李德裕被贬崖州时，写了《祭韦相执谊文》，称赞他的文学才华与治世谋略："德迈皋陶，公宣吕尚""文学世雄，智谋神觊"。遭贬后，柳宗元与韦执谊也缺乏交流，值得进一步研究。《云溪友议》卷中《赞皇勋》载："柳宗元员外与韦丞相有龆年之好，三致书于广州赵尚书宗儒，劝表雪韦公之罪，始诏归葬京兆。"查柳集，《上广州赵宗儒启》，是元和元年（806）写给广州刺史、岭南节度使赵昌的书启，寄援手于赵昌。《贺赵江陵宗儒辟符载启》是写给荆南节度使赵宗儒的书启，称赞赵任用符载为记室的先举。《上江陵赵相公寄所著文启》是元和五年（810）写给荆南节度使赵宗儒的书启，献上自己所著"杂文十首"，以表衷情。均无与韦执谊相关内容。至于归葬，史实是岳父杜黄裳表奏朝廷，将韦的灵柩运回京兆（长安）家乡安葬。长庆二年（822），韦执谊之子韦绚来夔州向刘禹锡求学，录其谈话，后编为《刘宾客嘉话录》。

吕温虽不属于八司马，但与八司马志同道合，命运相同，也与湖湘关系密切。史载"叔文最所贤重者李景俭，而最所谓奇才者吕温。叔文用事时景俭持母丧在东都，而吕温使吐蕃半岁，至叔文败方归，故二人皆不得用"（韩愈《顺宗实录》）。如果李、吕当时在朝中，一定会参加永贞革新，那八司马就变成十司马了。元和三年，因与宰相李吉甫有隙，吕由刑部郎中贬为道州刺史，因有政绩，元和五年迁衡州，六年八月病卒于衡州

---

① 郭新庆：《柳宗元评传》，上海古籍出版社，2016，第44页。

刺史任上，终年40岁。在道州、衡州任上，他打击豪绅、惩治腐败，使二州上下焕然一新，政绩卓著。柳宗元、刘禹锡与之交往密切。柳宗元说"交侣平生意最亲""衡岳新摧天柱峰，士林憔悴泣相逢"，悼他"志不得行，功不得施。……君之卒，二州之人哭者逾月"。(《故衡州刺史东平吕君诔》)刘禹锡诗云"一夜霜风凋玉芝，苍生望绝士林悲"。后为他编辑文集，共10卷，收诗文两百多篇，并撰《唐故衡州刺史吕君集纪》。

综上所述，八司马除韦执谊之外，其余7人均与湖湘相关，在此任职。柳宗元、韩晔在永州，刘禹锡在朗州，刘禹锡、凌准在连州，程异、韩泰在郴州，陈谏在道州。可知，永、连、郴、道为贬谪核心区。其中，柳宗元、刘禹锡在湖湘生活时间最长、交往最密切、影响最大。

二 柳宗元、刘禹锡对新生活环境的适应及对湘楚文化的接受

1. "南荒"生活环境的体验

柳宗元在永州生活10年，刘禹锡在朗州10年、连州5年，长年在湖湘之间。不可否定，这里是中唐时期贬官较密集的区域，"中唐时期贬官人数达180人之多，集中永州贬官14人"。① 古代王畿外围，每五百里为一区划，按距离分为五等地带，叫五服。其名称由近及远依次为甸服、侯服、绥服、要服、荒服。因为永州偏于国都的南方，距离较远，所以称南荒，又称南蛮、南夷。历史上，楚国也曾被称为蛮夷。柳宗元在永州写有"幸此南夷谪"的诗句。这里远离京城的繁华与喧嚣，多了一份宁静与闲适。杜甫诗"湖南清绝地，万古一长嗟"(《祠南夕望》)。刘禹锡说："潇湘间无土山，无浊水，民秉是气，往往清慧而文。"(《送周鲁儒序》)柳宗元对永州的整体印象是"欸乃一声山水绿""长歌楚天碧""水碧无尘埃"，对美丑混杂的原始荒蛮状态有生动的描写："有石焉，翳于奥草。有泉焉，伏于土涂。蛇虺之所蟠，狸鼠之所游，茂树恶木，嘉葩毒卉，乱

---

① 尚永亮：《唐五代逐臣与贬谪文学研究》，武汉大学出版社，2007，第49、65页。

杂而争植"(《永州韦使君新堂记》)。他"施施而行，漫漫而游。日与其徒上高山，入深林，穷回溪，幽泉怪石，无远不到"（《始得西山宴游记》）。他通过游览来消除苦闷，通过读书写作来"取贵于后"。经过一段时间的适应，心态趋于正常。元和五年（810），"方筑愚溪东南为室"。"筑室茨草，为圃乎湘之西，穿池可以渔，种黍可以酒，甘终为永州民。"（《送从弟谋归江陵序》）他与农夫、渔翁交往，与小孩、老人打成一片，基本上适应了南方的炎热气候与当地人的语言风俗。

  刘禹锡对于参加永贞革新遭贬同样耿耿于怀，但与柳宗元相比，性格要豁达一些，愤懑的表现要平和一些。朗州古名武陵，在唐代属江南西道，濒洞庭湖。"若问骚人何处所，门临寒水落江枫。"他自称"骚人"，吟咏"郁郁何郁郁，长安远于日……潘岳岁寒思，屈平憔悴颜。殷勤望归路，无雨即登山"（《谪居悼往二首》）。他与柳宗元书信往来，以寄二人彼此相忆之苦，并讨论文学、哲学问题。还多次给故旧大臣写信，要求召回，希望得到举荐提拔。他用多种方式调节心理不适，尽可能融入当地百姓中，"在朗州十年，唯以文章吟咏，陶冶情性"（《旧唐书》）。经历了挫折、磨难与坎坷，铸就了"诗豪"之豪情："自古逢秋悲寂寥，我言秋日胜春朝。晴空一鹤排云上，便引诗情到碧霄。"（《秋词》之一）元和十一年（816），刘禹锡任连州刺史，境况有所改观。作为一方大员，他重教兴学，兴修水利，探访农耕，教泽黎民，以实现"功利存乎人民"的理想。应道州刺史薛伯高之请，作《含辉洞述》，与薛通信讨论"书仪"，还因薛之请编多年所集验方为《传信方》两卷，留传至今。道州与连州接壤，刘禹锡是否到过道州、永州，学术界尚无定论。"据县志载，蓝山县塔下寺，始建于唐。寺内原有梦得祠，乃为纪念唐才子刘禹锡而建。"[①]蓝山与连州接壤，据传，刘经常骑马来蓝山礼佛寻幽，与塔下寺的高僧一起参禅悟道。蓝山百姓感其才，为之立祠。梦得祠原建于洪观坦头，后迁建塔下寺内。县人钟燮为之撰有"兔葵燕麦摇春意，舜水都山牵客魂"的对联。对刘禹锡是否到过蓝山、道州还需做进一步的研究。元和十四年（819），其

[①] 吴令升：《天纵的诗才铮铮的人品》，《柳宗元研究》2015年第1期。

母卢氏卒，他奉柩返洛阳。十一月，在衡阳得知宗元逝世的噩耗，悲痛之极，写下《重至衡阳伤柳仪曹》："千里江蓠春，故人今不见。"

2. 尧舜之道、屈贾精神对柳、刘的深远影响

吕温、柳宗元曾拜陆质为师，学习《春秋》；贞元十七年（801），柳宗元、刘禹锡向太学博士施士丐求教《春秋》学问，他们领悟到《春秋集注》等著作的内涵："以圣人为主，以尧舜为的。"（柳宗元《唐故给事中太子侍读陆文通先生墓表》）贬谪途中，柳渡过茫茫洞庭，专程到汨罗凭吊屈原，写下声情并茂的《吊屈原文》："先生之不从世兮，惟道是就……穷与达固不渝兮，夫惟服道以守义。矧先生之悃愊兮，蹈大故而不贰。"赞颂了屈原的优秀品格和坚贞不屈的精神，抒发了对人生忧患的傲视和执意克服的精神。"永州实惟九疑之麓"，他常常仰望九疑，怀念舜帝，表示"唯以中正信义为志，以兴尧舜孔子之道，利安元元为务"（《寄许京兆孟容书》）。永州为舜帝南巡过化之境，九疑为舜帝藏精之处，道德文化的影响源远流长。永州与朗州都地处南楚，屈贾忧国忧民的精神陶冶了多少文人志士，楚越之交的民俗风情，给柳宗元留下不可磨灭的心灵印记。于是，"投迹山水地，放情咏《离骚》"。崇向尧舜，坚持信念，辅时及物，利安元元。这是他生命不息、奋斗不止的力量源泉。

朗州有三闾桥、招屈亭等屈子遗迹。刘禹锡与屈原同病相怜，产生心灵感应，既对屈子表示由衷的敬仰和怀念，也对自己遭贬感到委屈与怨愤。《武陵书怀》引言说"顾山川风物皆骚人所赋，乃具所闻见而成是诗"。诗中回顾历史变迁，描写楚地风物，记述人生往事，抒发内心感触："就日秦京远，临风楚奏烦。南登无灞岸，旦夕上高原。"重返长安是急切的企盼。他借鉴屈子嫉恶刺邪的斗争精神，采用寓言诗的形式表达对当朝权贵的不满，同时，坚持理想，挫而愈坚。"世道剧颓波，我心如砥柱。"他还学习民歌，创作广为传唱的歌谣。陆时雍《诗镜总论》云："刘梦得七言绝，柳子厚五言古，俱深入哀怨，谓《骚》之余派。"《新唐书》载："禹锡谓屈原居沅、湘间作《九歌》，使楚人以迎送神，乃倚其声，作《竹枝辞》十余篇。于是武陵夷俚悉歌之。"

三 柳宗元、刘禹锡对湖湘文化的卓越贡献

1. 从治国安邦之道到民本新论

如果说,《捕蛇者说》描写了蒋氏这一个在赋敛重压下艰难生存的捕蛇者的典型形象,揭露了"死者相藉"的残酷现实,发出了"呜呼!孰知赋敛之毒有甚者是蛇者乎"的呐喊!充分体现了柳宗元关心民瘼,希望赋税改革的思想。那么,《晋问》则采用对答形式,铺叙了晋地文明,赞美了尧之遗风,抒发了自己的政治理想,勾勒出至善至美的小康社会。既满足人民物质生活的需要,又向往中国传统的优良社会风尚,努力构建和谐生活,做到俭朴、谦让、谋虑、和睦、敬戒、淡泊自娱,这都是柳宗元"民利"思想的充分体现。而政论的代表作《封建论》,高屋建瓴,势如破竹,申述唯有实行中央集权的郡县制,国家才能长治久安,一针见血地指出历史上分封制存在的种种弊端,"失在于制,不在政"。对秦王朝的覆灭,他认为"失在于政,不在于制","失不在州,而在兵(藩镇)"。从而提出"善制兵,谨择守,则理平矣"的治国之道,意思是,只要朝廷掌握兵权,慎重地选择任命地方官吏,那么就可以把国家治理好。苏轼说:"宗元之论出,而诸子之论废矣。虽圣人复起,不能易也。"① 王夫之不仅赞同柳宗元以"势"论封建的观点,还在《读通鉴论》中就郡县制的有关问题,如选举任官制、反对封建贵胄特权等发表真知灼见。可知他深受《封建论》的影响。

柳宗元继承了儒家的民本思想,从舜的德治、孝道,孔子的仁爱,孟子的"民为贵,社稷次之,君为轻",继而提出了"利安元元""官为民役""民利民自利"等观点,把我国古代的民本思想发展到一个崭新高度。其要点有三:①将"圣人之道"与"生人之道"紧密联系在一起。他说"贤者之作,思利乎人","仕虽未达,无忘生人之患","安利于人",始终把人民放在中心。章士钊先生将其概括为"人民本位思想",

---

① 吴文治:《柳宗元研究资料汇编》,中华书局,1964,第46页。

接近今天所说的"以人为本"。②颠倒官民关系。在《送宁国范明府诗序》中提出"官为人役"的观点，在《送薛存义序》中做了进一步的发挥，突破了"君为民之本，民为君之臣"的界定，将官与民的统治与被统治关系颠倒为"役"与"主"的关系，破天荒地指出民是雇主，官则是受雇者。民可以罢免、处罚佣者（官吏）。这实质上已从"为民做主"上升到"人民做主"的理论范畴，闪耀着民主思想的光芒。可以说，这是最早的公仆论。③"民利民自利"（《晋问》）。"利民"是统治者施行的"仁政"；"民自利"是民众依据自身的意志不受干扰地生存发展，谋取自身的利益。这远远超越了儒家一般的仁政观念，具有超越时代的理论高度。这与我们今天所讲扶贫不仅要输血，更要增强造血功能如出一辙。

2. "统合儒释"与宋明理学

柳宗元、刘禹锡都喜欢与僧人交往，并互相引见高僧，钻研佛教，探索儒学改革。柳"自幼好佛，求其道积三十年。世之言者罕能通其学，于零陵，吾独有得焉"（《送巽上人赴中丞叔父召序》）。他认为佛教的教理"往往与《易》、《论语》合，诚采之，其于性情奭然，不与孔子异道"（《送僧浩初序》）。他认为儒家的礼义与佛家的戒律是一致的，"儒以礼立仁义，无之则坏；佛以律持定慧，去之则丧"（《南岳大明寺律和尚碑》），并公开提出了"统合儒释，宣涤疑滞"的主张。刘禹锡也公开宣扬"授佛入儒"，他认为佛教有益于教化，是对儒家伦理道德思想的一种补充。尤其是在乱世，佛教的效用就更为显著，它能"革盗心于冥昧之间，泯爱缘于死生之际，阴助教化，总持人天"（《袁州萍乡县杨岐山故广禅师碑》）。我们知道，宋代理学开创者周敦颐"启迪于黄龙，发明于佛印"而"阐发生性义理之精微"（《居士分灯录》卷下）。韩愈对宋明理学的影响得到公认，但很少提及柳宗元、刘禹锡的贡献，有的甚至是批评与排斥。这一现象需要做进一步的深入研究，以恢复学术发展的本来面貌。

张勇博士指出："柳宗元就是唐代'三教融合'思潮中的儒家代表，其基于'辅时及物'立场之上的'三教融合'观，对宋代事功儒学家产生了重要影响，其反'天命论'以及以儒为本融合三教的学术思路对宋明理学的影响也不可低估。柳宗元不但是宋代事功儒学薪火的传递者，而且是宋明理学理性之种的播撒者。"① 并一针见血指出，柳因参加"永贞革新"和"佞佛"为宋儒所诟病，遭人攻击，"以致其在复兴儒学运动中所起的作用也被大打折扣"。② 他认为"柳宗元贡献了两种对宋明理学来说必不可少而又为韩愈所反对的思想：一是反天命论思想；二是以儒为本融合三教的学术思路"。③ 湖南学者李伏清对柳宗元的"统合儒释"做过深入分析，指出："严格来说，尽管韩愈辟佛理论满足宋人夷夏之别的需求，但柳宗元明确'统合儒释'的观念更有利于多元文化背景下'将无同'与'诸道并行不悖'开放文化政策的贯彻，有利于文化的交融互惠和新思想潮流的产生，宋代新儒家大都'出入佛老'而成就周邵张二程朱陆王等丰富而又纷呈的思想奇葩即为例证。"④

3. 从"元气论"到《天说》《天论》

柳宗元在永州写的《天对》，是针对屈原《天问》而作，对关于宇宙、自然和社会历史等一百多个问题进行解答。这是中国历史上对屈原提问做出比较全面而系统回答的唯一一篇，故毛泽东称赞柳宗元"胆子很大"。《天对》说："曶黑晣眇，往来屯屯，庞昧革化，惟元气存，而何为焉！"他认为，日月昼夜，交替运行，永不停息，宇宙从蒙昧混沌的状态变化发展产生万物，只是因为有"元气"存在的缘故，哪里是由谁造成的呢？他还提出："合焉者三，一以统同。呼炎吹冷，交错而动。"其意是说，阴、阳、天三者互相结合，阴阳的互相融合渗透，是由元气来统一的，是在元气内进行的。元气统一体内阴阳两方面采取不同形式的交错渗透，相互作用，就形成寒暑季节变化，生出万事万物。柳把这种对立统一的辩证法与自然物质元气论结合起来，就形成了朴素的唯物辩证法，揭示了元气化生万物，以及自然世界自生自动自变的最终原因，发展完善了汉代王充的元气自然说。清代大学者王船山说："太虚者，本动者也。动以

---

① 张勇：《柳宗元儒佛道三教观研究》，黄山书社，2010，第198页。
② 同上，第199页。
③ 同上，第209页。
④ 李伏清：《柳宗元统合儒学思想研究——兼论中晚唐儒学复兴》，上海社会科学院出版社，2014，第86页。

人动，不息不滞。"① 他认为整个宇宙的运动都是不息不滞，永恒不止的。进而提出了元气不灭即物质不灭思想，把元气论发展到一个新高度。

在传统儒学中，存在"无命论"等唯心主义倾向。韩愈任国史馆修撰时，在《答刘秀才论史书》中，声称做史官"不有人祸，则有天刑"，并表示了消极工作情绪。柳宗元特地写了《与韩愈论史官书》尖锐地批评了他的错误论调，并劝韩愈坚持正道，忠于本职，不要害怕什么天刑人祸。柳宗元在永州还写了《天说》，就"天人之际"问题与韩愈进行辩论。韩愈说天能"赏功罚祸"，是有意志的人格神。柳宗元说这是荒谬的。他认为，天没有意志，天地、元气、阴阳，与人能看到的瓜果、疮疖、草木一样都是物质的，它们的变化都是自然现象，哪来的"赏功罚祸"。"功者自功，祸者自祸"，这是人类自身的行为，与天地没有关系。柳宗元这一阐明天人关系的朴素唯物主义观点在中国哲学史上影响很大。流寓在朗州的刘禹锡，积极参加讨论，接连写了《天论》三篇，就天人关系发表看法。刘禹锡说："天有形之大者也；人，动物之尤者也。天之能，人固不能也，人之能，天亦有所不能也。故余曰'天与人交相胜耳'。"② 天的优势在于滋生万物，人的优势在于治理万物，所以天、人各有所长，在各自领域，谁也不干预谁，谁也不能取代谁，这便是天与人"交相胜"。在此基础上，他进一步指出，人作为最智慧的生物，只要发挥自己的特长，就能战胜天。《天论》指出"法"是"人之能"的最大优势所在，也是胜天的主要武器，"人能胜乎天者，法也"。③ 法制在社会上得到普遍实施，为"人能胜天"提供了公正原则。在天人相分的基础上，刘禹锡提出"天人交相胜，还相用"的论断，将天人关系大大推进了一步，这不仅是湖湘文化上的一段佳话，更是中国哲学史上的学术经典。

4. "文以明道"与创作实践

柳宗元在永州与韩愈一道倡导古文运动，高扬"文者以明道"的旗帜，提倡文风文体变革，并身体力行，推动了唐代散文的发展，对后世影

---

① 王夫之：《船山全书》，岳麓书社，1996，第1册，第1044页。
② 刘禹锡：《刘禹锡集》，山西古籍出版社，2004，第213页。
③ 同上。

响深远。中华书局出版的《柳宗元集》四册共收诗文 678 篇，其中近 500 篇写于永州，加上从长安至永州，永州至长安往返途中写于湖湘的诗歌 12 首，占 80%。据笔者早几年统计，柳有 42 篇诗文选入我国大、中、小学教材，数量之多，各种文体兼备，在古代作家中实属鲜见。读者数以亿计。"韩柳文章李杜诗"（王禹偁《赠朱严》）。2007 年中国书友会、人民网文化频道和搜狐网读书频道共同主办"当代读者最喜爱的 100 位中文作家"评选活动，排名前十位的是李白、屈原、杜甫、曹雪芹、白居易、韩愈、柳宗元、欧阳修、苏轼、王安石。其中唐宋八大家占了一半，也验证了"文章千古，韩柳欧苏"的称誉。

　　刘禹锡也是唐代著名的诗人、作家。他是古文运动的积极参与者。宋代谢采伯说："唐之文风，大振于贞元、元和之时。韩柳倡其端，刘白继其轨。"（《密斋笔记》）刘禹锡的作品保存比较完整，岳麓书社《刘禹锡全集编年校注》收诗 801 首，文 223 篇。其中写于朗州、连州的 200 多篇，超过总数的 1/4。刘的文章以论说文成就最大，包括短小精悍的杂文。散文也有不少佳作，"文隽而膏，味无穷而炙愈出"（刘禹锡《犹子蔚适越戒》引柳宗元说）。刘诗数量多，内容丰富，与白居易齐名，时称"刘白"。莫砺锋教授在《"刘柳"与潇湘》（《复旦学报》（社科版）2018 年第 5 期）一文中，认为刘禹锡与柳宗元诗才相当，谪到潇湘流域的人生经历也高度重合，但两人潇湘诗的成就并不相侔。通过比较分析，认为柳宗元的潇湘诗渗透了更加饱满的感情，其哀婉凄恻的诗风也更加符合潇湘的地理文化背景，从而取得的成就更大。同时指出奠定刘禹锡诗文地位的名篇多数作于他离开潇湘之后。文章有自己独到的见解，应予肯定。但也有值得商榷之处。柳宗元流寓永州，这是潇湘原生处、潇湘核心地带，而刘禹锡所处的朗州属湘、澧之间，在中唐尚未纳入湖南观察使的范围。刘禹锡到连州，属潇湘边缘地带，大历三年（768）改隶广州管辖。生活环境对创作的影响是不言而喻的。柳宗元在永州感受到强烈的楚越风俗，但他不是用具体的意象来反映，而是通过概括性的语言叙说。如"永州居楚越间，其人鬼且机"（《永州龙兴寺息壤记》）。这恐怕与他当时的心态、写作切入点有关。而在柳州，他却写出了《柳州峒氓》等民族特色浓郁的诗歌。刘禹锡以潇湘为题材的作品不多,《潇湘神》委婉凄绝,堪称上乘之作。刘禹锡擅长关注风土人情,吸取民歌营养,创作了《采菱行》《竞渡曲》等系列作品,其中有《莫徭歌》等三首歌咏瑶族生活的诗作,在唐诗的浩瀚海洋中属凤毛麟角。这是柳宗元所不及的。笔者写有《刘柳笔下的瑶族风情与楚越风俗》(《湖南科技学院学报》2019年第3期),可参阅。"巴山楚水凄凉地,二十三年弃置身"。刘禹锡的生活经历更加丰富,所写寄托人生感悟,咏怀历史的佳作颇多,有不少千古名篇,千古名句。"马思边草拳毛动,雕眄青云睡眼开""芳林新叶催陈叶,流水前波让后波""沉舟侧畔千帆过,病树前头万木春""千淘万漉虽辛苦,吹尽狂沙始到金""兴废由人事,山川空地形""莫道桑榆晚,为霞尚满天"等成为经典而流传。蒲宇平《读懂诗人才懂诗》,介绍唐朝十八位重要诗人的生平与故事,刘禹锡与李白、杜甫、孟浩然、王维等名列其中。中央电视台诗词大会,涉及刘禹锡的作品不少,显示了其作品鲜活的感染力。还有两点特别值得称道:一是刘禹锡喜欢交友唱和,曾将自己和白居易、元稹、裴度、令狐楚、李德裕的唱和诗分别编为《刘白唱和集》《洛中集》《吴越唱和集》《汝洛集》《彭阳唱和集》《吴蜀集》等,"流布海内,为不朽之盛事"。二是为挚友吕温、柳宗元编辑文集,编辑医药验方《传信方》两卷,还编录己作40卷,后又删选其中1/4编为《刘氏集略》10卷。他是名副其实的编辑家,文人相亲的楷模。

四 柳宗元、刘禹锡在国内外的巨大影响

1. 柳宗元、刘禹锡是中华历史长河中的两座丰碑

柳、刘因参加永贞革新而遭贬,在湖湘度过了人生的黄金时期。由于政治立场的原因,历史上对永贞革新褒贬不一。宋代王安石说:"余观八司马,皆天下之奇才也,一为叔文所诱,遂陷于不义,至今士大夫欲为君子者,皆羞道而喜攻之。"(《读柳宗元传》)这种观点具有一定的代表性。随着历史的前进,蒙在明珠上的灰尘被拭去,压在伟人身上的石头被搬开。1954年,山东大学教授黄云眉发表长篇论文《柳宗元的文学评价》,以史学与文学相

结合的方法，从肯定王叔文政治革新的历史功绩出发，肯定了柳宗元的进步思想与文学成就。他把王叔文党人与宋代改革家王安石相提并论。1959年，侯外庐主编的《中国思想通史》指出："二王、刘、柳是反对宦官专横、反对当权的官僚大族而进行变更制度的革新派。"1965年6月，章士钊先生完成了长达100万字的著作《柳文指要》。毛泽东阅后，认为"颇有新义……大抵扬柳抑韩，翻二王、八司马之冤案，这是不错的"，"此书可谓解柳全书"。[①] 该书1971年9月由中华书局出版。难能可贵的是，柳宗元、刘禹锡自始至终都表示对王叔文的肯定。柳在永贞革新失败前夕，写了《王侍郎母刘氏志》，借给王母写志文的机会，热情赞扬了王叔文"有扶翼经纬之绩"，"有弥纶通变之劳"，"有和钧肃给之效"，"坚明直亮，有文武之用"。柳宗元在嘱托刘禹锡编辑文集时，保留了此文。无独有偶，刘禹锡在临终时撰《子刘子自传》中，回顾了参加永贞革新的斗争历程，称赞叔文"有远祖风"。"叔文实工言治道，能以口辨移人。既得用，自春至秋，其所施为，人不以为当非"，并简述了与吕温、李景俭、柳宗元的战友情谊。柳、刘两人坚持信仰，志同道合，坚贞不屈，永不放弃。

更难能可贵的是，柳宗元、刘禹锡遭贬后，身为流囚，仍坚持理想，奋斗不息，在极其艰难困顿的条件下，凭借自己坚韧的毅力和不懈的努力，实现了人格的一大转变："由政治斗争中怨抑退屈的牺牲者、失败者，拼搏而成为思想战线、文学领域的创造者、胜利者，从一个供奉朝廷的官吏，成长为代表一代思想学术和文学创作成就的伟人。"[②] 他们在逆境中奋起，刻苦读书，忧国忧民，写下一篇篇精美诗文。"贞元、大和之间，以文学耸动缙绅之伍者，宗元、禹锡而已。"（《旧唐书》卷一六〇）柳宗元被誉为唐宋八大家之一，刘禹锡被称为"诗豪"。他们不仅是中国文学史上的巨峰，还是集哲学家、思想家、政治改革家于一身的民族精英。他们的精神遗产是中华优秀文化及湖湘文化的重要组成部分，无论是鸿篇巨制，还是精美短诗，至今闪烁智慧的光芒，传诵不衰，显示了强大的生

---

① 毛泽东：《毛泽东书信选集》，人民出版社，1983，第603页。
② 孙昌武：《柳宗元研究文集·序》，广西人民出版社，2005，第1页。

命力。

2. 柳宗元是具有世界影响力的历史文化名人

改革开放40多年来，柳学研究掀起新一轮高潮，迈上新的台阶。从1981年10月在永州召开全国柳宗元学术讨论会，到2017年9月在西安西北大学举行中国柳宗元研究会第八届年会暨国际学术讨论会，一共召开了13次规模较大的全国（国际）柳宗元学术讨论会，为柳学研究起到了推动的作用。中国柳宗元研究会首任会长梁超然教授指出：柳学已走出国门，"可以说柳宗元的文化遗产已具有世界意义"；柳学"犹如外国文学研究中的莎学，中国文化研究中的红学、杜学、李白学、关学一样"。[①] 在海峡两岸暨港澳有一大批从事柳学研究的学者，在日本、韩国、俄罗斯、美国、马来西亚、新加坡、法国等国，也有一些专家研究柳宗元及其作品。近40年，出版的各类专著上百部，发表的论文3000余篇。一批硕博论文以柳宗元为选题。柳学研究取得了丰硕成果。从美国著名汉学家倪豪士的《柳宗元》（1971），到日本柳学专家户崎哲彦的《亚洲的卢梭——柳宗元》（2018），境外学者从全新的角度来诠释柳宗元，做全面开拓与深入掘进。日本岛根大学教授户崎哲彦，一生以柳学为事业，多次来永州，他说：柳宗元不仅是永州的，也是中国的，更是世界的。《永州八记》总共不过几千字，而他的《柳宗元永州山水游记考》（1993），洋洋150万言。可见他花费的精力与心血。2018年日本山川出版社出版了一套丛书，介绍全世界从古至今的100个伟人，以近现代的思想家为主，柳宗元有幸入选，并由户崎哲彦撰稿。作者称赞柳宗元为"亚洲的卢梭"，在世界100位传主中排名17位。《亚洲的卢梭——柳宗元》为一本小册子，分为六个部分：唐代的意见领袖柳宗元；顺宗政权与其改革；从无神论者到政治思想家；官吏公仆论与其前后；人民与国家与君主之关系；任职柳州刺史及其离世。每一部分都配有相关的文献资料，包括人物简介、历史事件、名称解释、子厚著作，图文并茂，力图从立体的角度全方位展示柳宗元的思想光辉。

---

① 梁超然、谢汉强：《国际柳宗元研究撷英》，广西人民出版社，1994，第3页。

3. 柳宗元、刘禹锡将成为湖湘文化的亮丽名片

李翱曾说:"翱昔与韩吏部退之为文章盟主,同时伦辈,惟柳仪曹宗元、刘宾客梦得耳。"(《唐故中书侍郎平章事韦公集纪》)孙昌武教授说:"'二王、刘、柳'中的刘禹锡是柳宗元一生中最为亲密的友人,是一代可与柳宗元比肩的卓越的思想家、文学家、政治家。"[①] 卞孝萱、卞敏《刘禹锡评传》指出:"刘禹锡是一位对哲学、经学、书法、音乐、佛教、天文等都有研究的文学家,是个多才多艺的人。"近一百年来,刘禹锡研究取得不少的成果。早在唐代,刘禹锡的著作已传入日本。宋代黄庭坚、苏轼、陆游等大家都受过刘的影响。清新自然的竹枝词影响深远,历代模仿者不绝在当代,连州、常德已成立刘禹锡研究学会,有学者将刘禹锡与柳宗元、亚里士多德等进行比较研究,随着研究的不断深入,刘禹锡一定会引起国内外学者的兴趣,产生越来越广泛的影响!

叶德辉论湘学曾说:"湘学肇于鹙熊。成于三闾,宋则濂溪为道学之宗,明则船山抱高蹈之节。"(《答人书》)湖湘文化是中华文化的重要组成部分,与中华五千年文明史相吻合,其源头是炎帝文化、舜帝文化。柳宗元、刘禹锡是"八司马"的杰出代表,在中华文化史上的地位与影响得到广泛公认,柳宗元、刘禹锡必将成为湖湘文化的亮丽名片。

[①] 孙昌武:《柳宗元评传》,南京大学出版社,1998,第56页。

顾少连、杜黄裳与柳宗元的为人与为文

万德敬*

摘　要：顾少连是柳宗元的座主，杜黄裳是柳宗元的父执。这两人公忠体国，在裴延龄炙手可热的时代都曾经与之做过斗争。顾、杜二人对柳宗元的为人与为文都产生了一定的影响。

关键词：顾少连　杜黄裳　柳宗元

顾少连与柳宗元

顾少连，字夷仲，苏州吴人。举进士，尤为礼部侍郎薛邕所器，擢上第，以拔萃补登封主簿。邑有虎孽，民患之，少连命塞陷阱，独移文岳神，虎不为害。御史大夫于颀荐为监察御史。德宗幸奉天，徒步诣谒，授水部员外郎、翰林学士。再迁中书舍人，阅十年，以谨密称。尝请徙先兆于洛，帝重远去，诏遣其子往，且命中人护葳葬役。[①]

从《新唐书》本传可知，进士出身的顾少连（741—803）是一位良吏，通理遂性，其移文岳神、虎不为患一事，颇具传奇色彩。惜乎其文不存，不然可与韩愈《祭鳄文》相媲美。贞元四年，顾少连曾与吴通微、吴通玄、韦执谊并知制诰。顾少连在翰林时的为人："阅十年，以

---

*　作者简介：万德敬，文学博士，曲阜师范大学文学院教授。著有《袁凯集编年校注》。
①　《新唐书》卷一六二《顾少连传》，中华书局，2003，第4995页。

谨密称。"根据傅璇琮先生的分析,"德宗朝前期的翰林学士,陆贽以直言称,终遭冷遇贬斥;吴通玄好于交结,亦致厄运。顾少连当有鉴于此,以周密、谨审自约"①。但这样一位以谨密为人称道的顾少连,却敢于对裴延龄宣战。

> 裴延龄方横,无敢忤者。尝与少连会田镐第,酒酣,少连挺笏曰:"段秀实笏击贼臣,今吾笏将击奸臣!"奋且前,元友直在坐,欢解之。②

在裴延龄炙手可热的时代,顾少连敢于同他进行公开的斗争,由此可见其胆略过人,可惜他的袭击被元友直给化解了。元友直是元结的儿子,大历进士出身。据《唐尚书省郎官石柱题名考》卷十三"度支郎中":

> 《元和姓纂》二十二"元":"容府经略、兼中丞元结生友直,为京兆府,太原人。"《会要》七十六:"建中元年,贤良方正能直言极谏科元友直及第。"《纬略》同。《文苑英华》百八十八有元友直《春试小苑春望宫池柳色诗》。《资治通鉴》唐纪四十八:"贞元三年七月,以度支员外郎为河南、江淮南句勘两税钱帛使。"又四十九:"四年二月,元友直运淮南钱帛二十万至长安,李泌悉输之大盈库。"又云:"元友直句检诸道税外物,悉输户部。"顾况《左仆射韩滉行状》:"关中初复,抗表请献军粮二十万斛,从本道直至渭桥。公命判官元友直草创运务,部勒趋程。"③

这则资料显示元友直长期从事经济领域的工作。因为工作关系同裴延龄打交道比较多。在顾少连准备击打裴延龄的过程中,元友直充当了和事佬的作用。显然,他是顾少连与裴延龄对立的双方都能接受的一个人物。

---

① 傅璇琮:《唐翰林学士传论》,辽海出版社,2005,第324页。
② 《新唐书·顾少连传》,第4995页。
③ (清)劳格、赵钺著,徐敏霞、王桂珍点校《唐尚书省郎官石柱题名考》,中华书局,1992,第679页。

顾少连、杜黄裳与柳宗元的为人与为文

顾少连袭击裴延龄事发生在其任吏部侍郎期间,在这之前他曾任职翰林学士。顾少连出翰林院在贞元八年四月,① 出院第二年即贞元九年知贡举,是年,柳宗元及第。顾少连袭击裴延龄一事,子厚必有耳闻。顾少连与裴延龄的斗争还有一个故事。

> 裴延龄恃恩轻躁,班列惧之。唯顾少连不避延龄。尝画一雕,群鸟噪之。以献。德宗知众怒,益信之,竟不大用。②

在这则材料中,顾少连采取的斗争形式别出心裁,他以漫画的方式向德宗表明奸佞裴延龄的处境。昏庸的德宗更加信赖裴延龄,这是顾少连这样的良吏所痛心疾首的。

顾少连是柳宗元、吕温等人的座主。"贞元九年、十年,顾少连以礼部侍郎知贡举,取进士六十人,诸科十九人。"(柳宗元《与顾十郎书》旧注)③ 贞元二十年,吕温撰有《祭座主故兵部尚书顾公文》(《全唐文》卷六三一)。柳宗元贞元九年(793)中进士,对这种知遇之恩更是念念不忘。其《送苑论登第后归觐诗序》:"小司徒顾公守春官之缺,而权择士之柄。明年春,同趋权衡之下,并就重轻之试。……二月丙子,有司题甲乙之科,揭于南宫,余与兄又联登焉。"孙注:"户部侍郎顾少连权礼部侍郎,知贡举。"柳宗元又有《与顾十郎书》向少连的儿子言及顾少连的恩德。④

> 赖中山刘禹锡等,遑遑惕忧,无日不在信臣之门,以务白大德。顺宗时,显赠荣谥,扬于天官,敷于天下,以为亲戚门生光宠。(旧注:"少连赠尚书左仆射,谥曰敬,则谥赠之荣,亦诸门生之力欤!")⑤

---

① (唐)丁居晦《重修翰林学士壁记》中载:"顾少连。建中四年,自水部员外郎充。贞元四年二月,加知制诰。七年,迁中书舍人。八年四月,改户部侍郎,赐紫金鱼袋,出院。"
② (宋)王谠撰,周勋初校证《唐语林校证》,中华书局,1997,第541页。
③ 《柳宗元集》,中华书局,1979,第805页。
④ 据《新唐书》,顾少连的儿子有顾师闵和顾师邕。注家以为顾十郎为顾师闵。
⑤ 《柳宗元集》,第805页。

该书信言及"大凡以文出门下，由庶士而登司徒者，七十有九人"。这与吕温《祭座主故兵部尚书顾公文》所言顾少连所选拔的新进"凡在京兆，一十九人，四忝御史，三为谏臣"是基本吻合的。刘禹锡、柳宗元、吕温、李逢吉这些门生称赞顾少连"刚健中正，内外和明"。结合多方面的材料来看，所言不虚。比如《新传》云：

> 改京兆尹。政尚宽简，不为灼灼名。先是，京畿租赋薄厚不能一，少连以法均之。迁吏部尚书，封本县男，徙兵部。为东都留守，表禁苑及汝闲田募耕以便民，阅武力，利铠仗，号良吏。卒，年六十三，赠尚书右仆射，谥曰敬。①

顾少连仁政爱民这些优良的政治品质肯定会对柳宗元产生沁染作用。在唐代，座主与门生的关系极其重要，几乎一荣俱荣，一损俱损。② 当时的体制和制度把举主、座主与门生、故吏的政治生命紧紧地连在一起。子厚后来在永州时有求于少连之子，可见与其父子渊源之深。

柳宗元元和九年在永州曾作《段太尉逸事状》及《与史官韩愈致段秀实太尉轶事书》，这两个文学作品的创作动机应该有顾少连的因素。本文试做如下探析。

段秀实，德宗建中元年入朝为司农卿，建中四年，朱泚之乱中殉国。乱平，德宗于兴元元年（784）追赠其为太尉。贞元九年至十一年，柳宗元居丧期间，曾去邠州看望在邠宁节度使幕府任职的叔父缜，顺便考察了段秀实当年任职的地方，了解到了段的一些情况。"吾尝出入岐、周、邠、鄠间。"（《段太尉逸事状》）"窃自冠好游边上，问故老卒吏，得段太尉事最详。"（《与史官韩愈致段秀实太尉轶事书》）子厚此行是因为"少

---

① 唐代谥号为"敬"的朝臣共有37人，见《唐会要》卷八十"谥法下"。据谥法："令善典法曰敬，众力克就曰敬，夙夜警戒曰敬，夙夜就事曰敬，夙兴夜寐曰敬，斋庄中正曰敬，广直勤正曰敬，难不忘君曰敬，陈善闭邪曰敬，寿命不迁曰敬。"见（宋）王溥《唐会要》，上海世纪出版股份有限公司上海古籍出版社，2006，第1735页。
② 关于座主与门生的关系，可参见陈寅恪的论述。见《白氏长庆集》一六《重题〈草堂东壁〉七律四首》。

孤，移其孝于叔父"（《故叔父殿中侍御史府君墓版文》）。此时，段秀实已是名满天下的忠烈，因为此前唐德宗有《赠太尉段秀实纪功碑》：

> 朕宅帝位之五载，孟冬十月，贼臣朱泚，反天悖人。……（段）语未绝音，奋笏前击。……段公之死，所以励当今，传不朽也。乃诏有司册赠太尉，谥曰"忠烈"。①

皇帝赠官，老卒感念，朝野上下对段秀实事迹有广泛的传播。而顾少连当年袭击裴延龄时引用了段秀实袭击朱泚这一历史事件作为榜样，肯定产生了舆论效应。这些也构成了柳宗元创作《段太尉逸事状》及《与史官韩愈致段秀实太尉轶事书》的一个潜在动因。子厚在文中没有言明，可能是出于某种顾忌。文献中虽然记载柳宗元"俊桀廉悍"，但我们见到的柳集之中，对于当时的一些反面角色如李实、卢杞、裴均等，柳宗元并没有口诛笔伐，相反，倒是有一些称许的文字，这些可见人事关系的复杂。

杜黄裳与柳宗元

杜黄裳（739—808），字遵素。进士出身。又中博学宏词科。在顾少连去世之后，杜黄裳为其作《东都留守顾公神道碑》，可见杜与顾之间的关系不同寻常。杜所作的碑文中有这样的一段文字：

> 时有权臣怙宠，人多附丽。公面折其短，数而绝之。群臣为危，正直不挠。②

文中所言权臣即裴延龄。杜氏讴歌顾少连同裴延龄进行斗争，这一点可见其鲜明的政治立场。他早年在政治高端亦与裴延龄不谐。"入为侍御

---

① （清）董诰：《全唐文》，中华书局，1983，第594页。
② 《全唐文》，第4883页。

史，为裴延龄所恶，十期不迁。贞元末，拜太子宾客，……为太常卿。"①又据《唐语林》卷三《方正》载：

> 裴操者，延龄之子，应鸿辞举，延龄于吏部候消息。时苗给事及杜黄门同时为吏部知铨，将出门，延龄接见，探侦二侍郎口气。延龄乃念操赋头曰："是冲仙人。"黄门顾苗给事曰："记有此否？"苗曰："恰似无。"延龄仰头大呼曰："不得，不得！"敕下，果无名操者。刘禹锡曰："当延龄用事之时，不预实难也。非杜黄门谁能拒之？"②

杜黄门即杜黄裳，他官职最高时拜门下侍郎、同中书门下平章事。秦汉时代，宫门多为黄色，故称黄门。内臣及近臣有黄门侍郎一职。隋唐时代，黄门侍郎隶属于门下省，唐玄宗时改门下侍郎。后人喜欢沿用古称，所以在上面这则唐代文献中以黄门称杜黄裳。杜黄裳拒录裴延龄之子，事在贞元七年。这让刘禹锡这样的文士衷心钦佩。但柳宗元为什么没有对此发表看法呢？更有意思的是，被杜黄裳拒录的裴操，在贞元十三年又被吕渭擢第。③

> 吕渭，字君载，河中人。……贞元中，累迁礼部侍郎。……又与裴延龄为姻家，擢其子操上第，会入阁，遗私谒之书于廷。④

原来吕渭与裴延龄是儿女亲家。据柳宗元《吕侍御恭墓志》，吕渭的儿子吕恭：

> 妻裴氏，户部尚书延龄女。有丈夫子三人，曰爽，曰瑰，曰特。

---

① 《新唐书》卷一六九《杜黄裳传》，中华书局，2003，第5145页。
② 《唐语林校证》，第195页。
③ 据柳宗元《吕侍御恭墓志》旧注："贞元十三年，（吕渭）为礼部尚书，知贡举，擢裴延龄子操居上第。"
④ 《新唐书》卷一六〇《吕渭传》，中华书局，2003，第4966页。

> 女人三人，曰环，曰鸾，曰倩。皆幼，行于道。①

在这篇墓志里我们能够清晰地看到关于吕恭名字、性格、习染、肖貌等一些资料："恭，字敬书，他名曰宗礼，或以为字。实惟吕氏宗子，尚气节，有勇略，不事小谨，读纵横书。……"被柳宗元称为豪杰的吕恭为什么娶奸佞裴延龄的女儿？这确实让后人感到不可思议。后来苏轼说"柳宗元敢为妄诞"。其实，柳宗元与吕氏父子有一层亲戚关系。吕渭的续弦是柳宗元的一位堂姑。② 这样看，柳宗元与吕温、吕恭兄弟是表兄弟。并且柳宗元与吕氏兄弟交契甚深。这样我们就可以解释柳宗元不可能对他的表弟兼好友吕恭的岳丈裴延龄有很直白的否定性文字了。

但柳宗元父子与杜黄裳均有很深的交谊。柳镇曾与杜黄裳同在郭子仪幕府。在柳宗元《先君石表阴先友记》中，杜黄裳的排名还是很靠前的。

> 杜黄裳，京兆人。弘大人也，善言体要。为相，有墙仞，不佞。以谋克蜀。加司空。③

由此可见，子厚对杜黄裳钦敬有加。④ 从前面的材料可知，贞元七年，杜黄裳拒录裴延龄之子，这极大地维护了当时科考的公平公正，这会对有真才实学的人以极大的鼓舞。贞元八年，陆贽知贡举，取韩愈等二十三人为进士，"皆天下选，时称'龙虎榜'"（《新唐书》卷二〇三《欧阳詹传》）。贞元九年，顾少连知贡举，刘、柳等人及第。在这之前，柳宗元

---

① 《柳宗元集》，第256页。
② 这种人事关系，见吕温《唐故湖南团练观察处置等使通议大夫使持节都督潭州诸军事守潭州刺史中丞赐紫金鱼袋赠陕州大都督东平府君夫人河东郡君柳氏墓志铭并序》，《唐文拾遗》卷二七。
③ 《柳宗元集》，第299页。
④ 柳宗元在以后的文章里还提到过杜黄裳："司空杜公联奉崇陵、丰陵礼仪，再以（裴墐）为佐，离纷厖，导滞塞，关白执事，条直昱遂。司空拱手以成。"（《唐故万年令裴府君墓碣》）这是贞元二十一年与元和元年的事情，德宗与顺宗相继去世，杜黄裳两次充当礼仪使安排帝王的安葬工作，柳宗元的二姐夫裴墐两次被杜黄裳调任为助手。裴墐的工作干得非常得力，杜赏识有加。

的科考之路非常坎坷，他自己在《与杨诲之第二书》中说：

> 吾年十七求进士，四年乃得举。二十四求博学鸿词科，二年乃得仕。其间与常人为群辈数十百人，当时志气类足下，时遭讪骂诟辱，不为之面，则为之背。①

柳宗元对当时的科举招生情况有相当严厉的批判，他曾一针见血地指出："今夫取科举者，交贵势，倚亲戚……走高门，邀大车"（《送娄图南秀才游淮南将入道序》）。但即使这样，我们说贞元年间科考风气相对于整个唐代来讲还是比较清肃的。这一点从刘禹锡为柳宗元的集子所作的序里就可以得到验证。

> 贞元中，上方响文章，昭回之光，下饰万物。天下文士，争执所长，与时而奋，粲焉如繁星丽天。（刘禹锡《河东先生集序》）

贞元年间的这种文学胜景应该归功于杜黄裳、顾少连以及陆贽这样的人秉公而录。假使当时没有杜黄裳这样的人主持公道，像柳宗元这样的士子还会有考下去的勇气吗？很难回答。

小　结

顾少连、杜黄裳是德、顺、宪时期非常重要的两位大臣，他们对柳宗元的为人与为文起到了不可忽视的沁染、感召和激励的作用。

---

① 《柳宗元集》，第856页。

伸长黜奇，援佛济儒

——柳宗元"统合儒释"思想试论

王玉姝[*]

内容提要：柳宗元幼时接受正统的儒家思想教育，秉持儒家的功业之心。但在佛教隆盛的时代背景中，受家庭和社会的双重影响，他精通佛理，看到儒佛二家思想皆可以"佐世"，因此提出"统合儒释"的理论主张。柳宗元同时发掘出二家思想在关于"孝道""乐山水而嗜闲安""诚心"等方面有相通之处，于是他积极将统合儒释思想应用于社会实践之中，并实现了佛教"佐世"的社会功用。因此，柳宗元认为"佛"可以"佐教化"，能够实现儒家政治教化的目的。

关键词：柳宗元　统合儒释　儒释相通　援佛济儒

柳宗元，唐代伟大的文学家，"唐宋八大家"之一，文学事业和理论探索皆有突出成就。然而他一生仕途坎坷，从"始以童子有奇名与贞元初"[①]，到集贤殿正字，后以礼部员外郎身份参加"永贞革新"，及至"叔文败，与同辈士人俱贬。宗元为邵州刺史，在道，再贬永州司马"[②]，从此开始了漫长的贬谪生涯。柳宗元所经历的代宗、德宗、顺宗、宪宗四位

---

[*] 作者简介：王玉姝，文学博士，白城师范学院文学院讲师，（韩国）东国大学博士后研究人员，研究方向为佛禅与中国文学。代表作品：《宋人之柳宗元研究文献辑录》。
① 卞孝萱校订《刘禹锡集》，中华书局，1990，第237页。
② 《旧唐书》，中华书局，1975，第4214页。

帝王都雅好佛教甚至佞佛。帝王的尊崇无疑助长了佛教的声势，当时的佛教已经成为社会生活的一部分，在社会各个阶层尤其是士大夫之中产生了广泛的影响。柳宗元京城为官之时，就与佛门之人有所交往，贬谪南荒后，于佛理禅思和佛教信仰都愈见精进。柳宗元看到儒释二家思想的相通之处，提出"统合儒释"的主张，并在贬谪生涯中身体力行，验证佛可以"佐教化"、实现"丰佐吾道"的社会功用，因此其"统合儒释"的实质是"援佛济儒"。

一 儒家思想，根深蒂固

柳宗元先辈乃河东解县，自称其家族"世德廉孝，扬于河浒，士之称家风者归焉"①，他从小接受正统的儒家教育，儒家思想早已深植于其内心。祖上历代游宦为官，在没有经历武则天严酷的政治斗争之前，属于名门望族，"柳族之分，在北为高。充于史氏，世相重侯"②，柳宗元父亲柳镇一生饱读诗书，以儒家思想教育后人，岳父杨凭一家同样属于显宦之门地，因此他一直秉持儒家思想，并立"重振吾宗"之愿望。

柳宗元以积极的态度对待人生，一生参加了两项重大活动：永贞革新和古文运动，这当然与他儒家的功业思想有关。他谓自己"勤勤勉励，唯以中正信义为志，以兴尧舜孔子之道，利安元元为务"③，同时他积极仕进，热衷功名，"少时陈力希公侯，许国不复为身谋"④，力图实现自己"致大康于民，垂不灭之声"⑤的政治理想。即使是在被贬之后，依然"无忘生人之患"⑥，关心民众疾瘼的儒家思想在其作品中俯拾皆是。被贬南荒之后，他时刻寻找"量移"之机，渴望重新回到朝廷以实现其一己之

---

① （唐）柳宗元撰，韩文奇、尹占华校注《柳宗元集校注》，中华书局，2013，第755页。
② 《柳宗元集校注》，第710页。
③ 《柳宗元集校注》，第1955页。
④ 《柳宗元集校注》，第2997页。
⑤ 《柳宗元集校注》，第2192页。
⑥ 《柳宗元集校注》，第2107页。

抱负。"投迹山水地，放情咏离骚"①，他以屈原自况，可见其对朝廷的衷心与热爱。同时他按照儒家的道德标准约束自己的日常生活，丧妻之后不再续娶，却愿"娶老农女为妻，生男育孙"②以延绵子嗣，作品中没有提及子女的生母，恐是因为其地位之卑微，可见儒家传统的尊卑和伦理观念对他的深远影响。

同时柳宗元的作品中出现了众多关于孔子儒家教化的内容。

> 使仲尼之志之明可得而夺，则庸夫矣。③
> 彼孔子者，覆生人之器者也。④
> 尼父戮齐而诛卯兮，本柔仁以作极。⑤
> 惟夫子极于化初，冥于道先，群儒咸称，六籍俱存。⑥
> 得位而以《诗》，《礼》，《春秋》之道施于世，及于物，思不负孔子之笔舌，能如是，然后可以为儒。⑦

柳宗元二十四岁参加博学宏词科考试，为官后积极参加"永贞革新"运动，失败后被贬为永州司马。他借佛教经典和佛家禅理来安慰自己饱受创伤的心灵，如章士钊先生所言："子厚自幼好佛，并不等于信佛，求其道三十年而未得，自不足言信仰。"⑧无论仕途如何坎坷，他依然秉持儒家的济世思想，心存忧患，不忘回都以报效朝廷。作为士大夫当中的一员，他看到了儒释二家的相通之处，提出"统合儒释"的理论主张。

---

① 《柳宗元集校注》，第2930页。
② 《柳宗元集校注》，第2009页。
③ 《柳宗元集校注》，第236页。
④ 《柳宗元集校注》，第331页。
⑤ 《柳宗元集校注》，第106页。
⑥ 《柳宗元集校注》，第376页。
⑦ 《柳宗元集校注》，第1649页。
⑧ 章士钊：《柳文指要·上卷》，文汇出版社，2000，第599页。

二 儒释相通，通而同之

柳宗元在京师应举为官之时，时值德宗李适举行"三教讲论"，朝野上下的崇佛之气一片盎然。文畅、灵澈等僧侣常常出入于官场，因此柳宗元与其结交并有诗文唱和，在《送文畅上人登五台遂游河溯序》中：

> 昔之桑门上首，好与贤士大夫游，晋宋以来，有道林、道安、远法师、休上人，其所与游，则谢安石、王逸少、习凿齿、谢灵运、鲍照之徒，皆时之选。由是真诚法印，与儒典并用，而人之向方。①

他称赞僧人与士大夫之间的交往，对儒释之间交流的传统加以肯定，并认为"真诚法印，与儒典并用，而人之向方"，彼时的儒释二家就已经开始有了融合，而且当时谢安石、王逸少、习凿齿、谢灵运、鲍照等与佛门之人皆有交往。文畅、灵澈等都是有作为的僧侣，柳宗元与他们相往来并有诗文赠答。

> 又从而谕之曰：今燕、魏、赵、代之间，天子分命重臣，典司方岳，辟用文儒之士以缘饰政令，服勤圣人之教，尊礼浮屠之事者，笔笔有焉。上人之往也，将统合儒释，宣涤疑滞。②

柳宗元正式提出"统合儒释"的主张。据韩愈《送浮屠文畅师序》所言："浮屠师文畅喜为文章，其周游天下，凡有行，必请缙绅先生以求咏其所志。贞元十九年春，将行东南，柳君宗元为之请。"③ 从此可见，柳宗元提出"统合儒释"的主张，最早是在贞元十九年（803）春，此时正是他在长安为政时期。"服勤圣人之教，尊礼浮屠之事"，折射出其对于

---

① 《柳宗元集校注》，第 1667 页。
② 《柳宗元集校注》，第 1667~1668 页。
③ 韩愈撰，马其昶校注，马茂元整理《韩昌黎文集校注》，上海古籍出版社，2014，第 282 页。

亦儒亦佛的生活是持赞赏态度的，同时儒释二家具有相同的作用，即"缘饰政令"。在佛教之中包含着与儒家圣人之道相通的内容，且"有益于世"，这是"统合儒释"的基础。儒释二家如何统合？要"宣涤疑滞"，即取其有益于世的内容，摒弃它不利于世用的方面，要取其精华，去其糟粕。吕思勉先生曾说："世皆以汉世儒学盛行，魏、晋以后，玄学、儒学起而代之，其实非是。此时之儒家，实裂为两派：有思想者，与玄学、儒学合流，无思想者，则仍守其碎义难逃其旧耳。"① 柳宗元可以称得上是其中的"有思想者"。

柳宗元提出"统合儒释"的主张，是因为他看到儒释二家有相通之处，如孝道、安贫乐道的生活态度，以及处世之道中的"诚"等。

佛教初始来华之时，有着强烈的"异邦"色彩，比如出家人不能结婚生子等，这就与我们传统儒家的"孝道"相悖。原始佛教为了求得在中土的发展，于是不断调整自身的戒律和教理，在唐以前就已开始提倡孝道。柳宗元在《送元暠师序》中，尤其对孝道加以了肯定。

> 余今观近世之为释者，或不知其道，则去孝以为达，遗情以贵虚。今元暠衣粗而食菲，病心而墨貌。以其先人之葬未返其土，无族属以移其哀，行求仁者，以冀终其心。勤而为逸，远而为近，斯盖释之知道者欤？释之书有《大报恩》七篇，咸言由孝而极其业。世之荡诞慢诡者，虽为其道而好违其书，于元暠师，吾见其不违且与儒合也。②

元暠是"孝僧"，"衣粗而食菲，病心而墨貌"，是因"其先人之葬未返其土，无族属以移其哀"，进而道出他此种状况的缘由所在，是他的"孝"："释之书有《大报恩》七篇，咸言由孝而极其业。"通过元暠践行"孝僧"这一被世人所敬仰的高尚之举，柳宗元批评了那些"去孝以为达，遗情以贵虚"的佛徒们，他体会到了在提倡"孝道"这一点上，佛

---

① 吕思勉：《隋唐五代史》（卷下），上海古籍出版社，2005，第1083页。
② 《柳宗元集校注》，第1691页。

教是"不违且与儒合也",即佛门并不是没有孝道,批判了当时反佛者对佛教的攻击。清代的焦循评价此文为"有益世教之文。"

儒家的伦理体系中,"孝"是秉持儒家思想的人所尊崇的最高尚的准则,而佛家却认为"空"才是终极目标。在《送濬上人归淮南覲省序》中:"金仙氏之道,盖本于孝敬,而后积以众德,归于空无。"① 因此,若要儒释二家在"孝"这一方面"统合",就要解决释门中"空"的问题。柳宗元用体用关系来论证"孝"与"空无"的关系:"孝"是修行,是一种实践,正是"体用"中的"用",由"体"至"用",由"用"归"体",从而达到"体用不二","体"指诸法本性,是不变的,没有分别的,而"用"则是佛法的作用。② 所以柳宗元又说:

> 诲于生灵,触类蒙福,其积众德者欤?覲于高堂,视远如迩,其本孝敬者欤?若然者,是将心归空无,舍筏登地,固何从而识之乎?③

柳宗元突出了佛经中"孝"的作用,通过"孝"可以最终达到涅槃解脱的境界,从而使佛门之人最终证得涅槃,也就是"孝"帮助佛家实现了它的终极目的。这是儒家对佛教所起到的强大作用,帮助佛门中人最终证得涅槃,可见"孝"在释门中的作用。对于秉持儒家济世思想的柳宗元而言,他着重突出强调"孝"的作用,无疑是证明佛门之"孝"对儒家的作用,即"孝"可以反作用于儒家,规范儒家的伦理纲常。柳宗元极力证明佛门中并不是没有或缺乏"孝道",对儒家道统论者的排佛进行了反驳,看出柳宗元为"统合儒释"所做出的努力。

在《送僧浩初序》中,柳宗元论及"且凡为其道者,不爱官,不争能,乐山水而嗜闲安者为多。吾病世之逐逐然唯印组为务以相轧也,则舍是其焉从",④ 佛教徒高深的修养符合传统儒家的生活态度。在柳宗元看

---

① 《柳宗元集校注》,第 1703 页。
② 《顿悟入道要门论》中有:"净者,本体也;名者,迹用也。从本体起迹用,从迹用归本体,体用不二,本迹非殊。"所以道:"本迹虽殊,不思议一也。"
③ 《柳宗元集校注》,第 1704 页。
④ 《柳宗元集校注》,第 1681 页。

来，佛门之人内心旷达，恬静自适的生活态度，与当时官场中互相倾轧、腐化堕落、贪婪成性的黑暗现实形成了鲜明的对比，佛门之地的清净，是现实生活的官场所无法企及的。这正是儒释二家的相通之处，既然佛门之人"乐山水而嗜闲安"，则也是贬谪之人的排解忧患的方式，因此清代的林云铭评价柳宗元和韩愈对待佛教是"非弃儒而从其教也"，"以不诡于儒为主。"更见证了柳宗元是以佛家思想来辅佐儒家教化的思想。

传统儒家的安贫乐道思想在《送玄举归幽泉寺并序》中亦有所体现，"佛之道大而多容，凡有志乎物外而耻制于世者，则思入焉"[①]。佛法的兼容并包，给那些在尘世中奔走，追名逐利之人提供了一个心灵的避难所，在这个避难所里，人心从所追逐的事务中得以解脱，心灵得以净化，即重归本心。外在是说"佛"，柳宗元又何尝不是在说"自己"，"幽泉山，山之幽也。间其志而由其道，以遁而乐，足以去二患，舍是又何为耶？""二患"即"牵于物，制于世"，如此的淡泊名利，与世无争，在传统儒家典籍中，同样有所记载，如：

不易乎世，不成乎名。遁世无闷，不见是而无闷。（《易经·乾卦》）
君子居易而俟命。（《中庸》）
智者乐水，仁者乐山。（《论语·雍也》）

柳宗元看到了儒释二家的相通之处为："浮屠诚有不可斥者，往往与《易》《论语》合。"传统儒家所倡导的"不戚戚于贫贱，不汲汲于富贵"的那种安贫乐道的思想，正和佛家的"乐山水而嗜闲安"相契合。柳宗元在遭到贬谪之后，流露出对仕宦无门的忧虑，同时他又对官场中的黑暗腐朽有着深刻的认识，于是，他有了避开尘世之念，也借佛教来安慰自己经受了创伤的心灵。安闲自得的田园生活正是柳宗元摆脱现实苦恼的"终南捷径"，正如陶公的"久在樊笼里，复得返自然"的欢喜，自己的人生所经受的打击给他的启示是：只有在无欲无求的佛门清净之地，才能涤除尘虑，

---

① 《柳宗元集校注》，第 1701 页。

忘怀得失,从而回归本心自性。佛教让人泯灭是非荣辱,在花开花落、云卷云舒的自然之境中,达到忘我之境,这恰恰就是儒家的"乐山水而嗜闲安""仁者乐山,智者乐水"之意境,使忧心之人得到了解脱与安慰。

柳宗元所看到的儒释二家的可调和之处,还有"诚",此乃儒家所尊奉的道德准则。《龙兴寺修净土院记》曰:"有能诚心大愿,归心是土者,苟念力具足,则往生彼国"①,能否"往生彼国",则基于是否有"大愿"和"归心",如果"念力具足",则可实现自己的愿望,但这愿望实现的桥梁——"大愿""归心"都在是否有"诚心"的约束下。如此看来,佛祖亦在寻求"诚心",这恰恰是传统儒家的修养准则。佛家以"诚心"来修道,儒家则以"诚"来作为立身行事之根本:

"闲邪存其诚。"(《易经·乾卦》)

"中的之一为诚。"(《大学》)

"唯天下至诚,为能尽其性;能尽其性,则能尽人之性;能尽人之性,则能尽物之性;能尽物之性,则可以爱天地之化者也。"(《中庸》)

可见儒家文化中"诚"的重要性和普遍性。同理,"诚"也运用于佛家的修行之中。

通观柳宗元的作品,关于儒释二家的相通之处不止于以上三点,在《南岳大明寺律和尚碑》中,柳宗元又阐释了儒家的仁义之"礼"和佛家戒律的相通:"儒以礼立仁义,无之则坏;佛以律持定慧,去之则丧。"②在这里他主张将儒家的"礼"和佛家的戒律相融合,认为它们有规范礼仪、有益教化的作用。在柳宗元四十五卷文学作品中,有释教碑15篇,记寺庙、赠僧侣的文章15篇,还有20多首禅诗,他对佛教各个宗派都持有明确的态度,苏轼评柳子厚"儒释兼通,道学纯备"③。

"统合儒释",就是将儒释二家思想的相通之处加以融和,此种见解,

---

① 《柳宗元集校注》,第1867页。
② 《柳宗元集校注》,第492页。
③ 孔凡礼点校《苏轼文集》,中华书局,1986,第515页。

早在东晋时期既已有之。《弘明集》中载有东晋的孙绰汇通儒佛的观点："周孔即佛，佛即周孔，盖外内名之耳……周孔救极弊，佛教明其本身，共其本耳……顺通者无往不二。"① 孙绰和柳宗元的不同在于，柳以儒为本，孙以佛为本；柳以儒为内，孙以儒为外。可见柳宗元是以儒家的准则来看待佛教，他想要将佛教思想归入到儒家的思想体系之内，领会佛教义理，最终"援佛济儒"。他认为二者不但有相通之处，而且可以相辅相成，能够"通而同之"。

三 社会功用，躬身践行

柳宗元衡量佛家思想的标准是能否成为儒家思想的补充，是否具有济世的社会功用。柳宗元在《曹溪六祖大鉴禅师碑》中阐释了"人生而静"的主张。

> 因言曰：自有生物，则好斗夺相贼杀，丧其本实，悖乖淫流，莫克返于初。孔子无大位，没以余言持世，更杨、墨、黄、老益杂，其术分裂。而吾浮图说后出，推离还源，合所谓生而静者。梁氏好作有为，师达摩讥之，空术益显。六传至大鉴。大鉴始以能劳苦服役，一听其言，言希以究，师用感动，遂受信具。遁隐南海上，人无闻知。又十六年，度其可行，乃居曹溪，为人师，会学去来尝数千人。其道以无为为有，以空洞为实，以广大不荡为归。其教人，始以性善，终以性善，不假耘锄，本其静矣。②

"人生而静"恰恰与《礼记·乐记》中"人生而静，天之性也；感于物而动，性之欲也。物至知知，然后好恶行焉"③ 相吻合，所讲即为"性"与"情"的关系，当然这种关系是基于儒家"性善论"基础之上

---

① （南朝）僧祐编撰，刘立夫、胡勇译注《弘明集》，中华书局，2013，第176~177页。
② 《柳宗元集校注》，第443~444页。
③ 胡平生、陈美兰译注《论语 孝经》，中华书局，2007，第137页。

的。"心性"是人内在的根本,外在的"好恶"都植根于内在的"心性",只有"心性"变化,则会产生"好""恶"之分。六祖《坛经》有"心平何劳持戒?行直何用修禅?恩则孝养父母,义则上下相怜。让则尊卑和睦,忍则众恶无喧"①。这正和柳宗元的"始以性善,终以性善,不假耘锄,本其静矣"达到了完整的合一。清人钱谦益在《阳明近溪语要序》中说道"儒与禅之学皆以见性",评价柳宗元对于佛陀的态度是不悖于孔教的,并认为柳宗元为"儒门之律师也。"六祖慧能所倡之南宗禅主张"明心见性","明心"即明白"本心清净",以般若空观破除"我"执,"烦恼"执,"见性"则是见自我之本性与佛性本无差别。只要"明心"则必然"见性","见性"也代表着心地光明,光明的清净心自然会"宣涤疑滞",从而动静一体,空而不二。"以无为为有,以空洞为实,以广大不荡为归",超越是非,随机观法,浮屠具有善根方能成佛,而且佛性具有"普遍性","一阐提人"皆可成佛,正与孟子的"性善论"相一致,"恻隐之心""羞恶之心"人皆有之。而禅宗的"明心见性"则为儒家的性善论提供了最恰当的补充,而佛家所倡人心向善,正是儒家渡"本心"的舟筏,这恰恰是儒释二家相一致之处,也就是二者都具有济世的作用。

在柳宗元看来,佛教可以"转惑见为真智,即群迷为正觉,舍大暗为光明"②,所以应该"与佛典并用"以实现"丰佐吾道"之愿望。也就是把佛教作为工具,利用其宗教力量为实现儒家的政治理想服务。即使是在这戴罪南荒的贬谪时期,柳宗元依然不忘其"立安元元"之志,在他的作品中一再表述自己"佐世"的思想,也就是各家思想应该有益于世间之事。如《送元十八山人南游序》:"余观老子,亦孔氏之异流也。不得已相抗,又况杨、墨、申、商、刑、名纵横之说,其迭相訾毁抵牾而不合者,可胜言耶?然皆有以佐世。"道教乃"孔氏之异流",有很多与儒家思想相悖的内容,但柳宗元却认为其中有"佐世"之功能。由此可见柳宗元的儒家功业思想,实现儒家教化的目的一直是其努力奉行之事。

---

① 赖永海主编,尚荣译注《坛经》,中华书局,2010,第72页。
② 《柳宗元集校注》,第1861页。

伸长黜奇，援佛济儒

元和十年，柳宗元接到回京的诏书，回到长安仅仅一月，柳宗元再次贬为柳州刺史，在柳州他一直"心乎生民""无忘生人之患"。在这种思想的驱使下，柳州任上他成为一个很有作为的地方官员。此时，他的以民为本思想和对佛教义理的参透，使得他依旧秉持"统合儒释"的思想，坚持以佛理来教化民众。

> 越人信祥而易杀，傲化而悀仁，病且忧，则聚巫师，用鸡卜。始则杀小牲，不可，则杀中牲，又不可，则杀大牲。而又不可，则诀亲戚，饬死事，曰："神不置我已矣。"因不食，蔽面死。以故户易耗，田易荒，而畜字不孳。董之礼则顽，束之刑则逃，唯浮屠事神而语大，可因而入焉，有以佐教化。
>
> ……崇佛庙，为学者居，会其徒而委之食，使击磬鼓钟，以严其道而传其言。而人使复去鬼息杀，而务趋于仁爱。病且忧，其有去焉而顺之，庶乎教夷之宜也。①

面对柳州的愚昧和落后，柳宗元致力于普及民众的文化教育，提倡儒教，力求"人去其陋，而本于儒，教事君，言及礼义"。另一方面，他提倡佛教，因为当地居民处于蒙昧未开的落后的文化环境中，随意杀生，巫术盛行，已经导致"户易耗，田易荒，而畜字不孳"的境况。柳宗元面对这种愚昧的现象，于是修复大云寺，意在"去鬼息杀，而务趋于仁爱"。因为佛教教义中有因果轮回的理论，善恶自有报应，行善行，自然得善果。他发现佛教的"佐教化"之作用，意在用佛教来影响和改变他们的心理，改变传统落后的民俗，推行教化，也就是用佛教思想来实现他的儒家济世思想，即使是在偏远的柳州，他依然践行着"统合儒释"的主张，以期能够"援佛济儒"。

早在汉末佛法传入中土时期，关于在世行善，以求来事得善果的思想，在《高僧传》中已有记载，孙皓问善恶报应之事，康僧会解答：

---
① 《柳宗元集校注》，第1863页。

>《易》称:"积善余庆。"《诗》咏:"求福不回。"虽儒典之格言,即佛教之明训。"皓曰:"若然,则周孔已明,何用佛教。"会曰:"周孔所言,略示近迹,至于释教,则备极函微。故行恶则有地狱长苦,修善则有天宫永乐。举兹以明劝沮,不亦大哉?"①

如文中康僧会所言,《易经》中关于行善的倡导,《诗经》中对"福"的歌咏,也是"佛教之明训",而且佛教"备极函微",恰恰是对周孔"略示近迹"的补充,"以明劝沮",则正是佛教有益于世的方面。关于要人心趋于向善,要行仁者之心,儒佛二家是相同的,且早已有之。

柳宗元在柳州重修孔庙,意在用儒家学说教育当地未开化的民众,以使他们能够"孝父忠君,言及礼义"。修复大云寺,意在用佛教思想中有益儒教的内容援助儒家,并非是出于信仰,而是为了"援佛济儒"。

儒佛二家并非完全相通和融合,各有各的道义和主张,只有吸取各自的精华,才是出世和入世的完美统一。"儒佛的相通之处,表明两家思想具有内在精神上的一致性,因而具有'统合'的基础,但光有一致性还不够,两者还要有一定的差异性,这样才有'统合'的必要"②,从儒家伦理道德和维护封建统治的原则出发,柳宗元对佛教徒的"无夫妇父子","不为耕农蚕桑"的行为,是极力反对的。在"统合儒释"的主张里,他想要调和的是佛法中的"韫玉者",使其用以实现儒家的功业思想,达到辅时及物的目的,即以儒家教化为主,佛教为辅,用佛法来辅佐儒家之教化。这就是"昔取向之所以异者,通而同之,搜择融液,与道大适,咸伸其所长,而黜其奇邪,要之与孔子同道,皆有以会其趣,而其器足以守之,其气足以行之"(《元十八山人南游序》)。柳宗元调和儒释二家思想的原则是"伸长黜奇",即通过"取其所以异者"而"通而同之","与孔子同道",则是调和二家的标准,"奇邪者"必"弃"之,能互通互融的,则用以"佐教化",实质就是"援佛济儒"。

---

① (梁)释慧皎:《高僧传》,中华书局,1992,第17页。
② 张勇:《柳宗元儒佛道三教观研究》,黄山书社,2010,第158~159页。

作品内容与艺术研究

柳宗元诗赋"乡愁"意蕴探析

陈文畑*

摘　要："乡愁"情思屡见于柳宗元贬谪永州之后的诗赋，包含了对故乡、故园的眷念和对亲友的思念。柳宗元诗赋中浓郁的"乡愁"情思，蕴含着强烈的身世之悲、对个人际遇的愁怨和对仕途发展的期盼，隐含着自己无法延续家族荣耀的怅惘，以及作为望族之后、京华人士在身居边鄙时所深感的文化优越感的失落。柳宗元虽然深研佛理，然而"乡愁"仍是他难以排遣的方内情思。柳宗元若干表现"乡愁"情思的诗赋，文思苦涩，情深意真，具有强烈的情感穿透力和艺术感染力。

关键词：柳宗元　诗赋　贬谪诗

游学、游宦、贬谪是唐代文人生活的重要组成部分，背井离乡带来的对故乡、家园及亲故的思念是一个被反复吟咏的主题。柳宗元一生数次遭谪，贬谪生活让他体味了人世的险恶和悲苦艰辛，在谪居永州、柳州时，柳宗元时常在诗赋中流露他的乡愁情思。本文尝试从外在表现及内在蕴涵对柳宗元诗赋中的乡愁意蕴加以分析。

一　柳宗元"乡愁"情思在诗赋中的表述

在遭受仕途上的严重打击之后，柳宗元终其一生没能返京为官，直至

---

* 作者简介：陈文畑，广西师范大学文学院在读博士，广东石油化工学院文法学院助理研究员。

客死岭外，他的心灵始终未能走出阴影，"乡愁"情思在他的抒情文字中随处可见。

"乡愁"情思包含了对故乡、故园的眷念。如《过衡山见新花开却寄弟》所表述的。宪宗在继位的第二年大赦天下，但包括柳宗元在内的八司马并不在赦免之列，元和十年正月，柳宗元应诏赴京，二月，柳宗元返抵京师，此诗便作于此次返京途中："故国名园久别离，今朝楚树发南枝。晴天归路好相逐，正是峰前回雁时。"①虽然此次应诏赴京的结局对于柳宗元而言，是更加沉重以至让其绝望的打击——任柳州刺史，但在赴京途中，柳宗元对于前程是充满乐观期待的。此次返京，柳宗元与刘禹锡相伴而行，由诗中"晴天""好相逐""峰前回雁"等意象，我们不难看出他的轻松喜悦和期望寄寓。这种喜悦和期望除了对前途的憧憬之外，无法掩饰对故园的眷念及返归的欣喜，诗的开端即言"故国名园久别离"。柳宗元出身望族——河东柳氏，先祖多有在长安为官者，所以其家族在长安拥有府邸，那便是他所说的"故国名园"。思念故园之作又如《梦归赋》，将其幽苦通过对梦回旧乡的描写表现得淋漓尽致。

"乡愁"情思当然也包含了对亲友的思念，如《构法华寺西亭》所描绘的，诗人在游历之初，确实被山寺周围的景色所打动，"神舒屏羁锁，志适忘幽潺。弃逐久枯槁，迨今始开颜"，然而这种山水之美带来的愉悦却是短暂的，诗人继而又提起了对北方"亲爱"的挂念，写道"赏心难久留，离念来相关。北望间亲爱，南瞻杂夷蛮"（《柳宗元集》第1196页）。又如《与浩初上人同看山寄京华亲故》"海畔尖山似剑芒，秋来处处割愁肠。若为化得身千亿，散上峰头望故乡"（《柳宗元集》第1146页）。浩初上人是柳宗元、刘禹锡等共同的方外友人。②浩初上人来访，

---

① 柳宗元：《柳宗元集》，中华书局，1979，第1148页。
② 刘禹锡有《海门潮别浩初师》："前日过萧寺，看师上讲筵。都上礼白足，施者散金钱。方便无非教，经行不废禅。还知习居士，发论侍弥天。"《海阳湖别浩初师》："近郭看殊境，独游常鲜欢。逢君驻缁锡，观貌称林峦。湖满景方霁，野香春未阑。爱泉移席近，闻石辍棋看。风止松犹韵，花繁露未干。桥形出树曲，岩影落池寒。别路千嶂里，诗情暮云端。他年买山处，似此得赚官。"

或许还带来了一些亲友的信息，柳宗元难免自然而然地叙起故人、念起故人。

二　柳宗元"乡愁"情思的内在蕴含

离别家乡、贬谪异乡给柳宗元带来了无尽的苦痛，他的"乡愁"情思背后是不可稍歇的身世之悲、边鄙之怨，是即使研习佛禅也无法解脱的忧郁苦闷。

1. "乡愁"情思与身世之悲

柳宗元贞元二十一年（805）贬谪永州之时，是携带家眷赴任的，至少包括了他的母亲卢氏、从弟宗直、表弟卢遵等。从封建小家庭的角度来看，柳宗元诗中所怀思的"亲"并没有包括与自己关系最为密切的父母子女。柳宗元乡愁情思之所以如此浓郁而无法自拔，显而易见与他的身世之悲紧密相连。

"谪永以前，除在其父为鄂岳沔都团练使判官时曾一度南游外，皆在长安"。[①] 柳宗元诗文中所提及的故乡、故里，一般指的都是长安。柳宗元对长安的怀念，往往伴随着对自己遭贬岭外的无尽幽怨。从另外一个角度看，长安是朝廷所在之地，长安在唐诗中是一个很特殊的意象，往往代表着文人对仕进的期待或梦想，如李白《登金陵凤凰台》"总为浮云能蔽日，长安不见使人愁"。而刘禹锡《谪居悼往》则更是将这种思归与仕途之间的关系道得明白："郁郁何郁郁，长安远如日。终日念乡关，燕来鸿复还。潘岳岁寒思，屈平憔悴颜。殷勤望归路，无雨即登山。"在柳宗元这里也是如此，对于长安的思念，是对先前任朝官经历的怀念，思归之心，当然是希望朝廷再次起用，能够返京赴任的一种含蓄的寄托。

柳宗元无兄弟，为家中独子，仅有姊二人，加上自小少年老成、聪颖出众，在小家庭中自然是父母亲万般寄托之所在，而在柳氏家族亲友中，也应该是备受期待的。刘禹锡《柳集序》有"子厚始以童子有奇名于贞

[①] 施子愉：《柳宗元年谱》，《武汉大学人文科学学报》1957年第1期。

元初"(《柳宗元集》第 1443 页),《旧唐书》亦称:"少聪警绝众,尤精西汉诗骚。下笔构思,与古为侔。精裁密织,璨若珠贝。当时流辈咸推之。"① 21 岁进士及第是柳宗元人生旅程的一个转折点,韩愈《柳子厚墓志铭》云"子厚少精敏,无不通达,逮其父时,虽少年已自老成。能取进士第,崭然见头角,众谓柳氏有子矣。其后以博学宏词授集贤殿正字","名声大振,一时皆慕与之交"(《柳宗元集》第 1431 页)。其中的"众谓柳氏有子矣"正代表着当时人的一种普遍心理。柳氏为士族,士族之优势在唐代虽然仍有延续,然唐初已有贬抑的举措,贞观初年修撰谱牒,唐太宗即令以"今日官爵高下作等级"为标准,尽管所收得的效果并没有像预期的那般显著而迅速,但随着科举制的兴起和铨叙阀阅的渐废,一个家族声望及势力的繁盛与延续,确实更大程度地依赖于家族成员的科举和入仕的情况。② 在 33 岁贬谪永州之前,柳宗元的仕途总体呈上升趋势,正当身为朝官、如日中天之时却被贬远地,对于自己的家族、家庭而言,确实是一件痛心而尴尬的事情。

另外,对于亲友思念之强烈,也是谪官之后的冷落孤寂使然。遭贬之前,柳宗元也经历过"一时皆慕与之交""诸公交口荐誉之"的生活,远谪之后,境遇一落千丈,形同囚徒,先前追捧者自然杳无音讯。柳宗元自幼生长于聚居的大家族,与亲族感情甚深,在远离故乡后的冷落孤寂中,亲族自然让他时时牵挂。

2. "乡愁情思"与边鄙之怨

柳宗元浓郁的乡愁情思,还在于他对永、柳边鄙的"无法相融""无意相融"。"无法相融"有许多客观上的因素,比如上文所提到的仕途政治失落,以及自然环境上的不适应。而"无意相融"则与其自身根深蒂固的文化优越感息息相关。柳宗元的文化优越感主要来自两个方面。

一是作为文化望族之后。柳氏先祖,多有社稷栋梁之臣,如七世

---

① 《旧唐书》卷一六零《柳宗元传》,中华书局,1975,第 4213 页。
② 徐扬杰:《中国家族制度史》,武汉大学出版社,2012,第 257~259 页。

祖庆为后魏尚书左仆射，六世祖旦为周中书侍郎，五世祖楷为隋济、房、兰、廓四州刺史等。在《先侍御史府君神道表》中，柳宗元称其家族"世德廉孝，飏于河浒，士之称家风者归焉"（《柳宗元集》第294页）。而在《故叔父殿中侍御史府君墓版文》中，柳宗元"用宗人之辞"来表达对叔父的评价，所谓"孝如方舆公""文如吴兴守""正如卫太史""清如鲁士师"（《柳宗元集》第318页），方舆公、吴兴守、卫太史、鲁士师，均为柳氏之先，由宗人及柳宗元的这种评价模式，可见柳氏后嗣对先祖德行的认同与承继，以及彰显的家族意识。柳宗元的父亲柳镇，也是一位德行兼备的长者，在《先侍御史府君神道表》中，柳宗元记载了自己贞元九年进士及第之时，"上（德宗）曰：'是故抗奸臣窦参者耶！吾知其不为子求举矣。'"（《柳宗元集》第296页）字里行间，柳宗元对父亲的敬重跃然纸上，与此同时，还有身为后人的根植于骨子里的骄傲。

　　家族先辈的丰厚政绩，成了早慧的柳宗元的立身榜样，在当时的社会环境下自然给他带来了仕途便利，而家风教育也不可避免地影响了他对于未来人生的抉择，或许正如他自己在《冉溪》中所说的"少时陈力希公侯，许国不复为身谋"（《柳宗元集》第1221页）。出身望族且才华横溢，使他比其他一般士族或庶族出身的文士多了一分与生俱来的优越感，当"风波一跌逝万里"时，面对猝不及防的遭遇，他的出身及过往并没有给予他任何心理和文化上的准备，之后"壮心瓦解空缧囚"的宦途人生，在他看来"俟罪非真吏"（《柳宗元集》第1215页），如《行路难·其一》所写的，"夸父逐日窥虞渊""须臾力尽道渴死，狐鼠蜂蚁争噬吞"（《柳宗元集》第1240页），又如《跂乌词》所描绘的，虽"左右六翮利如剑"，但"踊身失势不得高"，于是处处要"还顾泥涂备蝼蚁，仰看栋梁防燕雀"（《柳宗元集》第1244～1245页），真是举步维艰。在现实生活中，那种优越感是失落了，然而在他的精神世界里，却从未缺位，正是这种优越感使他比其他人更不甘于沉沦下僚，虽然写下"危桥属幽径""谅无要津用"（《柳宗元集》第1236页），然而若非企盼回归"要津"，何以言此？

二是作为京华人士。长安乃大唐都城,对于时人而言,可谓文化核心区,凡礼教习俗、衣食住行种种,都代表着当时的文明风尚,对于唐人而言,能够在此拥有家族府邸,世代长居,也是一件颇引以为傲的事情。柳宗元对于长安的深厚情感应亦包含作为京华人士的文化优越感。现存的史料文献,从中原的角度对南方尤其是岭南进行的描写,大都是一片蛮夷之地,笔调多带有神秘、陌生、恐怖和鄙夷之感。柳宗元之友韩愈被贬潮州时,即谓侄孙韩湘"知汝远来应有意,好收吾骨瘴江边"。这是当时中原文化圈的一种普遍共识。柳宗元对于南方"百越文身地"的人情风物,亦甚难接受,几无所适从。在《寄韦珩》中柳宗元描写了刚到柳州时所感受的自然与人文环境:"桂州西南又千里,漓水斗石麻兰高。阴森野葛交蔽日,悬蛇结虺如蒲萄。到官数宿贼满野,缚壮杀老啼且号。"(《柳宗元集》第1142页)在《柳州峒氓》中,柳宗元亦叙及当时柳州之人文情形:"异服殊音不可亲。青箬裹盐归峒客,绿荷包饭趁虚人。鹅毛御腊缝山罽,鸡骨占年拜水神",语言、着装、民生、习俗,作者站在北人的角度来加以审视,不觉产生了"欲投章甫作文身"(《柳宗元集》第1169~1170页)的忧愁。对于南方之所遭遇,作者总带着"芰荷谅难杂"(《柳宗元集》第1233页)的孤傲与格格不入,在他看来,南方是缺乏人文气息的,早在谪居永州之时,在《自衡阳移桂十余本植零陵所住精舍》中,对于桂花之幽美芳香,作者即发表了"南人始珍重,微我谁先觉。芳意不可传,丹心徒自渥"(《柳宗元集》第1231~1232页)的感慨,虽是针对花卉而言,然而这种对花卉的珍爱与欣赏,已带有明显的人文蕴含。

家族及地域带来的文化优越感是柳宗元始终无法卸下之荣光与幽痛,故园、故乡、京华、亲友的种种印象,时时盘旋心头,于是频频北望思忆,常常触景伤情,春耕之时,他会忆起"故池想芜没,遗亩当榛荆"(《柳宗元集》第1212页),偶然听到黄鹂的啼叫,便"一声梦断楚江曲,满眼故园春意生",感慨"乡禽何事亦来此,令我生心忆桑梓""西林紫椹行当熟",希望黄鹂"闭声回翅归务速"(《柳宗元集》第1249页)。在南地任上,柳宗元虽亦一心为民、颇有建树,然窥其诗文,归意甚浓,作者与南地终有一种无法消释的文化隔膜。

3. "乡愁"情思与佛禅之解

柳宗元的母亲信佛,柳宗元在《送巽上人赴中丞叔父召序》中,称自己"自幼好佛,求其道积三十年"(《柳宗元集》第 671 页),在《龙安海禅师碑》中,他提及丈人杨凭对如海禅师"执弟子礼"(《柳宗元集》第 160 页),在《下殇女子墓砖记》中,写到女儿和娘"既得病,乃曰:'佛,我依也,愿以为役。'更名佛婢。既病,求去发为尼,号之为初心"(《柳宗元集》第 341 页)。从这些痕迹中,我们可以看到他的家庭浓郁的佛教信仰氛围。

"柳宗元是中国古代文人中真正对佛教教理有深入理解的少数文人之一","又是能够相当全面地把自己研习佛法所得加以借鉴和发挥,在思想和文学领域创造重大业绩的文人"。① 柳宗元对佛教义理深入研习,其缘由及目的是千头万绪的,然而其中一个重要出发点,应如他在《送僧浩初序》中所说的,"浮图诚有不可斥者,往往与《易》《论语》合,诚乐之,其于性情奭然,不与孔子异道",他认为韩愈身为儒者而斥佛,是"忿其外而遗其中,是知石而不知韫玉也"(《柳宗元集》第 673~674 页)。然而,研究佛教义理的深入程度与获取精神解脱的程度有时会呈现出不平衡状态,这种不平衡在柳宗元身上有明显表现。

唐代文士游历寺庙、结交僧侣,留下了许多相关题材的诗歌。一般来说,这些游历寺庙或与僧侣赠答酬唱的诗歌,在将山水风光、人文景观描写得清新脱俗,并经常性地表达对僧侣修行境界的赞叹之外,往往抒发的都是一些向往出尘的念想。然而试看上文已提及的《构法华寺西亭》和《与浩初上人同看山寄京华亲故》二诗,则有所不同。如《构法华寺西亭》,诗人虽然身处佛寺,清幽的氛围也让他能够暂时"追今始开颜",然而一转念间"北望间亲爱,南瞻杂夷蛮",尘世间的离愁别绪、辛酸苦涩仍然无法自已地涌上心头。再如《与浩初上人同看山寄京华亲故》,据柳宗元《送僧浩初序》《龙安还禅师碑》、刘禹锡《海门潮别浩初师》等

---

① 孙昌武:《柳宗元与佛教》,《文学遗产》2015 年第 3 期,第 73 页。

诗文，浩初上人应是一位颇有道心道行的僧侣。虽与上人同行看山，诗中还新奇巧妙地运用了佛教化身千亿的典故，而诗人所表达的却不是从佛义中所可能得到的精神解脱，而仍是无法排遣的方内情思——对于京华亲故的思念。

三 "乡愁"与柳宗元诗赋的"苦涩文思"

"乡愁"是唐代一个普遍的话题，一些意象被反复吟咏已形成了明显的意义指向。这些意象在柳宗元的诗歌中可以看到，如《过衡山见新花开却寄弟》中的"峰前回雁时"、《铜鱼使赴都寄亲友》中的"寄远书"（《柳宗元集》第1181页）等。然而柳宗元的诗中也出现了一些新的意象，别具韵味的如《与浩初上人同看山寄京华亲故》，海畔清秀挺拔的山峰，在诗人的眼中宛如直指向天的剑芒，割人愁肠，痛彻心扉，那时的景色应当是美的，否则诗人何以要与友人同往看山，然而诗中却找不出美的痕迹，只有忧愁和痛苦，苦心运笔，文思苦涩。

《梦归赋》更是一篇令人心生恻隐的赋作。诗人因为"罹摈斥以窘束"（《柳宗元集》第60~61页），身不由己，所以唯有在梦境中才能"质舒解以自恣"，获得暂时的精神自由，得以回归故乡。诗人对梦回故乡的过程进行了描写，最初所处的境地是"上茫茫而无星辰兮，下不见夫水陆"，一个凄幽黯黑的场景，虽然所见并不明朗，但是"若有钬余以往路兮"，一股不由自主的力量推动着他往故乡的方向前行，诗人在梦中前行的感受是"风细细以经耳兮，类行舟迅而不息"，感受到前行的迅速和连续，聆听到风"经耳"的声音。梦回故乡所见的场景，"原田芜秽兮，峥嵘榛棘。乔木摧解兮，垣庐不饰"，却是人非物亦非。对于梦境如此细腻而真切的描写，是作者梦醒时分对梦境的无限眷恋和苦思回味，以及即使仅是梦归亦不容稍减的珍视。对于"远谪"之境遇，作者虽引仲尼、老聃、蒙庄之事来尝试自我说服，以获得心灵上的慰藉，然而仍不得不承认乡愁尤深，以至"胶余衷之莫能舍兮，虽判析而不悟"，终无以自释。无奈的起笔，细腻的回忆，坦诚的煞尾，此赋行文压抑，然情深汹涌，具有强烈的情感穿透力和艺术感染力,处处透露着作者无法自拔的沉抑忧思。

四 结 语

"乡愁"情思屡见于柳宗元贬谪永州之后的诗赋,此种情思之所以如此浓郁,是因为蕴含着他强烈的身世之悲,既包含了对个人际遇的愁怨和对仕途发展的期盼,也隐含着对自己无法实现延续家族荣耀的怅惘,以及作为望族之后、京华人士身居边鄙时所深感的文化优越感的失落,同时也杂糅了身处异乡的孤寂感。柳宗元虽然深研佛理,然而"乡愁"仍是他难以排遣的方内情思。他的"乡愁"诗赋,从其文思苦涩足见其意之真、情之深。

从孤囚之所到悠游家园：柳宗元永州空间书写的再考察

段天姝*

摘 要：本文主要从柳宗元永州前期以龙兴寺西序为中心的空间书写，和永州后期以愚溪及其周边为中心的空间书写两个阶段展开论述。认为永州地域空间的探索和改造是柳宗元与自身和解的重要手段，而他的空间记忆和空间体验也体现了他的空间观念，进而影响了他在诗文写作中对空间叙述策略的采用。

关键词：柳宗元 空间书写 文学地理

引 言

永贞元年（805）九月，柳宗元作为"永贞革新"中王叔文党的一员，遭到贬逐，自礼部员外郎贬为邵州刺史。十一月，柳宗元又在赴邵州途中加贬为永州司马，约十二月到达永州。自此至元和十年（815）正月得宪宗诏还长安止，柳宗元在永州度过了整整十年的谪居岁月。因"永贞革新"失败谪贬永州，可以说是柳宗元人生中最重要的一段转折，同时也是柳宗元文学历程当中，成果最为丰硕的一段时期。韩愈在《柳子厚墓志铭》中记述了柳宗元贬谪永州的经历。

---

* 作者简介：段天姝，文学博士，云南大学文学院讲师，主要从事唐宋文学及文学地理研究。

> 遇用事者得罪，例出为刺史。未至，又例贬州司马。居闲，益自刻苦，务记览，为词章，泛滥停蓄，为深博无涯涘，而自肆于山水间。①

又评价道：

> 子厚前时少年，勇于为人，不自贵重顾藉，谓功业可立就，故坐废退。既退，又无相知有气力得位者推挽，故卒死于穷裔，材不为世用，道不行于时也。使子厚在台省时，自持其身已能如司马、刺史时，亦自不斥。斥时，有人力能举之，且必复用不穷。然子厚斥不久，穷不极，虽有出于人，其文学辞章，必不能自力以致必传于后如今无疑也。虽使子厚得所愿，为将相于一时，以彼易此，孰得孰失，必有能辨之者。②

可以看到，韩愈对于"永贞革新"是不甚认同的，以致十分惋惜柳宗元自贬之后"卒死于穷裔"。但他也认为，一方面，贬居永州的十年是柳宗元创作生涯的一个高峰，著书为文所涉广博，山水游记尤为突出；另一方面，如果没有贬永以后政治上的失意，柳宗元在文学上的成就，可能也不会达到如此高度。这种基于文章数量和"文章憎命达"的文学观，将永州十年视为柳宗元文学生涯当中最重要阶段的看法，自韩愈之后亦几乎成为历代柳宗元研究者的共识。施子愉先生就曾在《柳宗元年谱》按语中指出，如整体考察柳宗元的作品及内容，贬永之前在长安所作多为表、状、赠、序及墓志铭等，以政治抱负的实现为要；事实上柳宗元可以说是在到永州之后才"始有意究心于文"，不仅在作品的数量上，也在所涉及的领域和思想的深度、艺术的高度上，远远超过了其他时期的创作，"要皆窜逐之后读书游览之功"③。

---

① （唐）韩愈：《柳子厚墓志铭》，中华书局，1979，《柳宗元集》，第1434页。
② （唐）韩愈：《柳子厚墓志铭》，第1435页。
③ 施子愉：《柳宗元年谱》按语，台湾商务印书馆，1978，《历代名人年谱丛刊》第213页。

在这一传统研究倾向引导下,柳宗元在永州的事迹及诗文创作研究,始终是学界研究和关注的热点,也产生了一批具有代表性的研究成果。又由于永州十年是柳宗元山水游记创作的高峰,研究者们对于柳宗元在永州期间的行迹,特别是游记涉及的永州山水名胜及其与游记文本的关系,进行了广泛而深入的研究。围绕这一问题展开的专门研究,主要著作有杜方智、林克屏主编的《柳宗元在永州》①,户崎哲彦《柳宗元永州山水游记考——中国山水文学研究》②,陈柏松、蔡自新主编《柳宗元与永州山水》③,翟满桂《柳宗元永州事迹与诗文考论》④等;单篇论文则主要有田中利明《柳宗元的永州八记考》⑤、龙震球《柳宗元永州行迹考释》⑥、张绪伯《永州八愚寻考及其他》⑦、户崎哲彦《柳宗元在永州——关于柳宗元在永州流贬期间活动的研究》⑧、刘继源《〈柳宗元行迹考释〉质疑》⑨、吕国康《论柳宗元与永州山水之关系》⑩、陆有富《柳宗元永州诗文的地域文化特征》⑪、洋中鱼《柳宗元永州行迹再考》⑫等。这些研究成果以翟满桂的《柳宗元永州事迹与诗文考论》为代表,以传世古籍记载、永州实地考察与柳宗元的永州诗文相印证,在柳宗元永州期间所作诗文的具体系年、系地方面做了大量工作,还从不同的角度深入剖析柳宗元永州诗文与永州山水和柳宗元心境、学说转变的关系,总体而言已可谓相当完备和深入。

然而,当我们将列斐伏尔的"空间"概念引入柳宗元永州诗文和经历

---

① 杜方智、林克屏主编《柳宗元在永州》,中州古籍出版社,1994。
② 户崎哲彦:《柳宗元永州山水游记考——中国山水文学研究》,日本中文出版社,1996。
③ 陈柏松、蔡自新主编《柳宗元与永州山水》,湖南文艺出版社,2002。
④ 翟满桂:《柳宗元永州事迹与诗文考论》,2010年华中师范大学博士学位论文。
⑤ 田中利明:《柳宗元的永州八记考》,日本大阪学艺大学《学大国文》杂志1975年第2期。
⑥ 龙震球:《柳宗元永州行迹考释》,《零陵师专学报》1981年第2期。
⑦ 张绪伯:《永州八愚寻考及其他》,《四川师范学院学报》(哲学社会科学版)1989年第2期。
⑧ 户崎哲彦:《柳宗元在永州——关于柳宗元在永州流贬期间活动的研究》,1995年日本滋贺大学经济学部研究丛书第25号。
⑨ 刘继源:《〈柳宗元行迹考释〉质疑》,《永州柳学》2006年第6期。
⑩ 吕国康:《论柳宗元与永州山水之关系》,《湖南科学学院学报》2006年3月。
⑪ 陆有富:《柳宗元永州诗文的地域文化特征》,《语文学刊》2007年第12期。
⑫ 洋中鱼:《柳宗元永州行迹再考》,《湖南科技学院学报》2009年1月。

从孤囚之所到悠游家园：柳宗元永州空间书写的再考察

的考察，就可以发现，虽然对于永州境内具体名胜（地点）与柳宗元活动及诗文创作的考察，已经达到相当的深度和广度，但是这些研究几乎全都是以时间连续性的历史逻辑展开的传统研究。也就是说，虽然柳宗元在永州期间所写作的诗文有着丰富的空间因素，涉及众多具体的地点和地理空间，并且对于当下的空间记忆和空间体验有着非常详细的叙述。但是这些规模性的空间书写（spatial writing）[①] 在以往的研究中，只被当作是静态的、刻板的，文学发生的"背景板"和作品系年中静止的坐标点，而忽视了空间的丰富性、动态性和文学地理空间的动态生产过程。事实上，柳宗元在永州十年的生存和创作，都体现出强烈的空间意识。作为一名从政治中心长安遭贬逐到蛮荒偏远的永州的谪官，相对长安和故乡而言的放逐者，相对永州而言的陌生人，柳宗元在遭受政治生涯失败的巨大打击的同时，还面临着不同空间经验的直接冲击，他在永州十年的空间书写，事实上也是对永州地域空间进行意义赋予的过程。柳宗元正是在对永州山水的探索、改造和书写中，不断缓解自身与所处地理空间的对抗性，最终达到与生存空间的和谐共处。也正是通过柳宗元永州十年诗文中渗透着强烈个人化特质的空间记忆、空间体验和空间叙述策略，柳宗元笔下的永州染上了浓郁的个人色彩，他对永州的空间书写，实际上创造了一个全新的、"山灵因柳子之诗今尤晶采"[②] 的"柳宗元的永州"。

因此，可以说，空间问题是柳宗元永州十年生存与写作中的一个重要问题。永州地域空间的探索和改造是柳宗元与自身和解的重要手段，而他的空间记忆和空间体验也体现了他的空间观念，进而影响了他在诗文写作中对空间叙述策略的采用，他的书写呈现为一种鲜明的空间书写。鉴于此，我们有必要对柳宗元永州十年的空间书写，加以新的考察和审视。

[①] 本文所使用的"书写"概念源自法国学者雅克·德里达（Jacque Derrida）《书写与差异》（*L'écritue et la différence*，1979）一书中"écriture"这一概念，英译为"writing"，包含了写作行为、写作方式和作品等多重含义。参照潘纯琳《论 V.S. 奈保尔的空间书写》（四川大学 2006 年博士学位论文）。

[②] （宋）祝穆撰《方舆胜览》，上海古籍出版社，1991，卷二十五"永州"。

一　龙兴寺西序：遥望长安的孤囚之所

约于永贞元年（805）十二月，柳宗元携母卢氏、表弟卢遵、堂弟柳宗直抵达贬所永州。《旧唐书·地理志三》云：

> 永州，中。隋零陵郡。武德四年平萧铣置永州，领零陵、湘源、祁阳、灌阳四县。七年，省灌阳。贞观元年，省祁阳县，四年复置。天宝元年，改为零陵郡。乾元元年复为永州。旧领县三，户六千三百四十八，口二万七千五百八十三。天宝户二万七千四百九十四，口十七万六千一百六十八。在京师南三千二百七十四里，至东都三千六百六十五里。①

永州古为零陵，隶属江南西道，即今湖南省永州市。地处湘桂交界，西有越城岭、都庞岭，南有萌堵岭和九嶷山，潇湘二水纵横支流其间。对生于长安、久居北方的柳宗元而言，距长安三千余里的永州无疑是陌生的。初到永州，当地与长安截然不同的气候、风物等就给柳宗元带来了极大冲击，肉体上的病痛加剧了精神上的痛苦，这种生存空间骤然转换带来的痛苦，在他的文学书写中多有流露，如《先太夫人河东县太君归祔志》中的：

> 人多疾殃，炎热焰蒸，其下卑湿，非所以养也。诊视无所问，药石无所求，祷祠无所实，苍黄叫呼，遂讲大罚。②

永州当地气候潮湿多雾，冬日湿冷，使初到永州的柳宗元极为不适，缠绵病痛。从《与杨京兆凭书》中他对自己病情的描述来看：

---

① 《旧唐书》卷四十《地理志三》，中华书局，1975，第2256页。
② （唐）柳宗元：《柳宗元集》，中华书局，1979，第325页。

> 一二年来，痞气尤甚，加以众疾，动作不常。眊眊然，骚扰内生，霾雾填拥惨沮，虽有意穷文章，而病夺其志矣。①

当是以痞气为主，诸病加身，以致身体和精神都遭受巨大的痛苦。据《难经本义》所载：

> 脾之积，名曰痞气。在胃脘，覆大如盘，令人四肢不收，发黄疸，饮食不为肌肤，以冬壬癸日得之。……痞气，痞塞而不通也。②

可知痞气之为疾，主要是冬日所发的脾和胃脘部积塞疼痛，以今天的医学常识结合柳宗元的实际经历，则最初的病症应当是由永州冬日湿冷天气和初到永州水土不服、饮食不合而导致的慢性胃炎和胸闷气短等。柳宗元自己也认为，身体上遭遇的病痛与骤然转换的生存空间及地域特点是有直接关联的，他在《与裴埙书》中提到：

> 北当大寒，人愈平和，惟楚南极海，玄冥所不统，炎昏多疾，气力益劣，昧昧然人事百不记一，舍忧栗，则怠而睡耳。③

柳宗元在这里比较了北方和南方两个地理空间及他在其间生活的亲身体验，长期在干燥温和的北方生活的空间体验，与南方潮湿环境体验之间形成强烈对比，身为北人置身南方的空间错位造成了身体上的不适与病痛，也加剧了精神上的痛苦和不适，以致自到永州后一直陷于客死永州的恐惧之中。

> 今抱非常之罪，居夷獠之乡，卑湿昏雾，恐一日填委沟壑，旷坠

---

① （唐）柳宗元：《柳宗元集》，第786页。
② （元）滑寿：《难经本义》卷下，商务印书馆，1957，第55页。
③ （元）滑寿：《难经本义》卷下，第794页。

先绪，以是坦然痛恨，心肠沸热。①

而如果说柳宗元在对身体病痛及其成因的书写中内化了地域空间所带来的倒错感和不适感，那么柳宗元初到永州和在永州很长一段时间内所感受到的被放逐和被囚禁的精神痛苦，则外化为柳宗元以寄居永州龙兴寺西序期间的一系列诗文创作为代表的永州前期空间书写。主要涉及《永州龙兴寺西轩记》《永州龙兴寺东丘记》《首春逢耕者》《零陵春望》《零陵早春》《春怀故园》《早梅》《跂乌词》《笼鹰词》《放鹧鸪词》《咏史》《先太夫人河东县君归祔志》《上广州赵宗儒尚书陈情启》《惩咎赋》《永州法华寺新作西亭记》《构法华寺西亭》《法华寺西亭夜饮赋诗序》《法华寺西亭夜饮》《娄二十四秀才花下对酒唱和序》《梅雨》《读韩愈所著毛颖传后题》《寄许京兆孟容书》《与杨京兆凭书》《与裴埙书》《与萧翰林俛书》《与李翰林建书》等篇目。

从柳宗元在《祭吕衡州温文》《祭吕敬叔文》《段太尉逸事状》等文中的自称来看，柳宗元贬谪永州后正式、完整的职务应当是"永州司马员外置同正员"。员外官即在正员编制之外的官员，唐代的员外官置始于太宗贞观时，本是为补充正员不足而设。而后由于神龙年间员外官滥授，弊病颇多，开元、天宝年间，唐廷对于员外官任用和职权范围多次做出限制，天宝六年（747）更敕旨云："近缘有劳人等，兼授员外官，多分判曹务，颇多烦扰。前件官伏望一切不许知事。如正员官总缺，其长官简清干者权判，并本官到日停。"② 也即正式确定了员外官除遇正员官总缺等暂时的特殊情况外，一律不许知事的原则。

这意味着，柳宗元的贬谪永州，不仅使他身体所处的地域空间从唐帝国中心的长安移动到居于边缘的"夷獠之乡"永州，也使他从唐帝国政治中心一员的礼部员外郎成为远州地方官员编制之外的闲人。地域空间和政治空间体验上的双重边缘化，对永州前期的柳宗元而言是精神上痛苦的一

---

① （元）滑寿：《难经本义》卷下，第779页。
② （宋）王溥：《唐会要》卷67《员外官》，上海古籍出版社，1991。

大根源,在他这一时期的空间书写中多有体现。

《永州龙兴寺西轩记》云:

> 永贞年,余名在党人,不容于尚书省。出为邵州,道贬永州司马。至则无以为居,居龙兴寺西序之下。余知释氏之道且久,固所愿也。然余所庇之屋甚隐蔽,其户北向,居昧昧也。寺之居,于是州为高,西序之西,属当大江之流;江之外山谷林麓甚众。于是凿西墉以为户,户之外为轩,以临群木之杪,无不瞩焉。不徒席,不运几,而得大观。
>
> 夫室,向者之室也,席与几,向者之处也。向也昧而今也显,岂异物耶?因悟夫佛之道,可以转惑见为真智,即群迷为正觉,舍大暗为光明。夫性岂异物耶?孰能为余凿大昏之墉,辟灵照之户,广应物之轩者,吾将与为徒。遂书为二,其一志诸户外,其一以贻巽上人焉。①

作为对柳宗元永州前期居所——龙兴寺西序最直接的记叙,《永州龙兴寺西轩记》历来受到重视。特别是以日本学者河内昭圆、田中利明为代表的一批学者,从柳宗元与佛教的关系这一角度对柳宗元寓居龙兴寺的经历已有相关解读。而当我们从空间书写的角度重新审视这篇记文,则能够以这篇记为线索,挖掘永州前期柳宗元诗文写作中的空间要素与空间叙述策略。

第一,龙兴寺西序相对于愚溪(愚堂)的临时性。

列斐伏尔出版于1974年的《空间的生产》将"空间"定义为由空间实践(spatial practice)、空间表征(representations of space)与表征空间(representational space)三种面向形成的辩证性关系。在他著名的空间三元论(Trialectics of Spatiality)里,空间实践指社会活动在空间形式里的实践,它是个体直接经历并可以感受感知的经验空间。空间表征则是通过

---

① (唐)柳宗元:《柳宗元集》,第751~752页。

专业知识、规划理性的概念性空间，它是依靠符号系统与规范论述建立起来的知性空间，也是社会里的主导空间。表征空间则是通过意象或象征，直接生活出来的空间，既是居民的生活空间，也是艺术家描述的空间。①

《永州龙兴寺西轩记》中的龙兴寺西序空间，是柳宗元个人实际空间体验与文学空间构建的集合。开篇即讲述柳宗元到永州之后寓居龙兴寺西序的始末，"不容于尚书省"已点明自身在政治权力空间中被放逐、被边缘化的处境，"至则无以为居"又道出自己作为员外官，在永州官场的边缘化处境。龙兴寺西序这个永州官署之外的临时寄居地，一定程度上是柳宗元初到永州，遭到边缘化的现实处境与心境之外化。

更值得注意的是，永州十年，柳宗元始终在永州司马员外置同正员任上，官阶官职未变，俸禄不加。但他在龙兴寺这个临时的居所住了五年多，才在元和五年冬陆续买下冉溪及周围土地，改名愚溪，在其东南筑室而居。在没有文献资料表明柳宗元还有其他收入途径的前提下，我们大致可以从永州后期柳宗元的收入推知永州前期的经济状况。据《册府元龟·邦计部》对唐高宗乾封元年官员俸禄的记载：

……凡京文武正官每岁供给俸食等总钱十五万千七百二十贯。员外官不在此数。……诸内外员同正员者，禄料、赐会、食料亦同正员。余各给半。职田并不给。……内供奉及里行，不带本官者，禄俸、食料、防阁、庶仆一事以上并同正员官，带者，听从多处给，若带外官者，依京官给。诸简校及判、试、知等官不带外（官）者，料度一事以上准员外官同正员例给，若简校及判、试之处正员见缺者，兼给杂用。其职田不应入正官者，亦给。其侍御史、殿中侍御史、监察御史知、试并同内供奉、里行例。②

---

① 相关概念参看 Henri Lefebvre, Donald Nicholson-Smith trans, *The Production of Space* (Cambridge, Mass: Blackwell, 1991) p.16 的论述。译文参照范铭如《文学地理：台湾小说的空间阅读》，（台湾）麦田出版，2008，第 19 页。

② （宋）王若钦等编修《册府元龟》，中华书局，1982，卷 505《邦计部·俸禄一》。

唐代员外置同正员的俸禄、食料与正员同，杂用不给，防阁（庶仆）和职田则依具体的官职有所增减。再参照永州后期柳宗元能够"取官之禄秩"买地营建，且规模不小，可见衣食无忧。所以，身为司马员外置同正员的柳宗元，收入虽比正员略少，但也仍然是一份稳定可观的收入，并不见窘迫，甚至可以说多有余裕。那么，柳宗元在龙兴寺西序临时居所的长期居住，可见并非外界条件所迫，而是出自柳宗元个人意愿的主观选择。选择长期生活在条件简陋的龙兴寺西序这个临时居所，一方面体现出柳宗元自始至终强烈的回京意愿。正如前文所提及的，柳宗元自到达永州之时起，就一直在积极地以书信形式同长安故友和节度重臣联系，以希能得到赦免或量移，离开永州回京。永州前期的柳宗元一直认为自己能够很快离开永州，这种自信或曰期待，支撑着他寄居佛寺的空间实践，也使他这一时期的空间书写体现出一种游离于外的、俯视的空间视角。另一方面，永贞元年十二月到达永州后，柳母卢氏随柳宗元一起寄居于龙兴寺，但不到半年，就于元和元年五月在龙兴寺离世。痛失慈母，又以自身有罪待刑，不得亲自扶灵回乡归葬，这给柳宗元带来了巨大的心理创伤，也强化了"孤囚"的空间体验。服母丧期间长居龙兴寺西序，是柳宗元的一种自我惩罚，其间的空间书写，也多体现出孤独、零落的气质。以下再分别对这两个方面作更进一步展开。

第二，龙兴寺西序的空间特质："于是州为高"。

以空间特质而言，《永州龙兴寺西轩记》中所描述的龙兴寺西序，首先凭龙兴寺之地利，位置在永州高处，"于是州为高"，便于登高望远；其次是西临大江山谷林麓，视野广阔，"以临群木之杪，无不瞩焉"；最后，柳宗元对于龙兴寺西序房屋的改造，仅止于"凿西墉以为户"，"不徙席，不运几，而得大观"。也就是说，在居高望远的龙兴寺西序空间的构建过程当中，最具有空间意味的是作为观者的"余"在此空间中的相对位置和空间指向。开凿门户、作西轩都是为了能够在永州高处的龙兴寺极目远眺，而远眺预期想见的风景，事实上并非俯拾可得的永州山水，而是有特定空间指向的。柳宗元永州前期诗文中的空间书写，几乎都遵循着同样的空间指向，下举几例。

《早梅》诗：

> 早梅发高树，迥映楚天碧。朔吹飘夜香，繁霜滋晓白。欲为万里赠，杳杳山水隔。寒英坐销落，何用慰远客。①

《零陵早春》诗：

> 问春从此去，几日到秦原。凭寄还乡梦，殷勤入故园。②

《春怀故园》诗：

> 九扈鸣已晚，楚乡农事春。悠悠故池水，空待灌园人。③

《构法华寺西亭》诗：

> 窜身楚南极，山水穷险艰。步登最高寺，萧散任疏顽。西垂下斗绝，欲似窥人寰。反如在幽谷，榛翳不可攀。命童恣披翦，葺宇横断山。割如判清浊，飘若升云间。远岫攒众顶，澄江抱清湾。夕照临轩堕，栖鸟当我还。菡萏溢嘉色，筼筜遗清斑。神舒屏羁锁，志适忘幽潺。弃逐久枯槁，迨今始开颜。赏心难久留，离念来相关。北望间亲爱，南瞻杂夷蛮。置之勿复道，且寄须臾闲。④

在这几首作于永州前期相似时间背景、相似情境的诗中，柳宗元非常典型地在诗句中构建出一个虚实结合的文学地理空间。这个文学地理空间是由一整组对位的空间意象组成的：远与近，北与南，秦与楚，故乡与楚

---

① （唐）柳宗元：《柳宗元集》，第1233页。
② （唐）柳宗元：《柳宗元集》，第1237页。
③ （唐）柳宗元：《柳宗元集》，第1264页。
④ （唐）柳宗元：《柳宗元集》，第1196页。

乡,魂牵梦萦的故园景色与零陵春光。而且这组对位关系中真正的重心始终落在只能远望的家乡那一边。作为观者的"余",虽然俯视着眼前的永州山水,却始终只是游离于其外,以眼前所见所感,映射所思所念的记忆和想象中的家乡。柳宗元这种有意识地将长安——永州进行对位描写和并置的空间书写,不但以想象中的长安故园景象拓展了诗歌中的文学空间,更是以虚实之间的对比,鲜明地凸显身在万里之外,只能远望、想象家乡的痛苦和创伤。

第三,作为孤囚之所的龙兴寺西序。

柳宗元永州前期的空间书写,视所处地理空间为牢笼的空间体验和空间构建,占有重要地位,而这必须与柳宗元贬永之后的现实处境联系起来看。

如前文所述,柳宗元作为永州司马员外置同正员,收入虽不及永州地方官正员,但却也是较为可观的。又因天宝以后员外官除非特殊情况,一律不准知事的规定,游离于永州官场和政事之外。但在这样金钱和时间都较为充裕的前提下,柳宗元却很难以"优游闲人"的身份自居。反而,柳宗元在这一时期的空间书写中,"囚"成为他自称时最常出现的定语。

> 农事诚素务,羁囚阻平生。[1]
> 囚居固其宜,厚羞久已包。[2]
> 二子得意犹念此,况我万里为孤囚。破笼展翅当远去,同类相呼莫相顾。[3]
> 孤囚穷絷,魄逝心坏。苍天苍天,有如是耶?有如是耶?[4]
> 顷以党与进退,投窜零陵,囚系所迫,不得归奉松槚。[5]
> 为孤囚以终世兮,长拘挛而辗轲。[6]

---

[1] (唐)柳宗元:《柳宗元集》,第1212页。
[2] (唐)柳宗元:《柳宗元集》,第1189页。
[3] (唐)柳宗元:《柳宗元集》,第1247页。
[4] (唐)柳宗元:《柳宗元集》,第327页。
[5] (唐)柳宗元:《柳宗元集》,第895页。
[6] (唐)柳宗元:《柳宗元集》,第56页。

> 假令万一除刑部囚籍，复为士列，亦不堪当世用矣。①

可以看到，首先，柳宗元以"孤囚"自居，并不像以往部分研究所强调的那样，是"以罪人自居"的郁结心态，而是基于自身遭贬后名列刑部囚籍的现实境遇。敦煌出土的 P.3978 和 S.4673 两件文书记有《神龙散颁刑部格残卷》，其中关于贬谪官员的条例如下：

> 官人在任，缘赃贿计罪成殿以上；虽非赃贿，罪至除、免，会恩及别赦免：并即录奏，量所犯赃状，贬授岭南远恶处及边远官。②

因罪贬官的官员，都要奏录于刑部囚籍，并以所犯罪状轻重，量刑贬授远恶边官。如同柳宗元和"八司马"中的其他几位，不仅仅是在肉体上被放逐到远离长安的边远州处，更重要的是系于囚籍，自此失去了精神上的自由和政治生涯的希望。特别是当此前贬为渝州司户的王叔文元和元年（806）被赐死，被贬为开州司马的王伾也病死当地之后，柳宗元意识到系于囚籍的贬官还有被进一步追索的可能，因此他在很长一段时间内，都过着战战兢兢的日子。

其次，柳宗元视永州为牢笼，与贬谪官员的活动范围受限有直接关联。从柳宗元在永州期间的全部空间书写来看，柳宗元在永州十年，特别是后期游览经历丰富，也留下了一批杰出的山水游记作品，所涉足的地点不可谓不多。但这众多具体的地点和景观，都没有超出永州州治的地理范围。从地理空间文本呈现的结果看，柳宗元在永州期间的活动范围确实应当是受到限制的，不能随意离开。以致柳母卢氏在龙兴寺病逝后，柳宗元上书陈情，希望亲自扶灵回乡，竟也未获允许。这件事给柳宗元带来了巨大的痛苦和创伤，"囚居"的现实境遇向"孤囚"的表征空间转化。

再次，母亲去世后，柳宗元内心的痛苦外化为"孤囚"的表征空间。

---

① （唐）柳宗元：《柳宗元集》，第784页。
② 参见刘俊文《敦煌吐鲁番唐代法制文书考释》，中华书局，1989，第247页。

柳宗元父亲早逝，长姊、次姊也先后病亡，妻杨氏又未育而卒，以致当他遭贬谪永州时，随他来永的母亲卢氏已是世上唯一与他血脉相连的直系亲属。元和元年母亲的骤然病逝，不仅使他愈发感受到强烈的孤独，也使他自责于贬谪永州旅程的劳苦可能直接导致了母亲的病症，又愧疚于无法亲自扶灵回乡，"孤囚"的空间意象和自我责备的情绪，开始频繁出现于《先太夫人河东县太君归祔志》《上广州赵宗儒尚书陈情启》《惩咎赋》等文中，柳宗元暂居的龙兴寺西序，成为他守孝和自我惩罚的牢笼。

至此，我们已经对柳宗元贬谪永州前期的空间书写做了分门别类，较为细致深入的分析，可以发现，在遭贬谪永州之后很长的一段时期内，柳宗元的空间实践和空间书写都是围绕他寄居的龙兴寺西序这一现实空间而展开的。柳宗元之所以选择居于州之高地的龙兴寺西序为自己的临时居所，既是登高远望、寄希望于北归的需要，也是母亲去世以后守孝孤囚的需要。在诗文书写中，前者导向虚实并置凸显绝望的空间叙述策略，后者导向以孤独感和囚居为核心的空间体验。这就是柳宗元永州前期空间书写与他自身身体、情感经验发生相互作用的大致历程。这段痛苦、郁结的经历，从元和四年开始逐渐得到疏解，并最终以愚溪为中心的"家园"空间的构建和书写，使柳宗元与自己达成了和解。

二 愚溪及其周边：永州民的悠游"家园"

元和四年（809）是柳宗元贬永的第五年，这一年的九月二十八日，柳宗元与仆从游览永州西山，写下了著名的游记《始得西山宴游记》。

> 自余为僇人，居是州，恒惴栗。其隙也，则施施而行，漫漫而游……以为凡是州之山水有异态者，皆我有也，而未始知西山之怪特。今年九月二十八日，因坐法华西亭望西山，始指异之。遂命仆人过湘江，缘染溪，斫榛莽，焚茅茷，穷山之高而上。攀援而登，箕踞而遨，则凡数州之土壤，皆在衽席之下。其高下之势，岈然洼然，若垤若穴，尺寸千里，攒蹙累积，莫得遁隐。萦青缭白，外与天际，四

望如一。然后知山之特立,不与培塿为类。悠悠乎与颢气俱,而莫得其涯。洋洋乎与造物者游,而不知其所穷。引觞满酌,颓然就醉,不知日之入。苍然暮色,自远而至,至无所见,而犹不欲归。心凝形释,与万化冥合,然后知吾向之未始游,游于是乎始。故为之文以志,是岁元和四年也。①

历代文论家公认,《始得西山宴游记》为文之妙,尽在"始得"二字。而当我们以空间书写和文学空间构成的角度来比较《始得西山宴游记》和《永州龙兴寺西轩记》发现,柳宗元自《始得西山宴游记》开始,越来越多地灵活游走于永州山水之间。不再只是那种"不徙席,不运几,而得大观"的游离于外的俯视视角,作为风景"画框"之外一束敬而远之的目光,而是走进"画框",走到永州的山山水水中,以自己的空间实践改造和构建着永州的地理空间,赋予永州的自然风光以全新的意义。

当然,这种空间书写和心态上的转变,并不是突然发生的,而是一个潜移默化积累和转向的过程。前文曾提到,自永贞元年(805)被贬以后,柳宗元一直在积极地以书信形式同长安故友和节度重臣联系,以希能得到赦免或量移,离开永州回京,但都未有结果。且其间宪宗册太后礼毕赦天下系囚,元和元年正月改元大赦,元和三年春上尊号睿圣文武皇帝大赦,元和四年册立皇太子大赦,四次机会,理应"死罪降从流,流以下递减一等",都因为以王叔文党坐罪,"纵逢恩赦,不在量移之限"而错失。到元和四年第四次大赦过后,柳宗元已经不太抱有被大赦诏还的希望。虽然未能得到赦免,但在元和四年立皇太子的大赦中,昔年与柳宗元同时被贬的"八司马"之一,于元和三年卒于桂阳的凌准终于得以返葬。这件事使柳宗元从死亡和再贬的威胁中得到喘息,使他开始从战战兢兢的恐惧中渐次恢复,心态趋于放松。

与此同时,元和元年五月柳母卢太夫人终于永州佛寺,到元和四年已过三年之期。

---

① (唐)柳宗元:《柳宗元集》,第 762~763 页。

> 梅实迎时雨，苍茫值晚春。愁深楚猿夜，梦断越鸡晨。海雾连南极，江云暗北津。素衣今尽化，非为帝京尘。①

柳宗元服母丧毕，除服礼成。三年前因母亲骤然离世而遭受的痛苦和自责之情，也被渐渐冲淡。

又此时柳宗元来永五年，已逐渐适应永州的气候和环境，因此病情有所缓解。他在写于元和四年的《与李翰林建书》中提到：

> 仆自去年八月来，瘴疾稍已。往时间一二日作，今一月乃二三作。用南人槟榔余甘，破决壅隔大过，阴邪虽败，已伤正气。行则膝颤，坐则髀痹。所欲者补气丰血，强筋骨，辅心力，有与此宜者，更致数物。忽得良方偕至，益善。②

在南人槟榔和友人赠药的帮助下，瘴疾从一两日发作一回到一个月发作两三回，健康状况可以说有很大好转。

我们可以看到，元和四年，恰逢服母丧毕、健康好转，死亡的阴影逐渐散去，柳宗元终于能够以前所未有的放松心态投身永州的自然山水和自己的诗文创作。从元和四年开始，到元和九年奉诏回长安为止，柳宗元在永州完成了一大批著述、文章和诗歌，成果丰硕。永州后期柳宗元的创作和空间书写，是柳宗元最终在永州的土地上与自身达成和解的重要手段。

我们在此将柳宗元永州后期的创作划分为两个部分：第一部分是以《贞符》《封建论》《非〈国语〉》《论语辩》《天说》《答韦中立论师道书》《答严厚舆秀才论为师道书》《报袁君陈秀才避师名书》《与刘禹锡论周易九六书》等为代表的理论论辩文章和著述；第二部分则是以永州八记和《愚溪对》《愚溪诗序》等为代表的空间性山水游记，这些山水游记都与柳宗元在永州后期的景观营造和空间实践密不可分。

---

① （唐）柳宗元：《柳宗元集》，第 1237 页。
② （唐）柳宗元：《柳宗元集》，第 801 页。

先谈柳宗元永州后期创作的一系列理论论辩文章和著述。前文中曾引到《与杨京兆凭书》中柳宗元对于文章创作的打算：

> 一二年来，痞气尤甚，加以众疾，动作不常。眊眊然，骚扰内生，霾雾填拥惨沮，虽有意穷文章，而病夺其志矣。①

可见，到永州后，柳宗元就一直"有意穷文章"，只是刚到永州时水土不服、打击连连，身体和精神状态都不允许高强度的写作。因此，自元和三、四年前后身体转好，柳宗元就开始将在长安时已起草的《贞符》等理论论著写成文章，并在诸作完成后，积极向节度重臣等投书。而这一时期的投书与永州前期的投书又有了很大的不同。如《上江陵赵相公寄所著文启》：

> 幸以废逐伏匿，获伸其业，类于向者，若有可观。然又以罪恶显大，甘死荒野，不能出其固陋，以求知于阁下，则固昧昧徒生于世矣。谨献杂文十首，傥还以数字，定其是非，使得存于世，则虽生与蛮夷居，魂与魑魅游，所不辞也。②

又如《上岭南郑相公献所著文启》：

> 宗元素乏智能，复阙周慎，一自得罪，八年于今。兢愧吊影，追咎既往，自以终身沉废，无迹自明，不意相国垂愍，特记名姓。……伏以圣人之道，与其进也不保其往，故敢藻饰文字，洗涤心神，致之门下，祗俟严命。伏惟收抚奖励，以成其终。谨献杂文三十六首，冒昧上黩，无任踊跃惶恐之至。

---

① （唐）柳宗元：《柳宗元集》，第786页。
② （唐）柳宗元：《柳宗元集》，第922页。

如果说永州前期的投书以陈情和请干谒量移为主,那么永州后期的投书,就是向上官荐文为主。在自知政治前途无望,从地理空间和权力层级上被放逐到边缘之后,柳宗元将自己的全部热情投入到文章创作中。寄希望于以一批凝聚自己智慧的高水平理论著述,达到"立言"和"致不朽"的效果。事实证明,柳宗元的《贞符》《封建论》《非〈国语〉》等一批论辩卓绝精深、论证周密严谨的理论文章,使柳宗元得以重新参与到当时文坛的论争中,重新成为文坛的中心人物之一。《答韦中立论师道书》《答严厚舆秀才论为师道书》《报袁君陈秀才避师名书》等书信往来,是柳宗元在永州后期以书信的形式重回文坛讨论中心的佐证。

以永州八记和《愚溪对》《愚溪诗序》等为代表的空间性山水游记,则都与柳宗元在永州后期的景观营造和空间实践密不可分。从山水游记的角度研究永州八记的成果,此前已有许多,此不赘述。而当我们引入空间概念考察时,永州后期山水游记中所体现的空间性就尤为突出了。以柳宗元对愚溪及其周边的空间书写为例。

灌水之阳有溪焉,东流入于潇水,或曰冉氏尝居也,故姓是溪为冉溪。或曰,可以染也,名之以其能,故谓之染溪。余以愚触罪,谪潇水上,爱是溪,入二三里,得其尤绝者家焉。古有愚公谷,今予家是溪,而名莫定,土之居者犹龂龂然,不可以不更也。故更之为愚溪。

愚溪之上,买小丘为愚丘。自愚丘东北行六十步,得泉焉,又买居之为愚泉。愚泉凡六穴,皆出山下平地,盖上出也。合流屈曲而南,为愚沟,遂负土累石,塞其隘为愚池。愚池之东为愚堂。其南为愚亭。池之中为愚岛。嘉木异石错置,皆山水之奇者,以余故,咸以愚辱焉。

……溪虽莫利于世,而善鉴万类,清莹秀澈,锵鸣金石,能使愚者喜笑眷慕,乐而不能去也。余虽不合于俗,亦颇以文墨自慰,漱涤万物,牢笼百态,而无所避之。以愚辞歌愚溪,则茫然而不违,昏然而同归。超鸿蒙,混希夷,寂寥而莫我知也。于是作八愚诗,纪于溪石上。①

---

① (唐)柳宗元:《柳宗元集》,第642~643页。

柳宗元营造愚溪周边景观时刻于石上的八愚诗今已不存，但我们仍然能从这篇《愚溪诗序》和柳宗元的其他愚溪诗当中探析其空间书写的特质。一方面，以愚溪及其周边土地的书写为代表的柳宗元永州后期空间书写，具有强烈的个人性。与寓居暂住的龙兴寺西序不同，愚溪及其周边的土地，八愚的景观，都是柳宗元掏自己的俸禄买下的。正是由于这个"买"的交换动作，柳宗元得到了愚溪及其周边地理空间完整的改造权，愚溪及周围景观，得以完全地成为柳宗元个人化审美情趣和空间观念的具象化展现。择溪之上买小丘，丘东北买泉，泉出汇成沟，又择低洼处累石围池塘，池畔东建堂，南起亭，池中为岛。这一系列人工营造与自然山水的完美融合，是柳宗元山水审美趣味的集中体现，另一方面，也体现出永州后期柳宗元以永州为"家园"的空间建构努力。迈克·克朗曾在《文化地理学》一书中指出，文学地理空间建构中最典型的两种模式就是旅程与家园。① 如果说永州前期柳宗元在空间书写中常采用虚实、远近跳跃的空间叙述策略来拓展文学地理空间的话；永州后期柳宗元在空间书写中，就基本是以"余"这个绝对个人化的中心，在有限的地理范围内展开空间叙事，进一步突出了空间构建过程中的个人化和家园化特质，与永州后期柳宗元"甘终为永州民"②的平和心态一脉相承。

最后值得注意的是，诚如《愚溪诗序》所说，柳宗元来到永州之前，灌水之阳的这条溪流，名称并不确定，有的叫冉溪，有的叫染溪，名称的来源也有不同说法。及至柳宗元在那里定居，才命名为愚溪。并且把旁边的小丘，命名为愚丘。愚丘东北的泉水，命名为愚泉。愚泉向南流淌的山沟，命名为愚沟。还负土累石，塞隘阻水，筑成池塘，命名为愚池，愚池之东为愚堂，其南为愚亭，池之中为愚岛。从自然的溪、丘、泉、沟，到人造的池塘、堂、亭，以及池塘中形成的岛，由于柳宗元都以"愚"字命名，因而被有意识地构造成了一个独特的地理空间，或者说由于柳宗元的命名，这些自然物和人造物染上了柳宗元个人的生命意识和文学色彩，被

---

① 参看〔英〕迈克·克朗《文化地理学》，杨淑华、宋慧敏译，南京大学出版社，2003，第47页。

② （唐）柳宗元：《柳宗元集》，第634页。

构造成了独特的文学地理空间。所谓独特，当然一方面是永州自然地理的特殊面貌，另一方面是因为柳宗元的到来和命名，这些山水亭台与柳宗元的文学创作和个人遭遇及生命意识紧紧地联系在一起了。

从宋代地理总志《方舆胜览》的记载来看，除了愚溪，永州的山山水水也都烙上了柳宗元的文学痕迹，永州的自然空间与柳宗元的文学创作及文学世界已经不能分离，融汇成了一个幽美迷人的文学地理空间。永州的风俗"异蛇"，山水亭台如西山、小石山、石角山、柳岩、华严岩、黄溪、南池、新亭、方石亭、三亭、西亭、西轩、毕方之怪、蠣石等，无一不和柳宗元有关，离开了柳宗元，这些山水亭台也就失去了光彩和生命意味，有些甚至就失去了存在的前提基础。除了《方舆胜览》记载的这些名物以外，我们知道，柳宗元"永州八记"中的钴鉧潭、小石潭、袁家渴等地名和景物也是因为柳宗元才得以流传于世。

总之，永州的山水亭台等有名的自然空间和人造空间，多与柳宗元有关。没有永州十年的谪居岁月，柳宗元的文学世界可能会失色不少，或许不会有如此丰硕的成果；但是如果没有柳宗元，永州的山水将仍然是"自在"的世界，只有经过柳宗元的发现和开显，才变为了"自为"的世界，自然山水打上了诗人生命意识的烙印，构成了一个文学地理空间。这是柳宗元永州空间书写对于永州当地文学地理空间之成立的巨大意义。

结　语

空间问题是柳宗元永州十年生存与写作中一以贯之的重要问题。永州地域空间的探索和改造是柳宗元与自身和解的重要手段，而他的空间记忆和空间体验也体现了他的空间观念，进而影响了他在诗文写作中对空间叙述策略的采用，他的书写呈现为一种鲜明的空间书写。因此，不论是对柳宗元永州前期以龙兴寺西序为中心的空间书写，还是对永州后期以愚溪及其周边为中心的空间书写加以考察，都不失为一个柳宗元永州诗文研究的新视角，仍有进一步挖掘的可能。

论柳诗的排忧适性意识

何方形[*]

摘　要：柳宗元诗歌广泛地反映了诗人各个时期的生存环境和心态变化，深深烙下自我审美意识不断升华的印迹。面对贬谪后的无边沉寂，柳诗表现出较为显明的排忧适性意识，注重深层微妙的灵魂探索，是一种较富创新意义的审美活动，具有全新的典范意义。柳诗既注重内涵丰厚，也讲求艺术技巧的上达，别有一番感人力量。

关键词：柳诗　排忧适性意识　审美创新

柳宗元一生以独特的诗心去追求人生价值，其诗歌创作广泛地反映了诗人各个时期的生存环境和心态变化，深深烙下自我审美意识不断升华的印迹。"柳宗元歌咏山水之作特多，兼有闲沧之趣与隐逸之致"[①]，可谓知会之言。这一沉潜微妙的审美意趣之产生，完全源于诗人独特的人生阅历，从而将视角投向审美理性的层面，给人以艺术享受。正如诗人绿原在《所以，诗……》中所叹赏的："所以，诗永远是／人类最想说／而又没有说过／而又非说不可／而又只好这样说的话。"柳诗也呈现出这一审美个性。谛视人生现实，诗人有着极深刻的生活感受，到永州以后，就已经是《答问》所叙的这一情态："独被罪辜，废斥伏匿。交流解散，羞与为戚，生

---

[*] 作者简介：何方形，台州学院中文系，出版过《中国山水诗审美艺术流变》《唐诗审美艺术论》《戴复古诗词研究》《浙江山水文学史》等。

[①] 〔韩〕柳晟俊：《王维诗比较研究》，京华出版社，1999，第189页。

平向慕，毁书灭迹。他人有恶，指诱增益，身居下流，为谤薮泽。"① 被罪受辱于边远荒僻之地，本非永州民，人心感冷暖；欲仕不能，隐又不甘，自不放弃任何机遇。所以，孤寂寂寞之人一旦迎来"远弃甘幽独，谁言值故人？好音怜铩羽，濡沫慰穷鳞"（《酬娄秀才将之淮南见赠之什》）的现象②，便是喜出望外，忘却曾经的涕泪满怀，化忧郁为开朗，固然返京一时无望，最后还是"海上销魂别，天边吊影身。只应西涧水，寂寞但垂纶"③。《冉溪》诗更为全面地展示了柳宗元从理想的初步实现到遭遇远贬再逐步适应而终不忘豪情的真实心理："少时陈力希公侯，许国不复为身谋。风波一跌逝万里，壮心瓦解空缧囚。缧囚终老无余事，愿卜湘西冉溪地。却学寿张樊敬侯，种漆南园待成器。"④ 只有《诏追赴都二月至灞亭上》才是真正的好心情，固然也有一丝悲情在轻松的笔调中溢出："十一年前南渡客，四千里外北归人。诏书许逐阳和至，驿路开花处处新。"⑤《庄子·至乐》说"人之生也，与忧俱生"⑥，较早表现了古人对忧患的沉思。人一来到世上，即有百忧随之，甚或沉寂无边，而终其一生也难彻底解脱。所以，感伤作为一种情感范畴，历来就是大众文化旋律之一；而孤独情绪，更是中国传统士人一种突出而强烈的情感特征，它是一定的社会生活、文化背景、民族心理以及个体精神特质在文学创作中的必然反映。于是，这也成了中国古典诗歌一种迭相咏叹的永恒主题，往往表现为理想甚至生命的悲剧性，如白居易《序洛诗》所说："予历览古今歌诗，自《风》《骚》之后，苏、李以还，次及鲍、谢徒，讫于李、杜辈，其间词人，闻知者累百，诗章留传者巨万。观其所自，多因谗怨谴逐，征戍行旅，冻馁病老，存殁别离，情发于中，文形于外，故愤忧怨伤之作，通计古今，什八九焉。世所谓文士多数奇，诗人尤命薄，于斯见矣。"⑦ 这是

---

① 柳宗元：《柳宗元集》，中国书店，2000，第 236 页。
② 《柳宗元集》，第 583 页。
③ 《柳宗元集》，第 584 页。
④ 《柳宗元集》，第 624 页。
⑤ 《柳宗元集》，第 594 页。
⑥ 陈鼓应：《庄子今注今译》，中华书局，2009，第 480 页。
⑦ 白居易：《白居易集》，中华书局，1979，第 1474 页。

一种生命感悟的写作，而这一悲剧美，由于有着深远的历史根源，获得了深沉的历史感，因而也有着强大的生命力。对这一与生俱来的感伤与孤独情绪如何有效排解，在不同审美主体中表现为不同的呈现格式与层次。屈原《渔父》就有"圣人不凝滞于物，而能与世推移"，从而得以排除烦忧的主体思维[1]，而不是无谓的强为欢愉。

谢思炜《乐之歧解——从苏轼到袁宏道》说："中唐以后，与士阶层道德自觉意识的高涨相伴随，如何看待个体的适意满足在士大夫中也成为一个重要的思考问题。但前者是从理学到心学的理论思考中的中心问题，与之相对，有关个体适意的思想却只能由文学家和一些带有异端色彩的思想家来发挥。"[2] 对于诗人这种新的生命体验方式，赵荣蔚在论及白居易晚年生活与创作时指出："这种混同世俗，在享乐中摆脱形骸之累，追求放心自得之快慰的结果，必然要以抛弃社会责任，丧失儒臣主体精神，泯灭个人尊严为巨大代价。"[3] 但柳宗元毕竟不是白居易，即使惨遭废逐亦并不在社会生活内容淡化于个人情感框架内的艺术之途上一路滑行。柳宗元年轻时积极参与社会的工作，扶衰救弊，可换来的却是远贬之绝境，失意的忧愤和悲哀相互交织的场景，身心交瘁，情感总体上处于一种失衡状态，如《与崔策登西山》："鹤鸣楚山静，露白秋江晓。连袂度危桥，萦回出林杪。西岑极远目，毫末皆可了。重叠九疑高，微茫洞庭小。迥穷两仪际，高出万象表。驰景泛颓波，遥风递寒筱。谪居安所习，稍厌从纷扰。生同胥靡遗，寿等彭铿夭。蹇连困颠踣，愚蒙怯幽眇。非令亲爱疏，谁使心神悄。偶兹遁山水，得以观鱼鸟。吾子幸淹留，缓我愁肠绕。"[4] 诗人认为如果一直以戴罪之身活着，即使寿比彭祖，也是没有价值的，以得山水胜景稍为乐事。何焯《义门读书记》卷三七对此把握准确："'鹤鸣楚山静'，鹤半夜而警露。此句是不眠待晓即隐忧倦永夜之意，尤不露骨也。"[5] 诗歌"从这几句的层层转折，使我们清楚地看到了柳宗元在悲

---

[1] 董楚平：《楚辞译注》，上海古籍出版社，1998，第215页。
[2] 谢思炜：《唐宋诗学论集》，商务印书馆，2003，第310页。
[3] 赵荣蔚：《晚唐士风与诗风》，上海古籍出版社，2004，第40页。
[4] 《柳宗元集》，第613页。
[5] 何焯：《义门读书记》，中华书局，1987，第668页。

愁抑郁中，想要借山水和哲理来求得纾解的痛苦的挣扎。这种挣扎较之谢灵运的单纯的追攀向往之情，实在要更为深刻复杂得多"①。这可以借此更深入地透视现实，反思人生；但实际上身心都极需休憩。柳宗元的创作模式明显受到谢灵运影响，学谢之处甚多。如谢灵运《登江中孤屿》在一番"云日相辉映，空水共澄鲜"的描述后，忽接以"表灵物莫赏，蕴真谁为传"②，便从客观物象直入自我内心，这样的运思模式或者说山水灵奇而不见赏于世人的主题定位，对柳宗元贬谪后的创作有极大影响。"文艺心理学认为，作家艺术家创作动机的引发与情感的失衡状态有很大关系。情感失去平衡，主体就要求恢复平衡，就要求宣泄或补偿。对于作家艺术家来说，这一要求就会转化为进行创作活动的内在驱力。情感的失衡状态所以能成为作家艺术家投入创作的内在动力，原因就在于不平衡造成了一种'落差'，从而产生了一种'势能'。不平衡的现状导致追求平衡的动机和行为。这里主要表现为两种类型：一是要求宣泄愤懑郁积，表现为'过剩'，从而要求宣泄抒发转移；一是情感空虚寂寞，表现为'不足'，从而要求补偿和满足。"③ 被贬南荒以后，柳宗元的创作称得上是以生命体验入诗，完全符合这一审美判断。为了更有效、更完美地表现生活，诗人也有了全新的生活审美体验方式，审美而怡心。不过，审美体验的情感往往又具多维性，面对坎坷的人生之路，诗人在作品中反而表现出较为明显的排忧适性意识，而这一意识又是古代士人精神状态的一个重要层面，充满着生命体悟的张力，往往成为一种特殊处世方式，对世俗做出理性的超越，加强了他们透视生活的深度，并由此充溢着清醒的批判精神，成为一种富于创新意义的审美活动，从而保持了高尚的人品与卓异的诗品。

柳宗元在《亡妻弘农杨氏志》中自述"髫稚好言，始于善谑"④，可

---

① 叶嘉莹：《迦陵论诗丛稿》，河北教育出版社，1997，第176页。
② 顾绍柏：《谢灵运集校注》，里仁书局，2004，第123页。
③ 鲁枢元：《文艺心理学大辞典》，湖北人民出版社，2001，第237页。
④ 《柳宗元集》，第181页。

见，诗人的善谑个性少即有之，排忧适性意识早已萌生于心田，只是在那一时期还没有厚实的生活基础与人生体验而已。朱熹《朱子语类》卷一四〇论陶渊明"隐者多是带气负性之人为之。陶欲有为而不能也"①，把握了一代先哲因受恶劣环境的挤压而产生的至深的心灵颤动，可谓至言，而以"有为而不能也"来评判柳宗元的一生也是极为切当的。僻处南国一隅，一切的高会雅集、击节高吟之类都烟消云散，面对着接踵而至、挥之不去的人生遭遇，固然是不幸的社会生活时时捶击着诗人的心，但是诗人风节无亏，昔年壮志亦无泯灭，并在实际的贬谪生涯中渐渐萌生了排忧适性意识，发挥着一种内在的幽默和风趣，以独特的诗心去追求美好人生，注重深层微妙的灵魂探索，一切的诗情、诗思都来自对社会生活现实的深入细密的观察，被丰富敏锐的生活感受所充实，正如《〈愚溪诗〉序》所谓"余虽不合俗，亦颇以文墨自慰，漱涤万物，牢笼百态，而无所避之。以愚辞歌愚溪，则茫然而不违，昏然而同归，超鸿蒙，混希夷，寂寥而莫我知也"②，令人感受到生命的活力。而在"理世固轻士，弃捐湘之湄。阳光竟四溟，敲石安所施。铩羽集枯干，低昂互鸣悲。朔云吐风寒，寂历穷秋时"的生活中，不时有"樽酒聊可酌，放歌谅徒为"（《零陵赠李卿元侍御简吴武陵》）的情景③，高歌自适，进而与大自然忘情相交，亲近自然、走向山水的进程中，尽情尽性地享受自然山水带给心灵的慰藉，或聚友唱和诗文，或独自寻幽觅胜，以实际行动领略无上美感，也可以理解为另一层意义上的寄性命于诗歌，但又并非以专写山林隐逸之趣为职志，审美心态并不超然，因为诗人于世事一直未能忘怀。白居易《醉吟先生墓志铭》自称"外以儒行修其身，中以释教治其心，旁以山水风月歌诗琴酒乐其志"④，从一个特定的审美意义上品出人生真味，抽去一些具体的生活内容，倒也较为适合柳宗元贬谪期间的精神状态。鲍桑葵《美学史》说过："人所以追求自然是因为他已经

---

① 黎靖德：《朱子语类》，中华书局，1986，第3327页。
② 《柳宗元集》，第345页。
③ 《柳宗元集》，第586页。
④ 《白居易集》，第1504页。

感到他和自然分开了。"① 这是洞悉历史底蕴和人生真谛以后的话语，符合人类审美的客观实际。而佛教作为"解脱"之学本来即以精神自适为目标，援佛禅话语而论学，它向精神的深度渗透使诗人以为找寻到最佳的排解模式。易闻晓《公安派的文化阐释·绪论》认为："士人内在精神结构是一定历史文化结构的心灵投影，它形成于文化的历史积淀与现实感受；文化的迁变当在士人心灵中留下清晰的轨迹，从而改变其原有的内在精神结构。"② 柳宗元在贬谪期间寄心迹于佛陀，从南国山水中禅悟出深奥的佛学之道，也应该理解为是排忧适性意识逐渐显露的必然结果。

《溪居》以深切的生活体验为基础，在实地所见生活场景的叙写中展现出真实的生命精神，充盈着一种抗争力量，满贮着浓重的伤感与凄楚情调："久为簪组累，幸此南夷谪。闲依农圃邻，偶似山林客。晓耕翻露草，夜榜响溪石。来往不逢人，长歌楚天碧。"③ 章燮《唐诗三百首注疏》卷一认为："既似山林客，则所事俱是山林矣。来往不逢人，言无故交也。楚属南夷，故曰楚天。按晓夜二字，寓日月淹留意"④，极是。诗人自称以此南夷之谪为"幸"，固然是感伤甚至怨愤的无奈之语，但"闲依""偶似"云云，则写出了他的高情逸趣。而这一恬淡闲散的情态，正与排忧适性意识不期而遇，达常人难达之情，真切而传神，形成真正的"诗家语"。《渔翁》更是诗人生命的写照，也更加重视诗思的提炼和凝聚："渔翁夜傍西岩宿，晓汲清湘燃楚竹。烟销日出不见人，欸乃一声山水绿。回看天际下中流，岩上无心云相逐。"⑤ 渔翁形象与诗人的失志心态有着千丝万缕的联系，其中不可否认隐约反映诗人的一丝惆怅与失落，表明诗人仍在现实和精神的两极中挣扎，但在这表面的安逸与恬淡中，还是透露出属于自我的那一分难得的自足，心也就沉浸在一片忘机的天真中。诗歌在

---

① 〔英〕鲍桑葵：《美学史》，张今译，商务印书馆，1985，第116页。
② 易闻晓：《公安派的文化阐释》，齐鲁书社，2003，第19页。
③ 《柳宗元集》，第620页。
④ 章燮：《唐诗三百首注疏》，安徽文艺出版社，1983，第26页。
⑤ 《柳宗元集》，第637页。

情感和意象之间开拓出一个广阔的想象空间，感受并不朦胧，但自我抒写却极为微妙，深意使人不得不于言外得之。唐汝询《唐诗解》卷一八认为："此盛称渔翁之乐，盖有欣羡之意，言彼寝食自适，而放歌于山水之间，泛舟中流，而与无心之云相逐，岂不萧然世外也！"①《雨后晓行独至愚溪北池》以比较少见的形式写出自己心目中的山水物态，有着常人所未到的审美体验："宿云散州渚，晓日明村坞。高树临清池，风惊夜来雨。予心适无事，偶此成宾主。"② 本来"风动春朝，月明秋夜，早雁初莺，开花落叶，有来斯应，每不能已也"（《梁书·萧子显传》），偶遇此番景致，诗人触目自成诗兴，仕途失意的苦楚也不免有所消解，并得到些许的慰藉和欢欣，淡化了长期郁结心头的升沉荣辱、去就穷达之念，情深意长。与此诗风相近的还有《雨晴至江渡》："江雨初晴思远步，日西独向愚溪渡。渡头水落村径成，撩乱浮槎在高树。"③ 诗人以高超的技巧把瞬间的审美感受绘制成一个美妙的艺术境界，袒露一种了无牵挂的畅快心境。但一个"独"字道出心事，似乎又告诉人们心中的烦闷只是一时消解，阴霾并不会就此全然飘散，从而缔构出完整的诗境。

《雨中赠仙人山贾山人》融表现自我和反映现实为一体，显示了诗人出神入化的艺术笔力："寒江夜雨声潺潺，晓云遮尽仙人山。遥知玄豹在深处，下笑羁绊泥涂间。"④ 诗歌从时间向空间滑动，增加画面的视觉感与流动感。后接以自我解嘲，见出意趣，在观赏自然中获得一种审美解悟。感情得到委曲传达，视一览无余的直白者何啻天壤？朱光潜在《诗论》的第二章中指出，"诗人的本领就在能谐，能谐所以能在丑中见出美，在失意中见出安慰，在哀怨中见出欢欣，谐是人类拿来轻松紧张情境和解脱悲哀与困难的一种清泻剂"⑤，可谓至切之论。这样的人生之爱可以说是伸展到了自然的最深处，也正是钱锺书《管锥编》所说的"风景因心

---

① 唐汝询：《唐诗解》，河北大学出版社，2001，第386页。
② 《柳宗元集》，第622页。
③ 《柳宗元集》，第623页。
④ 《柳宗元集》，第603页。
⑤ 朱光潜：《诗论》，安徽教育出版社，1997，第23页。

境而改观"①,把诗的根须扎进现实生活的土壤。《雨中赠仙人山贾山人》一诗不着感伤色调,而是充分表达主体情意,贬谪的苦痛在鲜活的山水中得到暂时消解。《酬徐二中丞普宁郡内池馆即事见寄》先是一番深挚的叙写:"鸂鸿念旧行,虚馆对芳塘。落日明朱槛,繁花照羽觞。泉归沧海近,树入楚山长",最后以"荣贱俱为累,相期在故乡"作结②,自勉也勉人,别具格调。《界围岩水帘》更是在触发了审美契机,作了"界围汇湘曲,青壁环澄流。悬泉粲成帘,罗注无时休。韵磬叩凝碧,锵锵彻岩幽。丹霞冠其巅,想象凌虚游。灵境不可状,鬼工谅难求。忽如朝玉皇,天冕垂前旒"的描绘后,接以"楚臣昔南逐,有意仍丹丘。今我始北旋,新诏释缧囚"的客观叙述,最后出之以"采真诚眷恋,许国无淹留。再来寄幽梦,遗贮催行舟"③,获得精神的畅适自足,情绪自然为之振奋。诗人北旋不久即出刺柳州,途经永州,作《再至界围岩水帘遂宿岩下》,赏心与悲情杂糅:"发春念长违,中夏欣再睹。是时植物秀,杳若临悬圃。歊阳讶垂冰,白日惊雷雨。笙簧潭际起,鹳鹤云间舞。古苔凝青枝,阴草湿翠羽。蔽空素彩列,激浪寒光聚。的皪沉珠渊,锵鸣捐佩浦。幽岩画屏倚,新月玉钩吐。夜凉星满川,忽疑眠洞府。"④

《柳州城西北隅种甘树》也是从现实生活中获取诗情,是诗人从心灵深处发出的真实声音,展现出独立不倚之人格精神:"手种黄甘二百株,春来新叶遍城隅。方同楚客怜皇树,不学荆州利木奴。几岁开花闻喷雪,何人摘实见垂珠。若教坐待成林日,滋味还堪养老夫。"⑤ 身处政局变幻的逆境中,诗人纵有满腹不平又怎敢铺展?全诗服从感情表达的需要,以健笔写柔情,诗意含蓄内敛,情致深厚。结句更是力避庸常,有统摄全篇之效,以一种语言的陌生和力度,产生令人惊叹的历史纵深感和艺术概括力量,赢得后人一片称赏。何焯《义门读书记》卷三七有评"'滋味还堪

---

① 钱锺书:《管锥编》,中华书局,1979,第627页。
② 《柳宗元集》,第601页。
③ 《柳宗元集》,第587页。
④ 《柳宗元集》,第591页。
⑤ 《柳宗元集》,第606页。

养老夫',结句正见北归无复望矣。悲咽以谐传之"①,最得诗人之诗旨。高步瀛《唐宋诗举要》卷五引姚鼐语"结句自伤迁谪之久,恐见甘之成林也。而托词反平缓,故佳"②,指出诗作从内心审美感受出发,以谐传悲,用意深曲。谛听诗人心灵深处的声音,自然使人产生撼动心灵的精神力量,至今读来犹为之动容。《过衡山见新花开却寄弟》中,诗人主观心境与大自然的客观物境浑然妙合,一切都是情之所至的自然吐露,诗如画然:"故国名园久别离,今朝楚树发南枝。晴天归路好相逐,正是峰前回雁时。"③诗歌省净笔墨道出丰富复杂的情怀,从另一个艺术层面张扬了自我个性,也增强了对现实的表现力,显得深沉而厚重。

叶嘉莹《从李义山〈嫦娥〉诗谈起》有这样的宏论:"一个真正的诗人,其所思、所感必有常人所不能尽得者,而诗人之理想又极高远,一方面既对彼高远之理想境界常怀有热切追求之渴望,一方面又对此丑陋、罪恶而且无常之现实常怀有空虚不满之悲哀,此渴望与不得满足之心,更复不为一般常人所理解,所以真正的诗人,都有着一种极深的寂寞感。"④柳宗元就是"有着一种极深的寂寞感"的诗人之一,《汨罗遇风》算得上是自己与屈原的一次心灵对话,蕴含诗人强烈的思想光芒,期望最大限度地实现自己,诗味隽永:"南来不作楚臣悲,重入修门自有期。为报春风汨罗道,莫将波浪枉明时。"⑤由于有了以屈原为代表的"楚辞"文化,才有了柳宗元这样的自然联想。《秋晓行南谷经荒村》也展示了这种"极深的寂寞感":"杪秋霜露重,晨起行幽谷。黄叶覆溪桥,荒村唯古木。寒花疏寂历,幽泉微断续。机心久已忘,何事惊麋鹿?"⑥南谷,在永州郊外。诗人固已机心不存,但面对与北地迥然不同的万千南荒风物,寂寞的心仍然无法彻底自我抚平。《种柳戏题》一诗倾注了浓郁的爱的挚情,挣脱一种漂泊失落的无归属感,深刻地表现着真挚的人情美,是诗人排忧适

---

① 何焯:《义门读书记》,第668页。
② 高步瀛:《唐宋诗举要》,上海古籍出版社,1978,第609页。
③ 《柳宗元集》,第592页。
④ 叶嘉莹:《迦陵论诗丛稿》,第217页。
⑤ 《柳宗元集》,第592页。
⑥ 《柳宗元集》,第622页。

性意识向上一路发展的必然归宿,算得上是诗品与人品完美统一的结晶:"柳州柳刺史,种柳柳江边。谈笑为故事,推移成昔年。垂阴当覆地,耸干会参天。好作思人树,惭无惠化传。"①

《戏题石门长老东轩》中,诗人追逐着自我独异的感觉,一路写来意趣横生,最后一句更是意象饱满,情味活现:"石门长老身如梦,旃檀成林手所种。坐来念念非昔人,万遍莲花为谁用?如今七十自忘机,贪爱都忘筋力微。莫向东轩春野望,花开日出雉皆飞!"② 雉,即野鸡。古乐府有《雉朝飞》,相传齐宣王时处士犊牧(沐)子所作。崔豹《古今注》载:"《雉朝飞》者,犊沐子所作也。齐宣王时,处士泯宣,年五十无妻。出薪于野,见雉雄雌相随而飞,意动心悲,乃仰天叹大圣在上,恩及草木鸟兽,而我独不获。因援琴而歌,以明自伤,其声中绝。"③ 柳诗注重艺术的暗示和象征功能,属于以古人往事抒自我心怀。柳诗喜用"忘机"一词,作品中多次出现,这一诗歌中的"旃檀"与"莲花"等意象文化内涵也极为丰富。诗人抒发情绪或感受,都以坚实的生活基础为依托,是真正意义上的联结了诗与现实,结果自然是使人动情也使人深思,并努力使个人的身世感具有一定的普遍性。作品中轻松而毫无恶意的戏谑,又显示出宾主二人关系的自然融洽,这就构成了一种独特的抒情方式。蒋凡《柳集与性意识的文学表现》一文对此有所剖析:"性意识的萌动可以升华为美好的憧憬,映照出对生命与自然的热爱","借诗遣怀,满纸风趣的诙谐调侃中,不仅暗伏着对异性之爱的合理向往,而且表达了自己不屈服于环境重压的热爱生命之追求,苦中作乐,其诗为'戏',真谛在此"。④

王国维《人间词话删稿》有言:"诙谐与严重二性质,亦不可缺一也。"⑤ 文学是社会生活的审美反映。柳宗元的人生中有一度甚至生存也受到严重的无可逃避的威胁,时代政治变得严峻,诗人需要由此探寻到一个远非官场所能比拟的自由而惬意的世界,偶有闲适逍遥的诗意人生时

---

① 《柳宗元集》,第602页。
② 《柳宗元集》,第624~625页。
③ 郭茂倩:《乐府诗集》,上海古籍出版社,1998,第643页。
④ 蒋凡:《文章并峙壮乾坤——韩愈柳宗元研究》,上海教育出版社,2001,第153页。
⑤ 王国维:《人间词话》,人民文学出版社,1960,第243页。

刻。所以，柳诗中所表现出的排忧适性意识，是审美主体天然真性的流露，是内心悲苦的投影，又忠实时代生活并予以独特的表现，表现了一种人生的哀痛，人的情感价值以一种特殊的形式实现。从这一层面上加以审视，柳诗中所表现出的排忧适性意识，也可以说是诗人化解自身苦痛自得其乐的一种人生智慧的显示，蕴藏了一种清醒而深刻的理性自觉，从而挖掘出自己心灵深处的东西。特别要强调的是，柳诗既注重诗歌情感的丰厚，承载了相当沉重的社会性内涵，又讲求艺术技巧的上达，追求隐蔽含蓄的审美效应，作品的创作主旨因此得到更深刻、更完整的体现，自然也具有更强的艺术魅力。正如王十朋《游东坡十一绝》其一所感叹的"诗因迁谪更瑰奇"，因为倾注了诗人在被贬中的抗争，在戏谑的背景下有着严肃、深沉的一面，自然形成极具苏轼个性的美学思想和艺术探求，所以越发显得唱叹有情。论者有言："东坡之所谓'戏'，多是欲哭无声，怒极反戏之作。可以说是寓庄于谐，寓严肃深刻之主旨于戏谑放浪之外形"[①]，苏轼"以其超越的笑化解现实痛苦，给自己饱经磨难的人生添上柔和的色彩，显示了其超凡的心力与智慧"[②]。也就是说，苏轼的作品即使偶有低沉之音掠过，但高昂的主旋律始终回旋其间，这都是诗人对时代生活的真实感应，是时代生活在诗人心灵上的投影。这些评述也可以移用过来评述柳宗元的诗歌创作，何况苏轼本身就对子厚的小吏生涯与人生思考等都感同身受，对其诗作也给予极高评价。柳诗既展现了崇高的美学追求，也承载了在特殊的社会时局中对生命存在的较为深沉的哲学思考，所谓"上下观古今，起伏千万途"（《读书》）[③]，从而具有全新的典范意义，给人以余韵悠长的人生回味。李泽厚《美的历程》指出："儒道互补是两千多年来中国思想一条基本线索。"[④] 所谓"儒道互补"应该就是古代士子排忧适性的主体精神源泉，于是，明知"惜无协律者，窈眇弦吾诗"（《零陵赠李卿元侍御简吴武陵》）[⑤]，而仍自酌酒而放歌。魏庆之

---

① 王洪：《苏轼诗歌研究》，朝华出版社，1993，第231页。
② 张惠民：《士气文心：苏轼文化人格与文艺思想》，人民文学出版社，2004，第156页。
③ 《柳宗元集》，第638页。
④ 李泽厚：《美学三书》，安徽文艺出版社，1999，第56页。
⑤ 《柳宗元集》，第586页。

《诗人玉屑》卷五引韩驹语:"人生作诗不必多,只要传远。如柳子厚,能几首诗?万世不能磨灭。仆曰:老杜《遣兴》诗谓孟浩然云:'赋诗不必多,往往凌鲍谢。'正为此也。"[1] 所谓"名人托迹之地,江山千载犹香"(袁中道《东游记》其十三),永州、柳州之地正因为有了柳宗元的存在而显得更加璀璨夺目。

---

[1] 魏庆之:《诗人玉屑》,中华书局,2007,第163页。

从韩愈和柳宗元的寓言文创作看中唐散文的因革[*]

胡 静[**]

摘 要：韩愈和柳宗元创作了不少寓言文，作为中唐古文运动的主将，他们不仅继承先秦寓言的优秀传统，借鉴佛经寓言的讽刺手法，而且为古代寓言文的创作开辟了一个新的局面，不论是韩愈的"尚奇"，还是柳宗元的含蓄，他们的作品无不彰显了唐代寓言创作的繁荣气象。本文拟从文体、思想、创作动因等方面来考察韩愈和柳宗元的寓言文创作，他们在寓言文创作中的变化和特点，恰能反映出中唐散文的变革与创新。

关键词：寓言文 唐宋散文 古文运动

我国古代寓言历史悠久，源远流长，早在春秋战国时期就已盛行。学界一般将中国古代寓言的发展分期视为三种：四个时期[①]、五个时期[②]、七个时期[③]。比较常见的一种分法是先秦、两汉、魏晋南北朝、唐宋和元

---

[*] 基金项目：陕西省教育厅人文专项（项目名称《唐宋八大家论说文的文学语言研究》，项目号 17JK0530）

[**] 作者简介：胡静，文学博士，西安理工大学人文与外国语学院讲师，从事中国古代散文研究。

[①] 陈蒲清、曹日升在《试论中国古代寓言的发展及其特色》一文中将中国古代寓言发展分为先秦、秦汉、唐宋和元明清四个时期。

[②] 陈蒲清在《中国古代寓言史》一书中将中国古代寓言发展分为五个时期：先秦哲理寓言、两汉劝诫寓言、魏晋南北朝过渡性寓言、唐宋讽刺寓言、元明清诙谐寓言。

[③] 陈蒲清在《中国古代寓言的范畴、起源、分期新探》一文中将中国古代寓言发展分为七个时期：萌芽期、争鸣期、沿袭期、转折期、融汇期、世俗化期和变革期。

明清五个时期，本文依据这种分法，通过韩愈和柳宗元的寓言文审视中唐散文的变革与创新。本文所收录的寓言文标准参照陈蒲清《中国古代寓言史》的界定，寓言不仅要具备故事情节，还要有比喻寄托的含义。根据此条标准，本文从韩愈和柳宗元的散文别集中筛选出25篇寓言文。

韩愈创作的8篇寓言文：《获麟解》（802）、《进学解》（812）、《杂说四首》中的《龙说》和《马说》（大约795～800）、《毛颖传》（805）、《圬者王承福传》（799）、《送穷文》（811）、《鳄鱼文》（819）。

柳宗元创作的17篇寓言文：《愚溪对》（810）、《起废答》（814）、《设渔者对智伯》、（以下都是创作于永州时期）《三戒》（3篇）、《捕蛇者说》、《鹘说》、《谪龙说》、《罴说》、《鞭贾》、《蝜蝂传》、《哀溺文》、《憎王孙文》、《骂尸虫书》、《东海若》、《宥蝮蛇文》。

这25篇寓言文体现了韩柳二人在散文上的成就，不少已经成为中国寓言史上的经典之作。唐宋寓言文是寓言史上的复兴和发展阶段，韩愈和柳宗元作为中唐文学的代表人物，他们身上有种锐意进取的精神，这在他们的寓言作品创作中体现了出来，不论是从文体、语言等外在形式，还是思想内容方面都可以看到韩柳革新的一面。接下来，本文通过梳理韩柳25篇寓言散文的外在形式和内在思想，分析韩柳二人寓言文的创作动机，进而完成对中唐寓言散文革新的考察。

一 韩柳寓言散文的文体形式

从文体上看，韩柳在寓言文的创作中使用了"说""解""对""答"等文体形式，这些文体有的属于首创，有的或许早已出现，但是在他们这里都被赋予了新的文体内涵，可谓是韩愈和柳宗元的文学革新表现。我们通过对"说""解"两种文体的梳理，考察韩柳寓言文的创新表现。

（一）"说"体文的革新

《说文解字》云："说，说释也，从言兑声。"[①] 说释，即悦怿。《文心

---

① （汉）许慎，（宋）徐铉校订《说文解字》，中华书局，2013，第53页。

雕龙·论说》中列了"说"体,并举商代"伊尹论味"至东汉"冯衍说鲍永、邓禹"事为例,将自古以来贤臣向君主的进谏之辞,战国辩士游说之辞,都归入说体。《论说》篇提出:"说者,悦也;兑为口舌,故言资悦怿。"① 刘勰所论之"说"有两种:一是以客观记录某次辩说、游说的面目出现的,对话言辞之"说";二是以文字而出的"说",是以"上书"的面目出现的,本身就是单篇文章。汉以后以"说"名篇的篇章论著,大都表示说明或申说事理之义。这就意味着,同是"说",一为口头之说,是"辩说";一为文字之说,是"上书"。唐宋以后,韩、柳及宋代古文家拓展了"说"体,以"说"体名篇的文章实质上也是理论性文章,但偏重于说明性与解说性。如曾巩的《说官》《说内治》等"说"体文。另外,古人也常把读书心得、生活体验写成"说"体小文,因此以"说"名篇的文章往往带有杂文、杂感的性质,题目大小不定,行文自由随意。如韩愈的《师说》、柳宗元的《捕蛇者说》、欧阳修的《笔说》(十九首)、苏洵的《名二子说》等。钱穆认为此类的"说"体文具有"小说"的特色。

  杂记之外,复有杂说,此于韩集亦不多见,而柳集乃颇盛。所谓说者,《汉志》九流十家有小说家者流,其书虽不传,然诸子之书尚多有之,尤以庄子书为然。亦可为庄周寓言,皆小说也。又如策士纵横游说,见于《战国策》者,其文亦多以小说杂厕之。惟此等皆镕入长篇,不独立为文,因此后世遂不见此体,而往往转化入诗中。柳集有《鹘说》,有《捕蛇者说》,有《罴说》,有《观八骏图说》,皆杂说之体也。②

  这类具有"小说"性质的"说"体文在韩愈、柳宗元的手中大放异彩,韩愈的《马说》一篇仅150余字,文章运用多层折回、反复跌宕的手

---

① (南朝梁)刘勰:《文心雕龙今译》,中华书局,2013,第172页。
② 钱穆:《中国学术思想史论丛》(四),三联书店,2009,第55~56页。

法，翻奇出新，寄寓了作者对自己遭遇的愤愤不平。柳宗元散文中以"说"名篇的作品不少，大多从现实取材，运用写实手法针砭时弊，同时富含深刻哲理，笔调辛辣讽刺。在《鹘说》① 一文中，柳宗元从旁观者的立场即事说理、因事寄讽，文章寄托了作者的言外之意，一般人对外貌有主观偏见，柳宗元借鹘有着看似恶鸟外貌却释放小鸟的行为，寄寓自己在永贞革新中，革新派所为就像"翘翘者"，而那些守旧派貌似"煦煦者"。革新派所作所为正是"恒其道，一其志，不欺其心"的仁义之行。柳宗元运用藏锋不露、隐喻暗示的写作手法，使文章达到很高的文学境界。

柳宗元敢于创新，他的说体文在继承传统章法的基础上有所变化，"能依文章的旨意，运用不同的架构链接材料以表达文旨，作品灵动变化，时有新意"②。他在《观八骏图说》③ 中以八骏图和圣人两线平行展开又时时对照贯穿始终，表现了作者文章结构层次分明的特点。文章第一段以模拟手法，说明世上既没有怪马也没有怪人。八骏是后之好事者为之图，不可信以为真。然后笔锋一转，指出"其言圣人者，亦类是矣"。文章重心在论人而不是论马。第二段是论证论点，推论出圣人没有异相，一样是"圆首横目，食谷而饱肉"。第三段则加以引申，借题发挥，指出"慕圣人者"宜"求之人"。此文彰显了作者高明的语言技巧，正如明末清初文学家孙琮所评：

> 只就马之无异，说出圣人无异。前幅叙出两段世人好异，中幅从马类推八骏，从人类推圣人，俱见得无异。妙在后幅，说圣人骏马无异处，写作两段，两段又分作四段，正说反结，反说正结，令读者但见其曲折不穷，忘其反正生生之妙。④

---

① （唐）柳宗元：《柳河东集》，第 292~293 页。
② 康震：《中国散文通史》（隋唐五代卷），安徽教育出版社，2013，第 54 页。
③ （唐）柳宗元：《柳河东集》，第 302~303 页。
④ 吴文治：《柳宗元资料汇编》，中华书局，1964，第 501 页。

（二）解体文的革新

《说文解字》云："解，判也。从刀判牛角。"① "解"字本义是用刀割牛角，从本义引申而来，"解体文"形成一种固定的书写程式，即由一个问题出发，层层剖析，最终给出解答。可见，"解"体文最开始是指解释疑难性的文章。如吴讷《文章辨体·解》类序："若夫解者，亦以讲释解剥为义，其与说亦无大相远焉。"② 徐师曾《文体明辨序说·解》类序：

> 解者，释也，因人有疑而解释之也。扬雄始作《解嘲》，世遂仿之。其文以辩释疑惑，解剥纷难为主，与论、说、议、辩，盖相通焉。……雄文虽谐谑回环，见讥正士，而其词颇工，且以其为此体之祖也，故亦取焉。此外又有字解，则别附名字说类，此不混列。③

这种固定的书写程式最早见于《礼记·经解》，此外还有西汉经学家孔安国的《论语训解》，魏晋学者杜预的《春秋经传集解》，东汉郑兴、郑众父子的《周公解诂》等解体文，均为传统儒家学术体系中的解经之作，重在解释文义，多不以单篇行世。"后来那些文采、理路与篇幅较为富赡的注疏，渐渐敷衍铺排，专就某一论题集中加以营构，遂成就解体论文。"④ 早在西汉，也出现了以"解"名篇的单篇文章，如扬雄的《解嘲》，是一篇解释人们对他的嘲讽的文章。这类"解"与解经的程式文不太一样，开始有解释之意，但并不多见，也不被重视。值得一提的是，在文学自觉时期的魏晋南北朝，涌现出一批文学理论和文学批评著作，比如《文心雕龙》和《昭明文选》，它们对当时出现的文体进行了分门别类，但均未提及"解"体文，可见，这种文体在那个时期要么不常见，要么不被重视。这也能侧面佐证韩愈的"尚奇"，他注意到这种文体并赋予它一

---

① （汉）许慎，（宋）徐铉校订《说文解字》，第94页。
② （明）吴讷：《文章辨体序说》，人民文学出版社，1962，第43页。
③ （明）徐师曾：《文体明辨序说》，人民文学出版社，1962，第134页。
④ 康震：《中国散文通史》（隋唐五代卷），第68页。

种新的内涵，运用"以文为戏"的创作态度，完成了《进学解》《获麟解》等奇诡恣肆之文。他在《进学解》中，用模拟《解嘲》的形式而写，借假设问答的方式来表达作者所要铺写的内容，指责当政者不辨贤愚，大材小用，抒发了自己遭贬斥不被重用的愤愤不平。又如韩愈的《获麟解》，作者对历史上发生的"获麟"一事表达了自己的见解。从文章可以看出，韩愈的"解"体文并非只是辨释，而是借"解"之名行"议论"之实，有抨击讽刺时政的意味。谢楚发分析解体文特色时指出："解体文是论辩文中较为轻捷的体式，可长可短，不拘形式，与辨明事理的说体文、辩体文近似，与读书札记、读后感也无大的区别。好的解体文，往往是翻案文章。至于是否借题发挥，有无寄托，则因人因文而异。"①

韩愈寓言文中的解体文是以假设问答的写作形式，对假托人所提出的某些疑问或疑惑，加以解释，具有讽刺当政者意味。这类解体文与最开始那种程式化的解体文不太一样，它们表现出"篇幅短而容量大，法度严而变化多"②的特点，不到千字的《进学解》尽显光辉，二十余处被后人用作了成语。③ 这也体现出韩、柳等唐宋古文大家对这一文体的革新运用，他们在承袭前代解体文的基础上，突破固定模式，丰富文体内涵。

以上可以看出，韩愈和柳宗元在文体、语言形式方面的贡献，他们的寓言文以散文体为主，通过用散体文取代程式化严重的骈体文，他们努力尝试各种形式的表达，创造了"解""说""对"等新型文体。文体的发展是一个由简单到复杂的过程，正如后人研究表明，新文体的生成机制大致有两种情况，要么是在原有文体基础上衍生出来，要么是在原有文体融合中建构起来。④ 韩柳对"解""说"等文体的建构，体现了他们创造性的文体意识，"所谓的文体意识，即一个人在长期的文化熏陶中形成的关于文体的或明确或朦胧的意识"⑤。我们可以看到，"文学史上那些富有创造力的作家常

---

① 谢楚发：《散文》，人民文学出版社，1994，第120页。
② 陈书良、郑宪春：《中国小品文史》，湖南出版社，1991，第123页。
③ 马积高：《赋史》，上海古籍出版社，1987，第308页。
④ 马建智：《中国古代文体分类研究》，中国社会科学出版社，2008，第179~180页。
⑤ 陶东风：《文体演变与文体意味》，云南人民出版社，1994，第99页。

常都有强烈的反传统意识,表现在文体上就是强烈的文体创新意识"①,韩愈、柳宗元赋予了"解""说"等文体新的时代内涵,他们的创造性实践被之后的作家自觉不自觉地模仿,成为后世的表率。

二 韩柳寓言文的思想内容

寓言是作者另有寄托的故事。在思想内容方面,韩愈柳宗元的寓言作品简短但不失理趣,他们通过作品寄寓了自己的理想,表达了自己的情感。韩愈和柳宗元作为中唐古文运动的推动者和拥护者,都比较关注社会现实,在寓言说理文中塑造了各种鲜明而深刻的形象,强烈批判和讽刺了时事。韩愈和柳宗元寓言说理文的故事历历如画,其寓意深厚,隐显结合,所影射的人物事件,可谓"牢笼百态"(《愚溪诗序》),成为反映社会现实生活的一面镜子。在思想内容上,笔者将韩柳的25篇寓言散文分为三个方面:针砭时弊,讽谏国君;剖析人性,嘲讽世情;抒写际遇,自嘲解忧。②

(一) 针砭时弊,讽谏国君

韩愈、柳宗元二人在寓言文中多次指出安史之乱对社会的祸害,正是这场动乱造成唐王朝由盛转衰,而统治阶层挥霍行乐,为筹措军费,更是疯狂地搜刮民财,横征暴敛。处于底层的农民在重重赋税的盘剥下,饥寒交迫,无以为生,颠沛流离,境况十分悲惨。韩愈、柳宗元等人对民情体察深刻,借助寓言的形式,深刻地反映人民的疾苦。如韩愈的《圬者王承福传》《毛颖传》和柳宗元的《捕蛇者说》都提到了社会的动乱,从"天宝之乱,发人为兵,持弓矢十三年"③,到"中山君,老而秃,不任吾用"④,再到"吾斯役之不幸,未若复吾赋不幸之甚也"⑤,这些文章无不

---

① 陶东风:《文体演变与文体意味》,第103页。
② 本部分内容参照笔者博士学位论文《唐宋八大家论说文思想研究》(西北大学博士学位论文,2015年)。
③ (唐)韩愈著,马其昶校注,马茂元整理《韩昌黎文集校注》,上海古籍出版社,2014,第59页。
④ (唐)韩愈著,马其昶校注,马茂元整理《韩昌黎文集校注》,第634页。
⑤ (唐)柳宗元《柳河东集》,第295页。

揭露了封建统治阶层的寡恩、无情,及对底层群众的层层盘剥和压迫。

除了讽刺统治阶层的丑恶行径外,韩愈柳宗元二人还以曲笔的形式指出社会的弊端所在。其中藩镇割据是中唐弊政之一,藩镇的骄横跋扈,不仅削弱了唐王朝中央集权的统治,而且使底层人民生活在水深火热中。正直文人有感于此,创作了大量批判藩镇割据的寓言。唐德宗(780~804年在位)和唐宪宗(806~820年在位)是唐代藩镇割据最为严重的时期,《鳄鱼文》创作于819年,是韩愈初贬潮州所作,笔者认为这是一篇带有寓言性质的檄文①,从写作背景、写作时间、思想内容等方面综合来看,这篇文章明指驱赶鳄鱼,但含义不止于此。作为贬谪之臣,韩愈一方面想为当地百姓做些实事;另一方面他更想为朝廷分忧解难,远在潮州,他也是借这篇"游戏文字"表达自己的政治主张,如同文章所说"夫傲天子之命吏,不听其言,不徙以避之;与冥顽不灵而为名物害者:皆可杀"②,即消平藩镇,维护中央集权。

另外,柳宗元的《设渔者对智伯》亦是以史实为基本素材而成的一篇寓言故事。柳宗元从智伯联合韩、魏同赵氏所进行的战争说起,假设渔者口吻,给智伯讲述了两则故事:鳍和鲸的过度贪欲造成它们的灭亡,其寓意可以说是对贪欲的警诫。接着渔者剖析了晋国的灭亡,范氏、中行氏二家被智伯所败,皆是因为他们的贪欲而造成的恶果。这里生动而深刻地揭示了智伯妄自尊大、贪得无厌,终遭惨败的同时,讽刺并警告了中唐后期那些酷似智伯的各地藩镇、宦官和权贵。柳宗元在这篇文章中"一方面谴责他们使国家动荡,人民遭殃,另一方面又预言了他们的可悲下场"③。

同样,在《罴说》中,没有武艺的猎人,用虎的叫声吓貙,又用罴的叫声吓虎,最后技穷而为罴所撕裂。柳宗元讽刺了那些"不善内而恃外",

---

① 学界对韩愈作这篇《鳄鱼文》的用意向来有不同的看法,比如陈新璋在《也谈韩愈"驱鳄"及其〈鳄鱼文〉》中指出:"《鳄鱼文》的用意不是警告藩镇,也没有'尊王攘夷'的寓意,而是驱鳄时的临场祭文。"文章不无道理,但笔者不敢全部苟同。从《鳄鱼文》的语言形式和思想内容方面来看,这篇文章绝不只是一篇"临场祭文"。
② (唐)韩愈著,马其昶校注,马茂元整理《韩昌黎文集校注》,第641页。
③ 陈蒲清:《中国古代寓言史》,湖南教育出版社,1983,第184页。

用外表欺世惑众的人，最终原形毕露。这则寓言是作者被贬永州之后所创作的，当时藩镇力量急剧扩张，中央集权严重削弱，当时的统治者昏聩无能，一方面打击"永贞革新"派；另一方面又错误地施行"以藩制藩"的政治措施。结合当时的社会背景，柳宗元借这篇寓言劝诫政府"以藩制藩"的政策是一种幻想，只会加剧分裂，如寓言中的猎人一样，落个"捽搏挽裂而食之"①的结局。

（二）剖析人性，嘲讽世情

柳宗元的寓言文中有不少是剖析人性、嘲讽世情类。他的《鹘说》是一篇剖析人性的文章，《柳河东集》编收本篇，注者有云："唐之中世，酷吏罗织，奸臣擅权，朋党相轧者四十年，藩镇跋扈者二百载。腥风逆气，弥漫宇内，仁人君子为之恸哭。"又云："鹘能纵鸟，柳子从而为之说，以见斯人多害物之忍。"② 这里点出了该文的写作背景与缘由。面对污浊、残酷的社会现实，作者呼吁人世间要行仁义之道，要有怜爱之心；不要恃强凌弱，残害无辜。文中以鹘能纵鸟，反衬当时社会上人们互相倾轧，忘恩负义，道德败坏。文章第一段讲述了鹘为小鸟放生的故事，用了很多细节描写，凸显鹘的人性。先是"冬日之夕"鹘把刚能满把攫的小鸟握在手里，温暖它的小爪，且"左右易之"。继而次日早晨，鹘把小鸟带上佛塔的最高处，让它高飞远去。最后描述小鸟飞走后鹘的表现，"延其首以望，极其所如往，必背而去焉"。③ 这几句传神地刻画了鹘的神态、动作。文章第二段，作者通过议论指出鹘能怀着大度行之仁义，是因为它们没有人世间的贪欲和私情，更重要的是鹘具有"恒其道，一其志，不欺其心"的精神品质，这本是人类社会追求的道德标准，在鸟类世界中实现了，而在人世却难得到。所以，作者满腔激愤喷发而出，"斯固世之所难得也"，这是多么辛辣的讽刺！第三段针对有人在善恶的问题上制造混乱，揭出反面言论，展开批驳。"今之说"认为：温和少言，行为轻缓而又常常低眉俯首的是善人；而昂扬威猛，做事鲜明成绩显著的是恶人。作者以

---

① （唐）柳宗元《柳河东集》，第302页。
② （唐）柳宗元：《柳河东集》，第292页。
③ （唐）柳宗元：《柳河东集》，第292页。

枭和鼠为例，通过反差对比的方法，得出结论"今之说为未得也"①。这里面寓含着强烈的现实针对性，柳宗元作为当时革新派的代表，其所作所为，不是正"近于翘翘者"，而当时的保守派，有时也像是一批"煦煦者"。这篇文章创作于永贞革新失败后，柳宗元被贬永州，身体和精神饱受折磨，在此心境情境下，寓意自己不能容忍他人颠倒黑白，不愿背负"恶"的罪名。

《鞭贾》②也是一篇讽刺人性丑陋的文章，借揭露市场上卖鞭子的商人坑害顾客牟取暴利的欺骗手段，指出官场上同样有使用蒙骗手段取得高位的政客，以示朝廷用人要慎重。价值五十的鞭子，鬻鞭者居然开口要五万，给五十笑而不理，给五百反而小怒，给五千则大怒，以高价欺人已经不近情理，偏偏有富家子不讨价还价出五万，还持以夸耀，明显是以高价自欺。原来价值五万的鞭子，头不顺，柄不直，没弹性，节腐无文，质朽中空，还不及普通鞭子，这里讽刺了卖鞭人的虚伪。更可笑的是那位富家子，他非但不听劝告，反而徒爱其色、泽，当仆人用热水一洗，鞭子掉色，失去光泽。富家子本应醒悟，可是他仍执迷不悟"犹待三年"。直到他一次外出，马惊起扐蹶子，用鞭打马，鞭折五六截，自己挨摔受伤，才发现鞭木里全是粪土一样的糟瓤子，根本没有用处。这个可悲的结局无疑讽刺了富人的虚荣心。文末直接由鞭及人，揭露社会中的病态现象，斥责那些"栀其貌，蜡其言""贾技于朝"而位至公卿的无能之辈，抨击统治阶层的用人不当，致使国家内部管理混乱。

又如，柳宗元在《骂尸虫文》斥责了谗毁者，在《憎王孙文》中批判了贪婪的小人，在《哀溺文》中讽刺了那些利令智昏之人，还有《宥蝮蛇文》《蝜蝂传》等寓言文，作者用一个个富有现实气息的形象，展现种种病态的社会风情，嘲讽黑暗腐朽势力的代表人物。

（三）抒写际遇，自嘲解忧

韩愈和柳宗元面对中唐和北宋中期黑暗的社会现状，希望革古纳新，

---

① （唐）柳宗元：《柳河东集》，第293页。
② （唐）柳宗元：《柳河东集》，第361页。

振兴朝纲,恢复盛世。但由于宦官专权、朋党相争等社会弊端,使得这些有志之士得不到重用,要么委以闲职,要么被贬谪,这给他们带来了极大的失落感,这在他们的寓言中有所反映。以韩愈的《马说》《进学解》《送穷文》,柳宗元的《谪龙说》《愚溪对》等为代表。韩愈有远大的政治抱负,一心寻求个人出路,曾四举礼部,三选吏部,三次上书宰相,都未受到重用;虽得一官半职,又因谏"宫市",谏迎佛骨,一再遭贬,其内心无比压抑、不平。他以千里马自况为喻,借《马说》一吐为快。《马说》大概创作于贞元十一年(795)至十六年(800),此时韩愈初入政坛,有一腔匡济天下的理想和抱负,但总是游离于政治边缘,不被重用。他发出了"其真无马邪?其真不知马也"①的呐喊,抒发了强烈的不满之情。韩愈所处的德宗、宪宗诸朝,皇帝急需谋臣勇将,以铲除藩镇割据,平削叛乱,中兴大唐,但大批有德、有学、有才、有识之士长期湮没,不被任用。唐元和七年(812),韩愈替贬官柳涧鸣屈,上疏欲治刺史,结果获罪,他由职方员外郎再次降为国子博士,"韩愈仕途的失意,与一再受挫,使他的心理结构中存在一个极其敏锐的情感领域,即对于自己及他人才华的爱惜,和急于求用,却又呼号无门的隐痛"。②于是,韩愈借《进学解》以宣泄牢骚之气,平复内心的创痛,平衡失控的心理。他在文章中系统阐述了自己的人才观点,表现了对当时用人路线的强烈不满,彰显了他不平则鸣的文学主张。柳宗元作为永贞革新的参与者,在这次改革失败后,开始了自己颠沛流离的贬谪生活,《谪龙说》就是写在永州的被禁锢的十年当中的一篇文章,作者以寓言的形式述说其在遭到贬官后受到的侮辱。文章通过奇女子下降、贬谪、升天的过程暗示柳宗元的过去、现在和未来。奇女本居天宫,唯因被认为狂妄自大就被贬谪到尘世上来,但是,即使身处逆境,也绝不与贵游少年相提并论,断然拒绝对她的无理戏弄。这里显示了柳宗元被贬后的痛楚和不平。作者隐然以"谪龙"自喻,自己本为朝廷官员,因得罪权

---

① (唐)韩愈著,马其昶校注,马茂元整理《韩昌黎文集校注》,第40页。
② 吕晴飞:《唐宋八大家散文鉴赏辞典》,中国妇女出版社,1991,第39页。

贵,被贬永州,当时或许有人落井下石,可"子厚集中,未尝有文揭露曾见狎侮。而谪龙说者,遂以寓言而成孤证"①。

总之,从思想内容方面来看,与前朝相比,韩愈柳宗元二人的寓言文展现出更多的现实内容,二人略有差异,韩愈寓言文的内容主要涉及的是对用人体制的不满,表现出一种积极的政治热情。而柳宗元的寓言文则表现出一种消极的悲厌情绪,在柳宗元的寓言文中读到的更多的是一种失意,表现出对政治的一种消极的幻灭感。他的作品中谈及最多的是周边的小人物,从他们身上审视社会问题,反映社会的种种弊端,形成了一种独具特色的社会讽刺寓言。韩愈、柳宗元推动了中唐寓言文的发展,他们集寓言之大成,文章言之有物,发人深省。郑振铎先生曾在《寓言的复兴》一文中指出韩愈和柳宗元"似亦颇有益于著作寓言",在那个时代"至可珍异"②。不同于先秦的哲理寓言文,中唐的寓言文,更多地体现了现实意义,他们不是"为了建立一种理论体系服务,而是为了多方面的揭露社会的病态,嘲笑和讽刺黑暗腐朽势力的代表人物,从而充分发挥寓言的讽刺特长,集中地勾勒出了一批富有现实气息的寓言形象"③,韩愈柳宗元的寓言作品正是中唐时期的现实的艺术结晶。

三 韩柳寓言文的创作动因

根据寓言文学的发展情况以及中唐时期的社会背景和文学背景来看,韩愈和柳宗元寓言文创作大概归结为两个动因:一是不平则鸣的创作心理,二是革新求变的创作方法。

(一) 不平则鸣的创作心理

细推韩愈和柳宗元的这 25 篇寓言文,它们创作的时间几乎都集中在作者不得仕或被贬期间,作者的精神风貌和心理境况在作品中以隐晦的笔法展现出来。比如,韩愈和柳宗元都有贬谪经历,贞元十九年,韩愈被贬

---

① 章士钊:《柳文指要》(上卷十六),中华书局,1971,第528页。
② 郑振铎:《中国文学研究》(第五卷),作家出版社,1957,第1207页。
③ 陈蒲清:《中国古代寓言史》,第184页。

连州阳山令；永贞元年，柳宗元被贬永州司马；元和十年，柳宗元又被移至更荒凉的柳州刺史。贬谪是中国古代文化中的一种特殊现象，由政治上的失宠波及生活各个方面，处境悲凉，内心的不平使得他们继承司马迁"发愤著书"的传统，因为他们在贬谪后，才有机会接触下层社会，对社会的黑暗，对人民的痛苦，才有比较清楚的了解。但出于"忧逸畏祸"的心理，不可能正面发表自己的言论，只好运用隐语、暗喻的方式揭露和讽刺统治阶层。寓言正是寄寓托讽的最好形式，而且寓言短小精悍，具有深刻的批判性。于是，寓言便成了他们有力的武器，他们自觉借助寓言抒发内心的不平之气，他们优秀的寓言作品大都是贬谪时期不平之气的抒发。他们对种种社会弊端体察深刻，借助寓言讽刺社会现实，使这一时期的寓言呈现出强烈的社会讽刺性。

在"不平则鸣"创作观的影响下，韩、柳的寓言表现出强烈的抒情性，作者的喜怒哀乐溢于言表，他们在寓言中有强烈的"我"的意识，透过寓言作品，可以看出作者鲜明的自我形象。正如袁行霈所说："读韩、柳的散文，会感到一股股迎面扑来的情感浪潮，会感到令人心悸魄动的鲜活灵魂和生命力。"[1] 韩愈遭贬之后，有意识地用寓言的形式进行创作，他效法扬雄的《解嘲》《解难》而作《进学解》，用诙谐隐晦的笔墨表达自己的情感，宣泄内心的愤怒和不满。韩愈用弟子对自己的反唇相讥"先生之于文，可谓闳其中而肆其外矣。少始知学，勇于敢为；长通于方，左右具宜：先生之于为人，可谓成矣。然而公不见信于人，私不见助于友，跋前踬后，动辄得咎。暂为御史，遂窜南夷；三年博士，冗不见治；命与仇谋，取败几时"[2] 来抒发满腹牢骚。永贞革新失败后，柳宗元开始了颠沛流离的贬谪生活，贬谪却给他带来了文学创作上的繁荣，对柳宗元来说"流亡是一种解放，一种批评的距离，一个更新的自我，一种文化甚或语言的再生"[3]，他的大部分寓言诗文都是在永州和柳州创作完成的。贬谪生活让他较广泛地接触社会，体察底层民众的生活。正是这段经历和遭遇

---

[1] 袁行霈：《中国文学史》（第二卷），高等教育出版社，1999，第373页。
[2] （唐）韩愈著，马其昶校注，马茂元整理《韩昌黎文集校注》，第51~52页。
[3] 〔美〕司马德琳、王玮：《贬谪文学与韩柳的山水之作》，《文学遗产》1994年第4期。

给他的创作打下了坚实的生活基础,正如韩愈所赞颂的,"其文学辞章,必不能自力以致必传于后如今,无疑也"①。贬谪并没有泯灭柳宗元身上那股社会责任感和历史使命感,他在抒写愤懑不平的同时,更是在为国家的前途担忧。他渴望被统治阶层所明察与理解,不希望背负着罪臣的骂名,"就不可能将此悲恨长期深埋心底而不欲表现。既要表现,又不愿因此表现而损伤艺术的真实,唯一的办法,便是有目的地选择某种与自我心境情怀相一致的自然景物,将主观情感不着痕迹地寄寓其中,为飘摇动荡的精神觅得一块暂时的安顿、停放处"②。这种特殊的贬谪心理,时刻影响着他们的寓言文创作,他们的所见、所闻、所感都成了他们创作的灵感和动力。

(二) 革新求变的创作方法

唐宋寓言是中国寓言史上的复兴阶段,这一时期的复兴得益于时代的发展和社会的变革,正如陈蒲清在《中国古代寓言史》中所说:"唐代时中国古代寓言的复兴期,这一复兴又伴随着中唐古文运动和新乐府运动的展开到来了。"③ 韩愈和柳宗元有着一种强烈的革新求变心理,他们古文运动的成绩"不是打倒骈文,而在于运用文学本身的魅力,扩大了文学表现领域。……把散文这个文学工具,运用得出神入化,得心应手"④。所以,他们在古文创作时"有意打破某种文体的固定格式和写作通例,而将某几种文体的某些文体创作风格和表现手法综合起来加以运用"⑤,这种创作方法被称作"破体为文"。在中唐古文运动的推动下,韩愈柳宗元等人在古文创作中大量"破体为文"的尝试逐步得到人们的认可,并运用到寓言文的创作中,他们用寓言的表现手法来写散文,表达作者的思想感情,推动了寓言的发展,促使寓言"从哲学和史学著作中分离出来,发展

---

① (唐)韩愈著,马其昶校注,马茂元整理《韩昌黎文集校注》,第572页。
② 尚永亮:《贬谪文化与贬谪文学:以中唐元和五大诗人之贬及其创作为中心》,兰州大学出版社,2004,第301页。
③ 陈蒲清:《中国古代寓言史》,第158页。
④ 任继愈:《任继愈自选集》,重庆出版社,2000,第236页。
⑤ 吴承学:《中国古典文学风格学》,花城出版社,1993,第3页。

成为独立完整的文学样式"。① 以"寓言"为文，作者观点完全寄寓在故事中，通过故事说明事理、讽时谕世。他们"破体为文"的古文创作是对传统实用散文固定体式的大胆突破和创新，此举推动了古代实用散文向现代文学散文转变。他们认为散文应抒情达意，强调形象思维和文采在散文中的作用，尝试用各种创造性的方法使散文焕发不一样的面貌。

寓言文发展到韩愈和柳宗元时期，在思想内容上"注重寓言故事的完整和趣味的前提下，把笔触转向了日常的社会生活，构建了讽刺味较浓的社会讽刺寓言"②，这既不同于先秦的政治哲理寓言，也不同于魏晋时期的笑话寓言。所以，韩、柳二人的寓言文在思想内容方面体现了时代性，用小人物小事件展现人情世风，这正是他们变革寓言文体的表现。一方面，用新的视角变革寓言文体，另一方面也因袭了前朝寓言文的成就。先秦是中国古代寓言发展史上的第一个高潮时期，受时代语言文化形态和思维特征的影响，先秦时期文学还没有进入自觉时期，寓言并不是独立的文体，所以先秦寓言多是穿插在哲学、史学等著作中。而到了中唐时期，不管是韩愈还是柳宗元的寓言文，都是一种独立的文学表达。柳宗元在中国寓言史上有着很高的地位，他可以说是"第一个创作了较多的独立成篇并独立拟定篇名的寓言作品的作家"③，他继承了先秦寓言崇尚讽喻，善于使用夸张、对比、衬托之类的文学方法，又将寓言文推向一个新的高度，在思想内容、表现手法、题材形式等方面都有诸多创新。

总之，韩愈和柳宗元创作了许多寓言精品，透过寓言这扇窗口，我们看到了韩愈柳宗元二人在文体形式、思想内容、创作动因方面的创新表现，不管他们主观努力为之，还是文学的客观发展规律使然，这都是他们文学创作中的一段历程，这些作品无一不烙上时代的印记和个性的色彩，在其中，我们体味到作者五味杂陈的情感，他们在寓言文形式和内容方面的因袭和革新，不仅成为中唐散文革新的一个缩影，也成就了唐代寓言文的复兴。

---

① 陈克明：《韩愈年谱及诗文系年》，巴蜀书社，1999，第4页。
② 吴秋林：《中国寓言史》（上），福建教育出版社，2011，第162页。
③ 陈蒲清：《中国古代寓言史》，第189页。

文学批评视野中的柳宗元与司马迁

——以唐至民国初期为中心[*]

刘　城[**]

摘　要：柳宗元的文章作为文学经典，取法广博，司马迁之文即是其中最重要的渊源之一。自唐代始，柳宗元与司马迁之间的师承关系，就广为人们所关注。柳宗元对司马迁及其文的推崇与参悟，柳宗元与司马迁相似经历所带来的相似文风，柳文于辞章、文法等对司马迁的模仿，柳文所体现出似《史记》般的史笔与史才，柳文对司马迁之文的变革与突破，柳宗元对《史记》地位提升之贡献等诸多方面，世人均有所阐论。考索历代所存的文学评论，既可溯柳文之师承渊源，也可明司马迁作品的经典化历程。同时亦可知，经典作家师承前贤，对作家而言，是学习的必经之途；对前贤而言，这亦是其文学地位提升甚至是经典化中极为关键的一环。

关键词：文学批评　柳宗元　司马迁

---

[*] 基金项目：广西哲学社会科学规划课题"柳宗元寓桂时期文学创作的综合研究"（项目号18FZW003）；广西高校中青年教师基础能力提升项目"柳宗元在柳州的散文创作及其批评接受研究"（项目号：2017KY1469）；广西高等教育本科教学改革工程A类项目"以传承优秀传统文化为导向的古代文学课程混合式教学模式建构与实践"（项目编号：2019JGA422）。

[**] 作者简介：刘城，南京大学文学博士，广西教育学院文学院副教授，美国威斯康星大学麦迪逊分校亚洲语言文化系访问学者，研究方向为中国古代散文史与韩柳文批评。

柳宗元为文颇多学习司马迁之处，当今学者已屡有论述。韩昊然在其硕士论文《司马迁对柳宗元的影响研究》的绪论中，对当今学界探讨司马迁如何影响柳宗元的研究现状做了一番较为细致的梳理。① 俞樟华、虞芳芳著《韩柳文法祖〈史记〉研究》一书的绪论亦有相关的学术回顾。② 但自柳文问世后，时人及后世论家如何看待柳宗元师法司马迁，学界未有专文阐述。不过，俞樟华、虞芳芳著《韩柳文法祖〈史记〉研究》在其前言部分有所简说③，虽不成系统，但其所做的尝试值得肯定。本文试图撷取历代评论家的评论作为一个整体的研究对象，以便观后人如何看待柳宗元与司马迁之间的师承关系，这既可溯柳文之师承渊源，也可间知司马迁文章的经典化之途。

一

柳宗元学西汉文，世多明察，官修正史对此就曾明言，后晋刘昫编《旧唐书》云："宗元少聪警绝众，尤精西汉、诗骚。"④ 清人王昶在《与蒋应嘉检讨书》中也说：

> 作文词不患不富，要归于峻洁。囊时以柳柳州文瑰丽，疑从魏晋人出。今暇时读之，乃知本于公羊、穀梁子及太史公。浏然以清，子然而峭，癯然而坚以贞，傅词设采，咸有西汉风力，鹿门配以昌黎，良不虚也。⑤

在西汉诸家之中，柳宗元对司马迁又可谓推崇备至。他在文章中多次称赏司马迁，如《柳宗直〈西汉文类〉序》云：

---

① 韩昊然：《司马迁对柳宗元的影响研究》，内蒙古大学硕士学位论文，2014，第 1~3 页。
② 俞樟华、虞芳芳：《韩柳文法祖〈史记〉研究》，黑龙江人民出版社，2017，绪论，第 4~8 页。
③ 俞樟华、虞芳芳：《韩柳文法祖〈史记〉研究》，前言，第 5~7 页。
④ 《旧唐书》，卷一百六十，清乾隆武英殿刻本。
⑤ （清）王昶：《春融堂集》卷三十一，清嘉庆十二年塾南书舍刻本。

> 当文帝时，始得贾生，明儒术；而武帝尤好焉，公孙弘、董仲舒、司马迁、相如之徒作，风雅益盛，敷施天下。①

并且深谙司马迁之文的特色所在，其于《报袁君陈秀才避师名书》论之为：

> 《穀梁子》《太史公》甚峻洁，可以出入。②

并在《答韦中立论师道书》毫无隐晦地坦言自己为文的取法之源：

> 参之《穀梁传》以厉其气，参之《孟》《荀》以畅其支，参之《庄》《老》以肆其端，参之《国语》以博其趣，参之《离骚》以致其幽，参之《太史公》以著其洁。此吾所以旁推交通而以为之文也。③

柳宗元对司马迁文章的推崇及摹写，非常明显地反映在实际创作之中。与柳宗元并称"韩柳"的韩愈就曾评柳文"雄深雅健似司马子长，崔、蔡不足多也"④（刘禹锡《唐故尚书礼部员外郎柳君集序》），这个评价就连恃才傲物、性复偏直"于文章少所推让"的皇甫湜（777—835）"亦以退之之言为然"⑤。可见司马迁对柳宗元影响颇深，不仅柳宗元自己曾明白坦承，而且其文颇得史迁之文的精髓，也得到了同时代文人的认同。

唐之后，柳宗元为文学史迁逐渐成为世人的共识。相比唐人的总括之

---

① 尹占华、韩文奇：《柳宗元集校注》，中华书局，2013，第1455页。
② 尹占华、韩文奇：《柳宗元集校注》，第2200页。
③ 柳宗元所论为文取法之说，后世在论及为文的根基或所学渊源时多有所引述，如金元时期的白珽就在《湛渊静语》卷一曾引用，并说"为文之法，备于是矣"（清知不足斋丛书本）。
④ 陶敏、陶红雨：《刘禹锡全集编年校注》，岳麓书社，2003，第1061～1062页。
⑤ 陶敏、陶红雨：《刘禹锡全集编年校注》，第1062页。

言，宋以后的评论者则多从文体、风格、辞章、文法等方面具体谈论。

二

世人认为柳宗元为文似司马迁，其中一个重要的原因是两人的遭遇十分相似。司马迁受腐刑后专力于《史记》，柳宗元南贬十四年而以诗文抒愤，皆是不平则鸣之显例。宋代罗璧《经根人事作》说：

> 司马迁谓古人有激而作书。……迁罹腐刑，故有此言。即是推之……柳子厚、刘禹锡、李白、杜甫，皆崎岖厄塞，发为诗章。迁之言，信而有证也。①

其称"司马迁谓古人有激而作书"，此应指司马迁曾在《太史公书自序》中所言：

> 昔西伯拘羑里，演《周易》；孔子厄陈、蔡，作《春秋》；屈原放逐，著《离骚》；左丘失明，厥有《国语》；孙子膑脚，而论兵法；不韦迁蜀，世传《吕览》；韩非囚秦，《说难》、《孤愤》；《诗》三百篇，大抵贤圣发愤之所为作也。此人皆意有所郁结，不得通其道也，故述往事，思来者。②

司马迁惨遭腐刑而撰《史记》的境况，也使其步入他自己所云的"发愤之所为作"的贤圣之列。而罗璧也看到柳宗元和司马迁相似的人生际遇，"皆崎岖厄塞"，故"发为诗章"，均属"有激而作书"。柳宗元的文章当中，人们认为与人书尤其是自解书一类最似史迁之文。

对此，朱熹曾云：

---

① （宋）罗璧：《识遗》卷二，清文渊阁四库全书本。
② 《史记》，卷一百三十，清乾隆武英殿刻本。

> 柳子厚文有所模仿者极精，如自解诸书，是仿司马迁《与任安书》。①

认为柳宗元诸篇自解书，乃是仿司马迁《报任安书》而作。这个观点频繁得到后世论者的回应。其中，明人茅坤（1512—1601）对其颇为关注，屡次谈及。他在评《李翰林建书》时说：

> 予览子厚书，由贬谪永州、柳州以后，大较并从司马迁《答任少卿书》及杨恽《报孙会宗书》中来，故其为书，多悲怆呜咽之旨，而其辞气环诡跌宕，譬之听胡笳、闻塞曲，令人断肠者也。②

指出柳宗元南贬之后所写的与人书，多学司马迁的《报任安书》，且多悲怆之旨、断肠之辞。他又在《柳州文钞引》中说：

> 予故读《许京兆》《萧翰林》诸书，似司马子长《答任少卿书》相上下，欲为掩卷累唏者久之。③

并且视《寄许京兆孟容书》为其中的代表作：

> 子厚最失意时最得意书，可与太史公《与任安书》相参，而气似呜咽萧飒矣。④

茅坤看到了柳宗元与人书中所蕴藏的痛苦悲怨之情。而明人葛鼐、葛鼎（约 1608—？）则看到《寄许京兆孟容书》的"慷慨激昂"之处"仿佛《报任少卿书》"。⑤ 二人都从该文读出柳宗元内心的不平、语调的昂扬，但其

---

① （宋）朱熹：《朱子语类》卷一百三十九，明成化九年陈炜刻本。
② （明）茅坤：《唐宋八大家文钞》，卷十七，"柳州文钞"一，清文渊阁四库全书本。
③ （明）茅坤：《茅鹿门文集》卷三十一"杂著"，明万历刻本。
④ （明）茅坤：《唐宋八大家文钞》，卷十七，"柳州文钞"一。
⑤ （明）葛鼐、葛鼎：《古文正集》卷七，见尹占华、韩文奇《柳宗元集校注》，中华书局，2013，第 1970 页。

中又蕴含着正气而非悲怆萧飒之气。这就与茅坤所说颇有些出入。

清代"桐城三祖"亦对柳宗元的此类文章表露过自己的看法。方苞说：

> 子厚在贬所寄诸故人书，事本丛细，情虽幽苦，而与自反而无怍者异，故不觉其气之茧。相其风格，不过与嵇叔夜《绝山巨源书》相近耳。而鹿门以拟太史公《报任安书》，是未察其形，并未辨其貌也。①

他反对茅坤将柳宗元与人书与《报任安书》相比拟，称其文不过似嵇康《与山巨源绝交书》。姚鼐（1731—1815）则对方苞所言表示异议：

> 子厚永州与诸故人书，茅顺甫比之司马子长、韩退之，诚为不逮远甚，而方侍郎遽云相其风格，不过如《与山巨源绝交书》，则评亦失公矣。子厚气格紧健，自有得于古人。若叔夜文虽有韵致，而轻弱不出魏、晋文格。如子厚山水记，间用《水经注》兴象，然子厚岂郦道元所能逮耶？②

姚鼐不同意茅坤将柳宗元诸文与《报任安书》相比，认为柳文"诚为不逮远甚"；他也不满方苞将柳文划归到嵇康《与山巨源绝交书》，认为嵇文"虽有韵致，而轻弱不出魏、晋文格"，柳文则"气格紧健，自有得于古人"，二者并非同类。其实，李绂（1675—1750）于姚鼐之前就在《与方灵皋论所评柳文书》中表达过异于方苞的言说：

> 柳宗元的书序论记，散体大篇，则辞气雄深雅健，诚如昌黎所云，足以追马配韩，卓然而不愧也。③

---

① 高步瀛：《唐宋文举要》甲编卷四，上海古籍出版社，1982，第489页。
② （清）姚鼐：《古文辞类纂》，卷二十九书说类六，清道光元年合河康氏家塾刻本。
③ （清）李绂：《穆堂类稿》别稿卷三十六，清道光三十一年奉国堂刻本。

他赞赏柳宗元的书序论记,"辞气雄深雅健"足以追配史迁,毫无愧色,其与姚鼐所说的"气格紧健,自有得于古人"颇有相近之处。刘大櫆(1698—1780)所论又稍异于方苞和姚鼐:

> 子厚寄许、萧、李三书,未尝不自《报任安》来。但史公刑不当罪,故悲愤而其气豪壮;子厚自反不缩,故气象衰飒。然撰造苦语绝工,足以动人衿闵。鹿门比之胡笳塞曲,褒贬极当。①

他认为柳宗元《寄许京兆孟容书》《与萧翰林俛书》《与李翰林建书》自《报任安书》来。但两人之文又有不同之处,司马迁"刑不当罪"却遭受不耻之刑,故其为文悲愤之中显出豪壮之气;而柳宗元贬谪之后,经过反省自认有理亏之处,故其为文不如司马迁那么理直气壮,文气就显得哀怨衰飒。虽说如此,其辞"苦语绝工",如胡笳之声令人生哀怜之情,所以茅坤所做的类比是贴切的。此处,刘大櫆看到了柳宗元和司马迁之文的异同所在。二者与人书的异同,在刘大櫆之前,已有人阐发。孙琮(1636—1705?)就曾评《与许京兆孟容书》云:

> 鹿门先生谓此书与马迁《报任安书》相似,然亦有大不同处:迁书激昂;此书悲情。迁写书写得雄快;此书写得郁结。迁书慷慨淋漓;此书呜咽怜惜。分道扬镳,各臻其妙。前幅写被罪之由,惓惓引过;后幅写免死之故,眷眷宗祧,尤是仁人之言。②

其指出柳文与史迁之文虽相似,但亦有大不同处,各臻其妙。稍后的蔡世远(1682—1733)评曹植《求存问亲戚疏》时说:

> 当与《赠白马王诗》参看,文极沉郁顿挫之致。子长《报任安

---

① 高步瀛:《唐宋文举要》甲编卷四,第489页。
② (清)孙琮:《山晓阁选唐大家柳柳州全集》卷一书,见吴文治《柳宗元资料汇编》,中华书局,1964,第486页。

书》，柳子厚《与许孟容书》，与此篇皆呕心至文也。子长语多激，子厚语多哀，子建语多痛，独登此者，以其关伦理之大耳。①

蔡世远认为司马迁《报任安书》与柳宗元《与许京兆孟容书》均是"呕心至文"，但二者又各显特色，前者"语多激"，后者"语多哀"。孙琮、蔡世远和刘大櫆所言，似乎更显圆通一些。

三

对于柳宗元和史迁之文辞章风格的相似性，后人多关注"洁"与"疏"。

柳宗元在《报袁君陈秀才避师名书》中曾评司马迁之文以"峻洁"二字，也在《答韦中立论师道书》中说自己为文"参之《太史公》以著其洁"。可见，"洁"字乃维系柳宗元与司马迁二人文章的重要纽带。《旧唐书》曾论柳宗元之文：

下笔构思，与古为侔。精裁密致，璨若珠贝。②

此处的"精裁密致"与"洁"应有相通之处，即皆谓柳文精警洗练，无冗字杂章。后人也颇能体察这一点，不但反复提及柳宗元的为文之旨意，如宋人洪迈（1123—1202）《韩柳为文之旨》："柳子厚自言每为文章……参之以太史公以著其洁……"③更有论者以"洁"字将柳宗元与司马迁之文加以勾连，如清人黄与坚《论学三说》云：

秦、汉不足以掩大家，而八家必取资于《史》、《汉》，以《史》、《汉》文之渊薮也。然余尤以《史记》为特色，若《货殖》等篇，其联娟隐秀，史家未有。子长以"洁"许《离骚》，柳子厚又以太史致

---

① （清）蔡世远：《古文雅正》卷五，清文渊阁四库全书本。
② 《旧唐书》，卷一百六十。
③ （宋）洪迈：《容斋随笔》卷七，清修明崇祯马元调刻本。

其洁。"洁"之一字,为千古文字金针。前者周太史广菴俯询为文之道,曾以告之,吴太史匪菴质以诸家所宜法者,余独举《史记》以对,谓此也。①

而清邓绎则更进一步辨析道:

司马迁之称《离骚》曰:"其志洁,故其称物芳。"柳宗元又曰:"参之《离骚》以致其幽,参之太史以著其洁。"以洁言文,规摹似稍狭矣。一言以蔽之而有余,惟深于诗故深于史也。《离骚》之志与日月争光者在乎洁,史迁言为丹青而不朽于千载者亦在乎洁。孔子不得中行,必与狂狷,以其洁也;在陈思归,择斐然成章之狂狷,而裁之者,欲其洁也。史迁生周生、孔子之后,为五千年之通史,志在续获麟之《春秋》,敢为所难,而不疑者,盖自负其洁。《诗》云:他人有心,予忖度之。宗元以洁论迁,盖亦忖度其心而得之者,非偶然也。②

正是因为"忖度其心而得之",深谙史迁文的特质,柳宗元才能"以洁论迁",柳宗元对司马迁真乃心有戚戚焉。关于此,清人方国就深有体会,其在评刘大櫆《偃师知县卢君传》一文云:"柳子厚称史迁文为峻洁,义颇难晓,细玩此文,乃益叹子厚之知言。"③ 也正因参悟史迁为文尚"洁"之法而得其髓,柳文才能规摹之,而令后人体察到这种为文师承的关联之处。

关于为文之"疏",明人王世贞曾评柳宗元《与杨诲之第二书》:"疏宕类太史公。"④ 孙琮评《段太尉逸事状》:"末幅,证献状之不谬,笔墨疏朗,不下史迁作法。"⑤ 认为柳宗元的文章有似史迁之文流畅通达、繁

---

① (清)黄与坚:《论学三说》,学海类编本。
② (清)邓绎:《藻川堂谭艺》三代篇,清刻本。
③ (清)刘大櫆:《海峰文集》卷六传,清刻本。
④ 尹占华、韩文奇:《柳宗元集校注》,第2149页。
⑤ 尹占华、韩文奇:《柳宗元集校注》,第520页。

简详略得当的地方。但吴德旋（1767—1840）《初月楼古文绪论》对此不认同：

> 古来善用疏，莫如《史记》。后之善学者，莫如昌黎。看韩文浓郁处皆能疏，柳州则有不能疏者。①

吴德旋认为柳宗元的文章虽构思精巧、结构谨严，但却未能做到疏密相间。学习史迁文章密而能疏的风格，韩愈要优于柳宗元。

而韩、柳之间学习史迁的比较，不仅见于文风比较，还数见于文体比较。如传记文，吴德旋指出，《史记》中也有"骂世"之处，但却"无一字纤刻"；而韩、柳的传记类文章，柳文如《宋清传》《蝂蝂传》等篇"用意太纤太刻，则亦近小说"，而韩愈之《毛颖传》"直是大文章"。②又如与人书，陈柱（1890—1944）说：

> 若与人书札，则两家俱得于司马子张，而韩则阳而动，柳则阴而静，斯所以异耳。③

韩、柳并称自唐代始，关于二人的文学比较遍及各方面，在师承史迁方面，世人也似未遗漏。

四

柳文善学司马迁的文法及辞章，亦为世人所称道。

最引人瞩目的当属柳宗元的游记，其中尤以《游黄溪记》一文为甚，历代相关评论亦是层出不穷。宋人吴子良《韩柳文法祖史记》最早论及：

---

① （清）吴德旋：《初月楼古文绪论》，清宣统武进盛氏刻常州先哲遗书后编本。
② （清）吴德旋：《初月楼古文绪论》。
③ 陈柱：《中国散文史》，商务印书馆，1998，第206页。

子厚《游黄溪记》云:"北之晋,西适豳,东极吴,南至楚越之交,其间名山水而州者以百数,永最善。环永之治百里,北至于浯溪,西至于湘之源,南至于泷泉,东至于黄溪东屯,其间名山水而村者以百数,黄溪最善。"句法亦祖《史记·西南夷列传》:"西南夷君长以什数,夜郎最大。自滇以北,君长以什数,邛都最大。"①

柳宗元《游黄溪记》的章法很明显学习了《史记·西南夷列传》。这一点,后世评论家在谈论柳文文法有源自史迁之处时,几乎都不约而同地举这个例子加以论证。稍后的王应麟(1223—1296)在其《困学纪闻》中写下"黄溪记仿西南夷传"条云:

《游黄溪记》仿太史公《西南夷传》。②

明代阙名选评《柳文》卷四评《游黄溪记》云:

起奇。本《史记·西南夷传》首一段来。③

清末民初的林纾在其《古文辞类纂》卷九评《游黄溪记》时也说:

此篇入手摹《史记·西南夷列传》。④

除了《游黄溪记》之外,吴汝纶(1840—1903)也认为《袁家渴记》:"与游黄溪起法,皆模《史记·西南夷传》。"⑤可见,论家多关注柳宗元游记与《史记·西南夷列传》章法的相似性。

此外,柳宗元游记与《史记·天官书》结构,也屡受评骘。储欣

---

① (宋)吴子良:《荆溪林下偶谈》卷一,清文渊阁四库全书本。
② (宋)王应麟:《困学纪闻》卷十七,四部丛刊三编景元本。
③ 尹占华、韩文奇:《柳宗元集校注》,第1886页。
④ 林纾著,慕容真点校《林纾选评〈古文辞类纂〉》,浙江古籍出版社,1986,第394页。
⑤ 高步瀛:《唐宋文举要》甲编卷四,506页。

（1631—1706）曾评《柳州山水近治可游者记》云：

> 颇似《史记·天官书》。然彼犹有架法，此可平直序去，零零星星，有条有理，后人杖履而游，不复问途樵牧，斯亦奇矣。真实本领，非第二手可到。①

认为该文有学《史记·天官书》之处，但犹存间架构思。而沈德潜（1673—1769）则说：

> 体似太史公《天官书》，句似郦道元《水经注》，零零杂杂，不立间架，不用联络照应，真奇作也。②

认为柳宗元此文没有刻意进行布局，不用联络照应，体似《史记》之《天官书》。储欣和沈德潜都认同柳文有学《史记·天官书》的不刻意构架文章结构，但储欣认为其还是有一定的章法可循。

除着重比较柳宗元游记与《史记》的文法之外，世人还多从以下角度讨论二者的师承关系。

一是句法。金人王若虚（1174—1243）：

> 《史记·屈原列传》云："每出一令，平伐其功，曰以为非我莫能为也。""曰"字与"以为"意重复。柳文《鹘说》云："余又疾夫今之说曰：以煦煦而默，徐徐而俯者，善之徒；以翘翘而厉，炳炳而白者，暴之徒。"亦是类也。③

谓柳文中语意重复之处有类《史记》文句者。

---

① （清）张照等辑评《御选唐宋文醇》卷十七柳宗元文七，清文渊阁四库全书本。
② （清）沈德潜：《唐宋八大家文读本》卷九。尹占华、韩文奇：《柳宗元集校注》，中华书局，2013，第1953页。
③ （金）王若虚：《滹南遗老集》卷三七，四部丛刊景旧抄本。

二是文辞。孙琮评《与崔饶州论石钟书》:"其格律则仿先秦李斯,其富丽则《货殖传》之奇博。"① 柳文文辞富丽,搜用怪奇似《货殖列传》。

三是行文之法。文辞简约而文意曲折似太史公之文,陆梦龙《柳子厚集选》卷四评《答贡士廖有方论文书》:"书仅三百余字,而曲折无限,绝类太史公。"② 以一字而生发感慨议论似史迁,沈德潜《唐宋八大家文读本》卷九评《宋清传》:"以一'市'字发出无限感慨,后段如太史公愤激于亲戚交游莫救视也。"③ 以庄重之笔述猥琐之事学《史记》,林纾在评《故襄阳丞赵君墓志》时说:"凡事之愈猥琐者,行文须愈庄重,此《史》《汉》之秘诀,韩、柳可谓得之矣。"④ 其他如储欣评《岭南盐铁院李侍御史墓志》:"首书特恩,甚庄重。佐税亦常员,具推本天子诛伐四出,踔厉发皇,以张大其阀,尤得司马子长之髓。"⑤ 亦称其叙事得史迁精髓。

章学诚(1738—1801)曾有言指示古文门径:

> 古文体制源流,初学入门,当首辨也。苏子瞻《表忠观碑》,全录赵抃奏议,文无增损,其下即缀铭诗。此乃汉碑常例,见于金石诸书者,不可胜载;即唐、宋八家文中,如柳子厚《寿州安丰孝门碑》,亦用其例,本不足奇。王介甫诧谓是学《史记·诸侯王年表》,真学究之言也。⑥

他论及碑文之中有一常例,即文中全录他人言,文末再附缀作者的铭诗,柳宗元的《寿州安丰县孝门铭》就是这种写法,但王安石却误认为它仿写《史记·诸侯王年表》。诚如章学诚所指出此乃王安石类比之误,但亦可见出在世人心中,柳文与《史记》关系之密切。

---

① (清)孙琮:《山晓阁选唐大家柳柳州全集》卷一书,见吴文治《柳宗元资料汇编》,第487页。
② 尹占华、韩文奇:《柳宗元集校注》,第2211页。
③ 尹占华、韩文奇:《柳宗元集校注》,第1167页。
④ 林纾:《韩柳文研究法》,商务印书馆,1935,第86页。
⑤ 《河东先生全集录》卷二。尹占华、韩文奇:《柳宗元集校注》,中华书局,2013,第703页。
⑥ (清)章学诚:《文史通义》内篇二,民国嘉业堂章氏遗书本。

五

柳宗元文章所体现出的史才与史笔,也是论家时常谈论之处。宋人邵博曾云:

韩退之之文自经中来,柳子厚之文自史中来。①

金代王若虚对此提出异议:

邵氏云:"韩文自经中来,柳文自史中来。"定是妄说。恰恨韩文皆出于经,柳文皆出于史。②

但不论邵博的客观陈述,还是王若虚的不满之言,皆道出了柳文的史学渊源。柳宗元对《史记》的用力模写,使其文尤其是人物传记颇得史法,此可以《段太尉逸事状》为显例。

楼钥(1137—1213)于《跋姜尧章所编张循王遗事》中曾评曰:

柳河东以《段太尉逸事》上史馆,自言"好问老校退卒,能言其事"。考其所载者三:戮郭晞之军士、抚焦令谌之农者、不受朱泚大绫之币。顾太尉忠节显著,何必俟此三者而后为贤?盖惜其逸坠,且以见太尉之平昔非一时奋不虑死以得名者。旧唐史之传虽详,以未见河东之状,故三事皆阙而不书。宋景文公谨书之,其为佳传之助多矣。③

柳宗元所写《段太尉逸事状》为宋祁《新唐书》所用,可补《旧唐书》之阙,此文的史料价值可见一斑。故林纾赞曰:

---

① (宋)邵博:《闻见后录》卷十四,明津逮秘书本。
② (金)王若虚:《滹南遗老集》卷三十五,四部丛刊景旧抄本。
③ (宋)楼钥:《玫瑰集》卷七十一,清武英殿聚珍版丛书本。

柳州《段太尉逸事状》，与昌黎《张中丞传后叙》，均洋洋有生气，亦皆良史之才也。不佞甚惜柳州不为史官。其写忠义慷慨处，气壮而语醇，力伟而光敛，可称极笔。①

认为柳宗元此文可与韩愈的《张中丞传后叙》相埒，二人皆有良史之才。不仅有史才，其所述还可称极笔，因此林纾才痛惜柳宗元不为史官。另外，蔡世远评《段太尉逸事状》：

段公忠义明决，叙得懔懔有生气。文笔酷似子长，欧苏亦未易得此古峭也。②

亦看到该文叙事颇似子长文笔。孙琮评《童区寄传》：

事奇，人奇，文奇。叙来简老明快，在柳州集中，又是一种笔墨。即语史法，得龙门之神。③

赞柳文叙事得龙门之史法，有史迁之神韵。

墓碑文、诔文及祭文等文体，会涉及所述人物的言行事迹，柳宗元此类文章亦能见其史笔与史才。清初储欣评《唐故衡州刺史东平吕君诔》：

诔辞诡艳，心竟退之，与《祭河南张员外文》同一奇丽矣。序二州之人，亦复史笔有神，出入班、马。④

评《先君石表阴先友记》：

---

① 林纾：《韩柳文研究法》，第80页。
② （清）蔡世远：《古文雅正》评语卷九，清文渊阁四库全书本。
③ （清）孙琮：《山晓阁选唐大家柳柳州全集》卷四传，见吴文治《柳宗元资料汇编》，第500页。
④ （清）储欣：《河东先生全集录》卷二，见尹占华、韩文奇《柳宗元集校注》，第613页。

> 此记尤见史才,有扬有抑,以见其人之真。①

冯梦龙也称《先君石表阴先友记》:

> 是迁史手。②

而《故御史周君碣》一文,亦被胡秋宇赞为"登之太史氏无忝矣"③。王葆心(1867—1944)《古文辞通义》云:

> 《林下偶谈》称韩、柳文有法《史记》处,此文家间学史书之证。④

《史记》作为史书对后世文家传记文的写作影响至深。宋人宋祁曾说:"老子《道德经》为玄言之祖,屈、宋《离骚》为辞赋之祖,司马迁《史记》为纪传之祖。"⑤也正是由于柳宗元汲取《史记》的精髓,其所写的传记文才能在艺术及思想上对中国的传记文学产生深远的影响。

六

柳宗元的文章之所以成为后人追慕的典范,不仅在于对历代经典的模拟,更在于其极尽变化和创新之能。

陈衍(1856—1937)也曾提及《游黄溪记》仿《史记·西南夷列传》之事:

---

① (清)储欣:《河东先生全集录》卷二,见尹占华、韩文奇《柳宗元集校注》,第798页。
② (明)冯梦龙:《柳子厚集选》卷二,见尹占华、韩文奇《柳宗元集校注》,第797页。
③ (清)王之绩:《铁立文起》前编卷六,清康熙刻本。
④ 王水照主编《历代文话》,复旦大学出版社,2008,第7870页。
⑤ (宋)宋祁:《宋景文公笔记》卷中,明刻本。

文有显然模拟颇见其用之恰当者,《史记·西南夷列传》首云:"西南夷君长以什数,夜郎最大。其西靡莫之属以什数,滇最大。自滇以北,君长以什数,邛都最大。此皆魋结,耕田,有邑聚。其外西自同师以东,北至楪榆,名为嶲,昆明,皆编发,随畜迁徙无常处,毋君长,地方可数千里。自嶲以东北,君长以什数,徙、筰都最大。自筰以东北,君长以什数,冉駹最大,其俗或土著,或移徙,在蜀之西,自冉駹以东北,君长以什数,白马最大,皆氐类也。此皆巴蜀西南外蛮夷地也。"《传》末复总结云:"西南夷君长以百数,独夜郎、滇受王印。滇小邑,最宠焉。"柳子厚《游黄溪记》,首段直摹拟云:"北之晋,西适豳,东极吴,南至楚、越之交,其间名山水而州者以百数,永最善。环永之治百里,北至于浯溪,西至于湘之源,南至于泷泉,东至于黄溪东屯,其间名山水而村者以百数,黄溪最善。"此虽摹拟显然,然小变化之,各见其布置之法也。①

但除赞同众家所言之外,陈衍也指出柳宗元文有模拟之处,但能"小变化之",故二文实际"各见其布置之法也"。可见柳文在学习前贤之时多做改变。

林纾也有相似的论述,他在评价《游黄溪记》时说道:

> 此篇入手摹《史记·西南夷列传》……《史记》叠三,此文叠两。然乍读之,亦无斧凿之痕,由食古能化也。②

"食古能化",即谓柳宗元在师法前人时,不拘泥于陈法,能参透变化,融会贯通,使其文推陈出新。在评《段太尉逸事状》时称赞柳宗元有"良史之才","其写忠义慷慨处,气壮而语醇,力伟而光敛,可称极笔",并感慨道:

---

① 陈衍:《石遗室论文》卷二,见王水照主编《历代文话》,复旦大学出版社,2008,第6732页。
② 林纾著,慕容真点校《林纾选评〈古文辞类纂〉》,第394页。

> 学《史》《汉》而能成自然，非若侯雪苑之窜取《史记》句法，即谓为能学《史记》也。①

不难看出，林纾十分不满只知道窜取《史记》句法而不知变通的做法，对于柳宗元学《史记》而能加以变化颇为称扬。有着桐城派古文"殿军"之誉的马其昶曾这样评价林纾：

> 于《史》、《汉》及唐宋大家文，诵之数十年，说其义，玩其辞，醰醰乎其有味也。②

林纾对《史记》《汉书》与唐宋古文颇多研究心得，其中他关于柳宗元学《史记》之处也多有精彩之论，所以他的论说可谓颇有代表性。

秦笃辉曾评《贺进士王参元失火书》：

> 吊贺互翻，始于《晋语》叔向对韩宣子，继于《史记》蒯通说范阳令，终于子厚《贺王进士书》。文章机杼，必有来历，特善变者工耳。③

他举了"吊贺互翻"的三个例子，第一个是《晋语》中的叔向贺贫，第二个是《史记》叙蒯通游说范阳令，第三个是柳宗元的《贺进士王参元失火书》。他指出文章必有渊源，但好文章都是"特善变者工耳"，不仅要继承，还需要革新。柳宗元的创新，不是体现于某一篇文章学习史迁某文某篇后所做的具体改变，而是体现在他全面汲取史迁文章精华后推进某一文体的改革。章学诚《文史通义》有"墓铭辨例"条云：

> 自西京以来，文渐繁复，铭金刻石，多取韵言，往往有序文铭颂，

---

① 林纾：《韩柳文研究法》，商务印书馆，1935，第 81 页。
② 林纾：《韩柳文研究法》商务印书馆，1935，序。
③ 秦笃辉：《平书》卷七文艺篇上，见吴文治《柳宗元资料汇编》，中华书局，1964，第 522 页。

通体用韵，前后一例者，古人不过取其易于诵识，无他义也。六朝骈俪，为人志铭，铺排郡望，藻饰官阶，殆于以人为赋，更无质实之意。是以韩、柳诸公，力追《史》《汉》叙事，开辟蓁芜；其事本为变古，而光昌博大，转为后世宗师，文家称为韩碑杜律，良有以也。①

章氏于此盛赞柳宗元在墓志文体上的贡献。六朝墓志尚骈俪之文，内容多"铺排郡望，藻饰官阶"而"无质实之意"。柳宗元和韩愈等人，以《史记》之叙事行文，一改墓志虚浮的风文，打破其程式化的模式，展现出志主个性，对该文体的发展影响至深。这种文体的革新更能体现出柳宗元文章的价值。

七

司马迁的《史记》及《报任安书》等文，深刻地影响着柳宗元的文章书写。另外，柳宗元对司马迁的师承与推崇，亦在很大程度上提升了《史记》的文学地位。

钱穆《古籍举要》曾云：

> 《史记》积健为雄，疏纵而奇，以为唐宋八家散行之祢；《汉书》植骨以偶，密栗而整，以开魏晋六朝骈体之风。文章变化，不出二途，故曰文章之大宗。②

其指出《史记》与《汉书》乃文人为文之大宗，文章之变化难以逸出二者。清人吴骞就指出韩、柳二人有学自《史记》《汉书》之处："是以从后人而观，则欧、苏流畅于韩、柳，韩、柳流畅于《史》《汉》。"③但早在宋代，胡应麟就曾于《少室山房笔丛》论及韩、柳与《史》《汉》之间

---

① （清）章学诚：《文史通义》外篇二，民国嘉业堂章氏遗书本。
② 钱穆：《古籍举要》，世界书局，1931，第80页。
③ （清）吴骞：《拜经楼诗话》卷一，清嘉庆刻愚谷丛书本。

的关系:

> 《史》《汉》二书,魏晋以还纷无定说,为班左袒盖十七焉。唐自韩、柳始一颂子长,孟坚少诎。①

胡氏谓魏晋以还世人多重《汉书》,但自韩、柳"一颂子长"后,《汉书》的地位就低于《史记》了。可见在后人的眼里,柳宗元文法史迁,不仅裨益于自己的创作,同时,对于《史记》历史地位的提升,贡献良多。可以说,柳宗元师承司马迁,对于柳宗元而言,是学习精进的最佳途径;而对于司马迁而言,亦是其作品经典化历程中极为关键的一个环节。

---

① (明)胡应麟:《少室山房笔丛》卷十三,明万历刻本。

粤西唐诗之路视野下的柳宗元诗歌

卢盛江[*]

摘　要：粤西唐诗之路，是全国唐诗之路中的一条。柳宗元被贬柳州，被贬粤西，因此走上了粤西唐诗之路。从粤西唐诗之路的视角，我们可以感觉到柳宗元诗对粤西风物有细致的体认和描写，柳宗元对粤西社会和民间风情也有更深入的反映。走进粤西的柳宗元在诗的艺术风格和表现手法上也发生了变化。这是粤西唐诗之路给柳宗元诗带来的变化，当然，柳宗元诗也丰富了粤西唐诗之路的诗歌内容和文化内涵。

关键词：粤西唐诗　唐诗之路　柳宗元

唐诗之路的命题，揭示了唐诗发展的一个重要现象。

柳宗元研究，经过近四十年的发展，已经有很大的成就。人们已经从不同的角度研究过柳宗元。本文从粤西唐诗之路的视野，来研究这个课题。

唐诗之路是近年较为大家接受的一个问题。唐代诗人因各种原因行迹所至，留下诗歌，形成诗路。唐诗之路，从一个角度体现了唐诗发展和创作的一个重要特点。抓住这一现象和特点，对其进行研究，有助于更为深入全面地了解唐诗发展和创作的面貌。诗路，作为一个更为普遍的文化现象，全国范围内普遍存在的文化现象，诗歌现象，作为一种带有时代特征

---

[*]　作者简介：卢盛江，南开大学文学院教授。

性的诗歌现象、文化现象，在唐代，这些路，有的是前代就已存有，就已有丰富的文化内涵。有些山水本来并不知名，唐人写入诗歌，从而赋予了自然之山川丰富的文化内涵。在唐人笔下，行路上的这些山川进入诗歌，便成为诗路，成为唐诗之路。不论本来有名还是并不有名，都因为唐诗，而被赋予了新的文化内涵。路，成为唐诗之路，诗，则与行路上的这些山川联系在一起，成为唐诗之路的另具特色的一类诗歌。

　　唐代为什么会出现唐诗之路？首先当然是因为唐诗的繁荣。与此相联系的，是诗歌艺术的成熟，还因为唐代国力强盛，国家统一，疆域广阔，这才使全国有各种道路，而且四通八达。因为道路四通八达，诗人才有可能沿着道路到各个地方去，可以到诗的远方，也因为唐代诗人生活追求、生活道路的丰富多彩和对生活的执着态度。所以，我们有了各种各样的唐诗之路，有浙东唐诗之路、陇右唐诗之路、秦蜀唐诗之路、巴渝唐诗之路、商於唐诗之路、终南山唐诗之路、湖湘唐诗之路、宣歙唐诗之路、三晋唐诗之路、蓟北唐诗之路、岭南唐诗之路，等等。

　　粤西唐诗之路，是全国唐诗之路中的一条。柳宗元被贬柳州，被贬粤西，因此走上了粤西唐诗之路。因此，本文从粤西唐诗之路的视野，来考察柳宗元的诗歌。

一

　　柳宗元于元和十年（815）自永州司马召赴京师，旋出为柳州刺史，直至元和十四年（819）十一月八日，卒于柳州。他被贬柳州，留下诗歌，走上粤西诗路。唐代诗人进入粤西，粤西唐诗之路的形成，有多种因素。而柳宗元在粤西唐诗之路的形成过程中，起着重要的作用。

　　唐以前到粤西的诗人很少，最有名的是颜延之，时为始安郡（今广西桂林）太守，但没有留下诗歌。唐代开始，诗人比较多地进入粤西，留下诗歌，形成诗路。据钟乃元《唐宋粤西地域文化与诗歌研究》（民族出版社，2012），唐代粤西诗人主要有四类：贬谪诗人、宦游诗人、幕僚诗人和本土诗人。据钟乃元统计，本土诗人初唐有韦敬办（壮族）（《全唐诗》未录其诗，据韦湘秋《广西百代诗踪》，存诗1首，韦著所依，云见于碑刻，但未见碑文原刻或拓片），柳宗元之后的本土诗人有曹唐，桂州人，与粤西有关诗4首；曹邺，桂州阳朔人，与粤西有关诗10首；欧阳宾，桂州灵川县人，与粤西有关诗1首。他们都在柳宗元之后。幕僚诗人，最早是戎昱，大历末建中初入桂管观察使李昌夔幕，与粤西有关诗13首①；杨衡，约于贞元七年（791）入桂管观察使齐映幕，与粤西有关诗4首②；令狐楚，约贞元八年（792）入桂管观察使王拱幕，但没有与粤西有关诗。

宦游诗人值得注意。柳宗元之前，李峤，高宗麟德二年（665）以监军赴岭南招安邕州（今广西南宁），与粤西有关诗3首。③王晙，景龙末授桂州都督，与粤西有关诗1首（目前仅见残二句）。④张九龄于开元十八年（730）至十九年（731）任桂州刺史兼岭南按察使，与粤西有关诗2首。⑤王维，开元二十八年（740）冬，以殿中侍御史知南选，赴桂州（今广西桂林），与粤西有关诗1首。⑥后来有元结，大历三年（768）至四年（769）为容管经略使，但没有与粤西有关诗。戴叔伦，贞元四年（788），为容管经略招讨处置使兼御史中丞，与粤西有关诗7首。⑦韦丹，贞元十七年至永贞元年（805），为容管经略使，也没有与粤西有关诗。这样看，柳宗元之前，宦游诗人与粤西有关诗只有13首又残二句。

贬谪诗人。初唐即有权龙褒（《朝野佥载》及《太平广记》作"权龙襄"，此据《唐诗纪事》及《全唐诗》），武后朝末或中宗神龙初，以张

---

① 戎昱与粤西有关诗13首：《桂州腊夜》《再赴桂州先寄李大夫》《上桂州李大夫》《桂州西山登高上陆大夫》《桂州口号》《哭黔中薛大夫》《桂城早秋》《桂州岁暮》《宿桂州江亭呈康端公》《上李常侍》《送张秀才之长沙》《题槿花》《红槿花》。
② 杨衡与粤西有关诗4首：《秋夜桂州宴送郑十九侍御》《桂州与陈羽念别》《送公孙器自桂林归蜀》《送王秀才往安南》。
③ 李峤与粤西有关诗3首：《安辑岭表事平罢归》《军师凯旋自邕州顺流舟中》《象》。
④ 王晙与粤西有关残句《桂林逍遥楼》有2句。
⑤ 张九龄与粤西有关诗2首：《巡按自漓水南行》《西江夜行》。
⑥ 王维与粤西有关诗1首：《送邢桂州》。
⑦ 戴叔伦与粤西有关诗7首：《过柳州》《泊湘口》《宿灌阳滩》《无题》《容州回逢陆二别》《送李审之桂州谒中丞叔》《送人游岭南》。

易之事出为容州府折冲（容州治今广西玉林），与粤西有关诗1首。① 后有张说，长安三年（703），流钦州，与粤西有关诗14题17首。② 沈佺期，神龙元年（705）流驩州，途经陆州安海县（今广西东兴县东南），神龙三年（707）春遇赦北归，途经越州（即廉州，治今广西合浦县东北），与粤西有关诗5首。③

宋之问曾于中宗神龙元年被贬泷州（今广东罗定南）参军，神龙二年（706）获赦北归，道经湘源县（今广西全州）；景云元年（710）六月从越州长史任流钦州，景云二年（711），太极元年（712），活动于桂州、昭州、梧州、藤州一带，玄宗即位二刚赐死徙所，与粤西有关诗18首。④

另外，张均（张说之子）受安禄山伪命为中书令，至德二载（757）长流合浦，与粤西有关诗1首。⑤ 张叔卿，约至德年间流桂州，与粤西有关诗1首。⑥ 刘言史，元和初谪岭南春州，道过桂州，与粤西有关诗2首。⑦ 杨凭，元和四年（809）贬临贺（治今广西贺州）尉，与粤西有关诗1首。⑧ 窦群，元和六年（811）贬开州刺史，元和八年（813）移容管经略使，九年（814）召回，与粤西有关诗2首。⑨

柳宗元自元和十年（815）出为柳州刺史，直至元和十四年（819）

---

① 权龙襃与粤西有关诗1首：《岭南归后献诗》。
② 张说与粤西有关诗14题17首：《端州别高六戬》《和朱使欣二首》《卢巴驿闻张御史张判官欲到不得待留赠之》《南中别蒋五岑向青州》《南中别陈七李十》《南中别王陵成崇》《岭南送使》《南中赠高六戬》《南中送北使二首》《岭南送使二首》《钦州守岁》《赦归在道中作》《江中诵经》《江中遇黄领子刘隆》。
③ 沈佺期与粤西有关诗5首：《入鬼门关》《寄北使》《度安海入龙编》《喜赦》《夜泊越州逢北使》。
④ 宋之问与粤西有关诗18首：《自湘源至潭州衡山县》《在荆州重赴岭南》《早发韶州》《端州别袁侍郎》《发端州初入西江》《发藤州》《桂州陪王都督晦日宴逍遥楼》《登逍遥楼》《桂州三月三日》《桂州黄潭舜祠》《下桂江龙目滩》《下桂江县黎壁》《经梧州》《始安秋日》《高山引》《忆云门》《江行见鸬鹚》《过蛮洞》。
⑤ 张均与粤西有关诗1首：《流合浦岭外作》。
⑥ 张叔卿与粤西有关诗1首：《流桂州》。
⑦ 刘言史与粤西有关诗2首：《桂江中题香顶台》《桂江逢王使君旅榇归》。
⑧ 杨凭与粤西有关诗1首：《赠窦牟》。
⑨ 窦群与粤西有关诗2首：《容州》《二妃庙》。

卒于柳州，与粤西有关诗40题43首。①

就是说，柳宗元之前，粤西虽有一位本土诗人，但留下粤西诗只有1首。幕僚诗人有3人，与粤西有关诗17首（戎昱13首、杨衡4首、令狐楚0首）。因此，柳宗元之前，本土诗人和幕僚诗人，在粤西唐诗之路的形成过程中，特别是早期形成过程中，基本没起什么作用。

宦游诗人，柳宗元之前有7人，与粤西有关诗13首又残二句（李峤3首，王晙残句2句，张九龄2首，王维1首，戴叔伦7首，元结、韦丹都没有与粤西有关诗）。宦游诗人对粤西唐诗之路的形成，作用也是有限的。

贬谪诗人则不同。柳宗元之前，有权龙褒1首，张说14题17首，沈佺期5首，宋之问18首，张均1首，张叔卿1首，刘言史2首，杨凭1首，窦群2首。贬粤西或因贬谪而经粤西的诗人9人，与粤西有关诗48首。留下粤西诗最多的是宋之问，共18首，其次是张说，与粤西有关诗14题17首。柳宗元自元和十年出为柳州刺史，直至元和十四年卒，与粤西有关诗40题43首。

粤西唐诗之路最重要的是贬谪诗人。这恐怕是值得注意的普遍现象。唐诗之路，很多都是贬谪诗人走出来的。刘禹锡贬朗州、连州，韩愈贬潮州，都因贬谪留下行迹，留诗歌，而走出了一条唐诗之路。唐诗之路很多就是贬谪之路。因此，研究唐诗之路，应该研究贬谪文化，同样的道理，

---

① 柳宗元与粤西有关诗40题43首：《古东门行》《寄韦珩》《奉和杨尚书郴州追和故李中书……依本诗韵次用》《杨尚书寄郴笔……辄献长句》《南省转牒欲具江国图令尽通风俗故事》《与浩初上人同看山寄京华亲故》《衡阳与梦得分路赠别》《重别梦得》《三赠刘员外》《再上湘江》《桂州北望秦驿手开竹径至钓矶留待徐容州》《登柳州城楼寄漳汀封连四州》《柳州寄丈人周韶州》《登柳州峨山》《得卢衡州书因以诗寄》《答刘连州邦字》《岭南江行》《柳州峒氓》《酬徐二中丞普宁郡内池馆即事见寄》《酬贾鹏山人郡内新栽松寓兴见赠二首》《种柳戏题》《柳州二月榕叶落尽偶题》《浩初上人见贻绝句欲登仙人山因以酬之》《雨中赠仙人山贾山人》《别舍弟宗一》《奉和周二十二丈酬郴州侍郎衡江夜泊得韶州书……》《殷贤戏批书后寄刘连州并示孟仑二童》《重赠二首》《叠前》《叠后》《铜鱼使赴都寄亲友》《韩漳州书报彻上人亡因寄二绝》《柳州城西北隅种柑树》《闻彻上人亡寄侍郎杨丈》《段九秀才处见亡友吕衡州书迹》《柳州寄京中亲故》《种木槲花》《摘樱桃赠元居士时在望仙亭南楼与朱道士同处》《酬曹侍御过象县见寄》《夏昼偶作》。以上论述，资料多取自钟乃元《唐宋粤西地域文化与诗歌研究》（民族出版社，2012）及《唐宋全粤西诗辑考校注》（未刊稿，2018年教育部后期资助项目）。谨以致谢！

研究贬谪之路，也要研究唐诗之路。

而就粤西唐诗之路来说，就贬谪粤西的唐代诗人来说，柳宗元之前，宋之问和张说的影响都很大，而对粤西唐诗之路贡献最大的，是柳宗元。

从这个视角来考察柳宗元诗，或者能够得出一些新的认识。

二

从粤西唐诗之路的视角，我们可以对柳宗元诗歌的一些特点有新的认识。

柳宗元诗对粤西风物有更细致的体认和描写。粤西，对于中原来说，当然是荒远边地。柳宗元之前，有一些诗人对粤西特异的景色风物有细致的描写。如宋之问《早发韶州》："日夜清明少，春冬雾雨饶。身经大火热，颜入瘴江消。……露浓看菌湿，风飓觉船飘。"①《发端州初入西江》："树影捎云密，藤阴覆水低。"《下桂江龙目滩》："峰攒入云树，崖喷落江泉。巨石潜山怪，深篁隐洞仙。"《下桂江县黎壁》："江回云壁转，天小雾峰攒。吼沫跳急浪，合流环峻滩。敧离出漩划，缭绕避涡盘。"雾雨连绵，清明日少，炎热如火，露浓菌湿，风飓船飘，树深林密，藤阴覆水峰攒入云，崖喷落泉。巨石深篁，江回云壁，天小峰攒，吼沫急浪，水流涡盘，都很能写出粤西风物的特色。如沈佺期《入鬼门关》"马危千仞谷，舟险万重湾"，杨衡《送公孙器自桂林归蜀》"桂水浅复碧，漭瀁半露石"。但很多只是泛写，写炎徼、炎海、火云、瘴疠、荒裔、南荒、异壤、蛮溪、瘴江、百蛮、畏途、石路、积水、危石、夷歌、魑魅、鸱鸮、鬼门关、猿啸、愁猿、饥狖，等等。至于瘴疠怎么样，南荒怎么样，不太有具体生动的描写。

有些人写来，与中原风物无异。比如戎昱，大历八年（773）入桂管观察使幕，大历十年至十一年间曾因逸离职，未几事解又返任。后于建中三年（782）入朝，在粤西时间不算短，也写粤西风物，但总写不出特点。

---

① 本文所引诗作，除注明者外，均据《全唐诗》，（清）彭定求等编，中华书局，1960。

《桂州腊夜》:"雪声偏傍竹,寒梦不离家。"《上桂州李大夫》:"烟霞万里阔,宇宙一身孤。"《桂州西山登高上陆大夫》:"野菊他乡酒,芦花满眼秋。"《桂州口号》:"画角三声动客愁,晓霜如雪覆江楼。"《桂城早秋》:"远客惊秋早,江天夜露新。满庭惟有月,空馆更何人。"《桂州岁暮》:"岁暮天涯客,寒窗欲晓时。……不堪楼上角,南向海风吹。"《宿桂州江亭呈康端公》:"萤光入竹去,水影过江来。露滴千家静,年流一叶催。"《送张秀才之长沙》:"山霭生朝雨,江烟作夕岚。"哪里没有雪声,没有竹子?哪里没有野菊、芦花,没有画角,没有晓霜如雪,没有夜露,没有庭前月,没有空馆,没有寒窗?哪里没有露滴,没有山霭朝雨、江烟夕岚?一点也看不出粤西风物的特点。

柳宗元则有更细致的体认和描写。比如他的《寄韦珩》。据《柳河东集》卷四二,柳宗元元和十年三月出为柳州刺使时,韦珩曾送别。柳宗元于六月到任,寄诗赠韦珩。诗述到粤西情景:"炎烟六月咽口鼻,胸鸣肩举不可逃。"写炎热难耐,非常具体,热得像冒烟,口鼻都是干咽的,而且闷热,因此闷得胸鸣肩举。而柳州又在西南千里之远,气候风物更为异常,他写:"阴森野葛交蔽日,悬蛇结虺如蒲萄。"写到两个东西,一是葛,一是蛇。这两个都是粤西特有的风物。前面所述那些入粤西的诗人,都没有写到葛和蛇。唐代其他诗人写了。比如写葛。杜审言《都尉山亭》:"紫藤萦葛蕰,绿刺冒蔷薇。"骆宾王《从军中行路难二首》其一:"扪藤引葛度危峦。"骆宾王《至分陕》:"曳葛似攀樛。"张易之《奉和圣制夏日游石淙山》:"垂藤断葛野人心。"储光羲《酬綦毋校书梦耶溪见赠之作》:"往往缆垂葛,出舟望前林。"王昌龄《斋心》:"女萝覆石壁,溪水幽濛胧。紫葛蔓黄花,娟娟寒露中。"李华《杂诗六首》其五:"葛蕰附柔木,繁阴蔽曾原。"李白《黄葛篇》:"黄葛生洛溪,黄花自绵幂。青烟蔓长条,缭绕几百尺。"他们也写得很美,但那不是粤西的风物。柳宗元则写:"阴森野葛交蔽日。"是野葛,是"交",即横七竖八错综交织,是阴森森的一片,是遮天蔽日,这正是粤西亚热带的风物,正写出了粤西风物的特点。比如写蛇。白居易《送客南迁》:"穴掉巴蛇尾,林飘鸩鸟翎。"李绅《逾岭峤止荒陬抵高要》:"千崖傍耸猿啸悲,丹蛇玄虺潜蟊蛇。"韩愈《初南食贻元十八协律》："惟蛇旧所识,实惮口眼狞。"白居易没有岭南生活体验,因此写来没有感觉。李绅贬端州,韩愈贬潮州,有过岭南生活体验,写得稍微真切。但柳宗元写："悬蛇结虺如蒲萄。"蛇是悬挂在树上的,而且盘成一团一团,可能还是很多条蛇盘在一起,因此柳宗元用"如蒲萄"来形容。这"悬"字,这"如蒲萄",没有真切的体验、仔细的观察,是写不出来的。

比如柳宗元《别舍弟宗一》："桂岭瘴来云似墨,洞庭春尽水如天。"诗云"万死投荒十二年",自永贞元年(805)贬永州起,至贬柳州刺史的元和十一年(816),刚好是十二年。两句写洞庭之水,也很形象逼真,但这二句值得注意的是写云。前人写粤西云,有不少。李峤《安辑岭表事平罢归》："风生丹桂晚,云起苍梧夕。"沈佺期《夜泊越州逢北使》："炎云逐斗枢。"张说《江中遇黄领子刘隆》："危石江中起,孤云岭上还。"都一般化,到处都有"云起",都可说"孤云"。说"炎云",稍说出了一点,但也没有把云的特点进一步写出。宋之问《发藤州》："云峰刻不似,苔藓画难成。"《登逍遥楼》："绿水泓澄云雾间。"《桂州三月三日》："云海四茫茫。"《下桂江龙目滩》："峰攒入云树。"《下桂江县黎壁》："江回云壁转,天小雾峰攒。"写云峰、云雾、云海、云壁,写出一些特点。但柳宗元的"桂岭瘴来云似墨",粤西六月天气,常常突然乌云翻滚,云黑如墨,用"墨"来形容桂岭瘴来之云,就很贴切。非有真切体会,写不出来。这是柳宗元的创新。

再看一例。写春天。粤西的春天,是一些诗人写到的。比如,卢纶《逢南中使寄岭外故人》："碧水通春色,青山寄远心。"刘长卿《送独孤判官赴岭》："苍梧云里夕,青草嶂中春。"是处春色皆有碧水,皆有青草,粤西春天特色何在?二人没有到过粤西,没有亲身体验,情有可原。李峤《安辑岭表事平罢归》："春色绕边陲,飞花出荒外。"用了边陲、荒外的字眼,但看不出边陲、荒外春色的特点。宋之问《桂州陪王都督晦日宴逍遥楼》："晦节高楼望,山川一半春。意随蓂叶尽,愁共柳条新。"写柳条新,一半春,是处的春天都可以写。两人有粤西生活体验,但这几首诗只写出了春天的特色,却没有写出粤西春天的特点。宋之问《早发韶州》:"日夜清明少,春冬雾雨饶。"写雾雨,春冬皆然,算是写出特点。宋之问《经梧州》:"青林暗换叶,红蕊续开花。春去闻山鸟,秋来见海槎。""青林暗换叶"句值得注意。粤西属亚热带气候,树木四季常青,但并不意味着它不落旧叶,不长新叶。它一般是新叶长出之后,再落旧叶。因此,写"青林暗换叶",看似用语平常,却很恰切地写出粤西春天的特点。

柳宗元写粤西春天,就有很细致的体认和描写。《柳州二月榕叶落尽偶题》:"宦情羁思共凄凄,春半如秋意转迷。山城过雨百花尽,榕叶满庭莺乱啼。"写春半如秋,为什么春半如秋?因为春天榕树落叶满庭。粤西春天来得早,花开得早,一些花也谢得早,因此山城过雨百花即尽。《柳州城西北隅种柑树》:"手种黄柑二百株,春来新叶遍城隅。"不是一般地写春绿,而是写新叶。因为粤西树木四季皆绿色,用春绿,写不出特点,而粤西的特点,是旧叶未落,新叶已长,看春天是否来临,不看树木是否绿色,而看是否长出新叶。这对粤西春天的特点有很细致的体认和描写。

柳宗元对粤西社会和民间风情也有深入的反映。柳宗元之前来粤西的诗人,写粤西自然风物的多,写粤西气候环境恶劣的多,而写社会和民间风情的少。沈佺期《度安海入龙编》:"邑屋遗甿在,鱼盐旧产传。越人遥捧翟,汉将下看鸢。"可作一例。柳宗元这方面描写也不多,但毕竟有一些。《柳州峒氓》是大家熟悉的:"郡城南下接通津,异服殊音不可亲。青箬裹盐归峒客,绿荷包饭趁虚人。鹅毛御腊缝山罽,鸡骨占年拜水神。愁向公庭问重译,欲投章甫作文身。"粤西不叫赶集,而叫赴墟,可能那时还叫"趁虚"。趁虚之人自带饭食,这饭食用绿荷包着。从墟集买回盐等生活用品,用青箬裹着。那时粤西可能不养羊,没有羊毛,水面多,养鸭养鹅的,因此被褥都用鹅毛,也占卜,用的是鸡骨。粤西水多,因此祭拜的也是水神,而语言不通,需要几重翻译。这都是粤西民间风情。他的《寄韦珩》:"到官数宿贼满野,缚壮杀老啼且号。饥行夜坐设方略,笼铜枹鼓手所操。"这是粤西社会风情的另一面。又,《夏昼偶作》:"南州溽暑醉如酒,隐几熟眠开北牖。日午独觉无余声,山童隔竹敲茶臼。"这是郡斋日常生活,也别有一番风味。

从粤西唐诗之路的视角,我们确实感觉柳宗元诗对粤西风物有更细致的体认和描写,对柳宗元诗歌的特点有了一点新的认识。

三

走进粤西,柳宗元一些诗的艺术风格和表现手法也有所变化。

应该说,柳州之前,特别在贬永州十年期间,柳宗元的诗歌和散文都已成熟。散文方面,政论文已系统阐述柳宗元天人相分的自然哲学思想,客观演进的历史发展观念,重视生人的政治改革主张,关注现实的文学革新理论,以及统合儒释,尊佛教的思想;他的山水游记,已留下"永州八记"等名篇,达到了幽邃凄清的山水美的境界;他的寓言,《三戒》等名篇,寓意深刻,而辛辣中带着尖刻;当然还有他的传记文。他的诗歌,也形成了简淡森峭、孤高精刻的诗风。

那么,粤西给柳宗元的文学带来了什么?

应该说,散文方面,已没有什么发展。柳宗元的散文,到永州就基本上写完了。但是诗歌还在写。他写粤西的风情,自然景物和民间风土人情。他仍关心时局。《古东门行》对藩镇派刺客刺杀宰相武元衡的事件表明立场。《平淮夷雅》歌颂裴度平淮西,朝廷平藩的胜利。

就诗体而言,他已经基本没有像永州时期《同刘二十八院长述旧言怀感时书事……赠二君子》《游南亭夜还叙志七十韵》这样的长篇五言古诗。他的身体、精力和才情,已大不如前。但其他诗体还在不懈尝试。继永州《贞符》等之后,《平淮夷雅》再次尝试典雅古朴的四言形式。七言歌行方面,永州时期《行路难三首》重抒情,《跂乌词》《笼鹰词》等则是寓言诗。柳州时期,则还写下了《古东门行》这样的政治诗和《寄韦珩》这样的叙事兼抒情的诗。

在柳州,柳宗元似乎更擅长用七言律诗、七言绝句和五言绝句抒情状物。七律方面,著名的《登柳州城楼寄漳汀封连四州》:"城上高楼接大荒,海天愁思正茫茫。惊风乱飐芙蓉水,密雨斜侵薜荔墙。岭树重遮千里目,江流曲似九回肠。共来百越文身地,犹自音书滞一乡。"惊风密雨,实写粤西眼前景象,又象征危乱时局。岭树江流二句,都即景寓意,而不露痕迹。首联切题而一句愁思茫茫，引发诗写愁情；尾联又继续回应题目，而引申诗中写愁绪之主题，全诗律法严整，实可作为柳宗元七言律诗的代表作。而这首诗作，就作于柳州。

七绝、五绝也有佳作。七绝如下面将要另作分析的《与浩初上人同看山寄京华亲故》，前面引述过的《柳州二月榕叶落尽偶题》和《夏昼偶作》，还有《雨中赠仙人山贾山人》："寒江夜雨声潺潺，晓云遮尽仙人山。遥知玄豹在深处，下笑羁绊泥涂间。"《韩漳州书报彻上人亡因寄二绝》其二："频把琼书出袖中，独吟遗句立秋风。桂江日夜流千里，挥泪何时到甬东。"都是佳作。《酬曹侍御过象县见寄》："破额山前碧玉流，骚人遥驻木兰舟。春风无限潇湘意，欲采蘋花不自由。"不说碧水流，而说碧玉流，水流之清澈秀丽可知。不说对方等候相见，而说"骚人遥驻木兰舟"，化容易刻板的寻常叙述，为诗意的美的境界，引发美好的向往。是春风无限，还是潇湘意无限？都是，但更是诗人无限向往之情，而这无限向往之意化作春无限，潇湘意无限，也就化作了又一个令人向往的美的境界。末句更巧妙地化用梁诗人柳恽的诗句，暗含"潇湘逢故人"之意，而终因"不自由"，终因拘于官守，不能前往。看似留下遗憾，实际化作又一个令人向往的美的境界。这首七绝，实不亚于永州时期之作。

至于五绝，当属作于永州时期的《江雪》："千山鸟飞绝，万径人踪灭。孤舟蓑笠翁，独钓寒江雪。"作为千古名篇，自是无法超越。但柳州时期也有佳作。《再上湘江》："好在湘江水，今朝又上来。不知从此去，更遭几年回。"只写湘江之水。眼前的湘江之水，不知经历过几次，贬永州是溯江而上，永州是回京，顺江而下，而今再贬柳州，又一次溯流而上，因此轻轻一句"今朝又上来"，而此贬柳州，更为偏远，而且身体日弱。在其他诗里，他写到柳州地理气候的恶劣，写道"一身去国六千里，万死投荒十二年"（《别舍弟宗一》），写道"行尽关山万里余，到时间井是荒墟"（《铜鱼使赴都寄亲友》），笔墨都用得很重。但在这首五绝里，别的什么也没写，只轻轻二句："不知从此去，更遭几年回。"笔墨简单得不能再简单，笔墨用得很轻，却能感受深蕴其中的深沉感伤。此行可能是一去不返啊！另一首五绝，《登柳州峨山》："荒山秋日午，独上意悠悠。

如何望乡处,西北是融州。"同样笔墨简单,不说思乡情阻,只说"如何望乡处,西北是融州",融州在柳州北,立于柳州峨山之上,极目远望,也只能望到融州,那故乡还在更遥远的地方。同样写望乡情阻,前引《登柳州城楼寄漳汀封连四州》有"岭树重遮千里目",也写得重,而这诗,同样写得轻,而同样蕴含深深的感伤。

  从艺术风格看,柳宗元柳州一些诗发展了前期的劲峭森严风格,有的甚至走向森怖。比如前面引述过的《寄韦珩》,写柳州闷热:"炎烟六月咽口鼻,胸鸣肩举不可逃。"已让人不舒服。又写:"阴森野葛交蔽日,悬蛇结虺如蒲萄。"特别写蛇团据树上,有如葡萄,让人怖惧。又写奇疮:"奇疮钉骨状如箭,鬼手脱命争纤毫。"再写霍疾:"今年噬毒得霍疾,支心搅腹戟与刀。"过于写实,而写实中又夹杂着恐怖的夸张,令人越来越怖惧。这样的诗,诗风已接近李贺。这样的诗例和意象描写不多,但足以说明柳宗元在柳州诗歌艺术曾有的追求。

  意象描写如此,有的诗,用词也走向尖厉森峭。他形容粤西的山,常用戟、剑铓这样的词。《与浩初上人同看山寄京华亲故》:"海畔尖山似剑铓。"《得卢衡州书因以诗寄》:"林邑东回山似戟。"他写其他的感觉和事物,也喜欢用这样的词。如前引《寄韦珩》写霍疾:"今年噬毒得霍疾,支心搅腹戟与刀。"得病的难受,有如刀绞。

  用戟、剑形容山;写愁思,就用"割"这个词,典型的,是前引《与浩初上人同看山寄京华亲故》:"海畔尖山似剑芒,秋来处处割愁肠。""割"这个词,唐人时亦会用。有时用其实义。如割鲜(如李白《幽州胡马客歌》"割鲜若虎餐"),割鸡(如张九龄《赠澧阳韦明府》"持割武城鸡",李白《赠清漳明府侄聿》"小邑且割鸡")。有些用其比喻义,也很形象生动。如岑参《走马川行奉送出师西征》:"风头如刀面如割。"王建《关山月》:"边风割面天欲明。"戎昱《苦哉行五首》其三:"汉月割妾心。"李商隐《李夫人歌》:"柔肠早被秋波割。"柳宗元用"割"字,也很贴切,山既如戟、如剑,写愁思,就用"割"字,意脉和诗理更顺,更有创造性,又更自然。

  像这样艺术手法上出奇创新,还有一些。比如,《韩漳州书报彻上人亡因寄二绝》其二:"频把琼书出袖中,独吟遗句立秋风。桂江日夜流千里,挥泪何时到甬东。"江流千里,也是泪流千里,江流日夜,仍问何时到甬东,正是悲情日夜不休,不知何时能了。后来的"问君能有几多愁,恰似一江春水向东流"之句,从意象手法上看,与柳宗元此句有相似之处。

要之,走进粤西,柳宗元一些诗的艺术风格和表现手法有所变化。这是粤西唐诗之路给柳宗元诗带来的变化,当然,柳宗元诗也丰富了粤西唐诗之路的诗歌内容和文化内涵。

对话与独白：柳宗元诗作中塑造的孤独者形象

田恩铭*

摘　要：柳诗呈现出清冷的意境、淡然的色调，构筑了其特有的幽深孤峻的审美品格，隐于其中的则是在清淡之中蕴聚挥之不去的深重忧思。他的读书诗主要在阅读中找到自身的切入点，借助读史以阅世，诗中浸透着孤独感；他的酬赠诗在与亲友的对话中内心的痛苦激荡出来，刻意突出一个陷于泥潭的孤独者形象；他的山水诗往往在自然景观的背后有隐喻之意蕴，善于塑造与自然对话的孤独者形象，若论风格可以"沉郁"言之。无论是与人对话，还是自家独白，柳宗元在诗作中呈现出自我塑造的孤独者形象。

关键词：柳宗元　唐诗　孤独者形象

关于中国文学的抒情传统，学术界研究成果丰硕，叙事传统亦为数不少。从抒情文本中析出叙事传统是董乃斌先生首倡，并在实践中发表了富于独创性的研究成果。柳宗元的诗歌创作叙事与抒情并重，值得关注。柳宗元现存的诗作只有150首左右，在唐代诗人中并不算多，而且主要是被贬之后所作。在中唐诗坛上，他和刘禹锡并称"刘、柳"，政治原因、文

---

* 作者简介：田恩铭，文学博士，黑龙江八一农垦大学教授，研究生导师，主要从事中国古代文学研究，著有《中古史传与文学研究》《柳宗元的心灵世界》等。

学考量兼而有之，属于没有群落体派的独立存在。柳宗元的诗歌，通常被列为学陶一族，从风格上说，柳诗有清淡的一面。实际上，他的风格与陶渊明并不相近，虽然在书写田园生活的作品中，可以找到学陶的痕迹。柳诗呈现出清冷的意境、淡然的色调，再加上一种挥之不去的失意心态构筑了其特有的幽深孤峻的审美品格，即在清淡之中蕴聚挥之不去的深重忧思，若论风格可以"沉郁"言之。

苏轼《书黄子思诗集后》一文说："至于诗亦然。苏、李之天成，曹、刘之自得，陶、谢之超然，盖亦至矣。而李太白、杜子美以英玮绝世之姿，凌跨百代，古今诗人尽废，然魏晋以来，高风绝尘，亦少衰矣。李、杜之后，诗人继作，虽间有远韵，而才不逮意，独韦应物、柳宗元发纤秾于简古，寄至味于淡泊，非余子所及也。唐末司空图，崎岖兵乱之间，而诗文高雅，犹有承平之遗风。"这里并不是指柳宗元个人的独有风格，而是韦应物和柳宗元共同的诗风，在求同存异中也就忽略了柳诗的独特之处。总体说来，柳诗的特色还在于将身世之感打入诗中，正如周昂《读柳诗》所说："开卷未终还复掩，世间无此最悲音。"方回也说："柳诗哀而酸楚。"柳诗有清淡的一面，也有沉郁的一面，沉郁才是柳诗的主体风格，贯穿创作之始终，形成了孤独者形象。

一 读书：纸上的况味

柳诗有三变，永州之前为一种风格，清峻而不失和正；永州之后则落入悲慨一途，从中可见沉郁之风；而至柳州之际，则直以沉郁为主，怨悱之气虽消，不平之鸣犹在。柳诗风格之变化与柳宗元心态的变化同步而行，正应了风格即人的命题。早期的柳宗元对诗歌的叙事内涵有着自己独特的书写方式。如其《韦道安》等作品，似乎是用诗歌写成的人物传记，从这些诗中可以看出柳宗元的诗笔和史才。他认为诗歌要做到"导扬讽喻"并且"丽则清越，言畅而意美"。至于落实在具体的创作当中，则会发生一定的变化。柳宗元以诗歌表现了其情绪变化的过程，而诗风的形成源自其孤傲的品格，这是其凄苦生涯磨砺的结果。柳诗还受到中唐文学审美趣向的影响，求新求变的一面也会不时地显露出来，在审美追求上，他一方面想要介入世俗，一方面又欲"高出尘世间"，这就形成了审美风格的两极化，凄美与柔美并存。正如文学史所归纳的，平淡自然、清冷峭拔、清旷豪迈、细腻幽约都是他的作品风格的一个方面。

柳宗元的读书诗体现了他的"悟"与"思"，他有一首《读书》：

> 幽沉谢世事，俯默窥唐虞。上下观古今，起伏千万途。遇欣或自笑，感戚亦以吁。缥帙各舒散，前后互相逾。瘴痾扰灵府，日与往昔殊。临文乍了了，彻卷兀若无。竟夕谁与言，但与竹素俱。倦极便倒卧，熟寐乃一苏。欠伸展肢体，吟咏心自愉。得意适其适，非愿为世儒。道尽即闭口，萧散捐囚拘。巧者为我拙，智者为我愚。书史足自悦，安用勤与劬。贵尔六尺躯，勿为名所驱。①

闭门读书，可得书之乐，自此进入与古人对话的空间，在时间的延续中诗人的情感随之俯仰。万千感慨诉诸笔端又难寻踪迹，读书的快乐正在"倦极便倒卧，熟寐乃一苏。欠伸展肢体，吟咏心自愉"之中。得意而忘象，诗人反省自我，审视自我，试图摆脱名利的干扰而与书同在。从中可以看到与古人对话、与风景对话、与自我对话的柳宗元形象，正如他在《寄许京兆孟容书》中所谓："往时读书，自以不至抵滞，今皆顽然无复省录。每读古人一传，数纸已后，则再三伸卷，复观姓氏，旋又废失。假令万一除刑部囚籍，复为士列，亦不堪当世用矣。"如果真的能够进入书中忘却世事的纷扰自是人生乐事，可是柳宗元并非如此，他的读书主要还在读史，在史书中找到自身的切入点，形成一种叙事或者情感资源，借助读史以阅世。如《咏史》：

> 燕有黄金台，远致望诸君。嗾嗾事强怨，三岁有奇勋。悠哉辟疆理，东海漫浮云。宁知世情异，嘉谷坐熇焚。致令委金石，谁顾蠹蟫

---

① 尹占华、韩文奇校注《柳宗元集校注》，中华书局，2013，第3098页。

群。风波欻潜构,遗恨意纷纭。岂不善图后,交私非所闻。为忠不顾内,晏子亦垂文。①

这显然是读书有感而作,从内容来看读的是《史记·乐毅列传》。诗作将乐毅命运的变化置于燕昭王和燕惠王之间,将其人生况味书写出来,颇有自况之意。何焯在《义门读书记》中就认为柳宗元此诗以燕惠王比宪宗,从读史中寻找自我的影子成为柳宗元的阅读取向。又如《咏三良》:

束带值明后,顾盼流辉光。一心在陈力,鼎列夸四方。款款效忠信,恩义皎如霜。生时亮同体,死没宁分张。壮躯闭幽隧,猛志填黄肠。殉死礼所非,况乃用其良。霸基弊不振,晋楚更张皇。疾病命固乱,魏氏言有章。从邪陷厥父,吾欲讨彼狂。

据《左传》记载:"秦伯任好卒,以子车氏之三子奄息、仲行、鍼虎为殉,皆秦之良也。"三人"款款效忠信,恩义皎如霜",却被作为殉葬品,柳宗元面对贤人遭难自有体会,所以认为"殉死礼所非,况乃用其良"。正如孙月峰所言:"前半祖陈思,后半评论多,翻觉板拙,似史断不似诗。"柳宗元还写有一首《咏荆轲》与《咏三良》相类,更像史家之断语,而无诗歌之韵味,诗中认为荆轲勇气可嘉,而没有智谋。"奈何效曹子,实谓勇且愚"是柳宗元对荆轲的评价,从这句评价中也能看出柳宗元的处事准则,即对人生意义的理解,他认为面对挫折应该是以智勇之能来勉力克服。从读书中生发出对现世的理解是柳宗元读书诗的书写取向,往往叙事中蕴含深情,敏感中不失描写之细微,将读书之感受融入切肤之痛中,自成沉郁之风格。

二　伤别:对话的私语

元好问《论诗绝句》说:"谢客风容映古今,发源谁似柳州深。朱弦

---
① 尹占华、韩文奇校注《柳宗元集校注》,第3107页。

一拂遗音在,却是当年寂寞心。"远贬他乡的柳宗元很难真的"错把他乡作故乡",所居之地远离车马声,浪迹山水却很难醉情山水,在与亲友的对话中内心的痛苦激荡出来,他的诗作在清淡洒脱的背后,隐藏着忧思,愈加彰显沉郁之特色。如《别舍弟宗一》:

> 零落残红倍黯然,双垂别泪越江边。一身去国六千里,万死投荒十二年。桂岭瘴来云似墨,洞庭春尽水如天。欲知此后相思梦,长在荆门郢树烟。①

这类作品正是诗人心史的演绎,"一身去国六千里,万死投荒十二年"。显然把自己当作被抛弃的局外人,这时的柳宗元正在试图从现实困境中走出来,而又一次的外放让他感受到现实的无奈。再美的风景都不能让诗人停留在物象自身,而是借物写我,风景只是他梦回故乡的大背景。再如他的种植类咏物作品,绿植本就具有疗救疾病的功能,也难以生成品鉴之心境,投身自然也不是柳宗元预设的审美取向,他在借助自然寻找洗染的梦想与现在的希望。那么,柳诗的特质是什么?

柳宗元作诗的目的较为明确,就是将自己的情感抒发出来,仕途的不如意贯穿在他的大部分诗作当中,发生在周围的大事小情都成为他抒一己之情的本源。尤其是在自己人生发生转折的几个关键点上,他都写下了作品,被贬永州、再放柳州是他的两个关键时间。他的作品多数写在这个时期。如《登柳州城楼寄漳汀封连四州》:

> 城上高楼接大荒,海天愁思正茫茫。惊风乱飐芙蓉水,密雨斜侵薜荔墙。岭树重遮千里目,江流曲似九回肠。共来百越文身地,犹自音书滞一乡。②

---

① 尹占华、韩文奇校注《柳宗元集校注》,第 2855 页。
② 尹占华、韩文奇校注《柳宗元集校注》,第 2815 页。

这首诗俞陛云有精到的分析，他将此诗与韩愈《左迁至蓝关示侄孙湘》相互比较，《诗境浅说》云："唐代韩柳齐名，皆遭屏逐。昌黎蓝关诗见忠愤之气，子厚柳州诗多哀怨之音。起笔音节高亮，登高四顾，有苍茫百感之慨。三四言临水芙蓉，覆墙薜荔，本有天然之态，乃密雨惊风，横加侵袭，致嫣红生翠，全失其度。以风雨喻谗人之高张，以薜荔芙蓉喻贤人之摈斥，犹楚辞之以兰蕙喻君子，以雷雨喻摧残，寄慨遥深，不仅写登城所见也。五六言岭树云遮，所思不见，临江迟客，肠转车轮，恋阙怀人之意，殆兼有之。收句归到寄诸友本意。言同在瘴乡，已伤谪宦，况音书不达，雁渺鱼沉，愈悲孤寂矣。"① 又如他的岳父杨凭贬后昭雪，他写有《弘农公以硕德伟材屈于诬枉，左官三岁复为大僚，天监昭明，人心感悦。宗元窜伏湘浦，拜贺未由，谨献诗五十韵以毕微志》："独弃伧人国，难窥夫子墙。……世议排张挚，时情弃仲翔。不言缧继枉，徒恨縲徽长。贾赋愁单阏，邹书怯大梁。炯心那自是？昭世懒佯狂。鸣玉机全息，怀沙事不忘。恋恩何敢死？垂泪对清湘。"弘农公，即杨凭，柳宗元的岳父。他任江西观察时，为御使中丞李夷简所劾，以贪污僭侈之罪贬临贺尉。其后罪名得以昭雪，入为王傅。这是杨凭罪名昭雪后柳宗元献给他的一首诗。诗中赞颂杨凭的才德，写他由贬谪而入傅，最后写及自己的不幸遭遇。这是柳宗元为数不多的用典之作，诗人以张挚未能取悦当世，致终身不仕，虞翻犯颜直谏，性不协俗，终见谤坐徙，写出自己因参与王叔文革新被贬的遭际，并以箕子、屈原自况，表白自己的耿耿忠心。《酬娄秀才将之淮南见赠之什》，感谢娄图南在自己失意之时相濡以沫，《零陵赠李卿元侍御兼吴武陵》中，诗人叹友伤己，悲愤之情不能自已。《入黄溪闻猿》写由猿声而引起身世之感。《登柳州城楼寄漳汀封连四州》写出远逐柳州的茫茫愁思。《游南亭夜还叙志七十韵》此诗纪游、写景、咏志融合成篇，而以咏志为主。作者在游南亭夜还之时，百感交侵，身世之恨、悲愤之情喷涌而出。《哭连州凌员外司马》哭友伤己，令人不忍卒读。"我歌诚自恸，非独为君悲。"正是作者的表白。

---

① 俞陛云：《诗境浅说正续编》，中华书局，2015，第75页。

如老杜之"每依北斗望京华",柳宗元生于长安,长于长安,在长安度过了一段辉煌的人生历程,因此他视长安为自己的故乡。在长安西郊、南郊有柳家的产业。在长安城善和里、亲和里有柳家的住宅,在善和里旧宅中还有三千卷的藏书。柳宗元贬官以后虽然举家南迁,但长安还有他的亲友和昔日的同僚。他被贬以后,无法淡忘对长安的记忆,他的诗常常表现出对故乡的深切的思念。如《与浩初上人同看山寄京华亲故》:"海畔尖山似剑铓,秋来处处割愁肠。若为化得身千亿,散上峰头望故乡。"这首诗形象地表现作者强烈的乡愁。《南中荣橘柚》写于永州,诗人从贬地的"橘柚",想到"故乡"的"飞雪",不禁发出思乡之叹。《闻黄鹂》将思乡之情写得真切、具体而感人:

倦闻子规朝暮声,不意忽有黄鹂鸣。一声梦断楚江曲,满眼故园春意生。目极千里无山河,麦芒际天摇青波。王畿优本少赋役,务闲酒熟饶经过。此时晴烟最深处,舍南巷北遥相语。翻日迥度昆明飞,凌风邪看细柳翥。我今误落千万山,身同伧人不思还。乡禽何事亦来此,令我生心忆桑梓。闲声回翅归务速,西林紫椹行当熟。①

这种思乡之情,有时又表现在对故乡田宅的具体描写当中。《游南亭夜还叙志七十韵》:"卜室有雩杜,名田占澧涝。鄠溪近余基,阿城连故壕。"《游朝阳岩》:"故墅即澧川,数亩均肥硗。台馆集荒丘,池塘疏塘坳"。《首春逢耕者》则从农夫春耕而念及故园的田亩:"故池想芜没,遗亩当榛荆。"思乡之情触景而生。再如《登柳州峨山》:"荒山秋日午,独上意悠悠。如何望乡处,西北是融州。"其他如《零陵早春》《春怀故园》等,都无不表现出深切的思乡之情。故园自然离不开故人,《与浩初上人同看山寄京华亲故》读来令人有凄迷之感,诗云:"海畔尖山似剑铓,秋来处处割愁肠。若为化得身千亿,散上峰头望故乡。"以"剑铓"割"愁肠"见苦痛之深,登山望秋色,刘禹锡云:"晴空一鹤排云上,便引诗情

---

① 尹占华、韩文奇校注《柳宗元集校注》,第3765页。

到碧霄。"而柳宗元则以望山之形状与自家身世结合起来,身同此山,故而生出"若为化得身千亿"之联想,"散上峰头望故乡"一句情执而意深。如高海夫所说:"前两句是对眼前实景的描写,后两句则是对内心希冀的抒发。……曰'身千亿',曰'散上峰头',皆承'处处'来。因'尖山'非止一处,所以忽而幻想他如有分身之术,那该多好,便可以'散上峰头',直北遥望故乡和亲戚旧友。不敢思归,但求能'望';而'望'前尚冠以'若为'句,还只是希求而已,幻想而已。在抒写内心希冀的后两句中,柳宗元饱含着沉痛凄苦之情。"[1] 刘皂《旅次朔方》云:"客舍并州已十霜,归心日夜忆咸阳。无端更渡桑干水,却望并州是故乡。"柳宗元此诗类之。陆游《梅花绝句》:"何方可化身千亿,一树梅花一放翁。"当是从此诗后两句化出。柳宗元思亲怀乡之作中别有幽怨,置身瘴疠之地思及京城长安,孤独之心境别是一番况味,创作风格亦以沉郁出之。

三 山水:心灵的家园

柳宗元写有一些纯粹的山水田园之作,只是并不占据主流。山川风景见我心,柳宗元的山水诗有二十多首。在永州时期,作《界围岩水帘》《再至界围岩水帘遂宿岩下》写界围景色;《湘口馆潇湘二水所会》写潇、湘二水汇合处的景色。《南涧中题》写永州袁家渴西南的石涧。《游石角过小岭至长乌村》以生动的诗笔,刻画了长乌村幽谧、旖旎的田园风光。显然诗人并不是祥林嫂式的呓语者,而是倾听自然的知音。

在描写自然山水的诗作中,柳宗元常常以幽境写孤寂之情。他的古体诗境界凄冷,表现出一种寂寞凄清的格调;这种格调在他的山水诗中表现得尤为突出。如上面所举《再至界围岩水帘遂宿岩下》一篇,"古苔""青枝""阴草""翠羽""素彩""激浪""寒光""幽岩""新月""夜星",诸多意象组合起来构成一个清冷幽凄的境界,岩下风景与《渔翁》

---

[1] 高海夫:《高海夫文集》,三秦出版社,2007,第464~465页。

之幽冷异曲同工,而更显幽然。在这样的语境中,诗人的心境可想而知。又如《登蒲州石矶望横江口潭岛深迥斜对香零山》:

> 隐忧倦永夜,凌雾临江津。猿鸣稍已疏,登石娱清沦。日出洲渚静,澄明晶无垠。浮晖翻高禽,沉景照文鳞。双江汇西奔,诡怪潜坤珍。孤山乃北峙,森爽栖灵神。洄潭或动容,岛屿疑摇振。陶埴兹择土,蒲鱼相与邻。信美非所安,羁心屡逡巡。纠结良可解,纡郁亦已伸。高歌返故室,自惆非所欣。①

细读这首诗,可以想象由"清沦""渚静""浮晖""高禽""沉景""双江""诡怪""孤山""洄潭""岛屿"等意象所组成的画面次第掠过,每个意象停留下来,由目入心,情境撞击心灵,诗人能够体味出画面中笼罩着挥之不去的寂寞与清冷,这些意象与作者的"纠结""纡郁"处于同样的场域中,或者说,正是情绪的色调让诗人发现了这些意象,被书写进来,形成了一个统一的孤独者的心灵场。

入深幽之境,注重以色彩感营造孤寂之情境也是柳宗元古体诗的特色。他喜用绿色、白色等冷色,让清冷的色调与幽峭的境界相互配置,是诗人表现孤寂凄清之境的手段。如《江雪》:"千山鸟飞绝,万径人踪灭。孤舟蓑笠翁,独钓寒江雪"。诗人在一片空无中茫然垂钓,"孤舟""蓑笠"正是远离尘世的形状,孤独中执守的是什么呢,对生命的一种期待,对往事的一重追忆,还是在清冷中守着的一份梦想,而这些梦想在现实面前如此脆弱,只有"寒江雪"能够烘托出诗人走向荒芜的生命感悟。刘永济说:"此诗读之便有寒意,故古今传诵不绝。"②尘世中织就的蛛网遍布角落,一不小心就被罩在头上。冲破尘网的念头不见得人人都有,但是渔樵与官场却成了两个对应的世界。从屈原《渔父》、庄周《渔父》开始,一场拉锯战无止无休。张耒《夏日三首》云:"久判两鬓如霜雪,直欲樵

---

① 尹占华、韩文奇校注《柳宗元集校注》,第 2905 页。
② 刘永济:《唐人绝句精华》,人民文学出版社,1981,第 138 页。

渔过此生。"庄子的《渔父》是假借渔父之口要说服孔子,传为屈原的《渔父》也是渔父要说服屈原。这类作品在当时很是流行。渔父任意而行,遵循自然之理,而孔子、屈原则以己意而行事,未"与天地相俯仰"。这里面有三个不同:两个渔父不同,孔子与屈原不同,庄子与孔子不同。变浊为清,清浊分明,乃是孔子和屈原的不同;与浊流相混,沿清流以进,乃是两个渔父的不同;立于道,顺于道,乃是孔子和庄子的不同。孔子本人出身寒微,祖上曾经荣耀。往昔的贵族身份让他追慕远古的君子之风,君子之风自然蕴含贵族之气象。鲁迅所说的"先前阔"往往为后人立法,从孔夫子到曹雪芹莫不如此。理想既然不能践行世上,那就写在纸上。言语、文学正是德行、政事的另一种体现方式。柳宗元则要从"独钓"的境遇中走出来,"独"不可免,冰封的江面上虽无所获,却可以把视角投向天空,独赏是另一种境界。柳宗元把自己比作一个渔翁,在逍遥中被迫享受孤独,但是他能在孤独中找到快乐吗?在"渔翁"式的生活中,他寻求着可能的心灵寄托。如《渔翁》:

渔翁夜傍西岩宿,晓汲清湘燃楚竹。烟销日出不见人,欸乃一声山水绿。回看天际下中流,岩上无心云相逐。①

这是一个理想的生活状态,也是一种形象设计。"此中有真意,欲辨已忘言",渔翁找到了远离红尘的"桃花源",真正能够逃离仕宦生涯的凄苦情怀吗?正如《柳州二月榕叶落尽偶题》:"宦情羁思共凄凄,春半如秋意转迷。山城过雨百花尽,榕叶满庭莺乱啼。"雨后的"山城"、凋零的"百花"、"满庭"的落叶、"乱啼"的黄莺,这春深之景,因融进了诗人的宦情羁思而充满萧瑟的秋意,摇曳着幽怨的情思。这位渔翁"夜"傍西岩宿,"晓"则自助生活,与山水为伴,远离尘嚣。苏轼认为后两句可以删去,其实未必,后两句恰恰是柳宗元孤芳自赏的人生化境。这是柳宗元对自己谪居柳州的写照。高海夫先生对于《江雪》《渔翁》有着独到

---

① 尹占华、韩文奇校注《柳宗元集校注》,第3085页。

的解读。他说:"如果说《江雪》是对这种处境傲然的蔑视,《渔翁》则是对它超然的解脱:前者是现实的表现,后者乃是内心的向往;前者实,后者虚,与此同时,两诗的意象创造也不同,前者于冰天雪地的背景中突出其孤傲独立重在静态的刻画;后者于青山绿水的环境里表现其悠然自得重在动态的描写。"① 柳宗元的忧郁悲愤,不仅表现在他的感怀之作、赠答之章,也表现在他的写景之作中。他的山水诗大部分以写景抒怀为主,饱含孤寂之意,如《柳州二月榕叶落尽偶题》之"宦情羁思共凄凄",《法华寺石门精室三十韵》之"拘情病幽郁",《游朝阳岩遂登西亭二十韵》之"谪弃殊隐沦",《登蒲州石矶望横江口潭岛深迥斜对香零山》之"隐忧倦永夜",《构法华寺西亭》之"窜身楚南极",等等,使人感到即使在游览山水之时,诗人也背负着由仕途失意带来的心理负重。再如《自衡阳移桂十余本植零陵所住精舍》:"谪官去南裔,清湘绕灵岳。晨登蒹葭岸,霜景霁纷浊。离披得幽桂,芳本欣盈握。火耕困烟烬,薪采久摧剥。道旁且不愿,岑岭况悠邈。倾筐壅故壤,栖息期鸾鷟。路远清凉宫,一雨悟无学。南人始珍重,微我谁先觉。芳意不可传,丹心徒自渥。"大自然跃动的生机在柳宗元的笔下成为凄冷心境的对照,物象中隐映了自我的书写,颇得比兴之法。

柳诗众体兼备,其创作宗旨还在塑造孤独者的形象。柳宗元的古体诗和近体诗表现出不同的追求路向,古体诗风格与陶渊明、谢灵运相近;近体则踵武盛唐。如《南涧中题》:"秋气集南涧,独游亭午时。回风一萧瑟,林影久参差。始至若有得,稍深遂忘疲。羁禽响幽谷,寒藻舞沦漪。去国魂已游,怀人泪空垂。孤生易为感,失路少所宜。索寞竟何事?徘徊只自知。谁为后来者,当与此心期。"整首诗以独游为中心在意象的叠加中梳理情绪,"回风""林影""羁禽""幽谷""寒藻""沦漪"六个意象组合在一起形成了清幽的冷郁世界,对自然的书写无处不体现出主体的心境,在清冷的气氛中一层层铺展开来。又如《再至界围岩水帘遂宿岩下》:"发春念长违,中夏欣再睹。是时植物秀,杳若临玄圃。歇阳讶垂冰,白

---

① 高海夫:《高海夫文集》,三秦出版社,2007,第418页。

日惊雷雨。笙簧潭际起,鹳鹤云间舞。古苔凝青枝,阴草湿翠羽。蔽空素彩列,激浪寒光聚。的皪沉珠渊,锵鸣捐佩浦。幽岩画屏倚,新月玉钩吐。夜凉星满川,忽疑眠洞府。"诗中围绕着一池潭水精心选景,细致书写。"笙簧"八句,写白日雨后界围岩之景,如关于潭水,就写了水浪、水光、水响;关于潭上,写了鹤舞、云翔、"古苔"、"青枝"、"阴草"、"翠羽",这些景物相互交织,生成了一个色彩鲜丽、绘形绘声的艺术境界,从自然中来,到自然中去,柳宗元在动静结合中独自体味自然的意趣。其中"古苔"二句十字,细之又细,以小景物显示了观察的视角,诗意盎然。我们不得不叹服作者用字的简洁和描写的精细。不仅在写景时能够细致入微,柳宗元还是一个行走的歌者,每到一处,他的诗笔往往将行迹与心绪相结合,将眼前景与心中情相结合,形成了诗中的心灵世界。如《寄韦珩》,这是柳宗元刚到柳州时寄给韦珩的一首诗。"阴森野葛交蔽日,悬蛇结虺如蒲萄"写出了柳州自然环境的荒凉和险恶,更是自我形象的真情演绎。介于诗文之间的辞赋是柳宗元直抒胸臆的代表性文体,这些作品大多作于被贬初期,一个孤独的失意者形象被鲜活地展现出来。贬谪生活形成了柳宗元对今昔生活的双重观照。对过去的反思,对当下的不满,对未来的迷茫都跃然纸上。柳宗元的诗歌中确实弥漫着悲剧感,"其诗无论是吊友人、叹己身,还是咏山水、赋闲居,表现了不同程度的不平之鸣"[①]。

柳宗元的诗歌在当时并没有引起人们过多的关注,主要原因有三。一是柳诗数量少,当时没有成为关注的焦点,柳诗被柳文的成就所掩盖。二是柳诗书写的内容相对集中,多与个人际遇相关,传播范围有限。三是在诗体求新求变的背景下,柳宗元仍然蹑武盛唐,乃是在继承传统的基础上形成自己的风格,与元、白名震当世的元和体,韩愈领衔的怪奇诗派相比自然暗淡,但是,正如刘克庄《后村诗话》所说:"韩、柳齐名,然柳乃本色诗人。自渊明没,雅道几熄,当一世竞作唐诗之时,独为古体以矫之,未尝学陶和陶,集中无言凡数十篇,杂之陶集,有未易辩者。其幽微

---

① 马自力:《中古文学论丛及其他》,商务印书馆,2013,第122页。

者可玩而味，其感慨者可悲而泣也。"刘克庄不仅肯定了柳诗在唐诗中的独特之处，也指出柳诗在元和之际的特质。到了宋代，人们才开始重视柳宗元的诗歌，而关注点还在柳诗学陶的一面。如马自力所说："韦柳的意义则在于继承和发展天宝诗风的积极因素，并直接参与和影响了中唐诗风的转变。"① 苏轼是最早高度评价柳诗的人。他在《书黄子思诗集后》说："李、杜之后，诗人继作，虽间有远韵，而才不逮意；独韦应物、柳宗元发纤秾于简古，寄至味于淡泊，非余子所及也。"苏门弟子张耒认为"退之作诗，其精工乃不及子厚"。就诗体来说，宋人对柳宗元的五言古诗评价较高，杨万里说："五言古诗，句雅淡而味深长者，陶渊明、柳子厚也。"严羽亦云："若柳子厚五言古诗，尚在韦苏州之上，岂元、白同时诸公所可望耶？"此后，柳宗元的诗作逐渐成为唐诗史中不可或缺的一道风景。

评及柳宗元诗文的特色，多以"冷峭"视之。原因也简单，柳宗元取得的文学成就集中在被贬的时间段，"是贬谪诗人情感的偏执性导致了其诗风的偏执性，而突出表现在柳氏诗文游记中的这种偏执的、几乎凝化了的冷峭风格，在深层次上正反映了贬谪诗人饱含辛酸、屈辱和坚持、抗争的悲剧精神"②。悲剧精神是在文学层面上面对柳宗元的文字得出的审美基调，沉郁则是诗风的主体特征，以沉郁之笔将思想形象化并以物象说出，柳宗元对自我的审视和思考形成了文学史上的独特审美风貌。

---

① 马自力：《中古文学论丛及其他》，商务印书馆，2013，第 123 页。
② 尚永亮：《冷峭：柳宗元审美情趣和悲剧生命的结晶》，《江汉论坛》1990 年第 3 期。

柳宗元诗的"泪"

下定雅弘*

摘要：柳宗元诗中存在大量"泪"的描写，约占其诗歌总数的9%。其泪的描写吸收了前人的经验，继而形成自己独特的表现。柳宗元诗咏"泪"的诗大部分作于永州时期，柳州期间只有一首，体现出柳宗元意识与心情的变化。柳宗元诗中的泪主要分为两方面：写实与夸张。"泪"的表现可以反映其诗风的转变。

关键词：柳宗元诗　贬谪文学　诗风转变

前　言

柳宗元的文学是贬谪文学。其诗充满着悲哀。其中"泪"的表现[①]占据着中心位置。依余管见，探讨柳宗元诗（以下简称"柳诗"）的"泪"的研究，中国历来好像没有。日本有一篇文章田中利明《〈贮愁听夜雨〉[②]——柳宗元贬谪生活的末期》[③]但这也不是专门研究"泪"的。本文的目的在于试论柳诗中"泪"的表现方式及特点。

柳诗即《柳河东集》卷42、43的古今诗146首中，有"泪"的表现的诗共13首，占其全诗中的比率为9%。其他著名诗人的情况如何？王维

---

* 作者简介：下定雅弘，冈山大学名誉教授，日本杜甫学会会长。

① 包括"涕""哭""潸"等有关"泪"的表现。

② 《同刘二十八院长述旧言怀感时事奉寄澧州张员外使君五十二韵之作因其韵增至八十通赠二君子》的一句，其下句是"隔泪数残葩"。

③ 《学大国文》20，1977年。

诗385首①中有23首可见"泪"的描写，约6%。同样，李白诗1003首，含"泪"诗有92首，约占9%。杜甫诗1457首，含"泪"诗有182首，约占12.5%。②韩愈诗402首，含"泪"诗有26首，约占6.5%。刘禹锡诗794首，含"泪"诗有24首，约占3%。可以看出，柳诗悲哀表现中，"泪"占据着很重要的位置。

下面按柳诗时间的顺序，探讨其表现技法的特点。

一

（1）五古《韦道安》，贞元十六年（800），作于长安。其35、36句说："父子更抱持，涕血纷交零。"两句咏韦道安拯救刺史的两个女儿于盗贼之手时的情景。"涕血"犹"泣血"，一般意味着悲痛之极。这里表现被劫夺的悲痛与父子再会的感激混在一起的感情。

"泣血"最早在《诗经》中可见，《小雅·雨无正》云："鼠思泣血，无言不疾。"值得注意，唐诗中，李白、杜甫的诗各有三个例子。③"涕血"，逯钦立《先秦汉魏南北朝诗》、《文选》中都不见，唐诗中柳诗的"涕血"是初见。

"涕零"，早在《诗经·小明》中可见："念彼共人，涕零如雨。"之后有很多例子，如曹丕《燕歌行二首》其二："涕零雨面毁容颜，谁能抱忧独不叹。"鲍照《代东门行》："涕零心断绝，将去复还诀。"韦应物《酬郑户曹骊山感怀》："申章报兰藻，一望双涕零。"等等。

此句直接来源可确定的是杜甫《夔府书怀四十韵》中的"血流纷在眼，涕洒乱交颐"。两句中有"血""纷""涕""交"四个字。

（2）五古《哭连州凌员外司马》，元和元年（806），作于永州。其

---

① 王维、李白、韩愈、刘禹锡的诗歌总数据《全唐诗》，不包含佚句。杜甫诗的总数据仇兆鳌《杜诗详注》。
② 李杜诗"泪"的描写比率较高。尤其杜诗中分量较多、内容极丰富，做专门探讨很有意义。参见日语拙文《杜甫的泪》，《杜甫研究年报》（3），勉诚出版社，2020。
③ 李白：《鞠歌行》《酬裴侍御对雨感时见赠》《上崔相百忧章》。杜甫：《新安吏》《惜别行送向卿进奉端午御衣之上都》《白帝城最高楼》。

37、38句云："泣尽目无见，肾伤足不持。"凌员外是凌准，八司马之一。

诗题中用"哭"，开始于梁任昉《出郡传舍哭范仆射》（《文选》卷23）。诗题第一字用"哭"开始于初唐沈佺期《哭道士刘无得》。此形式的诗题，中唐以后明显增加。

"泪尽"的例子很多。但下面接"目无见"，只有这一个例子。白居易《自觉二首》其二中有类似的句子："结为肠间痛，聚作鼻头辛。悲来四支缓，泣尽双眸昏。"此诗作于元和九年（814），白居易可能受了柳诗的影响。

（3）五排《酬韶州裴曹长使君寄道州吕八大使因以见示二十韵一首并序》，作于元和四年（809），在永州。其17、18句："御魅恩犹贷，思贤泪自潸。"这两句的意思是：我在南方抵御着魑魅是皇上给予的宽待，思念起你们这些贤人不禁潸然泪下。①

"潸"，流泪的样子。最早见于《诗经》，《小雅·大东》云："眷言顾之，潸焉出涕。"唐诗中的"潸"都是流泪的样子。宋以后多形容下雨。"自潸"的先例可见于王勃的诗，其《秋日别王长史》云："终知难再奉，怀德自潸然。"

柳宗元此句有不少例子被后人借用，例如，唐张祜《送杨秀才游蜀》："不堪挥惨恨，一涕自潸然。"刘克庄《秋夜有怀傅至叔太傅父子》："荒丘衰草埋双璧，兀坐空斋涕自潸。"陆游《哭季长二首》其二"半年仅得陈莼鲫，白首临风涕自潸"等。

（4）七律《同刘二十八哭吕衡州兼寄江陵李元二侍御》，作于元和六年（811），在永州。其1、2句："衡岳新摧天柱峰，士林憔悴泣相逢"，两句说，仿佛衡岳新近倒塌了天柱峰一样，吕衡州的死去使士人相逢都憔悴而哭泣。

看柳宗元《唐故衡州刺史东平君吕君诔》（《柳宗元集》卷9）可以了解当时情况。文章说："维唐元和六年八月日，衡州刺史东平吕君卒。……君由道州以陟为衡州。君之卒，二州之人哭者逾月。湖南人重社饮酒，是月上戊，不酒去乐，会哭于神所而归。余居永州，在二州中间，其哀声交于北南，舟船之下上，必呱呱然，盖尝闻于古而睹于今也。"

---

① 参看朱玉麒、杨义、倪培翔、谢秉洪今译《柳河东全集》，北京燕山出版社，1996。下同。

此句对后世的影响也很大。例如，许浑《伤故湖州李郎中》："经念未葬家人散，昨夜因斋故吏来。南北相逢皆掩泣，白苹洲暖百花开。"此诗也哀悼友人之死。不仅学到柳宗元的诗，还配置了上文中的"北南"。

结合"憔悴"和"泣（泪、涕）"，源头在汉刘向的《九叹》。其六《忧苦》云："倚石岩以流涕兮，忧憔悴而无乐。"柳宗元化用了此两句。许浑可能借用柳宗元此句，其《题愁》（一作杜牧诗《愁》）云："何人更憔悴，落第泣秦京。"还有，冯延巳的词《南乡子》其二云："帘卷曲房谁共醉，憔悴，惆怅秦楼弹粉泪。"李煜《谢新恩》"双鬟不整云憔悴，泪沾红"等。

（5）五排《弘农公以硕德伟材屈于谗枉左官三岁复为大僚天监昭明人心感悦宗元窜伏湘浦拜贺未由谨献诗五十韵以毕微志》，作于元和七年（812），在永州。其最后云："鸣玉机全息，怀沙事不忘。恋恩何敢死，垂泪对清湘。"四句说，鸣玉于朝廷的机会已完全没有，像屈原一样怀沙的感情却一直铭刻心头。但眷恋皇上的恩德又怎么敢去死？只好对着清澈的湘江潸然泪下。"清湘"是指永州的潇水。

"垂泪"，很普通的传统表现。最早在宋玉《高唐赋》中可见，云："愁思无已，叹息垂泪。""垂涕"的先例也不胜枚举，如西汉王褒《九怀》其四《昭世》"横垂涕兮泫流，悲余后兮失灵"，《古诗十九首》其十六"徙倚怀感伤，垂涕沾双扉"等。面向河水流泪的例子，自古就很多。如，梁王台卿《陌上桑四首》其一"送君上何梁，拭泪不能语"，唐张说《惠文太子挽歌二首》其二"指言君爱弟，挥泪满山川"等。

但与柳宗元的表现最相近的还是杜甫诗《天边行》，云"天边老人归未得，日暮东临大江哭"，《送韦讽上阆州录事参军》云："必若救疮痍，先应去蟊贼。挥泪临大江，高天意凄恻。"

（6）五古《南涧中题》，作于元和七年（812），在永州。其9、10句云："去国魂已游，怀人泪空垂。"两句说，离开京城之后，便觉得魂魄无依到处游荡，怀念亲故总是有泪空垂。

"泪垂"是很普通的表现。但"泪空垂"的表现稀少。其前人的例子有梁代范云《赠张徐州谡》："怀情徒草草，泪下空菲菲。"唐代有李世民

《望送魏征葬》（一作《董思恭感怀》）"望望情何极，浪浪泪空泫"，孟郊《上达奚舍人》"暗室晓未及，幽行（一作吟）涕空行"等。

"魂"和"泪（涕）"结合的例子，六朝以来有不少。如：梁代王褒《送观宁侯葬》"观风方听乐，垂泪遽伤魂"，宋之问《度大庾岭》"魂随南翥鸟，泪尽北枝花"等。《度大庾岭》是宋之问流放钦州途径大庾岭时所作。在武后、中宗两朝，宋之问颇得宠幸，睿宗执政后，却成了谪罪之人，发配岭南，其心中的痛苦哀伤自是可知。

（7）五排《同刘二十八院长述旧言怀感时书事奉寄澧州张员外使君五十二韵之作因其韵增至八十通赠二君子》，作于元和七年（812），在永州。其101~104句云："守道甘长绝，明心欲自刎。贮愁听夜雨，隔泪数残葩。"四句说，如今我甘守大道而永远隐处，为了表明心迹也愿以自刎相示。每天在这里含着愁怨听夜里的雨声淅沥，总是隔着眼泪去数那春残所余的花朵。

"贮愁""隔泪"两个用法，《先秦汉魏南北朝诗》《文选》都没有。唐诗中只有柳宗元的这个例子。

后世学柳宗元的此句是南宋的刘克庄。《和林肃翁有所思韵》其一云："须弥身大安知痛，云梦胸宽不贮愁。"此句把柳宗元诗句的意思反转而化用了。

（8）五绝《入黄溪闻猿》，作于元和八年（813），贬永州9年时所作。诗云："溪路千里曲，哀猿鸣何处。孤臣泪已尽，虚作断肠声。"

"泪尽"的先例甚多。但"泪已尽"，唐诗中只有这一个例子，类似句子在西晋傅玄《挽歌》中有"欲悲泪已竭，欲辞不能言"。"断肠"的先例也甚多。如魏曹丕《燕歌行》"念君客游思断肠，慊慊思归恋故乡"，李白《清平调》其二"一枝红艳露凝香，云雨巫山枉断肠"，等等。

与"虚作断肠声"相近的先例，李白诗中有，如《采莲曲》"紫骝嘶入落花去，见此踟蹰空断肠"，《早春寄王汉阳》"碧水浩浩云茫茫，美人不来空断肠"，《南阳送客》"挥泪再三别，临歧空断肠"等。"作断肠声"，杜甫《吹笛》中可见："吹笛秋山风月清，谁家巧作断肠声。"

关于后两句有两种解释，一说，"虚作"的主语是猿猴，解释为"我作为孤独的逐臣已经泪哭干,白白地让它在远处叫出令人断肠的声音"。①但我认为此说不妥当。另一种是杨竹邨《柳宗元诗选注》的解释,我比较赞同。他说:"我这个失势无援的孤臣,眼泪早已流干了,听到你的哀鸣,我也悲不自胜,但只有空作断肠的悲声,再也无泪可流了。"②

流"泪","断肠"都是典型的悲哀情绪,用并列或者对偶的形式往往表现同一个人的悲痛。其例子如沈约《咏桃》"讵减当春泪,能断思人肠",吴均《去妾赠前夫》"肠从别处断,貌在泪中消",庾信《拟咏怀诗二十七首》其七"胡笳落泪曲,羌笛断肠歌",李白《秋登巴陵望洞庭》"听此更肠断、凭崖泪如泉",杜甫《公安送韦应二少府匡赞》"古往今来皆涕泪,断肠分手各风烟",白居易《病中哭金銮子》"慈泪随声迸,悲肠遇物牵",等等。

柳宗元此句的"断肠"不是出于"巴东三峡巫峡长、猿鸣三声泪沾裳"③,而是出于曹丕以来的"断肠"。与柳宗元此句最相似的先例是张说《南中别蒋五岑向青州》:"有泪皆成血,无声不断肠。"李绅《至潭州闻猿》"湘浦更闻猿夜啸,断肠无泪可沾巾",可能是学柳宗元而化用过来的。

(9)七绝《段九秀才处见亡友吕衡州》,作于元和九年(814),在永州。诗云:"交侣平生最意亲,衡阳往事似分身。袖中忽见三行字,拭泪相看是故人。"在平生的交友当中,我与他情意最亲,他在衡阳的往事就好像是我分身所为。忽然在衣袖中看到三行墨迹,擦干了眼泪细看,却正是故人的书迹。关于结句,大多数学者如此解释。但日本五山僧《柳文抄》④解释为"对真字似实见真人也"。⑤"袖中忽见三行字"以《古诗十

---

① 朱玉麒等:《柳河东全集》(1996)的今译。高文忠、屈光《柳宗元选集》(上海古籍出版社,1992)、温绍堃《柳宗元诗歌笺释集评》(中国国际广播出版社,1994)等都同样解释。
② 《柳宗元诗选注》(漓江出版社,1993),35页。尚永亮《柳宗元诗文选评》(上海古籍出版社,2003),吴文治《柳宗元诗文选评》(三秦出版社,2004),尚永亮、洪迎华《柳宗元集》(凤凰出版社,2007)都同样解释。
③ (北魏)郦道元:《水经注》卷34《江水》。(晋)袁山松《宜都山川记》:"巴东三峡猨鸣悲、猨鸣三声泪沾衣。"(《艺文类聚》卷95"猨")。
④ 《柳文抄》,"两足院丛书"之一。京都大学文学部国语国文学研究室编,临川书店,2010,第677页。
⑤ 参考高文、屈光《柳宗元选集》(第10页)说:"袖中二句:谓见到段弘古珍藏的吕温书信,流泪读之,如见故人。一说,拭泪看者即是故人。"

九首》其十七"客从远方来,遗我一书札。……置书怀袖中,三岁字不灭"为典故。

"拭泪"的先例很多。最早的例子是《九章·悲回风》:"孤子唫而抆泪兮,放子出而不还。"《楚辞补注》云:"唫,古吟字,叹也。抆,音吻,拭也。"王褒《洞箫赋》(《文选》卷17)"擎涕抆泪",李善注云"广雅曰,抆亦拭",也有类似。

六朝也有这种表达,如梁代萧统《凝古》(一作简文帝《春暮曲》):"窥红对镜敛双眉,含愁拭泪坐相思。"王台卿《陌上桑四首》其一:"送君上何梁,拭泪不能语。"梁代刘孝威《奉和湘东王应令诗二首》其一《春宵》:"回钗挂反环,拭泪绳春线。"以"拭泪"配"相看"的先例如下:唐代朱放《留别刘员外》"岂意与君于此别,相看拭泪水潺湲",马云奇《九日同诸公殊俗之作》"一人歌唱数人啼,拭泪相看意转迷"。此类组合对后世的影响很大,如韦庄《新正日商南道中作奇李明府》"相看又见岁华新,依旧杨朱拭泪巾",朱熹《观上蓝贤老所藏张魏公首帖次王嘉叟韵》"拭泪相看渺今古,堂堂那复有斯人"。

(10) 七律《衡阳与梦得分路赠别》,元和十年(815)三月,柳宗元出为柳州刺史,刘禹锡出为连州刺史,一路南行,至衡州衡阳县分手时作。其结句云:"今朝不用临河别,垂泪千行便濯缨。"李陵《与苏武诗三首》其二(《文选》卷29)云"临河濯长缨,念子怅悠悠",李陵以在河边濯缨表示惜别之情,柳宗元反用其意,谓今日不必作临河之别,因为垂泪成河已可濯缨。极写此别之伤痛。

"垂泪千行"的先例如下:梁代王僧孺《中川长望》"独写千行泪,谁同万里忆",王台卿《一旦歌》"对虎低头啼,垂泪泪千行",梁江伯瑶《和定襄侯八绝楚越衫》"裁缝在箧笥,薰鬓带余香。开着不忍看,一见落千行",北周庾信《王昭君》"围腰无一尺,垂泪有千行",初唐骆宾王《忆蜀地佳人》"莫怪常有千行泪,只为阳台一片云",等等。

"泪成河"可见于李白、杜甫的诗。李白《送王孝廉觐省》"相思无昼夜,东泣似长川",杜甫《得舍弟消息》(风吹紫荆树)"犹有泪成河,经天复东注",《听杨氏歌》"老夫悲暮年,壮士泪如水"。"泪成河"的表现完成于李白、杜甫。柳宗元导入六朝以来的"千行泪",加之把"千行泪"变成为"河",才觉得能表现出他刻骨的悲痛。

(11) 五绝《长沙驿前南楼感旧》,元和十年(815),柳宗元赴柳州途中作于长沙。诗云:"海鹤一为别,存亡三十秋。今来数行泪,独上驿南楼。"柳宗元自注云"昔与德公别于此",在这里曾经与海鹤一般的你分别,到现在已经有三十个春秋。今天我又流下了几行眼泪,因为独自登上了我们一起相别的驿站南楼。

"数行泪"的先例不少,如下:梁代陶弘景《和约法师临友人》"我有数行泪,不落十余年",王昌龄《代扶风主人答》"便泣数行泪,因歌行路难",孟浩然《宿桐庐江寄广陵旧游》"还将数行泪,遥寄海西头",杜甫《登牛头山亭子》"犹残数行泪,忍对百花丛",《元日示宗武》"不见江东弟,高歌泪数行",高适《送李少府贬峡中王少府贬长沙》"巫峡啼猿数行泪,衡阳归雁几封书",刘长卿《重推后却赴岭外待进止寄元侍郎》"空令数行泪,来往落湘沅"、《送崔升归上都》"临期数行泪,为尔一沾巾",刘禹锡《和西川李尚书伤孔雀及薛涛之什》"唯见芙蓉含晓露,数行红泪滴清池",韩愈《〈晚次宣溪辱韶州张端公……绝句二章〉其一》"客泪数行先自落,鹧鸪休傍耳边啼",白居易《江南送北客因凭寄徐州兄弟书》"今日因君访兄弟,数行乡泪一封书"、《初与元九别后忽梦见之及寤而书适至兼寄桐花诗怅然感怀因以此寄》"归来数行泪,悲事不悲君",杜牧《华清宫》"行云不下朝元阁,一曲淋铃泪数行",等等。

中唐时期,泪的描写已达到顶点,同时较朴素的描写却多起来。如"数行泪"就是这种朴素描写的典型之一。值得注意,"数行泪",虽说"数行",其悲哀并非不深切。杜甫的五律《登牛头山亭子》,作于广德元年(763)春,诗写登临感怀。其后半云:"兵革身将老,关河信不通。犹残数行泪,忍对百花丛。"战乱绵延我身将老,关河阻绝书信不通。我所拥有的只剩下几行眼泪,怎忍心面对这百花丛?可知他的悲哀是很深刻的。有可能柳宗元《入黄溪闻猿》的"孤臣泪已尽"是化用杜甫此"犹残数行泪"。刘长卿的五律《重推后却赴岭外待进止寄元侍郎》,作于从广德元年(763)至大历初年(766)之间,是在量移之地浙西某县任县令时所作。其后半云："白发经多难，沧洲欲暮春。空令数行泪，来往落湘沅。"可以看出，此"数行泪"也表现了其对苦难的感慨。

韩愈的七绝《晚次宣溪辱韶州张端公使君惠书敘别酬以绝句二章》其一是他在贬地潮州时，收到韶州刺史张曙诗而写作的。"客泪数行先自落，鹧鸪休傍耳边啼"，可知他的深刻悲痛。

柳宗元此五绝乃经历"存亡三十秋"的"泪"。

（12）七绝《韩漳州书报彻上人亡因寄二绝》，作于元和十一年（816），是柳宗元在柳州写的唯一的含"泪"诗。收到韩漳州的信，知道彻上人的逝世，悼念亡友而作。其二说："频把琼书出袖中，独吟遗句立秋风。桂江日夜流千里，挥泪何时到甬东。""甬东"，越地，在会稽句章县东海中洲。后二句谓己在柳州伤心垂泪，泪水何时流到彻上人所居的甬东之地。

"挥泪（涕）"，挥洒泪水的样子。先例如下：潘岳《悼亡诗》其三（《文选》卷23）"投心遵朝命，挥涕强就车"，陆机《赴太子洗马时作》"亲友赠予迈，挥泪广川阴"，陆云《答兄平原》"衔忧告辞，挥泪海滨"，等等。还有一种把自己的泪托流水送到相思人的居处的写法，例如李白《寄远十一首》其六"流波向海去，欲见终无因。遥将一点泪，远寄如花人"可见。这是闺情的"泪"。

（13）五古《掩役夫张进骸》，当作于永州，年月不可考。柳宗元为役夫张进埋骨造坟后所作。其中云："骷然暴百骸，散乱不复支。从者幸告余，眡之泪然悲。"四肢百骸都暴露在野外，纵横散乱互不相连。仆从们幸而将此事告诉了我，我去看后便涓然泪下。"涓然"，眼泪细细流下的样子。"涓"，细小水流。《说文》水部："涓，小流也。"《康熙字典》："又与泫通。列子周穆王篇，'乃涓然而泣'。注，涓读为泫。""涓然"的例子很少。《先秦汉魏南北朝诗》与《文选》都没有。《全唐诗》中只有柳宗元这一个例子。

二

柳宗元写"泪"的13首诗中，《韦道安》贞元十六年（800）写于长安，只有这一首是描写登场人物的泪。其他9首是在永州时作的，其中1首年月不可考。另2首在元和十年赴任柳州途中作，在柳州时作的只有1首。

柳宗元咏"泪"的诗大部分写于永州。在柳州时只有哀悼彻上人的1首。此现象意味着什么？

其原因就在于柳宗元到柳州后意识的变化。这里，我们就他望乡的意识作简单的说明。在永州时期，柳宗元一直保持回归长安的愿望。一旦望故乡，回归长安的愿望就增强，这与不能回归的现实产生激烈的矛盾，使他陷入不能脱出的苦境。因此他抑制望乡的感情。[①] 永州时期的柳诗的泪，是其解决不了的激烈、深刻的内心矛盾的表现。

被放逐到柳州，柳宗元的意识有了很大的变化。再度回归长安的可能性没有了，他放弃了永州时期抱持的回归长安的愿望。他下定决心为柳州人民生活的安宁献出自己的余生。永州时期那种激烈的矛盾感消失了。柳州时期，他的精神显现出永州时期不可能有的清澄。

柳州时期的诗歌流露着静谧的哀伤。这是一种旷达的感情，而不是使涕泪落下的感情。泪的表现也因此剧减。

赴柳州途中时作的《衡阳与梦得分路赠别》与《长沙驿前南楼感旧》，表达了上述的激越与清澈。柳宗元在《衡阳与梦得分路赠别》诗中，最后一次集中喷发了永州时期的激烈矛盾。《长沙驿前南楼感旧》，是对永州时期激烈倾诉的诀别，是开始柳州时期清澈哀切的标志性作品。

值得注意的是，上述柳宗元的意识和心情的变化，不是他一个人的变化，而是与时代的变化有着密切的关系。[②]

这里简单地看看柳宗元诗"泪"的表现的变化与当时"泪"的表现变化情况的关系。

中唐的"泪"，继承盛唐的"泪"，"泪"的原因没有什么变化。边塞兵士的"泪"、人民困苦的"泪"、闺怨的"泪"、望乡的"泪"、漂泊的"泪"、贬谪的"泪"、离别的"泪"、衰老的"泪"、落第的"泪"、感激

[①] 此问题详于日语拙文《柳宗元永州望乡诗》(《野草》27, 1981)。

[②] 此问题详于拙著《中唐文学研究论集》(中华书局，2014) 之《柳宗元，韩愈篇》"第一章 论柳宗元的诗体——兼论柳诗元和十年从古体到近体变化的原因"。

的"泪"、哀悼的"泪",等等,各种各样的"泪",在中唐流淌着。但是中唐的"泪"有明显的特点,中唐的"泪"没有盛唐那么活灵活现,夸张表现没有盛唐那么多、那么活泼。总体来看,其情调较为沉静。值得注意,元和时期诗人的作品中是以元和中兴的活力为背景的。

泪的表现方式,以学习前人继而化用为前提,可以分为几个方面:写实;比喻;夸张。杜甫的诗在这三个方面具有代表性,他充分运用了这些技法。柳宗元,如上看,《韦道安》《弘农公……》《入黄溪闻猿》《衡阳与梦得分路赠别》《长沙驿前南楼感旧》等,都充分地学习、吸收了杜甫诗的大部分特点。

写实。如上述,柳宗元充分展示了这种表达方式,真实地表达了自己的心情。其最明显的例子是《入黄溪闻猿》"孤臣泪已尽,虚作断肠声"。前人的"泪尽"和"断肠"的表现本来是夸张,但已成为惯用说法。柳宗元借用了这个习惯表达,以表明自己极度悲痛的心情。其中《同刘二十八哭吕衡州》"士林憔悴泣相逢",《同刘二十八院长》"贮愁听夜雨,隔泪数残葩",《南涧中题》"去国魂已游,怀人泪空垂"等,尤其表现出写实之妙。

比喻。关于"泪"的表现,柳宗元几乎不用比喻的手法。[①]

夸张。《哭连州凌员外》"泣尽目无见",在这里是一种夸张。《韦道安》"涕血纷交零"的"涕血"本来是夸张,但已成为了惯用的表达。柳宗元在这里把它变成了感激的泪。《衡阳与梦得分路赠别》"今朝不用临河别,垂泪千行便濯缨"夸张到了极点。可以说元和时期的诗人复兴了盛唐流行的这种表现方式。刘禹锡也有极其夸张的表现,如《怀妓》"莫怪诗成无泪滴,尽倾东海也须干。"元稹《分流水》"古时愁别泪,滴作分流水。"这些强烈的夸张表现了元和时期充满活力的时代风潮。元和十年前后,危机感与热情交错的时代精神对泪的表现具有推动作用。随着这种时代精神的沉静,"一点泪""数行泪"等朴素表现反而增多了。

---

① 比喻的技法有好几种。例如,王维《送别》"送君南浦泪如丝",李白《秋登巴陵望洞庭》"凭涯泪如泉",杜甫《风疾舟中伏枕书怀三十六韵奉呈湖南亲友》"家事丹砂诀,无成涕作霖",等等。

综上，柳宗元的诗，其内容与形式都以元和十年为界，表现出明显的变化。其中"泪"的表现也反映了这一变化。①

本文主要探讨柳诗中"泪"的表现方式，我认为：表现方式的变化与时代变化之间有密切的关系。当然，缺点和错误在所难免。承蒙博雅各位的指教，不胜感激！

---

① 以元和十年前后为界，朝廷和长安的政治氛围有很大的变化。此问题详于拙著《中唐文学研究论集》之《柳宗元，韩愈篇》"第五章试论元和文学——兼论从古体诗到近体诗的演变"。

贬谪蛮荒远域与柳宗元诗文的草木情缘

许仕刚[*]

摘　要：柳宗元在贬谪永州和柳州时期创作的诗文，表现出对草木意象运用的偏执和热爱，反映出他对草木别于一般士子文人具有的深厚情感，其诗文笔下草木意象具有多而杂、频率高、反复用和意蕴深等显著特点；其诗文借助草木抒情在表现的方式上主要体现为以草木为题、以草木起兴、以草木自况和以草木咏叹等几个方面。柳宗元诗文草木情缘的成因，源于他借草木反映异地生活的不适，抒发政治失意的悲慨，倾吐思家念亲的痛楚以及表明忠贞高洁的品质，其实质反映出柳宗元自身美好的精神性格、弃置蛮荒郁愤的呐喊和贴近劳苦大众的情怀。柳宗元草木情深，贴近底层大众，坚持以民为本，提出了"官为民役"的主张，以"仁义忠信"为德治之本。

关键词：贬谪文学　柳宗元　草木意象

一　柳宗元诗文草木情缘研究的缘起

柳宗元自永贞革新失败，先后贬谪永州和柳州，最后客死异乡，在蛮荒之地留下许多优秀的诗文，成为有唐一代杰出的文学家。近年来，柳宗元学术研究蓬勃发展，领域不断拓宽加深，"山石"被发掘出来成为一个

---

[*] 作者简介：许仕刚，柳州市柳宗元文化研究会会员，柳州市书法家协会会员，广东南天诗社会员，柳城县语文名师工作室成员，现在广西柳城县实验高级中学教研处任职。

公认的非常醒目的意象,并取得了丰硕的研究成果,而"草木"作为古典文学中习以为常的意象则似乎为大家所忽略。

众所周知,在我国现存的古典文学中,从时间发展的角度来看,无论是早期的诗经辞赋,还是后来的唐诗宋词,草木意象都是诗人借以抒情达意的一个十分重要的对象。从数量的对比角度来说,唐诗中对于草木的引述种类和描写次数都远远地超过了之前所有各个历史时期的总和。特别是唐代作为我国历史上封建统治集权的高峰和汉诗文化的巅峰,其复杂的社会环境和世事变迁给贬谪文人带来巨大的影响,激荡着他们的心灵世界,进而深刻地影响了写作者的思维,导致了这一时期文人对草木等植物的描写往往不是简单随意的,而是有意自觉地加以运用的创作实践,包含着他们丰富的情感意蕴,并给后世留下草木进入诗文的鲜明范式。

翻开柳宗元的诗文,不难发现,其诗文中对草木景物的描写具有自身独特的角度,在其现存138题共164首古诗当中[1],竟有超过半数作品或多或少地夹杂着对草木的描绘,运用赋比兴等各种表现手法进行思想情感的表达。具体一点说,柳宗元在诗文中引述植物种类达到105种,排在了白居易、杜甫、韩愈和元稹等人之后,成为唐代诗人中引述植物种类前十者。如果从其引述植物种类和其创作存世诗歌数量比率来看,柳宗元竟然超过了包括前述在内的所有诗人成为唐代诗人中引述植物频率最高者。[2]由此,我们可以清晰地发现柳宗元对草木类景物的偏执与热爱。换句话讲,柳宗元较之于其他士子文人更热衷并善于大量地借助草木抒发其内心的情感以表达旨意,表现出其诗文与草木高度亲密地融合,我们姑且把这个称之为"柳宗元诗文的草木情缘"。柳宗元诗文的这一特色为我们研究其诗文提供了重要的维度和视角,通过对其借助草木抒情的探索和研究,我们不仅能够发现其诗文创作的一些鲜明显著的特点,而且能够对柳宗元个人的生平经历和精神世界获得更丰富更真切的感受。从另一个方面来说,柳宗元出生在世代为官的家庭,作为有唐一代的思想家、政治家、大

---

[1] (唐)柳宗元著,王国安笺释《柳宗元诗集笺释》,古籍出版社,1993,前言。
[2] 潘富俊:《草木缘情》,商务印书馆,2016,第130页。

文豪，尤其是后来他在官场失意，连遭贬谪，在看到政治黑暗的同时，也对官场人世有了更多的认识和见解，对廉政思想的主张也成为其诗文创作传达的一个重要内容。所以，对柳宗元诗文草木情缘的探索具有十分重要的文学意义、历史意义。

二 柳宗元诗文草木情缘的显著特点及表现方式

柳宗元的草木情缘鲜明地反映在他贬谪期间所写的诗文当中。正如前文所述，通过对其诗文的统计，笔者发现其对草木这一意象所用频率非常之高，从所用草木意象的种类来说，表现得不仅多而且杂，但是透过这种多而杂的现象我们似乎也寻到一些规律，就是柳宗元对某些或者说某一类的草木意象会进行反复地使用，而这些草木意象又具有一定的情感意蕴，包含着人生哲理或者是他的价值观念。

从创作的角度来说，结合了自身的生平经历和遭遇，柳宗元诗文借助草木的表达受到古典文学创作的影响非常之大，这种影响主要来自《诗》《书》、屈骚以及陶潜的熏陶。[①] 读者可以通过对柳宗元诗文在写作题材、表现手法和思想旨意等方面所表现出的显著特征，不断贴近并且最终抵达贬谪文人柳宗元真实的心灵世界。

（一）柳宗元诗文草木情缘的显著特点

1. 柳宗元诗文草木意象多而杂

柳宗元作为唐宋八大家之一，无论诗与文，其笔下的草木意象包罗万象，种类繁多，诸如"柳树""黄柑""青松""深竹""榕叶""桂树""芙蓉""木槲""芍药""寒藻""苹花""露草"等。这些不同的水陆草木，有的是山野植被，有的是垄亩耕作，有的则是庭植盆栽；有的为绿化观赏，有的为果腹充饥，有的则为膳食药用；有的是奇株异草，有的是寻常所见，有的则是三两丛生，有的甚至是遍地生长。而这些草木意象又无

[①] （明）胡震亨：《唐音统签》卷七云："柳宗元诗与王摩诘、韦应物相上下，颇有陶家风气。"（清）沈德潜著《唐诗别裁》卷四云："柳州诗长于哀怨，得骚之余意。"

一不代表着各种不同的思想感情，有着不同的特殊寓意。再者，柳宗元笔下的草木意象也多以草木本身的自然特点和特征进行应用，例如"林影""疏麻""孤松""丛竹""百花""密叶""新叶""姜芽""高树""低枝""迥枝"等，在受众的阅读视野中呈现出斑驳的画面，这些草木本身的特征对于整个诗文的情意的表达也具有很大的作用。

2. 柳宗元诗文草木意象频率高

柳宗元对草木意象的使用频率之高，在其所留下的众多诗文中可见一斑，通过数据对比，不难发现其诗文频繁有草木之景，不独在其138题164首存世的诗歌当中有一半以上的篇目涉及草木之景，就是在其著名的永州游记散文里面，甚至在一些别的论说文章里面，植入草木的文字可以说比比皆是。在其早期的诗文创作中，之所以较多地对草木这一意象进行描写，多是为了表达对自然的热爱和对景物的眷恋之情，但是在贬永刺柳时期的诗文创作中，由于朝廷政治的黑暗和个人仕途的坎坷，其诗文大肆引入对自然界草木意象的描绘，或感叹官场政治黑暗，或排遣英雄失路之悲，或抒发去国怀乡之苦。而凡此种种心绪，或者无人理解或者不便直说，不得不诉诸草木以蕴蓄于诗文之中。

3. 柳宗元诗文草木意象反复用

草木意象作为古典文学中盛久不衰的描写对象，在长期的描写和使用过程中也具有了自己特定的含义，这些特定的含义一旦形成便沿袭下来相以为用，用来传达某一种或者多种思想情感，对诗文的传情达意具有十分重要的作用。一些草木意象和柳宗元本人的人生经历紧密地结合在一起，造就了柳宗元诗文中对草木意象的自觉地反复运用，像"高树""古木""苦竹""橘柚"等一直是其反复使用的重要对象。当然，柳宗元在运用这些草木意象的时候，也并不是一成不变的沿用照搬，而是进行了一些创新变化。仔细阅读柳宗元的诗歌，我们发现，柳宗元诗文笔下一些草木意象在反复运用中又追求意象的变化，比如关于树、树枝或者树叶，就有"高树""高枝""低枝""青枝""迥枝""新叶""密叶""黄叶"等，诗句举例如下：

高树临清池,风惊夜来雨。(柳宗元《雨后晓行独至愚溪北池》)
早梅发高树,回映楚天碧。(柳宗元《早梅》)
古苔凝青枝,阴草湿翠羽。(柳宗元《再至界围岩水帘遂宿岩下》)
网虫依密叶,晓禽栖迥枝。(柳宗元《茅檐下始栽竹》)
手种黄柑二百株,春来新叶遍城隅。(柳宗元《柳州城西北隅种柑树》)
黄叶覆溪桥,荒村唯谷木(柳宗元《秋晓行南谷经荒村》)

柳宗元草木意象反复使用而不陷入僵化古版,一方面当然是为了依格律诗的平仄要求;另一方面是为了真实再现生活场景的需要。由于久贬蛮荒的缘故,柳宗元在四季轮替日复一日年复一年的贬谪生活当中,平日里或触景生情,或者情与景会,自然地流诸笔端。比如说,"古苔凝青枝,阴草湿翠羽"(柳宗元《再至界围岩水帘遂宿岩下》),时间已至中夏,不若"手种黄柑二百株,春来新叶遍城隅"(柳宗元《柳州城西北隅种柑树》)的春天,当然要准确地把握草木在中夏时节郁郁葱葱的特征,至于到了秋天,则"黄叶覆溪桥,荒村唯古木"。这种草木意象所反映出的时令上面的变化,从一个侧面真实地折射出柳宗元贬谪之地的生活场景。所以,这种草木景物意象的变化,不但反映出柳宗元在遣词造句方面的功力,也反映出他在诗歌创作上还原生活真实场景的能力。

柳宗元这种诗歌草木意象的使用既丰富了诗歌内容,也在情感表达上达到了情与景、内容与形式的和谐统一。"手种黄柑二百株,春来新叶遍城隅",读者尽可以想象出诗人柳宗元等待春天来临看到柑树长满新叶迸发勃勃生机所抑制不住的欣喜。"黄叶覆溪桥,荒村唯古木",则让读者想象到诗人于秋天早晨行进在山谷之间看到荒凉寥落的村庄所生发出来的愁苦之情。"古苔凝青枝,阴草湿翠羽"则让读者强烈地感受到诗人再次被贬时的沉痛心境,"青枝"的满绿,恰好烘托出他内心满满的悲凉。而"网虫依密叶,晓禽栖迥枝"里面的"密叶",正好表达了诗人脚肿之疾得以痊愈之后的喜悦之情,若是换成了"新叶""黄叶"一类,则未免言不达意。相对而言,"密叶"自然要比"新叶""青枝"要来得浓郁一些。

这种用法和"高树"意象的使用颇为相似，我们甚至可以看到柳宗元诗歌创作在草木意象上与屈原的相似性，借用著名学者林庚《说"木叶"》①中对屈原《湘夫人》"袅袅兮秋风，洞庭波兮木叶下"采用"木叶"而不采用"树叶"或者"落木"的分析，"木"或者"落木"给人以空阔的感觉，而"树"或者"高树"则给人以饱满的感觉。"早梅发高树，回映楚天碧"（柳宗元《早梅》），"高树"多半让人想起满眼的绿色，正好来烘托诗人满腔的愁情。早梅引发作者的满腹乡思，诗人将何以慰远客，一整树的早梅满满的相思才能表达他内心的情感，若是换了"疏木"或者"枯木"，虽然也能表达愁苦之情，但这满满的乡思反倒就无法传达了。此外还有"高树临清池，风惊夜来雨"（柳宗元《雨后晓行独至愚溪北池》），"高树"也是为了表现池边上满树生机勃发，诗人这种久经折腾无处安居现在发现愚溪并暂得欢愉而喜出望外的满满的情感被葱茏的草木之景烘托出来，但是如果换用了"低枝""迥枝"一类的意象，也就无法准确地传达诗人饱满的情感了。

4. 柳宗元诗文草木意象蕴含深

柳宗元诗文笔下的草木意象多具有较深的含义，若隐若现，含蓄蕴藉，通常带有较重的作者个人的感情色彩，例如《酬曹侍御过象县见寄》一诗中所用的"苹花"这一意象就具有很深的含义，诗人在诗中写道"欲采苹花不自由"，想要采撷苹花却不自由。柳宗元诗曰：

> 破额山前碧玉流，骚人遥驻木兰舟。
> 春风无限潇湘意，欲采苹花不自由。

这首诗写得含蓄蕴藉，历来被看作是唐代七绝中的精品。②此诗的妙处在于最后两句把景、情、人、事巧妙结合，尤其是令读者最为津津乐道的"春风无限潇湘意"，此句一直被学界奉为绝妙。"春风无限潇湘意"

---

① 林庚：《唐诗综论》，人民文学出版社，1987，第283页。
② 王国安笺释《柳宗元诗笺释》引沈骐语云："托意最深。"（《诗体明辨引》）又引宋顾乐《唐人万首绝句选评》曰："风人骚思，百读而味不穷，真绝作也。"

一句中的"无限意"令人深感意蕴深长,绵绵不断,撇开"韦苏州上"还是"柳柳州上"的争论不说①,柳宗元这个诗句已经达到了"神韵派"诗人追求的"清远"的至高境界。细细品味全诗,可以发现这里的"无限意"在诗中是有所暗指的,"潇湘"一带,正是古时诗人屈原被贬之处。作者在诗中将曹侍御称为"骚人",使"潇湘"和"骚人"相结合,再次品读"无限意"就会发现其有所指,这种巧妙的糅合显得恰到好处。

当然,对于此诗写作背景不了解和在不知晓题目的情况下,读者不太容易或不能很好地理解作者这无限的"意"究竟指的是什么,这样就未免显得有些朦胧。诗人在尾句似乎有意用"欲采苹花不自由"中的"苹花"点出一种更深的意涵。苹花是漂泊无依的水草的花朵。抒情主人公想要采摘苹花赠远,这个典故来自南朝诗人柳恽的《江南曲》。②柳浑《江南曲》中描写女主人公"汀州采白苹"意欲赠远以诉离别悲欢恰逢故人。可是,在柳宗元的笔下,诗人尽管心中有无限的"意",然而对故人曹侍御、对家乡的思念却无法自由地倾诉。想想也是,作为戴罪之身贬谪永州官居司马闲职的柳宗元,和幻境中苹花漂浮水面无依无靠的特点何其相似。多少归期无望的心绪,多少久别重逢想要倾吐的话语,都藏在这个草木的意象上。那个姓曹的老朋友御史台大人若是收到来自柳宗元的这首诗作,该作何感慨但又是多么爱莫能助。两个人近在咫尺、心灵相通但同时又相助不得,甚至连相见也不得自由,此情此景蕴蓄着的该是诗人柳宗元多少难以言说的痛苦啊。

"春风无限潇湘意,欲采苹花不自由",柳宗元在这首诗中的妙处,就在于他化用了典故,配合着第三句潇湘大地"无限春风"的美好时间节点,构建美景与哀情的强烈反差,在含蓄蕴藉的意境营造之中给读者留下许多想象的空间,让读者自己去品味,诗意显得延绵不绝,余韵悠长。因

---

① (清)王士禛:《分甘余话》:"东坡谓,柳柳州在陶彭泽下韦苏州上,此言误矣。余更其语曰韦诗在陶彭泽下,柳柳州上。余昔在扬州做《论诗绝句》有云:'风怀澄澹推韦柳,佳处多从五字求。解识无声弦指妙,柳州哪得并苏州。'又常谓陶如佛语,韦如菩萨语,王右丞如祖师语也。"
② 《江南曲》:"汀州采白苹,日暖江南春。洞庭有归客,潇湘逢故人。故人何不返,春花复应晚。不道新知乐,只言行路远。"

而诗歌就显得含义深刻,类似苹花这种草木意象用在诗作当中往往不是闲来之笔,恰恰相反,它是诗人呕心沥血反复苦吟的结果。

(二)柳宗元诗文草木情缘的表现方式

可以肯定地说,贬谪蛮荒远域,亚热带季风性气候条件下植物的丰富性给柳宗元模山范水,亲近大自然,接触各种草木提供了有别于中原的自然环境,其诗文自然浸润着岭南一带浓郁的草木情缘。柳宗元诗文草木情缘的表现方式主要体现在以草木为题、以草木起兴、以草木自况和以草木吟咏等几个方面。

1. 以草木为题

翻检柳宗元的诗文,无论是"柑""柳""桂""榕",还是"石榴""木槲""菌荅"和"薜荔""野葛""麻兰"等,其笔下的草木几乎都带着岭南山川的气息,而柳宗元诗文草木情缘的一个很鲜明的表现,就是直接以草木入题。在其存世不多的诗作当中,笔者发现柳宗元诗歌题目中含有草木意象的竟然有二十多首。有的直接以草木为诗题,比如《早梅》《红蕉》《苍梧》《杨白花》等;有的诗题中带着"种""植""栽",或者"移""植"并用,比如《种术》《种白蘘荷》《种木槲花》《种仙灵毗》《柳州城西北隅种柑树》《植灵寿木》《新植海石榴》《茅檐下始栽竹》《酬贾鹏山人郡内新栽松寓兴见赠二首》《自衡阳移桂十余本植零陵所住精舍》《湘岸移木芙蓉植龙兴精舍》等;有的诗题直接表明吟咏某一类草木,比如《种柳戏题》《龟背戏》《戏题阶前芍药》;有的诗题表明诗作内容与栽种草木或者是抒发的情感与草木直接相关,比如《柳州二月榕叶落尽偶得》《巽上人以竹闲自采新茶见赠,酬之以诗》《巽公院五咏·芙蓉亭》《巽公院五咏·苦竹桥》《摘樱桃赠元居士时在望仙亭南楼与朱道士同》等。

2. 以草木起兴

比兴是指以他物比此物,这种手法在《诗经》与《楚辞》中有较多的应用。柳宗元诗文草木意象的运用从《诗经》《楚辞》和屈骚汲取营养,并深受其影响,所以他的许多草木诗都自然运用了比兴的手法。柳宗元诗文往往用草木来进行自喻,但这种比喻不是简单的比喻,而是"兴中含比，比中带兴"，例如"海石榴""柑""竹""松""桂"等。这些草木一般具有某种深刻的意蕴，但其所具有的特质往往又和柳宗元的身世遭遇紧密联系在一起，形成物我合一的状态。且看《新植海石榴》，诗云：

> 弱植不盈尺，远意驻蓬瀛。
> 月寒空阶曙，幽梦彩云生。
> 粪壤擢珠树，莓苔插琼英。
> 芳根闵颜色，徂岁为谁荣。

诗人运用比兴的手法，"弱植""驻蓬瀛"等描写了海石榴生长在瀛洲时意气风发。而现如今远渡重洋来到异国他乡，种下之时却羸弱无比，奄奄一息，实在可怜。诗人通过运用比兴的手法，以"海石榴"自比，表现了自己在永贞革新时意气风发，积极进取的精神。然而现在谪居南方荒蛮之地，身心受到摧残，面容憔悴，试问去岁为谁争艳，今日有谁堪怜？王国安评笺，引近藤元粹《评点柳柳州集》卷四曰："幽婉。"虽只简单二字，但也言简意赅，得其要害，因为其指出柳宗元这首诗本有含不尽之意于言外的事实。这首诗的价值也在"幽婉"二字上面。诗写得委婉含蓄，含而不露，那不尽之意自然由读者去想象、去回味。诗由石榴"弱植不盈尺"起，以"为谁荣"结，实际上是由物到人的写法，表面上，石榴是作者吟咏的对象，其实并不是诗人真正吟咏的对象，人才是，而这个"人"，正是诗人自己。这首诗借助石榴今昔的形象对比，表现出柳宗元与海石榴密不可分、合二为一的现况。

又如他曾把《橘颂》中的"橘"作为所咏之物，是学屈原自喻才德如橘树，运用比兴的手法写过一首《柳州城西北隅种甘树》，诗曰：

> 手种黄柑二百株，春来新叶遍城隅。
> 方同楚客怜皇树，不学荆州利木奴。
> 几岁开花闻喷雪，何人摘实见垂珠？
> 若教坐待成林日，滋味还堪养老夫。

柳宗元描绘自己亲手种植黄柑两百余株，等到春天到来时，新叶遍布城隅。此诗是诗人久遭贬谪时所作，一方面表达了自己像屈原一样才德俱佳，忠贞不贰，一方面为的是表达自己不学"荆州木奴"李衡，进而表明，即使在贬谪蛮荒远域，也不会同流合污。柳宗元在诗的开头进行简单的描写，用"手种"与"二百株"来抒发对柑树的感想，借此来表达对柑树的喜爱之情，接着用一个"新"字来彰显柑树生命气息的浓郁，用"遍"来表示这种旺盛和繁荣，而结句引出的抒情主人公"老夫"，自然有一种故作闲淡的心境。何焯《义门读书记》评价说："结句正见北归无复望矣。悲咽以谐传之。"① 姚鼐《今体诗钞》则给予很高评价："结句自伤迁谪之久，恐见柑之成林也。而托词反平缓，故佳。"②

3. 以草木自况

以草木取喻发源于《诗经》，后来成为诗歌惯常使用的创作手法。香草佳木的意象被屈原赋予一定的人格精神，并成为稳定的文化符号。这里的"以草木取喻"主要指诗人柳宗元借草木这种意象来比喻自己，即自况。不难发现，具有丰富情感的诗人柳宗元很好地继承了这样的传统，成为了众多诗人中偏爱"竹"的一类。此种原因，一是诗人贬谪蛮荒，日常惯见的潇湘水岸多竹的地理环境触发了诗人的诗情；另一方面，则竹子生长的艰苦环境以及其不择地而生的顽强精神和柳宗元自己相似，更加能激发诗人原本郁愤不平的情绪。柳宗元曾在《巽公院五咏·苦竹桥》这首诗中认为竹子"苦节""轻筠""虚心"，以及"津用""余阴"，极尽了对苦竹这种植物本质特征的描写。苦竹是一种山林水岸遍生的植物，因其食用时较苦而得名，但是苦竹在所有竹子的种类中生长迅速且更加高挺。"俯瞰涓涓流，仰聆萧萧吟。"读者被诗人带进了涓涓清流、山风萧萧的竹林之中，置身这样的诗境之中，我们仿佛看见一个衣袂飘飘临风听竹的谦谦君子的形象，他是那样地超拔不群、顽强坚韧。读者自然可以想见，那苦竹正是诗人的化身。作者借生长于"危桥""幽径""疏林"的苦竹的

---

① 王国安：《柳宗元诗笺释》，上海古籍出版社，1993，第266页。
② 同上。

描写，含蓄地表达了其政治失意难以排遣的苦闷之情，同时也从另一面彰显了内心对竹子的高度赞美，展现了诗人被弃置蛮荒却顽强生长具有着苦竹一般的超拔于世的气节，其不因为生活中的坎坷而止步不前，坚守志节的决心了然若现。如果说，在前面所提到的诗文里面，柳宗元用竹子自喻还带有含蓄的意味的话，那么到了《茅檐下始栽竹》"谅无凌寒色，岂与青山辞"，其以"绿竹"自况的意味就自然地流露出来了。

柳宗元爱竹，即使是在艰苦的环境下，依然对竹子偏爱有加，其"树竹邀凉飔"（《茅檐下始栽竹》），在茅檐下栽种竹子邀凉；"晨朝掇灵芽"（柳宗元《巽上人以竹闲自采新茶见赠，酬之以诗》），在清晨闲暇时光煮竹茶喝；"渔翁夜傍西岩宿，晓汲清湘燃楚竹"（柳宗元《渔翁》），在夜间或者早上做饭烧竹枝竹叶；柳宗元甚至"竟夕谁与言，但与竹素俱"（柳宗元《读书》），可以一整天对着竹简（书籍）读书……生活样样与竹子相关。这固然是因为柳宗元身处潇湘就地取材的缘故，但是也与他爱竹子的情结是分不开的。他的这种草木中偏爱竹子三分的精神对后来的贬谪官员或者不得志的文人比如说苏轼和郑板桥等来讲，影响是很大的。

柳宗元善于以草木取喻，表达其哀婉动人的情绪，这个和屈原相似。清人沈德潜《唐诗别裁》说："翻出新意愈苦，柳州诗长于哀怨，深得骚之余意。"柳宗元笔下的草木取喻丰富，如"松""柳"等，以"松"为例，见《酬贾鹏山人郡内新栽松寓兴见赠二首》：

> 芳朽自为别，无心乃玄功。
> 夭夭日放花，荣耀将安穷。
> 青松遗涧底，擢莳兹庭中。
> 积雪表明秀，寒花助葱茏。
> 贞幽夙有慕，持以延清风。
> 无能常闭阁，偶以静见名。
> 奇姿来远山，忽似人家生。
> 劲色不改旧，芳心与谁荣。

> 喧卑岂所安，任物非我情。
> 清韵动筝瑟，谐此风中声。

青松自然也是柳宗元遗世独立的人格的体现。值得一提的是，柳宗元以"孤松"自况，和其自身遭遇浮沉紧密联系在一起，表明其"虽九死其犹未悔"的坚贞，《商山临路孤松》是一个很典型的例子。据尚永亮教授的考证，柳宗元在元和十年也就是公元815年由永州贬所返京途经商山作了这首诗。① 诗曰：

> 孤松停翠盖，托根临广路。
> 不以险自防，遂为明所误。
> 幸逢仁惠意，重此藩篱护。
> 犹有半心存，时将承雨露。

柳宗元在诗中以孤松被往来人斫，自况参加永贞革新被贬谪，用"幸逢仁惠""藩篱护"隐喻幸逢自己得到支持然后由贬所永州被诏返京城，这正是"时将承雨露"的欢喜。即便被废锢十年，飘零蛮荒，就是剩下半条命、半颗心，也将对朝廷一片忠诚。从诗题"商山临路有孤松往来斫以为明，好事者怜之编竹成楥遂其生植感而赋诗"的文字中，我们可以约略感受到他内心抑制不住的欢喜。

4. 以草木咏叹

柳宗元不仅咏叹"松""竹""桂""蓉""橘""柚"等传统诗人咏叹的植物，还常常咏叹"早梅""红蕉""木芙蓉""海石榴"等身旁的草木。如《早梅》：

> 早梅发高树，迥映楚天碧。
> 朔吹飘夜香，繁霜滋晓白。

---

① 尚永亮、洪迎华编选《柳宗元集》，凤凰出版社，2014，第116页。

>欲为万里赠,杳杳山水隔。
>寒英坐销落,何用慰远客?

诗人写早梅发在高高的树上,映照出整片的绿色,夜里随北风飘香,霜降使得梅花蒙着一层白色的冰晶,想要赠送却远隔万水千山,无法来安慰远方的客人。此诗中作者通过描写梅花不畏严寒、独自绽放,来赞颂梅花迎寒独绽、孤傲高洁的高尚品质。

此外,诗人在称赞身边草木之时也加入了自己的内心活动或思想感情。同时,诗人所赞叹的草木大多生长在环境荒僻、不被人们关注的地方。植物的这种处境与柳宗元的经历颇为相似,诗人用隐喻象征的手法来吟咏草木,写草木同时也是写自己,比如《湘岸移木芙蓉植龙兴精舍》,诗曰:

>有美不自蔽,安能守孤根。
>盈盈湘西岸,秋至风露繁。
>丽影别寒水,秋芳委前轩。
>芰荷谅难杂,反此生高原。

在诗中,作者将自己与木芙蓉相融合。木芙蓉孤独地扎根在湘西岸上,与孤寂为伴。这也说明了作者被贬永州后,身处异地,远离朝堂。此外,木芙蓉的美丽与诗人的才华互为一体,诗人对木芙蓉美丽的赞美,实际就是对自身才华的赞咏。诗人写自己因怜惜花木而将其移植于舍内,实际也是希望君主能够怜惜自己的才华,使诗人重回朝堂。由此可见,诗人将自身融入所咏叹的草木之中了。

三 柳宗元诗文草木情缘的成因

正如王国维所说,"一切景语皆情语",柳宗元诗文笔下草木之景固然是为了表达情感的需要,但是这一切草木情缘的深浅幽微又都和他个人的道德情操、政治抱负、生平经历,尤其是其贬谪的痛苦遭遇有着必然的密切的关系,而且种种草木又无一不带着贬谪之地的浓烈的地域殊彩。柳宗元诗文笔下散发出来的草木情缘,究其成因,大致有以下几个方面。

1. 借草木反映异地生活的不适

柳宗元在贬谪之地水土不服,经常表露在他的诗文中。他甚至在《夏夜苦热登西楼》中以铺陈的方式直接叙述夏夜中备受苦热煎熬不得不夜起登楼以消解烦躁心绪的情形。据翟满桂教授考证,此诗作于公元806年①,也就是柳宗元贬居永州的第二年,诗曰:

苦热中夜起,登楼独褰衣。
山泽凝暑气,星汉湛光辉。
火晶燥露滋,野静停风威。
探汤汲阴井,炀灶开重扉。
凭阑久彷徨,流汗不可挥。
莫辩亭毒意,仰诉璇与玑。
谅非姑射子,静胜安能希。

另一首小诗《夏昼偶作》作于公元811年,是柳宗元贬居永州的第七年,诗曰:

南州溽暑醉如酒,隐几熟眠开北牖。
日午独觉无余声,山童隔竹敲茶臼。

这两首诗一方面见出贬所永州夏天的恶劣气候,另一方面足见柳宗元在盛夏无论是暗夜还是白昼都备受煎熬。

冬天的情况更糟。在《种仙灵毗》②中,柳宗元给我们展现了他贬居永州的另一种情况。"穷陋阙自养,疠气剧嚣烦。隆冬乏霜霰,日夕南风

---

① 翟满桂:《柳宗元永州事迹与诗文考论》,上海三联书店,2015,第340页。
② 尹占华、韩文奇:《柳宗元集校注》,中华书局,2013,第3005页。

温。杖藜下庭际,曳踵不及门。"诗人一下笔就交代自己病因和症状,接下去描绘永州深冬的气候环境,大意是说,永州深冬缺少霜雪,气候干燥,日暮刮南风增添闷热气温。不服水土的柳宗元在这种情况下患了腿脚风湿痹痛,拄着拐杖在庭院中走动,跮着脚跟也难以到达门口,以至不得不求医问药,后来用草药仙灵毗内服外敷,终于治愈。

柳宗元不适应贬地气候,情由复杂。一方面是因为初来乍到,另一方面由于潇湘一带的气候和中原的差异,在很长一段时间里,水土不服,再加之拖家带口,生活压力骤然增大,另外一个很重要的原因则是病痛缠身以及对京城长安亲人的想念,他的很多种植诗提到的内容,或盆栽或庭植,以及一些草药诗,正好反映出他的每况愈下的身体状况。

在《茅檐下始栽竹》一诗中,柳宗元更是毫不隐讳地透露出他对永州的水土不服。诗说:"瘴茅葺为宇,溽暑恒侵肌。适有重膇疾,蒸郁宁所宜?东邻幸导我,树竹邀凉飔……"[①] 诗作起笔就交代自己种竹子的原因,因为受了瘴气的侵袭,湿热太重患有脚肿之疾病。永州不比长安中原一带干燥,它地处亚热带大陆性季风湿润气候区,春暖夏热,加上永州城环山抱水,湿热空气流动性不好,是典型的南方瘴疠之地,长期生活在中原干燥气候环境下的柳宗元,自然是在短期内无法适应南瘴之地的气候条件的。

不但于诗,就是在文的方面,草木也每每被柳宗元信手拈来。柳宗元在被贬永州后,曾写过"永州八记",在第五记的《袁家渴记》中这样写道:

> 有小山出水中,皆美石,上生青丛,冬夏常蔚然。其旁多岩洞。其下多白砾。其树多枫、柟、石楠、楩、楮、樟、柚,草则兰、芷,又有异卉,类合欢而蔓生,轇轕水石。每风自四山而下,振动大木,掩苒众草,纷红骇绿,蓊葧香气;冲涛旋濑,退贮溪谷;摇扬葳蕤,与时推移。

作者将美好的各种景物进行了描写,但是却说自己描写不出来,后文又

[①] 尹占华、韩文奇:《柳宗元集校注》,中华书局,2013,第3002页。

说到当地人也不知道有这样美好的地方，柳宗元通过对美好景物的描写，来表达对异地生活的不适，因为只有觅得这样的游览散心的去处，作者的心情才能够变得舒缓一些。

在《始得西山宴游记》[①]里面，柳宗元自己陈述说"自余为僇人，居是州，恒惴栗。其隟也，则施施而行，漫漫而游……斫榛莽，焚茅茷……"在贬官司马的永州，他无远不到，借游山玩水排遣内心的郁愤不平，借出游浇胸中的块垒，但是每到一处，都必须披荆斩棘，可见环境恶劣，举步艰辛。

在《钴鉧潭西小丘记》[②]里面，他说"即更取器用，铲刈秽草，伐去恶木，烈火而焚之"，这样之后，才有"嘉木立，美竹露，奇石显"。

《小石潭记》[③]记载，柳宗元"伐竹取道"，才"下见小潭"，但是"坐潭上，四面竹树环合，寂寥无人，凄神寒骨，悄怆幽邃"。好不容易寻得一个僻静的能够消遣烦闷心情的去处，却适应不了，"以其境过清不可久居，乃记之而去"。

不平的风景，自然是其不平的心境难以融入的环境，正是其难以适应的水土。所有这些脱俗的风景——来刺激柳宗元的眼球，激荡着他的胸怀。

就是后来到了柳州，柳宗元也一时之间难以适应异域的气候条件。在《柳州二月榕叶落尽偶题》一诗中，极度渲染了这种真实的生活写照。诗曰：

宦情羁思共凄凄，春半如秋意转迷。山城过雨百花尽，榕叶满庭莺乱啼。

柳宗元初到柳州的这种感受很能引发读者的共鸣。

但是值得后人深思的是，柳宗元笔下既有芳草佳木，也有俗花恶草。柳宗元在《辨茯神文》[④]中描述茯神这种草药和野芋的区别，记录得可谓

---

① 尹占华、韩文奇：《柳宗元集校注》，中华书局，2013，第1890页。
② 同上书，第1904页。
③ 同上书，第1912页。
④ 尹占华、韩文奇：《柳宗元集校注》，中华书局，2013，第1271页。

精细入微，实则反映笔耕不辍的柳宗元在永州期间由于水土不服、积劳成疾，引发心悸、胸痛等而不得不求医问药的经历。文章首先在序言部分引述自己因为买错药物病情加重的痛苦，然后描写了茯神和野芋两种植物的区别，足见其对茯神这种植物的爱，对野芋这种恶草和出售野芋一类恶草的社会现象表达愤恨之情，传达出柳宗元一段刻骨铭心的草木情缘。

2. 借草木抒发政治失意的悲慨

柳宗元参加永贞革新失败，直接让他少年得志换来中年颓丧，朝官变成了贬职，这一点成了他政治生涯当中挥之不去的郁结。在封建等级制度森严的社会环境以及秉承儒家道统观念的背景下，闲职司马作为"元外置"，按照唐律是不可以干预政务的，怀抱"勤勤勉勉……兴尧舜孔子之道，利安元元为务"① 的柳宗元不可能在文章中直接地表露他的心迹，内心有再多的不满，也只能含蓄隐晦地诉诸诗文，而草木则成了其借以抒发政治失意悲慨的十分重要的媒介。

关于诗人自己对柑橘树有着深深情怀的原因，可以从《柳州城西北种柑树》看出：

> 手种黄柑二百株，春来新叶遍城隅。
> 方同楚客怜皇树，不学荆州利木奴。
> 几岁开花闻喷雪，何人摘实见垂珠。
> 若教坐待成林日，滋味还堪养老夫。

诗中言"方同楚客怜皇树，不学荆州利木奴"。从这首诗中大致可以看出，作者是因为读了屈原《橘颂》而喜爱柑橘，而与三国太守李衡②只是想以种橘来换取利益给子孙留下财产截然不同。柳宗元心与古时圣贤相交，寄情于柑橘树中，悠然闲淡，不慕名利，诗人表面十分淡泊，但

---

① 尹占华、韩文奇：《柳宗元集校注》，第1955页。
② 《三国志·吴志·孙休传》"丹阳太守李衡"裴松之注引晋习凿齿《襄阳记》："（李衡）于武陵龙阳氾洲上作宅，种甘橘千株。临死，敕儿曰：'汝母恶我治家，故穷如是。然吾州里有千头木奴，不责汝衣食，岁上一匹绢，亦可足用耳……吴末，衡甘橘成，岁得绢数千匹，家道殷足。'"

是透过表面的平淡，可以看出内心是无比抑郁不平的。柳宗元本人的态度是淡泊超然的，通过这种弥漫在浅处的淡然，我们可以感受到其汹涌活动的内心，历史上的屈原热爱柑橘，在他的眼里，柑橘象征着无私高尚的品节。面对着眼前不能言语的柑橘，想到自己和屈原有几分相似经历的柳宗元不断地受到物象的刺激，召唤着命途多舛的他与屈原形成心灵上的同构，从而使他醍醐灌顶似的突然有一种遇到知音的感觉。作者将传统意义上的"对子"进行相反的运用，即我们所说的"反对"，两个不同的典故蕴含着作者内心的复杂情感，在形式和内容上做到了和谐的统一，并且能够引起人们的内在联想和对比，读起来感到回味无穷。这首诗的尾联"若教坐待成林日，滋味还堪养老夫"，其实这种正话反说的方式传达出的是自己二次贬谪，恐怕是归期无望了，想到政治失意、英雄失路，悲从中来，不免平添出几分郁愤、怅惘和落寞，然而这种表达却有着含蓄深刻的力量。

　　毋庸讳言，永贞革新的失败，"八司马"遭受贬谪，政治上受到沉重打击，直接导致了柳宗元对政治失意的悲慨。当然，柳宗元对政治失意的悲慨还有其难以吐露的情由。从家世传承的角度来说，柳宗元肩膀上承担着振兴家业的历史重担。柳宗元出身于没落的官僚世家，到他祖父的时候渐趋衰落，他的父亲只是担任一般的朝职。柳宗元从小就受到家庭的影响，担负振兴家族的重任，所以少小随外任的父亲读书治学，后被引荐在父亲结交的文人圈中随亲故苦读，元和年取第。不想新晋朝官加入王叔文政治集团正想大干一场，却遭来永贞革新失败，贬窜蛮荒，"一身去国六千里，万死投荒十二年"[①]，内心自然痛苦无以言表。西南山水虽自美好，然而却去国千里万里，想想自己"少年陈力希公侯，许国不复为身谋"（柳宗元《冉溪》），虽然怀抱改造社会的远大政治理想，如今却是"万死投荒"的现实，这种理想与现实的强烈反差，未免触发他怀才不遇的感慨。他在诗中说："风波一跌逝万里，壮心瓦解空缧囚"（柳宗元《冉

[①] 尹占华、韩文奇：《柳宗元集校注》，中华书局，2013，第2855页。《别舍弟宗一》诗云："零落残红倍黯然，双垂别泪越江边。一身去国六千里，万死投荒十二年。桂岭瘴来云似墨，洞庭春尽水如天。欲知此后相思梦，长在荆门郢树烟。"

溪》)。这是多么沉痛的回顾与感慨。而这种悲慨的生发与草木山川却是自然而然的事情。柳宗元身处的地理环境直接导致了诗情的迸发。

文人柳宗元笔下每多山水之作,无一不表露出他对政治的失意和痛苦。柳宗元"永州八记"之《始得西山宴游记》,一下笔就说"自余为僇人,居是州恒惴栗",把自己说成是一个戴罪之身,于是他内心潦倒,以至于"无远不到,披草而坐,倾壶而醉",仿佛如果行路不远不足以消减他内心的痛楚,以至山高水远身心俱疲不得不披草而坐才能消解他的烦忧,不倾壶而醉不足以使他忘却和放下贬窜的痛苦。从这些看似漫不经心的文字当中,我们不难感受到内心充满惴惴不安的情感,战战兢兢,足见其痛苦之状。于是我们也才会感觉到,柳宗元是在无远不到的山川草木之间去排遣内心的痛苦,寻找灵魂可以栖息的地方。然而,偏偏这些草木又来触发他难以抑制的情思,使他无法消减胸中的块垒。尽管"西山"是他"不与培塿为类"的特立独行的化身,但草木才是其用以排遣内心抑郁的对象。其"过湘江,缘染溪,斫榛莽,焚茅茷,穷山之高而止"一气呵成,俯瞰数州"皆在衽席之下"的宽阔,以及"萦青缭白,外与天际,四望如一""悠悠乎与颢气俱,而莫得其涯;洋洋乎与造物者游"的潇洒超脱,凡此种种精神上的愉悦,都来自砍斫恶草恶木之后登顶览胜的快感。

而二次贬谪、年迈与病痛的折磨等,无一不加重他对政治失意的悲慨。想到十二年永州苦等,却换来更远的贬逐,这十二年亲人病故老去,自己年事渐高,病痛缠身,政治上无所作为,自然情郁于心不能自已,所有这些,通通诉诸笔端,化作草木之悲。

3. 借草木倾吐思家念亲的痛楚

乡愁本是农耕文化社会中一个十分寻常但又很重要的命题,安史之乱加剧了唐人迁徙的步伐。自安史之乱始,唐王朝江河日下,国是日非,多少人家破人亡,背井离乡,这便激起更多文人骚客的思乡之作,被贬逐永州的柳宗元也不例外。

永州相对于长安来说,更加偏南,每年的春天都来得更早。草木作为季节的征候随信风悄然变化,最容易触发敏感诗人的诗情。比如《首春逢耕者》《零陵春望》《零陵早春》《春怀故园》《早梅》，或者《柳州二月榕叶落尽偶题》等，皆是柳宗元在春天情感的迸发之作。让我们来看看《首春逢耕者》。诗云：

> 南楚春候早，余寒已滋荣。
> 土膏释原野，白蛰竞所营。
> 缀景未及郊，穑人先偶耕。
> 园林幽鸟啭，渚泽新泉清。
> 农事诚素务，羁囚阻平生。
> 故池想芜没，遗亩当榛荆。

起始两句"南楚春候早，余寒已滋荣"，在柳宗元的笔下，南国春天余寒未尽，已经来到人间，万木滋荣，这是一个万物复苏的季节，也是触发诗人乡愁的季节。因为万木滋荣象征着春天朝气蓬勃，生机无限，想必诗人内心也是充满了勃勃生机，但是贬居永州的柳宗元却与内心的生机形成了强烈的反差。这正是"羁囚阻平生"，永州如同囚笼一般，作者被"软禁"在这里，是一个"不自由"之身，尽管对家乡充满思念，却有家难回。因此，他想象中的家乡"故池想芜没，遗亩当榛荆"，在"慕隐既有系，图功遂无成"中表达矛盾痛苦，只能"聊从田父言，款曲陈此情"，借着远去的春风来寄托自己深切的思乡之情，希望春风把自己对家乡的思念带回故乡，把自己也一同带回那魂牵梦绕的故乡。然而，这只能是一场"梦"，只能是一场无法实现的"春梦"。不论这梦有多么美好，终究只是一场梦，最终还会破灭。本诗构思最巧妙的是诗人在早春中写"思乡"。这种思乡之情并不是在寂静的月圆之夜由深深的孤苦寂寞引发的，也不是在"佳节"之中因他人团聚而自身漂泊在外而引发的孤寂的思念，而是在春回大地、万物复苏、充满生机的早春中引发的"思乡"之情。这种思乡之情就如同早春的新生的青草一般"春风吹又生"，绵绵不断，难以排解，于是较之于别种情形就更浓更深了。

相比较而言，同样是借助草木抒发思家念亲的痛楚，柳宗元笔下另一

首《柳州二月榕叶落尽偶题》所表达的情绪更加悲切:

> 宦情羁思共凄凄,春半如秋意转迷。
> 山城过雨百花尽,榕叶满庭莺乱啼。

柳宗元一下笔就直接抒发"宦情"和"羁思"交织的痛苦。想必也是,距离故乡越来越远,心灵满是伤口,本来人生际遇已经足够痛苦,现在正是春天时候,而且又是春半时节,按说应该生机一片,春光大好,谁料山城过雨,寒意如秋,榕叶经不起雨打,落满一地,树上鸟儿竟也无处安身,一片乱啼,这就更增加了诗人的伤感情绪,显得凄切哀婉。而柳宗元这种宦情羁思复杂情绪的产生,均来自柳州二月不同寻常的天气物候,满地的榕叶成了助发他乡思的有力的媒介,奔涌到他不吐不快的胸口。

4. 借草木表明忠诚高洁的品质

柳宗元自幼饱学诗书,深受儒家伦理、经典教育文化影响,即使痛感于政治环境的严酷,也随时怀抱遇赦复出的思想。柳宗元在远域永州一方面顽强地寻求出路;另一方面自信地等待朝廷的召唤。他说:"苟守先圣之道,由大中以出,虽万受摈弃,不更乎其内。"①

作为一个出生在官宦世家的诗人,柳宗元深谙政治的黑暗,在闲暇之余跋山涉水中一抒自己的苦闷心情,也在不经意间通过草木表明自己的忠贞高洁,誓不与世俗同流合污。《钴鉧潭西小丘记》中这样写道:

> 即更取器用,铲刈秽草,伐去恶木,烈火而焚之。嘉木立,美竹露。②

柳宗元自述拿起工具铲除杂草树木,点燃大火将这些东西烧掉,这样美好的树木就会立起来,秀美的竹子也会显现出来。他自比"嘉木""美竹",

---

① 尹占华、韩文奇:《柳宗元集校注》,中华书局,2013,第2106页。
② 同上书,第1904页。

尽管日日生活在黑暗的官场，自己也一直保持着高尚的品节，只待那些形如"秽草""恶木"的贪官污吏被铲除，"烈火而焚之"，自己就可以得到重用了。

《小石城山记》中有一句：

> 无土壤而生嘉树美箭，益其而坚。其疏数偃仰，类智者所施设也。①

作者说山上没有泥土却生长着很好的树木和竹子，而且更加显得形状奇特，质地坚硬，竹木分布疏密有致、高低参差，就像有人特意设置的一样，象征着作者在没有光明的朝堂之上，也要保持住自己为官为民的一颗本心，而且不论时局怎样变化，所处的环境有多黑暗，自己都会忠君为民。

四　柳宗元诗文草木情缘的本质

中国文学历来重视现实、政治和人生，柳宗元高举"直趣尧舜之道、孔子之志"②的旗帜，主张"文以明道"，自觉先"立行"再"立言"，又主张"不平则鸣""务去陈言""辞必己出"，他的人文情感和草木世界自然地交融到笔端流淌而出。我们在他的诗文笔下阅尽他的草木情缘，如果从诗文的世界回到现实的人生，结合柳宗元的个人理想抱负、经历遭遇、道德情操和人文情怀，不难理解，柳宗元笔下的草木情怀实质上正是他心灵世界的最真实的体现。

（一）是美好精神性格的反映

在柳宗元的笔下，草木可以是喷雪垂珠的柑树，也可以是垂阴覆地的杨柳，也可以是邀凉惬意的青竹，也可以是清香潇洒的芙蓉……细细品味，其文笔下松竹橘柚、石榴杨柳、幽桂早梅、芍药芙蓉，无一不是芳香之物，至于仙灵毗、灵寿木、木槲花、白蘘荷等，无一不是可以治愈顽病

---

① 同上书，第1934页。
② 尹占华、韩文奇：《柳宗元集校注》，中华书局，2013，第1976页。

瘴疾的良药,所有这些平凡的草木,又无一不是抚慰苦难心灵的慰藉。当然,柳宗元笔下不但有香草佳木,也有俗花恶草,其对香草佳木的赞美或以香草佳木自况,对俗花恶草的憎恶,自然和他的正直品行以及坦荡胸襟有着直接的关系,反映出的正是其美好的精神性格。其实,从文学世界回归到现实生活中,无论是为文为官还是为人,柳宗元都堪称中唐时期十分杰出的人物,他和韩愈推行古文运动,主张为文"惟陈言务去""辞必己出",为官从政削苛捐杂税停罢"宫市",有清廉风尚,为人正直、体谅朋友、讲究义气、同情弱小等,都为那个时代注入了一股清流。这一点与他偏爱的草木清新之气相似。像这样对草木具有执着爱意的人,其思想该有多么的清正,胸怀该有多么的博大,心肠该有多少的慈悲。这种人的精神世界与奸佞小人的阴险狡诈、官匪兵绅的恶劣蛮横、世俗之人的蝇营狗苟等恰恰相反。一句话,柳宗元可以称得上他所生活的那个时代的伟大人物。

(二)是弃置蛮荒郁愤的呐喊

柳宗元贬谪永州,内心应是郁愤不平的。然而他却在《溪居》将此事描绘为幸运之事,他说"久为簪组累,幸此南夷谪"。乍一看,表面上诗人认为自己为长久在朝中做官所累,多亏此次被贬南夷之地,让他能够过上悠然闲适的生活,实际上,这两句运用的是正话反说的手法。柳宗元将遭受贬谪的不幸说成幸事,含蓄表达了诗人对朝廷之中当权党派的不满。"闲依农圃邻,偶似山林客。晓耕翻露草,夜榜响溪石。"这四句诗意在强调诗人贬谪生活的悠闲之情。"农圃""露草""溪石"共同为贬官的柳宗元营造了一个看似闲适的田园画面,但实际上对于柳宗元来说是一个孤独寂寞的所在。这一点和柳宗元"永州八记"里面记录的每一处山水是相互吻合的。他在闲暇之余,脚步丈量的永州每一寸山水,眼睛所观察到的每一棵草木,都与政治上的落魄失意、被贬逐蛮荒之地的郁愤痛苦前后应和。其故作"闲依农圃邻"的闲适之态,"偶似山林客"的旷达之言,"长歌楚天碧"的闲散姿态,实际上是在无助的环境下所做的无奈的自我安慰。柳宗元年少便有才气,志存高远,可惜仕途坎坷,多次遭受贬谪。永州远离京城,他心中渴望建功立业却无处可施,有志难为,怀才不遇。

这种强作欢颜，实质上强烈地反衬出作者内心的郁愤和不满。对柳宗元而言，远离长安这个政治文化的中心，这是政治上的贬黜，是精神上的放逐，纵有一身的才气、满腔的热血也不受重用了，纵有满怀的抱负、齐云的理想也无法实现，一言以蔽之，西南山水无人赏识正如士子怀才不遇。岭南一带的山川草木的美好，投影在诗人柳宗元的内心里面，是多么地痛苦。尽管柳宗元曾发出"南来不作楚臣悲"的闲淡之语，但那也只是在接到诏书返京路上这个特定的环境下的短暂欢愉，之前或者之后，都是长期贬谪生活中抑制不住的满满的悲愤。

（三）是贴近劳苦大众的情怀

自贬官，身居永州和柳州，从庙堂之高走向江湖之远，为排遣内心抑郁，又因为司马闲职，柳宗元得以模山范水，得以混迹山林，日与草木山水相亲，夜则傍西岩而宿，所以自然与乡村农事和田夫野老为近。在其所咏歌诗里面，有很多作品就鲜明地反映出这一点。在其贬官谪居的十四年中，亲近自然，热爱劳动，关心大众疾苦，这种精神铸就了他的性格，并且奔涌在他的笔端成为他诗文里面鲜明的特色。

柳宗元对永州和柳州的山水草木实在是太熟悉了，爱得实在是太热烈了，以至"永州八记"之后，到了柳州也一直没有停止山水诗文的创作。

谈到接近农事，柳宗元本身就是一个种树的好手。在永州溪居的日子，他栽松种竹，在柳州期间，他种柑植柳，留下很好的口碑。其实早在青年时代，他就是一个植树的好把式。

柳宗元诗文笔下的香草良木（恶花恶草除外），对于柳宗元来说，是无限的美好，对于统治阶层来说，则是弃如草芥的卑微，对于民众来讲，则是贴近底层大众的高尚。柳宗元深谙栽培之道，同情劳苦大众，这一点和他少年时期生活环境与经历、永贞革新政治理想以及贬谪后为生活奔波的体验联系紧密。他的笔下诞生出许多栽种诗，而且，柳宗元本身就是栽种的高手，这些应该得益于他贴近百姓、亲身体验劳动并从中获得劳动的智慧。早在长安时期，柳宗元就写过一篇《种树郭橐驼传》[①]，提出"顺

[①] 尹占华、韩文奇：《柳宗元集校注》，中华书局，2013，第 272 页。

木之天，以致其性"的思想主张，这种植树的道理和"驭民之策"其实有某种内在的相通之处。"养树"有如"养民"，这篇文章反映出柳宗元为官治民主张不要"好烦其令"，否则容易扰民伤民的执政理念。正如他在文末说"吾问养树，得养人术。传其事以为官戒"，很有深意。借植树言为官执政理念，实际上是为生民呼号呐喊，柳宗元的高尚就在这里。

五　柳宗元诗文草木情缘对廉政德治的启示

仕途的坎坷以及朋友的指谪使得心怀家国的柳宗元极度苦闷，为了排解心中抑郁，诗人寄情于山水，亲近草木，游历民间。同时也远离了京城的纷扰，让诗人获得了更多与田父野老交流的机会，从而更加深入地了解底层人民的艰苦，同情劳动人民的疾苦。为生民立命，他自己说"仕虽未达，无忘生人之患"[1]，努力在自己的政治生涯中自觉实现廉政为民，甚至学孔子"苛政猛于虎也"发出"孰知赋敛之毒有甚是蛇者乎"[2]的呐喊。

柳宗元主张立公去私，他很有见地地提出"夫不得已，非公之大者也，私其力于己也，私其卫与子孙也。秦之所以革之者，其为制公之大者也，其情私也。私其一己之威也，私其尽臣畜于我也"[3]。柳宗元认为仅为一己之私的封建制度，必定会被为大众谋福利的郡县制所取代。柳宗元廉政思想的基本原则就是立公去私，他歌颂和推崇屈原"唯道是就"[4]的刚直之气，从不徇私枉法，他曾将自己比做瓶子"清白可鉴，终不媚私。利泽广大，孰能去之"[5]，以此来比喻自己清明廉洁的品质和敢于献身的决心。

柳宗元身为中唐时期的官员，他明白"仁君治民之道"和"贤臣事君之理"，将自己廉洁的思想扎根于封建社会，尽管仍然有一些历史局限

---

[1]　尹占华、韩文奇：《柳宗元集校注》，中华书局，2013，第2106页。
[2]　同上书，第216页。
[3]　同上书，第185页。
[4]　同上书，第1301页。
[5]　同上书，第122页。

性，但他坚持以民为本，提出"官为民役"的主张，以"仁义忠信"为德治之本①等，所有这些已经不是零散的观点，而是构建了一个内容相对完整的廉政思想体系，具有朴素的唯物论性质和一定的民主色彩。这样的廉政思想是十分难得的，不但对那个时代有着重大的进步意义，也深深影响了后世。

---

① 骆正军：《柳宗元思想新探》，湖南大学出版社，2007，第36页。

柳宗元永州书信论[*]

翟满桂[**]

摘要： 柳宗元书信是其著作中富有内涵的部分，从中我们可以看到一个真实灵魂的孤独与苦闷、常情与狂态、理想与追求。笔者就其书信的类别及其思想、心态、性格、为人，还有书信的艺术特色发表一己管见。

关键词： 柳宗元　书信　论析

书信是柳宗元写作的重要内容。在《柳宗元集》中，全部书启为五十六篇，其中书信三十五篇，大多写于永州。这是在柳宗元思想文学成熟时期，窥看其情感的窗口，也是透视其思想的通道，更是展示其智慧的平台。

一　永州书信的内涵和情感

柳宗元从长安流贬永州之初，沉浸在高位速降的惊恐里，一时未能缓过神来。这可以从永州书信的时间分布得见。大致在元和三年前，未见柳宗元向外投递的书信。

从元和四年开始，柳宗元的书信写作进入了十分旺盛的阶段。发生这一

---

[*] 基金项目：国家社会科学基金一般项目"历代柳宗元研究文献整理"阶段成果（项目编号：16BZW034）。

[**] 作者简介：翟满桂，女，东安人，湖南科技学院二级教授，文学博士，永州市柳宗元研究会会长，中国柳宗元研究会副会长。发表著作有《柳宗元永州事迹与诗文考论》（上海三联书店，2015）等。

转折的直接动因,就是京兆尹许孟容给柳宗元的一封问候信。柳宗元来到永州五个年头了,京城里给自己来信的人稀少,莫说在朝当政的大臣,就是亲友故旧也几乎全无。"伏念得罪来五年,未尝有故旧大臣肯以书见及者。"到了元和四年这一年,作为京兆尹的重臣许孟容给他专门致信问候,"乃知幸为大君子所宥,欲使膏肓沈没,复起为人",这无疑是个天大的喜讯。许孟容与柳宗元岳丈杨凭是挚交,"凭重交游,尚气节然诺,与穆质、许孟容、李墉相友善,一时歆慕,号'杨、穆、许、李'"①。《寄许京兆孟容书》就是在这样的情况下而写,其情感犹如江河决堤一样喷涌而出。因此,书信就成为柳宗元倾诉感情、交流思想、彰显智慧的一个重要载体。

柳宗元书信写作的内容可以概括为三个方面,一是陈情自荐,二是交流叙义,三是探讨辩道。

(一) 从陈情与自荐类书信看其抑郁而又阔达的胸襟

关于陈情类的书信,以《寄许京兆孟容书》《与杨京兆凭书》为代表,包括《与李翰林建书》《与裴埙书》等,这些都是柳宗元以回信的方式为自己陈情。《与萧翰林俛书》以及《与顾十郎书》等,这些都是柳宗元直接向对方写信陈情。

总体来看,《寄许京兆孟容书》则是这批陈情书信的引爆点。宋人黄震说,"寄许孟容、与杨凭、裴埙、萧俛、李建、顾十郎诸书,皆贬所悲苦之词"。②许孟容,"少有文词知名,举进士甲科",德宗、顺宗、宪宗三朝重臣,"元和初,迁刑部侍郎、尚书右丞。四年,拜京兆尹,赐紫"③,为人刚正不阿,两唐书均有传。而且,许孟容与柳宗元岳丈杨凭不仅青年时代有着良好的友情,担任京兆尹也是前后继替。"壬戌,御史中丞李夷简弹京兆尹杨凭前为江西观察使时脏罪,贬凭临贺尉。戊辰,以尚书右丞许孟容为京兆尹,赐金紫。"④ 所以,许孟容的问候信对于柳宗元来说,如同开启了被压抑了多年的情感闸门,让情感与思想的释放终于

---

① 《旧唐书》卷一百六十,第4970页。
② 黄震《黄氏日钞》,吴文治《柳宗元资料汇编》,中华书局,2004,第165页。
③ 《旧唐书》卷一百五十四,第4099页。
④ 《旧唐书》卷十四,第428页。

有了一条通道。尽管如此，柳宗元的理智仍然占有非常重要的地位，回复书信借机对参与"永贞革新"的经历进行了比较全面的反思。自己虽坚持"唯以中正信义为志，以兴尧舜孔子之道，利安元元为务"，却不料这些举措导致"凡事壅隔，很忤贵近，狂疏缪戾，蹈不测之辜，群言沸腾，鬼神交怒"①。这是多么可怕的局面，"加以素卑贱，暴起领事，人所不信"，自己也就成了众矢之的。柳宗元把导致失败的责任没有推卸于他人，而是归咎自己"年少气锐，不识几微，不知当否，但欲一心直遂，果陷刑法，皆自所求取得之"②。关于永贞革新，韩愈《顺宗实录》比较客观地记叙了整件事情，一方面，"上疾久不瘳"，德宗故世之后，顺宗好不容易当上皇帝，却因为中风失语久治不愈而当不了皇帝。"已立太子，天下喜，而叔文独有忧色"，王叔文一党与太子李纯不睦种下了巨大的祸根；另一方面，王叔文一系列革新举措，整肃兵权"谋夺宦者兵，以制四海之命"，触及了宦官和边将的切身利益，"皇太子既监国，遂逐之"，这样就给李纯提供了与宦官、边将联合抗击的机会，一旦李纯掌权换代，王叔文一党全部崩盘被逐。王叔文是永贞革新的领袖人物，柳宗元对其十分地敬重，在永贞革新当年为叔文母所撰《王侍郎母刘氏志》中极其称颂，谓"叔文坚明直亮，有文、武之用"。即使在王叔文已经被赐死以后，柳宗元也十分珍惜这份朋友情谊，在致许孟容信中也只是以"宗元早岁，与负罪者亲善"，加以委婉地一语带过。刘禹锡则是这样来评价王叔文，"顺宗即位，时有寒俊王叔文，以善弈棋得通籍博望，因间隙得言及时事，上大奇之。叔文自言猛之后，有远祖风。唯吕温、李景俭、柳宗元以为信。然三子皆与子厚善，且夕过言其能。叔文实工言治道，能以口辩移人。既得用，其所施为，人不以为当。上素被疾，诏下内禅，宫掖事秘，功归贵臣，于是叔文贬死"。两相比较，宋人洪迈感到有些不平："柳子厚、刘梦得皆坐王叔文党废黜。刘颇饰非解谤，而柳独不然。"③ 这中间可以见出柳宗元的阔达胸襟。该书信更多的内容是表达"被谤议而不能自明"的心境，希望

---

① 柳宗元：《寄许京兆孟容书》，《柳宗元集》卷三十，第780页。
② 同上。
③ 引自洪迈《续笔卷四》，吴文治《柳宗元资料汇编》，中华书局，2004，第106页。

假以援手摆脱困境，其中不乏阐述柳宗元不屈不挠的人生信念。

柳宗元书信中，《与杨京兆凭书》探讨了荐贤、为文之道，文章颇有特色。京兆尹杨凭一度为权势显赫的朝廷大臣，"累迁起居舍人、左司员外郎、礼部兵部郎中、太常少卿、湖南江西观察使，入为左散骑常侍、刑部侍郎、京兆尹"，官至从二品。"元和四年，拜京兆尹，为御史中丞李夷简劾奏凭为江西观察使脏罪及他不法事"，贬为贺州临贺县尉。①临贺县为贺州郡治所在，在今广西贺州市，与柳宗元贬所永州相邻二百来公里。当柳宗元得知岳丈杨凭被贬至临贺，自己不能前往看望便安排人前去问候。"役人胡要返命，奉教诲，壮厉感发，铺陈广大"，因而为岳丈的赐书专以回复。此前，柳宗元曾经给内弟杨诲之书云："今日有北人来，示将籍田敕，是举数十年之坠典，必有大恩泽。丈人之冤闻于朝，今是举也，必复大任。"②而在给杨凭的这封回书亦更加肯定地断言："丈人旦夕归朝廷，复为大僚。"考《宪宗纪》，元和五年十月，诏以来年正月十六日东郊籍田。则此书必在五年冬作。从柳宗元这封回书中，得见杨凭的关心，"上言推延贤隽之道，难于今之世，次及文章，末以愚蒙剥丧顿瘵，无以守宗族复田亩为念，忧悯备极"。在关心中更多地充满了激赏的期望，"不唯其亲密旧故是与，复有公言显赏，许某素尚，而激其忠诚者"。柳宗元在格外激动之余，冷静地清理了思路予以作复。

关于荐贤之道，柳宗元反诘了"知之难，言之难，听信之难"。这是因为，人有"有之而耻言之者，有有之而乐言之者，有无之而工言之者，有无之而不言似有之者"这样几种类型。柳宗元认为，"有之而耻言之者，上也。虽舜犹难于知之"。《史记》记载孔子以言取人，失之宰予。以貌取人，失之子羽。《孔子家语》亦云：子羽有君子之容，而行不胜其貌。孔子曰："以容取人，失之子羽。"子羽，乃澹台灭明也。那么，"下斯而言知而不失者，妄矣。有之而言之者，次也"，有真才实学而又愿意向别人说的，是次一等的情况。"无之而工言者，贼也"，没有真才实学却巧言

---

① 《旧唐书》卷一百四十六，第3967页。
② 柳宗元：《与杨诲之书》，《柳宗元集》卷三十三，第847页。

令色自我吹嘘的是祸害。如赵括替代廉颇，马谡迷惑孔明就是这样。"圣人之道，不益于世用"，并不能完全被世人所掌握，"故曰知之难"。"仁者其言也讱"，尽管孔子认为有仁义的人说话谨慎，但孟子认为思想不一致就向人进言推荐则是有害的，并且有三个障碍隔阂，"彼诚知士欤？知文欤？"你真的知道这个人的才能及文章吗？这是一。你们之间私交好甚至有利益关系吗？这是二。他们是不是不满意我而串通起来害我呢？这是三。所以有"言之难"，"听信之难"。正确的荐举之道，"能得其所以荐，得其所以言，得其所以听"，这三者缺一不可，"一不至则不可冀矣"。"士，理之本也"，人才是治理国家的根本。"故公卿之大任，莫若索士"，朝廷大臣的重要责任就是选拔人才，以备国家选用之需。

关于为文之道，柳宗元认为评价人才人们往往都是先从文章着眼。然而，"文章，士之末也。然立言存乎其中，即末而操其本，可十七八，未易忽也"。"丈人以文律通流当世，叔仲鼎列"，杨凭及杨凝、杨凌三兄弟皆为进士出身，时号"三杨"，"天下号为文章家"，实在让人羡慕尊敬。"文章未必为士之末，独采取何如尔"，不能将文章当作无用的末技，关键看你如何应用。"自贬官来无事，读百家书，上下驰骋，乃少得知文章利病"。"诚使博如庄周，哀如屈原，奥如孟轲，壮如李斯，峻如马迁，富如相如，明如贾谊，专如扬雄，犹为今之人，则世之高者至少矣。由此观之，古之人未始不薄于当世，而荣于后世也。"（《与杨京兆凭书》）

（二）从交流类书信看其为人处世的人生准则

《与萧翰林俛书》《与李翰林建书》《与裴埙书》《与顾十郎书》虽然书信对象不同，但萧俛、李建与柳宗元均为贞元年间进士，裴埙、顾十郎则与其关系很好，因而书信内容平铺直叙。

首先述情，向对方倾诉自己这些年来的人生际遇。"自御史里行得礼部员外郎，超取显美，欲免世之求进者怪怒媢嫉，其可得乎？凡人皆欲自达，仆先得显处，才不能逾同列，声不能压当世，世之怒仆宜也。""贬黜甚薄，不能塞众人之怒，谤语转侈，嚣嚣嗷嗷，渐成怪民。""居蛮夷中久，惯习炎毒，昏眊重腿，意以为常。忽遇北风晨起，薄寒中体，则肌革瘆憏，毛发萧条，瞿然注视，怵惕以为异候，意绪殆非中国人。楚、越间声音特异，鴃舌啅噪今听之怡然不怪，已与为类矣。家生小童，皆自然哓哓，昼夜满耳，闻北人言，则啼呼走匿，虽病夫亦怛然骇之。出门见适州间市井者，其十有八九，杖而后兴。自料居此尚复几何，岂可更不知止，言说长短，重为一世非笑哉？"（《与萧翰林俛书》）这是给萧俛信中所讲的情况。"俛字思谦，恒子。贞元中，及进士第，又以贤良方正对策异等，拜右拾遗。元和六年，召为翰林学士，凡三年，进知制诰。"① 柳宗元的信写在元和四年，此时萧俛官职右拾遗，还未作翰林学士，标题当为后来整理时所加。"仆自去年八月来，痞疾稍已。往时间一二日作，今一月乃二三作。""譬如囚拘圜土，一遇和景，负墙搔摩，伸展支体。当此之时，亦以为适，然顾地窥天，不过寻丈，终不得出，岂复能久为舒畅哉？"（《与李翰林建书》）这是给李建信中所讲的情况。"建字杓直，家素清贫，无旧业。与兄造、逊于荆南躬耕致养，嗜学力文。举进士，选授秘书省校书郎。德宗闻其名，用为右拾遗，翰林学士。"② "顺宗立，李师古以兵侵曹州，建作诏谕还之，词不假借。王叔文欲更之，建不可。左除太子詹事，改殿中侍御史。以兵部郎中知制诰。"③ 柳宗元与李建都是贞元年间进士，而且在顺宗朝同事交往，旧谊犹新，元和四年间柳宗元"比得足下二书，及致乐饵，喜复何言"，在给裴埙、顾十郎信中的述情则要简略得多。

其次述义，从不同的角度提出符合义理的期盼。对萧俛的期盼从"今天子兴教化，定邪正，海内皆欣欣怡愉，而仆与四五子者独沦陷如此"着手，希望能够"倘因贼平庆赏之际，得以见白，使受天泽余润，虽朽枿败腐，不能生植，犹足蒸出芝菌，以为瑞物。一释废痼，移数县之地，则世必曰罪稍解矣。然后收召魂魄，买土一廛为耕，朝夕歌谣，使成文章。庶木铎者采取，献之法宫，增圣唐大雅之什，虽不得位，亦不虚为太平之人矣"，得到朝廷的谅解与恩赦，返乡买点田地过日子，写点太平文章就行了。对李建的期盼则从自己的病体而直言希望能够得

---

① 《新唐书》卷一百一，中华书局，2007，第3957页。
② 《旧唐书》卷一百四十五，第4125页。
③ 《新唐书》卷一百六十二，中华书局，2007，第5005页。

到量移,并且感叹人生的短暂,"今仆癃残顽鄙,不死幸甚。苟为尧人,不必立事程功,唯欲为量移官,差轻罪累,即便耕田艺麻,取老农女为妻,生男育孙,以供力役,时时作文,以咏太平。摧伤之余,气力可想。假令病尽已,身复壮,悠悠人世,越不过为三十年客耳。前过三十七年,与瞬息无异。复所得者,其不足把玩,亦已审矣。杓直以为诚然乎?"裴坰乃裴墐之弟,不详其爵位。裴墐则是柳宗元的二姊夫,时为金州刺史。① 裴坰不仅是柳宗元的姻弟,而且关系很好,但凡从《与李翰林建书》最末一段得见,"裴应叔(坰)、萧思谦(俛)仆各有书,足下求取观之,相戒勿示人",诸人之间的关系情谊非同寻常可言。所以,柳宗元对裴坰的期盼从挚交嵌入,"世所共弃,惟应叔辈一二公独未耳"。然后联系当即的政事世局提出设想,"河北之师,当已平奚虏,闻吉语矣。然若仆者,承大庆之后,必有殊泽,流言飞文之罪,或者其可以已乎?"裴坰可能还是帮助自己量移的局外人,最关键的是其兄也是自己的姊夫裴墐,"金州考绩已久,独蔑然不迁者何耶?十二兄宜当更转右职",希望裴墐工作顺利升职给自己以帮助。顾十郎是德宗时吏部尚书顾少连之子师闵,《少连传》云:始少连携少子师闵奔行在,有诏同止翰林院。贞元九年、十年,顾少连以礼部侍郎"守春官之缺,而权择士之柄",知贡举,取进士六十人,诸科十九人。② 柳宗元与刘禹锡等都是这一年进士及第。《与顾十郎书》以门生具官致书于顾君,并用了较多的文字来表白这一层关系。然而,由于身处逆境,"今抱德厚,蓄愤悱,思有以效于前者,则既乖谬于时,离散摈抑,而无所施用。长为孤囚,不能自明。恐执事终以不知其始偃蹇退匿者,将以有为也;犹流于响时求进者之言,而下情无以通,盛德无以酬,用为大恨,固尝不欲言之"。所以,自己"今惧老死瘴土,而他人无以辨其志,故为执事一出之。古之人耻躬之不逮,倘或万万有一可冀,复得处人间,则斯言几乎践矣",十分迫切地希望得到老师的帮助。

---

① 柳宗元:《唐故万年令裴府君墓碣》,《柳宗元集》卷九,第234页。
② 柳宗元:《送苑论诗序》,《柳宗元集》卷二十二,第599页。

(三) 从论辩类书信看其为文治学之道

论辩类书信有着多个方面的表现，有天人（《答刘禹锡〈天论〉书》），论政（《与吕道州温论非国语书》《答吴武陵论非国语书》《答元饶州论政理书》），为文（《与刘禹锡论周易九六书》《答贡士廖有方论文书》《报崔黯秀才论为文书》《答吴秀才谢示新文书》《与友人论为文书》），辩史（《与韩愈论史官书》《与史官韩愈致段秀实太尉逸事书》《与吕恭论墓中石书书》），师道（《答韦中立论师道书》《答严厚舆秀才论为师道书》《报袁君陈秀才避师名书》《答韦珩示韩愈相推以文墨事书》），立世（《与杨诲之书》《与杨诲之第二书》《贺进士王参元失火书》），人寿（《与崔饶州论石钟乳书》《与李睦州论服气书》《答周君巢饵药久寿书》）等。

探究天人相交的关系，是柳宗元与韩愈、刘禹锡等人哲学通信的旨趣。此事由韩愈给柳宗元的一封书信而起。由于韩愈的这封书信未能保存下来，其主要内容只能从柳宗元作答的《天说》一文转述中可以见证。根据韩柳两人以往的浓厚交情和当时不同的处境，韩愈给柳宗元的宽慰转到了"天"的缘故，认为天是有意志的，能够根据"人举"（人的行为）而行"赏""罚"。这种带有神秘面纱的天人思想，使柳宗元对韩愈的友情问候信产生了异样的思想导向，"激"起了他对"天命观"毫不留情地否定。尽管柳宗元在永州身负重辱，但他并不认为这是天命所致。他认为："功者自功，祸者自祸，欲望其赏罚者大谬。"为了求证同道，柳宗元把这封答书《天说》转给了一同受贬的好友朗州司马刘禹锡。刘禹锡非常赞同柳宗元的观点，随即参与进来写作《天论》三篇"以极其辩"，柳宗元又写了《答刘禹锡〈天论〉书》。这样一种多角色的哲学通信，在当时的确是一件很新鲜有趣的事情。柳、刘两人都批判了韩愈所持的"天命观"。"余则曰：生植与灾荒，皆天也；法制与悖乱，皆人也，二之而已。其事各行不相预，而凶丰理乱出焉，究之矣"①。柳宗元认为，"天"有"生植"之能，也有灾荒之能；"人"有"法制"之能，也有"悖乱"之能。它们是两种不同的事物而已，并非"天"能够有意干预"人"的"法制"

---

① 柳宗元：《答刘禹锡〈天论〉书》，《柳宗元集》卷三十一，第817页。

与"悖乱",也并非"人"能够干预"天";天人"相分","各行不相预"。而且,柳宗元认为刘禹锡在这个问题上的态度不够鲜明,"凡子之辞,枝叶甚美,而根不直取以遂焉",只是辞藻华丽而没有将根本的主旨铺展开来。柳宗元自觉地意识到自然规律与社会规律的不同,这在当时是一种很独到的见解。

弘扬大中圣人之道,是柳宗元论政交流书信的主要观点。柳宗元感叹,"近世之言理道者众矣,率由大中而出者咸无焉。其言本儒术。则迂回茫洋而不知其适;其或切于事,则苛峭刻核,不能从容,卒泥乎大道"。所以,他特别地挑选出《国语》作为批评的对象。"尝读《国语》,病其文胜而言庞,好诡以反伦,其道舛逆。而学者以其文也,咸嗜悦焉,伏膺呻吟者,至比六经,则溺其文必信其实,是圣人之道翳也。余勇不自制,以当后世之诎怒,辄乃黜其不臧,救世之谬。凡为六十七篇,命之曰《非国语》。"① 他在与吴武陵的书信中也谈到,圣人之道就是辅时及物。"自为罪人,舍恐惧则闲无事,故聊复为之。然而辅时及物之道,不可陈于今,则宜垂于后",指出《国语》的毛病,"此在明圣人之道"②。柳宗元在《非国语序》中写道:"左氏《国语》,其文深闳杰异,固世之所耽嗜而不已也。而其说多诬淫,不概于圣。余惧世之学者溺其文采而沦于是非,是不得由中庸以入尧、舜之道。本诸理,作《非国语》。"柳宗元在此说得很明白,《国语》这部书的文章写得很好,但观点谬误很多,与尧、舜之道不符,不指出来会误导人,所以要写文章进行批驳。成书于春秋战国时代的《国语》,究竟什么地方不符合圣人之道呢?检阅《非国语》一书共六十七篇,柳宗元的批判矛头直指天道、天意、天命、神灵、卜筮、怪异、报应诸说,认为"山川者,特天地之物也。阴与阳者,气而游乎其间者也。自动自休,自峙自流,是恶乎与我谋?自斗自竭,自崩自缺,是恶乎为我设"③。这是天地、阴阳、山川的变化,都是物质性的元气的自然而然的运行,并不以人们的意志转移。"圣人之道与尧、舜合,不唯文

---

① 柳宗元:《与吕道州温论非国语书》,《柳宗元集》卷三十一,第823页。
② 柳宗元:《答吴武陵论非国语书》,《柳宗元集》卷三十一,第825页。
③ 柳宗元:《非国语·三川震》,《柳宗元集》卷,第1268页。

王、周公之志独取其法耳"①。在具体的施政治理上,"取圣人大中之法以为理"②。

为文治学态度问题,是柳宗元为文书信反复探求的目的。《与刘禹锡论周易九六书》讲的是《周易》的探讨与研究,"所以老阳九、老阴六者,九遇揲得老阳,六遇揲得老阴。此具在《正义·乾篇》中,周简子之说亦若此,而又详备。何毕子董子之不视其书,而妄以口承之也?君子之学,将有以异也,必先究穷其书,究穷而不得焉,乃可以立而正也"③,落脚在提出新的见解之前,一定要把相关的论著都看看,才能立论说出来,否则就会闹笑话。《与友人论为文书》说到文章难以写好,更难以评判。"苟或得其高朗,探其深赜,虽有芜败,则为日月之蚀也,大圭之瑕也,曷足伤其明黜其宝哉?"④ 如果在文章中有了高明的见解、深入的思考,即使有某些不足,也只是如同日月的云蚀、美玉的瑕疵,无损其光辉的价值。这在《报崔黯秀才论为文书》中亦有文辞和书法的类似语言。"圣人之言,期以明道,学者务求诸道而遗其辞。辞之传于世者,必由于书。道假辞而明,辞假书而传,要之,之道而已耳。道之及,及乎物而已耳,斯取道之内者也。今世因贵辞而矜书,粉泽以为工,遒密以为能,不亦外乎?""凡人好辞工书,皆病癖也。"⑤《答吴秀才谢示新文书》则鼓励青年人学习努力,"早夜孜孜,何畏不日日新又日新也"⑥。《答贡士廖有方论文书》冒着风险勉励青年人学习上进,"然观秀才勤恳,意甚久远,不为顷刻私利,欲以就文雅,则吾曷敢以让?"⑦

"宜守中道,不忘其直",是史官必须坚持的原则,也是辩史书信的核心内容。柳宗元《与韩愈论史官书》针对韩愈"纪录者有刑祸"的担忧进行了批评,认为"凡居其位,思直共道。道苟直,虽死不可回也;如回

---

① 柳宗元:《答元饶州论春秋书》,《柳宗元集》卷三十一,第819页。
② 柳宗元:《答元饶州论政理书》,《柳宗元集》卷三十二,第833页。
③ 柳宗元:《与刘禹锡论周易九六书》,《柳宗元集》卷三十一,第814页。
④ 柳宗元:《与友人论为文书》,《柳宗元集》卷三十一,第829页。
⑤ 柳宗元:《报崔黯秀才论为文书》,《柳宗元集》卷三十四,第886页。
⑥ 柳宗元:《答吴秀才谢示新文书》,《柳宗元集》卷三十四,第888页。
⑦ 柳宗元:《答贡士廖有方论文书》,《柳宗元集》卷三十四,第883页。

之,莫若亟去其位"。只要合符正道,就是牺牲生命也不可改变。"退之之恐,唯在不直、不得中道,刑祸非所恐也。"① 宋人谢枋得说:"辩难攻击之文,要人心服。子厚此书,文公不复辩,亦理胜也。"② 明人茅坤亦说:"子厚之文多雄辩,而此篇尤其卓謍俏直处。"③ 为段太尉逸事写作立传,是柳宗元亲自实践史官原则的一个样板。《与吕恭论墓中石书书》既是对所谓的"墓中石书"辨伪,显示了柳宗元渊博的学识,也是对超越古人本意"葬者,藏也",超出礼制"庐而居者"的做法进行了批评,更为重要的是需要弘扬表彰的内容,"故立大中者不尚异,教人者欲其诚,是故恶夫饰且伪也过制而不除丧,宜庐于庭;而矫于墓者,大中之罪人也。况又出怪物,诡神道,以奸大法,而因以为利乎?夫伪孝以奸利,诚仁者不忍摘过。恐伤于教也。然使伪可为而利可冒,则教益坏。若然者,勿与知焉可也,伏而不出之可也"④。

"拒为师弟子名",是柳宗元与人讨论师道书信的鲜明观点。主要体现在《答韦中立论师道书》中。韦中立,根据《新史·年表》,潭州刺史韦彪之孙,元和十四年中第,不书爵位。观其从京城来到永州求师好学之志,柳宗元答书逾千言,而且以平生为文真诀告之,韦中立应当是一位优秀的青年才俊。对于韦中立求师之请,柳宗元认为前朝魏晋以来世风变了,人们不愿意从师学习。现在已经没有听说有老师,如果有就被人取笑视为狂人。"今之众人……耻学于师。"⑤ 唯独韩愈"抗颜而为师",引来了群起而攻之的责骂。韩愈如今因为担负"师名"已经成为犬吠的"蜀之日",自己再以"师名"将成为犬吠的"越之雪","谪过"之身难以承受。与其这样,不如"取其实而去其名,无招越、蜀吠怪,而为外廷所笑"⑥。柳宗元将自己学习为文的心得体会和盘托出,毫无保留地传授给

---

① 柳宗元《与韩愈论史官书》,《柳宗元集》卷三十一,第808页。
② (宋)谢枋得:《文章轨范》,中州古籍出版社,1991。
③ (明)茅坤撰《唐宋八大家文钞》卷七,见《四库全书》第1383册,上海古籍出版社,1987,景印文渊阁本。
④ 柳宗元:《与吕恭论墓中石书书》,《柳宗元集》卷三十一,第827页。
⑤ 韩愈:《师说》,见王云五总编《万有文库第一集一千种·韩昌黎集》,北京商务印书馆,1930。
⑥ 柳宗元:《答韦中立论师道书》,《柳宗元集》卷三十四,第871页。

了这位好学青年。《答严厚舆秀才论为师道书》是对又一位青年求师之请的回答，"仆之所避者名也，所忧者其实也，实不可一日忘"。书信谈到《师友箴》，是柳宗元写的醒世歌，"今之世，为人师者众笑之，举世不师，故道益高……不师如之何？吾何以成！……吾欲从师，可从者谁？①""仆聊歌以为箴，行且求中以益己。"②《报袁君陈秀才避师名书》则是对另一位青年秀才求师的回答，"仆避师名久矣"，是自己一贯的立场，并且列举了"往在京都，后学之士到仆门，日或数十人，仆不敢虚其来意，有长必出之，有不至必甚之。虽若是，当时无师弟子之说。其所不乐者，非以师为非，弟子为罪也。有两事，故不能：自视以为不足为，一也；世久无师弟子，决为之，且见非，且见罪，惧而不为，二也"③。《答韦珩示韩愈相推以文墨事书》则是一篇师范书信。韦珩，夏卿之侄，正卿之子。夏卿，史有传。正卿，附见于传。根据韩愈的推介，韦珩来向柳宗元求文章之事。柳宗元推辞一番，然后就以韩愈文章为例，对"文墨"之事加以评说。"退之所敬者，司马迁、扬雄。迁于退之固相上下。若雄者，如《太玄》、《法言》及《四愁赋》，退之独未作耳，决作之，加恢奇，至他文过扬雄远甚。雄之遣言措意，颇短局滞涩，不若退之猖狂恣睢，肆意有所作。"④柳宗元尽管一再地避师名，但又认真地教书育人，人们对于他为师为教的功绩给予了肯定。"衡湘以南为进士者，皆以子厚为师。其经承子厚口讲指画为文词者，悉有法度可观。"⑤"凡经其门，必为名士。"⑥

"欲其方其中，圆其外"，为人立世内存正道，外表随和圆通，是柳宗元与杨诲之书信的主要内容。杨诲之，杨凭之子，亦即柳宗元之内弟，后学有为的青年。柳宗元在元和五年十一月给杨诲之写过一封书信，比较简

---

① 柳宗元：《师友箴》，《柳宗元集》卷十九，第530页。
② 柳宗元：《答严厚舆秀才论为师道书》，《柳宗元集》卷三十四，第878页。
③ 柳宗元：《报袁君陈秀才避师名书》，《柳宗元集》卷三十四，第880页。
④ 柳宗元：《答韦珩示韩愈相推以文墨事书》，《柳宗元集》卷三十四，第881页。
⑤ 韩愈：《柳子厚墓志铭》，见王云五总编《万有文库第一集一千种·韩昌黎集》，北京商务印书馆，1930。
⑥ （宋）张敦颐：《柳先生历官纪》，《浮溪集》卷十九，中华书局，1965，第216页。

短,"吾固欲其方其中,圆其外,今为足下作《说车》,可详观之。车之说,其有益乎行于世也"①,主要是推介自己专为杨诲之写的《说车》一文。元和六年四月,时随父在贺州贬所的杨诲之给柳宗元回了信,尤其是谈到了对《说车》一文的看法。柳宗元非常郑重地为杨诲之再写一封书信,长达近三千言,这是所有书信中篇幅最长的一帧。第二书针对杨诲之关于车的"柔外刚中"的理解,纠正为"内可以守,外可以行其道,吾以为至矣";关于遵循"古圣人之道""自度不可能","不能蒻蒻拘拘,以同世取荣",则是"凡儒者之所取,大莫尚孔子。孔子七十而纵心。彼其纵之也,度不逾矩而后纵之。今子年有几?自度果能不逾矩乎?而遽乐于纵也";关于"行险为车之罪","夫车之为道,岂乐行于险耶?度不得已而至乎险,期勿败而已耳。夫君子亦然,不求险而利也,故曰'危邦不入,乱邦不居'。'国无道,其默足以容'。不幸而及于危乱,期勿祸而已耳"。"观过而知仁,弥见吾子之方其中也,其乏者独外之圆耳";关于"所言书意有不可者,令仆专专为掩匿覆盖之,慎勿与不知者道","此又非也。凡吾与子往复,皆为言道。道固公物,非可私而有。假令子之言非是,则子当自求暴扬之,使人皆得刺列,卒采其可者,以正乎己,然后道可显达也"。柳宗元反复诱导,一句话说到底,"凡吾之致书,为《说车》,皆圣道也"②。对于进士王参元家中失火,柳宗元特意去信祝贺。"失火而贺,最是奇情恣笔。"③"京城人多言足下家有积货,士之好廉名者,皆畏忌,不敢道足下之善,独自得之,心蓄之,衔忍而不出诸口,以公道之难明,而世之多嫌也。一出口,则嗤嗤者以为得重赂。""乃今幸为天火之所涤荡,凡众之疑虑,举为灰埃。黔其庐,赭其垣,以示其无有,而足下之才能乃可显白而不污。其实出矣,是祝融回禄之相吾子也。则仆与几道十年之相知,不若兹火一夕之为足下誉也。宥而彰之,使夫蓄于心者,咸得开其喙,发策决科者,授子而不栗,虽欲如向之蓄缩受侮,其可

---

① 柳宗元:《与杨诲之书》,《柳宗元集》卷三十三,第 847 页。
② 柳宗元:《与杨诲之第二书》,《柳宗元集》卷三十三,第 849 页。
③ 过琪:《古文评注》评语卷七,大东书局,民国 25 年版。

得乎？于兹吾有望乎尔！是以终乃大喜也。"①

二 永州书信的风格及特征

柳宗元书信无论是向人陈情、自荐，抑或与人交流，都呈现一种进取的姿态，这是其艺术风格的整体面貌。具体而言，又分别采用抑中有扬、事理兼达、循循善辩等不同方式加以体现。

（一）抑中有扬的《寄许京兆孟容书》

抑中有扬，《寄许京兆孟容书》是这方面的代表。该文长达两千余言，堪称书信长卷。整篇文章围绕诉述自己的状况，从开首的卑微小心，中间的反复陈情，最后的昂然向上，表露出自己不屈的心迹。明人茅坤评价道，"子厚最失意时书，却写得最得意。直可与太史公《报任安书》想参，而气则呜咽萧飒也"②。文章开篇诉说了自己贬至永州五年来的情况，"罪谤交积，群疑当道，诚可怪而畏也。以是兀兀忘行，尤召重忧，残骸余魂，百病所集，痞结伏积，不食自饱。或时寒热，水火互至，内消肌骨，非独瘴疠为也"，可以说从精神到身体状态整个的一塌糊涂。然而此时"忽捧教命，乃知幸为大君子所宥，欲使膏肓沈没，复起为人。夫何素望，敢以及此"，突然收到京兆尹许孟容来信，而且表达出了帮助"复起为人"的意思，不禁喜出望外。柳宗元在高兴之余又强行压抑自己，这是因为，"宗元早岁，与负罪者亲善"，"以此大罪之外，诋诃万端，旁午构扇，尽为敌仇，协心同攻，外连强暴失职者以致其事。此皆丈人所闻见，不敢为他人道说。怀不能已，复载简牍"，这些情况只能写信向您许大人倾诉。继而谈到家庭变故，"宗元于众党人中，罪状最甚。神理降罚，又不能即死"，来到永州第二年的元和元年五月，母亲卢氏病故，这样的惩罚使得自己想死都不能一死了之。"自以得姓来二千五百年，代为冢嗣。今抱非常之罪，居夷獠之乡，卑湿昏雾，恐一日填委沟壑，旷坠先绪，以

---

① 柳宗元：《贺进士王参元失火书》，《柳宗元集》卷三十三，第862页。
② （明）茅坤：《唐宋八大家文钞》卷七，见《四库全书》第1383册，上海古籍出版社，1987，景印文渊阁本。

是怛然痛恨,心肠沸热。茕茕孤立,未有子息。荒陬中少士人女子,无与为婚,世亦不肯与罪大者亲昵,以是嗣续之重,不绝如缕。每当春秋时飨,子立捧奠,顾眄无后继者,惸惸然欷歔惴惕,恐此事便已,摧心伤骨,若受锋刃",因尚无子息未能完成柳氏家族传宗接代的责任。通过卑微地诉说陈情,柳宗元将自己压抑到了悲惨凄凉境遇的极致。"自古贤人才士,秉志遵分,被谤议不能自明者,仅以百数。"至此,柳宗元扭转笔锋,列举古来贤人才士尽管正直安分,遭受诽谤非议而不能澄清也只有百来个人,开始了自我解压的辩驳。比如像"无兄盗嫂","娶孤女云挝妇翁者"等这些人,"皆瑰伟传辩奇壮之士,能自解脱。今以恒怯洩沴,下才末技,又婴恐惧痼病,虽欲慷慨攘臂,自同昔人,愈疏阔矣",他们都能够自我解脱出来,而我性情、才能不如人,即使想慷慨陈词、振臂呐喊,恐怕难以做到他们那样。"贤者不得志于今,必取贵于后,古之著书者皆是也。"这是柳宗元表明不屈心志的铿锵之声,也是致许孟容书信中的最大亮点。韩愈后来给柳宗元写的墓志铭中就有同样的追述,"然子厚斥不久,穷不极,虽有出于人,其文学辞章,必不能自力以致必传于后如今无疑也。虽使子厚得所愿,为将相于一时,以彼易此,孰得孰失,必有能辨之者"①。尽管后来的事实证明了他的心志,但在给许孟容的信中昂扬过后又是卑微陈述,"宗元近欲务此,然力薄才劣,无异能解,虽欲秉笔觑缕,神志荒耗,前后遗忘,终不能成章。往时读书,自以不至底滞,今皆顽然无复省录。每读古人一传,数纸已后,则再三伸卷,复观姓氏,旋又废失",可怜巴巴地已经到了如此境地。柳宗元之所以这样说还是为了起复,"假令万一除刑部囚籍,复为士列,亦不堪当世用矣"。既然谦卑的说到朝廷可能不会任用,那么,"虽不敢望归扫茔域,退托先人之庐,以尽余齿,姑遂少北,益轻瘴疠,就婚娶,求胤嗣,有可付托,即冥然长乎,如得甘寝,无复恨矣",稍微往北迁移一点,减轻瘟疫瘴疠侵袭,娶妻生子延续世系,就算与世长辞如同睡了一个安稳觉。这是等同于普通百

---

① 韩愈:《柳子厚墓志铭》,见王云五总编《万有文库第一集一千种·韩昌黎集》,北京商务印书馆,1930。

姓的最低生活要求。通篇下来，致许孟容的书信文章先抑后扬，扬中有抑，如同一曲表达心志的情感交流乐曲，抑扬顿挫，婉转铿锵，洋洋洒洒地铺陈其旨。

（二）事理兼达的《答韦中立论师道书》

《答韦中立论师道书》阐述了两大问题，一个是避师名，一个是如何为文。这两方面都与韩愈有关。关于避师名，韩愈与柳宗元的作为不同。韩愈因称师而得狂名，成了众矢之的。柳宗元坚决拒绝师名，"仆自卜固无取，假令有取，亦不敢为人师"。可见。他之所以拒师名，非不为也，是不敢也。柳宗元从孟子称"人之患在好为人师"说起，再谈到魏、晋以来"人益不事师"，直到"今之世，不闻有师，有辄哗笑之，以为狂人"，鸟瞰了社会风气式微的变化。况且，柳宗元在永州是谪罪之身，不想再担更多的政治风险。这是他思想的真实反映，事理兼达，让人不能不赞同其看法。然其表面上拒师名，实质上对于别人求师的内容给予了最大的满足，柳宗元将自己学习与写作所积累的宝贵经验，毫无保留地传授于人。这就是答书后半部分关于如何为文的事理。萌生于六朝的古文运动，经过初唐时期的浸润，终于在中唐蔚成大观，以韩愈为主帅，倡导在前，柳宗元与其比肩而立，实践最著。所谓古文，是针对当时的骈文而正在变革的新散文。韩愈倡导的这种新散文，主张必须创造词汇，"惟古于辞必己出"[①]，"唯陈言之务去"[②]；主张讲究语法，"文从字顺各识职"[③]。柳宗元有关这种新散文的实践，在答韦中立书信中阐述得比较明白。首先，柳宗元强调写作态度的严肃性，不得夹杂丝毫"轻心""怠心""昏气""矜气"。其次，写作必须做到既"奥"又"明"，既"通"又"节"，既"清"又"重"，这六个字是对立的，在文章写作过程中又是互相补偏救弊的，"此吾所以羽翼夫道也"。最后，归结到写作的精神实质，应该"本之《书》以求其质，本之《诗》以求其恒，本之《礼》以求其宜，本之《春秋》以求其断，本之《易》以求其动，此吾所以取道之原也。参

[①] 韩愈：《南阳樊绍述墓志铭》，《韩愈文集》卷三十四。
[②] 韩愈：《答李翊书》，《韩愈文集》卷十六。
[③] 韩愈：《南阳樊绍述墓志铭》，《韩愈文集》卷三十四。

之谷梁氏以厉其气,参之《孟》《荀》以畅其支,参之《庄》《老》以肆其端,参之《国语》以博其趣,参之《离骚》以致其幽,参之太史公以著其洁,此吾所以旁推交通而以为之文也",就是从它们当中吸收不同的优点加以运用。叙事与说理互相渗透融合,将深奥的道理在鲜活的事实当中加以展现。明人程戴翼称赞其"文因折而得势,句以奥而生态"[1]。尤其有趣的是,《答刘禹锡天论书》等书信作为柳宗元与刘禹锡、韩愈之间的一组哲学通信,通过事理兼达的艺术表现手段,丰富了自然哲学与天命观的大讨论。是唐代思想史上最高层次的哲学思辨。"夫天之能生植久矣,不待赞而显。""生植与灾荒,皆天也;法制与悖乱,皆人也,二之而已。其事各行不相预。"柳宗元的自然哲学思想,达到了唐代朴素唯物主义的思想顶峰。

(三) 循循善辩的《与杨诲之第二书》

循循善诱,对于晚起之人,柳宗元一概都给予关心,想方设法加以帮助。凡有所质疑的问题,柳宗元循循善诱地回复启迪。杨诲之是其妻弟,柳宗元非常看重其才华,希望他成长顺利,先后写过与杨诲之的两封书信。柳宗元将为人立身之理专门写成《说车》的文章及信,期望杨诲之能够从中受益。但是,时隔将近一年,柳宗元收到杨诲之的复信竟然没有达到效果,感到十分焦急,《与杨诲之第二书》再三加以启迪,使这一封信进入书启最长之一的行列。问题还是从《说车》起,"仆之言车也,以内可以守,外可以行其道",这是柳宗元的观点;杨诲之则说是"柔外刚中",两者的认识差距就大了,"而子不欲焉,是吾所以惕惕然忧且疑也"。于是,柳宗元从"古圣人之道"入手,然后讲到"凡儒者之所取,大莫尚孔子",只要愿意努力去做,任何人包括狂夫都能"为圣",否则就是"孟子之所谓不为也,非不能也"。在正面论述"凡吾之致书,为《说车》,皆圣道也",层层推进"为圣"的看法之后,柳宗元回过头来针对杨诲之关于车说"不能为圣道""行险为车之罪"的误解,加以深入解析。"吾之所云者,其道自尧、舜、禹、汤、高宗、文王、武王、周公、

---

[1] 孙琮:《山晓阁选唐大家柳柳州全集》评语卷一,民国上海广益书局石印本。

孔子皆由之"，这是自己遵循"圣道"的基本原则，却被你杨诲之认为在和流俗"与世同波"，"翦翦拘拘"地为人唯唯诺诺且患得患失，实在是"固迷吾文，而悬定吾意"，没有看懂我的文章含义而妄加揣测。"吾未尝为佞且伪，其旨在于恭宽退让，以售圣人之道，及乎人，如斯而已矣。"学习"圣人之礼让"，绝不是虚伪奸佞。至于"行险"，君子"不求险而利"，"伊尹以生人为己任"，"管仲蠱浴以伯济天下"，这些该学习的人物与事情在你"数千言"的文章没有体现，却把甘罗、终军当作崇拜对象，圣人的道义被看得不如这两个人，这是不对的。甘罗反复无常，为利弃信，让秦国背弃同燕国的亲近去与赵国合作，使燕国陷入危机，天下诸侯都知道了秦国不讲信用，函谷关成了虎穴豹窝，这都是甘罗造成的。终军怪癖奸诈，阴险刻薄，不能以圣人之道去纠正汉武帝的好成思想，对天下人的劳苦没有怜悯之心，死在胡越的人，赫然在目，陈尸千里，不因此谏阻反而纵容鼓动，结果和这些人一起死掉。这样的小人不值得宣传仿效。"二小子之道，吾不欲吾子言之"。同时，对于杨诲之流露出来处世的态度在隐居与出仕，鼓励其积极出仕；厌恶奸诈而放弃外表恭顺，"恶乎佞，而恭且不欲"，鼓励其坚持内心正直并且外部像车轮一样圆通，"非特于可进也，锐而不滞，亦将于可退也，安而不挫；欲如循环之无穷，不欲如转丸之走下也。干健而运，离丽而行"。柳宗元还讲述自己的亲身经历，"吾年十七求进士，四年乃得举。二十四求博学宏词科，二年乃得仕"，"及为御史郎官，自以登朝廷，利害益大，愈恐惧，思欲不失色于人。虽戒励加切，然卒不免为连累废逐。犹以前时遭狂疏轻薄之号既闻于人，为恭让未洽，故罪至而无所明之"。现在你没有所讲的这些经历，于是放纵自己的思想，"此与仆少时何异？"反复讲述这些的最大愿望就是要"慕中道"，"今吾先尽陈者，不欲足下如吾更讪辱，被称号，已不信于世，而后知慕中道，费力而多害，故勤勤焉云尔而不已也。子其详之熟之，无徒为烦言往复，幸甚！"对于杨诲之要求"所言书意有不可者""掩匿覆盖之，慎勿与不知者道，此又非也"，柳宗元予以否定。"凡吾与子往复，皆为言道。道固公物，非可私而有。假令子之言非是，则子当自求暴扬之，使人皆得刺列，卒采其可者，以正乎己，然后道可显达也。""君子之过，如日月之蚀,又何盖乎?"最后,柳宗元对杨诲之的书信文章作了点评,"足下所为书,言文章极正,其辞奥雅",尤其对提到好友韩愈的评论给予肯定,不足之处也加以指出,"其说韩愈处甚好。其它但用《庄子》、《国语》文字太多,反累正气,果能遗是,则大善矣"。对关心自己遭贬表明一种淡然的心境,"吾自度罪大,敢以是为欣且戚耶?但当把锄荷锸,决溪泉为圃以给茹,其隙则浚沟池,蓺树木,行歌坐钓,望青天白云,以此为适,亦足老死无戚戚者。时时读书,不忘圣人之道,己不能用,有我信者,则以告之"。整篇长启,柳宗元先后用了正面引导、反复议辩、自身经历、归结"中道"的多层表达,以循循善诱之法贯彻始终。

文献考论

文学論

关于《柳宗元集》校笺的几处补正

蔡自新

摘 要：根据史书查考，《柳宗元集》四封与赵尚书的书启，并不都是写给赵宗儒，其中有两封写给赵昌。根据永州现场踏勘和有关典籍，《始得西山宴游记》之西山是今珍珠岭，并非粮子岭；永州零陵城东河中的小岛是香炉山，《登蒲洲石矶望横江口潭岛深迥斜对香零山》诗题中，早就确认苹岛斜对岸为香零山。

关键词：赵宗儒 赵昌 西山 香零山

一 赵宗儒与赵昌

吴文治本《柳宗元集》中，有卷二十二《送赵大秀才往江陵谒赵尚书序》、卷三十五《上广州赵宗儒尚书陈情启》、卷三十五《贺赵江陵宗儒辟符载启》、卷三十六《上江陵赵相公寄所著文启》，涉及对象均为赵宗儒，值得斟酌。

查考史书，元和年间有两位赵姓尚书做过江陵尹、荆南节度使，其中一位之前还做过岭南节度使。

---

* 基金项目：国家社会科学基金一般项目"历代柳宗元研究文献整理"阶段成果（项目编号：16BZW034）。
** 作者简介：蔡自新，研究员，文学硕士，永州市人民政府原副秘书长，中国柳宗元研究会顾问，永州市柳宗元研究学会顾问，永州历史文化研究会执行会长、秘书长，著作有《关注永州》《知我永州》《潇湘之语》等。

《新唐书》卷一百五十一："赵宗儒，字秉文，邓州穰人。……元和初，检校礼部尚书，充东都留守。三迁至检校吏部、荆南节度使，散冗食戍二千人。历山南西道、河中二镇，拜御史大夫，改吏部尚书。"《旧唐书》卷一百六十七："赵宗儒，字秉文。……元和初，检校礼部尚书，判东都尚书省事、兼御史大夫，充东都留守、畿汝都防御使。入为礼部、户部二尚书，寻检校吏部尚书，守江陵尹、兼御史大夫、荆南节度营田观察等使。散冗食之戍二千人。六年，又入为刑部尚书。八年，转检校吏部书。……十四年九月，拜吏部尚书。"

《新唐书》卷一百七十："赵昌，字洪祚，天水人。……安南酋獠杜英翰叛，都护高正平以忧死，拜昌安南都护，夷落向化毋敢桀。居十年，足疾，请还朝，以兵部郎中裴泰代之，入为国子祭酒。未几，州将逐泰，德宗召昌问状，时年逾七十，占对精明，帝奇之，复拜安南都护。诏书至，人相贺，叛兵即定。宪宗初立，检校户部尚书，迁岭南节度使。降辑陬荒，以劳徙节荆南。……"《旧唐书》卷一百五十一："赵昌，字洪祚，天水人。……贞元七年，为虔州刺史。属安南都护为夷獠所逐，拜安南都护，夷人率化。十年，因屋坏伤胫，恳疏乞还，以检校兵部郎中裴泰代之，入拜国子祭酒。及泰为首领所逐，德宗诏昌问状。昌时年七十二，而精健如少年者，德宗奇之，复命为都护，南人相贺。宪宗即位，加检校工部尚书，寻转户部尚书，充岭南节度。元和三年，迁镇荆南，征为太子宾客。及得见，拜工部尚书、兼大理卿。……"《旧唐书·宪宗纪》卷十四：元和"元年……四月……壬寅，以前安南经略使赵昌为广州刺史、岭南节度使……三年……夏四月……乙亥，以岭南节度使赵昌为江陵尹、荆南节度使……"

从赵宗儒、赵昌的仕宦经历看，赵宗儒是在江陵以北游宦，没有去过岭南及广州；赵昌基本上在南方游宦，而且最为有名的是两次任安南都护、岭南节度使。所以，吴文治本《柳宗元集》卷三十五《上广州赵宗儒尚书陈情启》之"宗儒"误，应为"昌"。赵昌再任安南都护，宪宗加检校工部尚书，寻转户部尚书，岭南节度使，朝野尤其是南方影响很大。该信写作应在元和元年至二年之际。卷二十二《送赵大秀才往江陵谒赵尚书序》之赵秀才自言："宗人尚书以硕德崇功,由交、广临荆南……"吴文治本《柳宗元集》在其句下集韩醇、孙汝听注：[韩曰]宗人,指赵宗儒也。元和初,检校礼部尚书,东都留守。三迁为吏部尚书,荆南节度使。[孙曰]赵昌字洪祚,天水人。贞元二十年三月,自国子司业为安南都护。安南,即交州。元和元年四月,转户部尚书,为岭南节度使。三年四月,迁岭南劝导节度使。吴文治集注未评。文史互考,孙说当是。该序写作应在元和三年,这时候在江陵的"宗人尚书"是赵昌。

两位赵姓尚书相继为江陵尹、荆南节度使。根据《旧唐书》卷一百五十一"元和三年,迁镇荆南,征为太子宾客。及得见,拜工部尚书、兼大理卿",赵昌从岭南节度使改为荆南节度使,是在元和三年,但是没有待多久,朝廷征召担任太子宾客。宪宗召见赵昌之后,马上安排为工部尚书、兼大理卿。赵宗儒"三迁至检校吏部、荆南节度使","寻检校吏部尚书,守江陵尹、兼御史大夫、荆南节度营田观察等使。……六年,又入为刑部尚书"。赵宗儒任职"三迁",不久是检校吏部尚书,又改为江陵尹、兼御史大夫,还有荆南节度营田观察等使,变动频繁,直到元和六年才离开江陵回京为刑部尚书。根据赵昌、赵宗儒两人的任职经历,元和三年任江陵尹、荆南节度使应该是赵昌。宪宗见过赵昌并留其在京城任职后,赵宗儒有了接任荆南节度使的机会,而且一直到元和六年。这样,两位赵姓尚书均于元和三年就任荆南节度使,赵昌在前,一晃而过,没有时间来安排物色幕府中的人；赵宗儒继任,直到元和六年离任,有充裕的时间来考察征用幕府人员。《柳宗元集》卷三十五《贺赵江陵宗儒辟符载启》之符载,是当时朝野内外一个比较有争议的人。启文中符君句下列孙汝听注曰："韦皋镇蜀,以载为支使。刘辟时为仓曹参军。载为辟真赞,略云：'行义则固,辅仁乃通。它年良觌,麟阁之中。'及皋卒,辟擅总留务,载亦在幕中。辟败,载素服请罪,高崇文以其赞有'行义''辅仁'之语礼而释之。"当初符载与刘辟均为韦皋属下,符载为刘辟写过奉劝赞语。永贞元年韦皋去世,"刘辟据蜀邀节钺",企图接掌韦皋职务,朝廷不许,安排任给事中,拒不从命。元和元年,检校工部尚书、神策行营节度使高崇文率兵征讨。"九月……辛亥,高崇文奏收复成都,擒刘辟以献"①。陷于刘辟幕中的符载素服请罪,高崇文因为符载赞语有"行义""辅仁"对刘辟的劝导,从而释放了他。时人对此看法不一,流言蜚语中伤者不少。"房给事以高节特立,明之于朝;王吏部以清议自任,辩之于野。"尽管如此,"凡诸侯之欲得符君者,城联壤接,而惑于腾沸,环视相让,莫敢先举"②。符载这样一个有争议的人,能够得到重新启用纳入幕府记室,应该是赵宗儒接任江陵尹、荆南节度使之后的事情。此事传开,柳宗元有感而发,即给赵宗儒发出了这一封贺信,应为元和三年所作。卷三十六《上江陵赵相公寄所著文启》,柳宗元将自己写的文章整理出来寄给赵宗儒,同时写了自荐书启,其写作时间应在贺启之后,应当均为元和三年所作。这两篇书信,都是写给赵宗儒。

二 《始得西山宴游记》的西山为珍珠岭

《始得西山宴游记》是柳宗元"永州八记"开篇之作。关于西山的位置,吴文治本《柳宗元集》未作笺注。过去一般采用"西山,在今湖南省零陵县西湘江外二里"③,没有加以实指确定。从20世纪80年代起,永州地方人士为了核实这一事情,写了不少文章对西山加以考辨。1981年秋,零陵师专和湖南省古典文学研究会共同举办首届全国柳宗元学术讨论会。会上,龙震球先生的《柳宗元永州行迹考释》认为,柳宗元《始得西山宴游记》所登的西山是粮子岭,《与崔策登西山》到的是柳子庙背后的珍珠岭。陈雁谷先生的《"永州九记"旧址考》也认为,"柳宗元当日宴游的西山山峰,在今天的粮子岭"。龙、陈两位先生的观点和文章,后来相继在《零陵师专学报》④《湖南省永州市地名录》⑤《永州之野》⑥《柳

---

① 《旧唐书·宪宗上》,卷十四。
② 柳宗元:《贺赵江陵宗儒辟符载启》。
③ 朱东润主编《中国历代文学作品选》,上海古籍出版社,2002。
④ 《零陵师专学报》1982年第1期。
⑤ 永州市人民政府编印《湖南省永州市地名录》,1983。
⑥ 《永州之野》,湖南美术出版社,1985。

宗元在永州》①《零陵地区志》② 等刊物和书籍上发表和认定，传播较广。但是，何书置先生《柳宗元研究》③ 一书，则从柳宗元诗文的内容及历代游人笔记、府县志的记载，否定"西山即今粮子岭"之说，认为"柳宗元笔下的西山是今愚溪北岸的珍珠岭"。刘继源先生《柳宗元诗文研究》④ 一书，"通过对照柳宗元诗文，几次亲临考察"，认为"柳宗元宴游的西山，绝不是今天粮子岭，而是位于柳子祠后那座最高的山峰，位于愚溪下游北岸"。有关西山的认定，开展了长达20余年的讨论。

要准确地界定西山，必须把握好两条：一是认真体认柳宗元诗文；二是仔细查阅有关文献。

从认真体认柳宗元的诗文看，柳宗元永州十年的生活中，大致是四年河东城内，六年河西城外。《始得西山宴游记》作于元和四年（809），属于河东城内生活时期。检索有关地理资料，东山法华寺所在为海拔高度147米（比相邻的最高处现永州市气象台170米略低），系城内重要制高点。唐代法华寺的寺殿、寺门面南，并非今天看到的寺殿、寺门朝西。当年，柳宗元自己拿钱，在法华寺"西庑"外建立西亭，为西亭写过诗文。元和四年九月，柳宗元"因坐法华西亭，望西山，始指异之"，触动了前往出游的念头。柳宗元去西山宴游途中，细致地描述了"斫榛莽，焚茅茷，穷山之高而止。攀援而登"。粮子岭丘岗平缓，从山下到山顶不需要做这样艰辛的爬越攀登，只有登珍珠岭才合此情景。尤其是到了西山顶上还有一段很重要的景物描写，"箕踞而遨，则凡数州之土壤，皆在衽席之下。其高下之势，岈然，洼然，若垤，若穴。尺寸千里，攒蹙累积，莫得遁隐。萦青缭白，外与天际，四望如一"。这一段话对西山位置的确认非常关键。因为，如果确定得不准确，登山之后就找不到柳宗元宴游登临之境遇。粮子岭海拔高度146米，在河西诸山不算很高。而珍珠岭的海拔高度为187米，是河西的最高点，比粮子岭高出很多。柳宗元宴游的西山若

---

① 《柳宗元在永州》，中州古籍出版社，1994。
② 零陵地方志编纂委员会编《零陵地区志》，湖南人民出版社，2001。
③ 何书置：《柳宗元研究》，岳麓书社，1994。
④ 刘继源：《柳宗元诗文研究》，珠海出版社，2003。

是粮子岭，肯定写不了"箕踞而遨，则凡数州之土壤，皆在衽席之下""尺寸千里""四望如一"的感受，也会让后来之人寻西山大失所望。只有登上珍珠岭，才能得到柳宗元笔下西山之佳境。至于元和八年柳宗元《与崔策登西山》一诗，龙震球先生说"即今日柳子庙背后的珍珠岭"，陈雁谷先生也没提出别的意见，实质上都认同珍珠岭即为西山。

从查阅有关文献方面来看，西山是潇水西岸的哪一座山，大致从明代起就有两种说法。第一种是徐霞客说。1436年3月，明代徐霞客到永州寻访柳宗元踪迹，认定柳宗元笔下的西山"当即柳子祠后面圆峰高顶，今之护珠庵者是"；"又闻护珠庵之间有柳子崖，旧刻诗篇甚多，则是山之为西山无疑"①。第二种是易三接说。明代易三接在《零陵山水志·西山纪》中说："自朝阳岩起至黄茅岭而北，长亘数里，皆西山也。"并说："山列如带，石如散花，以类相从，分结为队，矗为青壁，叠为苍磴，窍为深洞，布为疏林，秀色郁蒸不已而云生焉，或自西山而渡湘水，或自湘水而绕白萍州，又或自白沙清江而苍流城郭，翠拂楼台皆西山之石为之也，柳侯是以津津于西山。"现存清代所修地方志，对这两种说法都加以收存。清康熙九年（1670年）刻本的刘道著修、钱邦芑纂《永州府志·卷一·图象志》所绘"永州府零陵县四境图"，明确标记西山在愚溪入潇水的北面；但在《卷八·山川志》西山题下，又列举易三接"自朝阳岩起至黄茅岭而北，长亘数里，皆西山也"。晚清宗稷辰《永州府志》也是如此。他在《卷一·舆地图》将西山描绘在愚溪北面，《卷一·舆地陆路图说》的描述记载亦如是："零陵县西过平政桥，沿愚溪行，左路经西山之下，循东安大道三十里，至宝方寺为东安界；右路由枫木铺、黄田铺至东乡桥六十里又三十里，至枣木岭而接全州界……"但在《卷二·名胜志》中又说："柳氏表章永州诸山水，其最惓惓者曰西山。西山在城西门外渡潇水二里许。自朝阳岩起，至黄茅岭北，长亘数里，皆西山也。"这表明，宗稷辰《永州府志》也至少同时使用两种"西山说"，一种是实指，即确指珍珠岭；一种是泛指，即包括了潇水西岸的粮子岭、珍珠岭等这一串山头。

---

① 《徐霞客游记·楚游日记》，卷二下。

根据上述两方面研究论证得知，柳宗元笔下的西山即今柳子庙背后的珍珠岭，将相对于城内东山而言的河西一带山头泛指为西山，这是明代易三接的说法。但易三接说为什么会成为龙、陈两位先生确指粮子岭为西山的依据呢？这中间存在柳文阅读的一个难点。柳宗元《始得西山宴游记》之后，紧接着就有《钴鉧潭记》《钴鉧潭西小丘记》，在记述钴鉧潭、西小丘这两处地方时对西山的方位也作了说明。"钴鉧潭在西山西"[1]，"得西山后八日，寻山口西北道二百步，又得钴鉧潭"[2]。按照东西南北的地理方位来说，珍珠岭、粮子岭基本上都在自北向南的一条轴线之上。愚溪从西南而来，"其始盖冉水自南奔注，抵山石，屈折东流"，在珍珠岭与粮子岭之间拐弯向东入潇水，并在此造就出钴鉧潭。但是，就在愚溪"抵（珍珠岭西南面脚下的）山石，屈折东流"所拐的这个弯上，带来"钴鉧潭在西山西"方位的困惑。因为，钴鉧潭在珍珠岭、粮子岭之间略微靠西的位置，而且是在粮子岭的北面，所以，龙、陈两位先生将粮子岭确指为西山，走的是由钴鉧潭的定位来确认西山的路子。这看起来似乎解决了"钴鉧潭在西山西"的方位问题，但紧接着会引起西小丘、小石潭等位置难以确认的新混乱，并且粮子岭没有"山口西北道"，也无法解释粮子岭与珍珠岭各自山顶景物迥异的状况。因而，若将粮子岭定为西山，无论是文中所写方位，还是心理错觉方位都说不通。唯一能够解释的是，柳宗元是一个非常优秀的山水文学作家，但不是一个十分确切的地理学家，以至在方位的把握上只是一个概述。当年他游西山、钴鉧潭、西小丘等已是农历九月底十月初，太阳直射早已退出北回归线南移，光影北斜，很容易给人造成将西南当作西方的心理错觉。当时冉溪周边古木参天，加之溪流曲折，干扰游者在愚溪边辨认方向。如此一来，他在《钴鉧潭记》《钴鉧潭西小丘记》中所写西山与钴鉧潭的位置关系出现偏差是可以理解的："钴鉧潭在西山西

---

[1] 柳宗元：《钴鉧潭记》。
[2] 柳宗元：《钴鉧潭西小丘记》。

（实为西山西南）"①，"从小丘西（实为小丘西南）行百二十步……"②。由于柳宗元将西南当作西方写入文章后，让后来者产生辨析上的困惑。今天我们弄懂这一点，对柳文阅读中的难点也就迎刃而解。往事越千年，如今珍珠岭"圆峰高顶"（徐霞客语），尤其是山顶上仍然可见寒武纪砂岩遍布，"石如散花"（易三接语），这种地质蓄水程度极低，不利于草木生长，没有粮子岭山头土层厚实易于植物生长那样郁郁葱葱的地貌。所以，要想达到登顶后"尺寸千里""四望如一"的视野，粮子岭不仅与珍珠岭高差悬殊，而且地貌也是截然不同的，只有珍珠岭之高大突出加上瘠薄的生物环境，才是柳宗元笔下所记之西山。

综上，将柳宗元笔下的西山定在粮子岭是错误的，珍珠岭才是《始得西山宴游记》的西山。

三　不能把香炉山认作香零山

《登蒲洲石矶望横江口潭岛深迥斜对香零山》一诗，柳宗元写于元和四年。吴文治本《柳宗元集》题下引韩醇注，〔韩曰〕香零山在永州。没有具体确指。

这首诗的诗题较长，可以分开来读：登——蒲洲——石矶——望——横江口——潭岛——深迥——斜对——香零山。蒲洲，就是苹岛，当地传说苹岛下面有一对金鸭子，不管涨多大的洪水，都能将苹岛浮在水上，零陵俚语浮字读 pu 音，与蒲相同。柳宗元祖籍河东永济，隋唐之时亦名蒲州，所以他去苹岛按方言俚语记为蒲洲，对州字添加水的偏旁。石矶，时为秋天枯水期，潇湘二水落下去后，在潇水西岸水中巨石裸露为矶，人们可以踩踏石矶步行上岛。横江口，在石矶上望苹岛，横亘于潇水与湘水汇合的江口。潭岛，登上岛见到江口水深如潭，两水汇合迥迥，"迥潭或动容，岛屿疑摇振"。最后斜对——香零山，在潭岛上斜对右岸郁郁葱葱的

---

① 柳宗元：《钴鉧潭记》。
② 柳宗元：《钴鉧潭西小丘记》。

香零山。应该说，柳宗元为香零山做了十分精确的定位，它就在苹岛斜对岸上。为何此地名字称为香零山？这与零陵香草有关。

舜南巡狩，崩于苍梧之野，葬于江南九疑，零陵因舜帝而名。自屈原以来，舜帝、香草、美人一直作为高洁的象征，与零陵相连。《楚辞》："既滋兰之九畹，又树蕙之百亩。"刘禹锡与柳宗元同贬，时为朗州（今常德）司马，所写《潇湘神·湘水流》："湘水流，湘水流，九疑云物至今秋。若问二妃何处所，零陵芳草露中愁。"末句"零陵芳草露中愁"，既有感于舜与湘妃的传说，也有对谪居永州零陵郡好友柳宗元的牵挂。宋沈括《梦溪补笔谈·药议》：零陵香，本名蕙，古之兰蕙是也，又名薰。《左传》曰：一薰一莸，十年尚犹有臭。即此草也。唐人谓之铃铃香，亦谓之铃子香，谓花倒悬枝间如小铃也。明李时珍《本草纲目·草三·零陵香》〔集解〕引苏颂曰：零陵香，今湖岭诸州皆有之，多生下湿地，叶如蔴，两两相对，茎方，常以七月中旬开花，至香，古云薰草是也。根据蕙草（《别录》）、香草（《开宝》）及李时珍的查勘，古者烧香草以降神，故曰薰，曰蕙。薰者熏也，蕙者和也。《汉书》云：薰以香自烧，是矣。或云：古人袚除，以此草熏之，故谓之薰，亦通。范成大《桂海虞衡志》言：零陵即今永州，不出此香。惟融、宜等州甚多，土人以编席荐，性暖宜人。今按：殊不知，汉代零陵旧治在今全州，东汉时移泉陵（今零陵）。郡治跨越今永州、桂林、邵阳、娄底、衡阳西部皆零陵属地。江苏的镇江、丹阳皆莳而刈之，以酒洒制货之，芬香更烈，谓之香草，与兰草同称。所以，今人又呼其为广零陵香，在名称上将零陵香这种薰蕙香草扩展了地域。零陵香草产自哪里？在当地必然有所依托。柳宗元谪居永州期间，零陵城不大，东门在现在的永州五中旁边，北门在零陵汽车站旁边，西门在今大西门尚有遗迹，南门在永州三中旁边。苹岛斜对岸都是在零陵城外，植被丰富的缓丘山地上，当年应当到处都有这种香草。柳宗元笔下记载的香零山，应该就是这样一种写照。

奇怪的是，近些年人们将零陵城东方潇水河中的香炉山看成香零山。刘继源先生在《柳宗元诗文研究》书中认为，造成这一问题的原因归结为清朝中后期各地盛行的滥造"八景"风。因为，从唐代柳宗元到明代徐霞客，对香零山包括香炉山的指认都非常清楚。"下舟溯江，转折而东，七里至香炉山。山小若髻，独峙于西岸，山江中，乃石骨攒簇而成者。"①《莫氏族谱》进一步佐证了这一情况。这是民国十七年瑞梅堂的石刻本印刷物，记叙了莫氏一族从道县迁徙来到零邑楚江墟定居，其前后500年间这一支族人丁口的变化。这是一部极为普通的族谱。其中，收辑的"永州府图"，图绘永州城东方潇水河中的小岛是香炉山，而不是香零山。今按：大致在明代以前，永州零陵城东潇水河中的小岛，状似香炉，名为香炉山。自清以降，地方人士或为附庸风雅，将零陵城东潇水河中孤岛造景为"香零烟雨"，亦或无知者以讹传讹，以至香炉山居然摇身一变成了香零山。正本清源，香零烟雨景观可以更名香炉烟雨，韵味无穷。亭亭玉立于潇水之中的香炉形状，李白"日照香炉生紫烟"的诗句，在这里有了更确切的实物注解。李白当年既到过永州也到过庐山，他的咏"香炉"诗句可能是两地隽永的话题，也许是一个永远的谜。柳宗元笔下的香零山，可以在苹岛斜对岸郁郁葱葱的山上复名，更好地传承弘扬零陵香草美名。

---

① 《徐霞客游记·楚游日记》，卷二下。

"宗元不谨先君之教，以陷大祸"探析*

贾 茜**

摘 要：柳宗元的命运随着永贞革新的失败极速逆转，背负着罪臣之名，遭受了长达十四年的远谪，最终逝于柳州之任所。关于柳宗元仕途悲剧的原因，现存史料文献多有涉及，有的归因于客观环境的颠倒是非、奸佞当道，有的归因于革新派行事作风不当。有一条资料很有价值却鲜少进入研究者的视野，那就是柳宗元自己所言"宗元不谨先君之教，以陷大祸"（《先侍御史府君神道表》）[①]。"先君之教"是指柳宗元父亲柳镇对他的言传身教，那么"先君之教"究竟包含什么呢？虽然柳镇的诗文并未留存下来，但我们依然能够根据柳宗元诗文中的若干描叙以及相关史料来钩稽一二。由此旁及史料、文献，或可考辨出柳宗元人格、理想与处世之道的根蒂所在，这对研究柳宗元思想具有重要意义。同时，将柳镇、柳宗元父子放入唐代文学及思想史来看，柳镇这位世家之后、大家之先，其仕途轨迹及处世态度，体现着盛唐之后、身经两乱（安史之乱、建中之乱）的这一代士人对文学、思想传统的接续。

关键词：柳宗元 柳镇 先君之教

---

* 基金项目：本文是2019年度广西高校中青年教师科研基础能力提升项目"柳宗元柳州时期文学创作的艺术特色研究"（项目编号：2019KY0897）的阶段性成果。

** 作者简介：贾茜，河北人，硕士研究生，副教授，中国古代文学专业，研究方向是魏晋南北朝隋唐五代文论，任教于广西外国语学院文学院。

① （唐）柳宗元：《柳宗元集》，中华书局，1979，第297页。

引　论

关于柳宗元思想的研究，目前学界的成果主要在于他的政治理想、人本思想、人文精神、"文以载道"方面，或者研究他对于儒家、佛家的接受，或具体到对某种治学处世思想的传承，或者研究他在贬谪期间的精神态度等；很少见到有从家学家风的角度对其人生理想、价值追求进行的探讨。本文主要以柳宗元为其父写的《先侍御史府君神道表》及为其母、叔父写的墓表为研究依据，从中梳理柳宗元父亲柳镇对他的思想影响，以及柳宗元如何评价父亲从政为学，以此反观自己悲剧命运的原因；将二人放到文学思想史中来看，或许让我们看到了安史之乱之后这两代士人的精神传续。需要强调的是，本文并非泛论柳宗元家风传习的问题，而是将柳镇父子放到中唐文学史和思想史中，紧扣材料，分析柳宗元如何追述柳镇的为人为政之风，尤其是怀着懊悔、自省，甚至自责的心态，表层意思是在追述先君之教，实则对自己的仕途遭遇进行着深刻的反思。

一　"不谨"之语的根由

"宗元不谨先君之教，以陷大祸"，这条材料在研究柳宗元人生及仕途悲剧中应当引起重视。原因在于，这一痛彻心扉的感悟并非泛泛言之，而是在柳子人生最低谷、最颓丧、经历了大祸之后有意识地自省。要说清这条资料的根由，首先须了解一下柳镇其人。

从《旧唐书》以及柳宗元为其父所作墓表《先侍御史府君神道表》来看，河东柳氏祖上非常显赫。柳镇七世祖柳僧习，官至尚书右丞；六世祖柳庆，西魏时官至骠骑大将军；五世祖柳旦，北周时以功授仪同三司，中书侍郎，封济阴公，入隋后，封新城县男，后又被征为太常少卿，摄判黄门侍郎。入唐后，四世祖柳楷曾任四州刺史；四世伯（叔）祖柳亨受到唐高祖李渊的爱重，娶其外孙女为妻；高祖柳子夏唐初为徐州刺史；伯祖

"宗元不谨先君之教，以陷大祸"探析

柳奭，在高宗朝任宰相。柳家是从柳奭开始，受到武则天掌握权柄这一政治变局的牵连，开始衰落了。① 从柳镇的祖父开始，官不过县令主簿、侍御史等七八品官吏。柳宗元将家史总结为"世德廉孝，飔于河浒"②，若借用杜甫所谓"奉儒守官"来概括柳家家风传习，亦为中肯。

柳镇其人，在史书中未见专篇记载，在《旧唐书》卷十一柳宗元的传文中聊有概说："柳宗元，字子厚，河东人。后魏侍中济阴公之系孙。曾伯祖奭，高宗朝宰相。父镇，太常博士，终侍御史。"③《先侍御史府君神道表》载："贞元九年，宗元得进士第……是岁五月十七日卒，享年五十五。"柳镇逝于贞元九年（793年）五月，享年五十五岁，当时柳宗元二十一岁。由此推演，柳镇当生于738年，即唐玄宗开元二十三年。柳镇生长于大唐盛世，"天宝末，经述高第"（《先侍御史府君神道表》）。④ 天宝末年取得功名时当为755年，柳镇此时十七岁。接着，就发生了安史之乱。

> 遇乱，奉德清君夫人载家书隐王屋山。间行以求食，深处以修业。合群从弟子侄讲《春秋左氏》《易王氏》，孜孜无倦，以忘其忧……乱有间，举族如吴，无以为生。（《先侍御史府君神道表》）

安史之乱爆发，不到二十岁的柳镇表现出了超越其年龄的镇定和从容。他带着母亲及族人一起隐居在王屋山，并向从子侄们讲授《春秋左氏》《易王氏》等学术经典，以此来获得度过苦难的精神良药，得到母亲的称赞"兹谓遁世无闷矣"。后来，又带着族人去了吴地。安史之乱平定之后，柳镇向朝廷上书主要是建议重建社会孝悌规范，发展农耕经济。后来又被任命为左卫率府兵曹参军，先后奉职于郭子仪帐下的节度推官以及晋州录事参军。其间，因秉直言事或庇护弱者而得罪上司，甚至遭到晋之守官以几相掷。这段军旅生涯因为失望而结束，失望的原因是"以为自下

---

① 张俊纶：《柳宗元》，湖北人民出版社，2012，第3页。
② （唐）柳宗元：《柳宗元集》，中华书局，1979，第294页。
③ 《旧唐书》，中华书局，1975，第4213页。
④ （唐）柳宗元：《柳宗元集》，第294页。

绳上，其势将殆"，他还作了一首《泉竭木摧诗》以表愤懑。这个激烈冲突的结果是"秉直以免于耻"，正气获得了应有的尊严，柳镇的拳拳之心也没有被辜负，被任命为长安主簿，这时他的母亲德清君去世。为母亲服丧之后，柳镇又被吏部任命为太常博士。但是这时，柳镇三辞其职，坚决地自请外任，以"有尊老孤弱在吴"为由，申请任宣城令（此时柳镇约三十九岁，柳宗元五岁）。四年后，又任弘农岇乡县令。接着，建中之乱爆发，朝廷被迫逃往奉先，柳镇此时在鄂州刺史李兼处做幕僚，叛军李希烈攻打夏口时，柳镇为李兼献计①，赢得了夏口保卫战的胜利，并作了《夏口破虏颂》。据《先侍御史府君神道表》的叙述，此后几年，柳镇再次因为秉公处理诉讼而得罪了权贵，被贬为夔州司马。又过了几年，权贵因丑事败露获罪，柳镇得以平反，最终被拜为侍御史。这也是他仕途生涯的最后一个职位。

纵观柳镇一生的仕途，两次经历动乱，两个阶段任军中文职，两处隐居（分别是王屋山和吴地），一次自请外任（宣城），一次被贬（夔州），但终究获得"守正为心，嫉恶不怯"的清誉。这个过程可以概括为两进两退，一次外任，一次被贬，终获清白。当得起治世栋梁，负得起乱世筹算，进则刚正有为，退则从容安泰，这种精神气质，无疑与中唐社会整体的理性风尚是合拍的，刚健有为在他的行止中也成为主流；除此之外，我们也不可忽视，生于盛唐、长于世族大家的柳镇，也不可避免吸收了盛唐时代的那种浪漫天真的风神，尤其是当时极盛的道家思想也难免对其有所影响。从李白、杜甫诗坛顶峰到韩愈、柳宗元这代"经历了磨砺的中唐士人""诗人兼子兼大政治家"②之间，实际上还有柳镇这样一代承接点，他们既有盛唐之梦想，又有中唐之务实。说到盛唐之梦，我们不能忽视两个地点，一个是王屋山，一个是吴中宣城。王屋山为道家名山，盛唐时期司马承祯曾于此修道，李白在此曾获得司马承祯"天才英丽"的美誉，在入长安寻求机遇之前与被赐金放还之后都饱含深情地登览此山，留下了与

---

① 张俊纶：《柳宗元》，湖北人民出版社，2012，第 11 页。
② 赵昌平：《李白性格及其历史文化内涵——李白新探之一》，《文学遗产》1999 年第 2 期。

司马承祯、魏万、杜甫、高适等一众好友的好诗佳话。吴中宣城,是柳镇三请外任之地,此地的文化标志,远可追踪谢朓,近可拾贝太白,柳镇强烈要求到此地做官,恐怕除了因为"尊老孤弱在吴",也是饶有深意的。由此看来,柳镇这代人与柳宗元这代人的思想相比,除了务实有为的一面,还多了一点盛唐品质,尤其是道家思想里面玄思悠远、保身全生的精神,而不是仅仅托命于仕途功名。这一点或许就是揭开"宗元不谨先君之教"的关键。那么柳宗元是在什么情形下做了这样的反省呢?这就涉及《先侍御史府君神道表》产生的来龙去脉。

柳镇去世时的墓表是由柳宗元的仲叔所作,柳宗元为父亲作的《先侍御史府君神道表》实为补作,其时为元和二年(807),此时柳宗元在永州司马任上已是第三年。自遭贬以来,母亲卢氏一直陪伴他,于元和元年五月病逝于永州;第二年,卢氏的灵柩归祔于京兆万年柳镇之墓。柳宗元此时为父亲作了《先侍御史府君神道表》,为母亲作了《先太夫人河东县太君归祔志》。这两篇悼文情之恳切,悔之深切,令人读之犹闻恸哭、如见涕泪。因自己获罪而连累母亲生前受颠沛之苦,又不能亲自护送母亲的灵柩归祔祖茔,柳宗元颇为自责和愧疚:"既不克成先君之宠赠,又无以宁太夫人之饮食,天殛荐酷,名在刑书。不得手开玄堂以奉安祔,罪恶益大,世无所容。尚顾嗣续,不敢即死。"(《先侍御史府君神道表》)① 这种羞愧悔恨之意在哀悼母亲的文章里表达得更为强烈:"其孤有罪,衔哀待刑,不得归奉丧事以尽其志。呜呼天乎!太夫人有子不令而陷于大僇,徙播厉土,医巫药膳之不具,以速天祸。又今无适主以葬,天地有穷,此冤无穷。"②"窜穷徼,人多疾殃,炎暑熇蒸,其下卑湿,非所以养也。诊视无所问,药石无所求,遂遭大罚。天乎神乎,其忍是乎!而独生者谁也?为祸为逆,又顽狠而不得死,以至于今。灵车远去而身独止。"③ 丧母之痛与仕途之悲交织在一起,背负着罪臣之诬,不能全人子之义,毫无转机之望又不得不为了传续子嗣而苟活,母亲之死激起柳宗元心中巨大的波澜,必定也触发了一次关于立身处

---

① (唐)柳宗元:《柳宗元集》,中华书局,1979,第297页。
② (唐)柳宗元:《柳宗元集》,第325页。
③ (唐)柳宗元:《柳宗元集》,第327页。

世的痛苦的自省，回忆起父母的某些言传身教，思考自己"陷大祸"的原因，当是真实思想的流露，而非泛泛言之。

柳宗元此篇神道表将自己"陷大祸"归因于"不谨先君之教"，当然事实上并不全然如此，但也可见以下两点：其一，父亲对他如何立身处世、立足仕途是有过明确的期待和教诲的，而他并未完全遵从；其二，柳宗元在经历人生坎坷之后对父亲的教诲有深刻领悟，甚至有所悔悟。那么，柳宗元憾未遵从的"先君之教"是什么呢？

二 "不谨"之一：守正为心，纯深之行

柳宗元在《先侍御史府君神道表》中对柳镇一生事迹的叙述，突出了父亲仕宦生涯中的几件大事。

第一件事是安史之乱后，柳镇写了三篇奏疏，第一篇是为了能够"时兴太学，劝耦耕"而作的《三老五更议》，这篇奏疏未被采纳。继而被调入军中，又被汾阳王郭子仪延揽，"授左金吾卫仓曹参军，为节度推官，专掌书奏，进大理评事"，在此任上，又写了两篇奏疏：《晋文公三罪议》《守边论》，主张"以为刑法者军旅之桢干，斥候者边鄙之视听，不可以不具"，即军队中必须设置"刑法者"（刑法的执行者）和"斥候"（军队的监督者）。虽然这些议论没有被"世人"接纳，却引起了郭子仪的注意，推荐他做了晋州录事参军。

第二件事是在晋州录事参军任上，敢于与"少文而悍，酣嗜杀戮"的晋州太守据理抗争，为保护无辜受刑的人，以自己的身体挡住鞭打杖击；甚至为了坚持真理，被骄悍的太守"投几折簪"，却不改其志。这件事的结果是"终秉直以免于耻，调长安主簿"。

第三件事是柳镇进入朝廷担任殿中侍御史，恰逢宰相和御史台的人结党营私，诬陷正直的人来报私仇。有人击打登闻鼓来让皇上知道，皇上命令柳镇带领三司来审理这事，他到任后就为这件事平反了。但柳镇终究以其他的理由被中伤，贬为夔州司马。三年后，奸邪的人被惩治，柳镇被授予侍御史的官职，皇帝制书曰："守正为心，疾恶不怯。"贞元九年，柳宗

元被擢取为进士时,德宗皇帝也坚信"是故抗奸臣窦参者耶!吾知其不为子营私矣",据韩愈《柳子厚墓志铭》所述"逮其父时,虽少年,已自成人,能取进士第"[①]。

这三件事集中体现了他的几种品质:持心方正、坚持理想;大义为公,赢得清誉;穷达自任,审时之明。

首先,持心方正,坚持理想。无论是在"时兴太学,劝耨耕"的文教、经济建设方面,还是在任参军的军队建设方面的建言,对于安史之乱之后的大唐社会,都是直指时弊,可见柳镇有着强烈的参政欲望,希望立功立德,治国救民,对于理想执着地坚守。这从他流传下来的诗文题目也可见一斑。

> 既而以为天子平大难,发大号,且致太平,人雁兵戎,农去耒耜,宜以时兴太学,劝耨耕,作《三老五更议》。(《先侍御史府君神道表》)

《礼记·文王世子》天子视学设三老五更之位,郑注云:三老象三辰,五更象五星。蔡邕云:三老三人五更五人,"更"当为"叟","叟","老"称。[②] 由此我们可以推知,柳镇所作的《三老五更议》,当是在乱离之后,谏议推行孝悌,尊养老者。

> 以为刑法者军旅之桢干,斥候者边鄙之视听,不可以不具。作《晋文公三罪议》《守边论》,议事确直,世不能容。(《先侍御史府君神道表》)

注曰:"僖公二十九年,左氏晋文公杀颠颉、祁瞒、舟之侨,君子谓文公能用刑矣,三罪而民服。"(295)晋文公杀了这三人的典故可见于

---

① (唐)韩愈著,卫绍生注译《韩愈集》,中州古籍出版社,2010,第250页。
② (唐)柳宗元:《柳宗元集》,中华书局,1979,第295页。

《左传·僖公二十九年》,大意是这三人做了违反军令的事情,晋文公能够赏罚严明,杀三个罪人而百姓顺服。① 由此来看,《晋文公三罪议》当是谏议军令严明,赏罚分明。柳镇所作的另外一些诗文题名,也可见于《先侍御史府君神道表》,摘录如下:

> 以为自下绳上,其势将殆,作《泉竭木摧诗》。
> 元戎大攘狁房,增地进律,作《夏口破房颂》。
> 卒中以他事,贬夔州司马。作《鹰鹯诗》。
> 作《喜霁之歌》。副职持宪,以正经纪。

联系上下文可见,柳镇所作的诗文大多有较为明确的事功指向,且积极有为,力求针对时弊提出有效对策。在这方面,柳宗元可谓继承了其父的遗风,渴望通过改革建立一个美好的大唐社会。

其次,柳镇有着守正为心、疾恶不惧、不谋私利的行为气度,赢得了清誉。虽然我们不能看到他所作奏议的原文,但从柳宗元所叙述其奏议主张来看,却是切中时弊的要害,不带有任何谋求私利的色彩,尤其是面对剽悍无理的晋州太守,他能够保护无辜受刑的弱者,这种大义为公的行止态度也为他赢得了信任和尊敬。此外,又有以下两条资料颇耐人寻味。

> 后数年,登朝为殿中侍御史,会宰相与宪府比周,诬陷正士,以校私仇。有击登闻鼓以闻于上,上命先君总三司以听理,至则平反之。为相者不敢恃威以济欲,为长者不敢怀私以请间,群冤获宥,邪党侧目,封章密献,归命天子,遂莫敢言。逾年,卒中以他事,贬夔州司马。居三年,丑类就殛,拜侍御史。制书曰:"守正为心,疾恶不怯"。先君捧以流涕。(《先侍御史府君神道表》)

在柳镇任侍御史期间,宰相诬陷正直之士,公报私仇,有一桩案件是

---

① 《左传》,中华书局,2012,第531页。

皇帝命令柳镇会同三司来审理。柳镇秉公执法，众人叹服，但也得罪了宰相。后来宰相抓住其他把柄报复柳镇，于是被贬夔州。又过了三年，奸臣因丑闻败露，柳镇得以平反，还被德宗皇帝赞许为"守正为心，疾恶不怠"。这让柳镇感动得痛哭流涕。以至于德宗皇帝在柳宗元年纪轻轻考中进士的时候，也非常坚定地相信柳镇是"抗奸臣窦参者"，一定不会为他的儿子徇私舞弊的。

此外，从柳宗元撰写的《先君石表阴先友记》，我们也可从柳镇的朋友身上看到他的品格。《先君石表阴先友记》附在《先侍御史府君神道表》之后，刻于墓碑之阴。这个"先友记"列出了柳镇的六十八个朋友。常言道："物以类聚，人以群分。"从这些"先友"身上，我们也可以看到柳镇的某些同气相应品质。其中，列于前几位的分别是：

> 袁高，河南人，以给事中敢谏诤，贞直忠謇举无与比，能使所居官大，再赠至礼部尚书。
>
> 姜公辅，为内学士，以奇防取相位，好谏诤免，后以罪贬，复为刺史，卒。
>
> 齐映，南阳人，为相以文敏显用。
>
> 严郢，河南人，刚厉好杀，号忠能，为京兆河南尹、御史大夫。善举职，为邪险构扇，以贬死。
>
> 元全柔，河南人，气象甚伟，好以德报怨，恢然者也。为大官，有土地，入为太子宾客。

罗列之后，柳宗元评价道："孤宗元曰：先君之所与友，凡天下善士举集焉。信让而大显，道博而无杂，今之世言交者以为端，敢悉书所尤厚者附兹石以铭于背如右。"[①] 意思是，我的父亲与他的这些朋友一样，是为"天下善士"[②]。这些"先友"的共通之处都是好谏诤、敢谏诤的方正

[①] （唐）柳宗元：《柳宗元集》，中华书局，1979，第308页。
[②] "天下善士"源于孟子的交友之道讲求"友，也者，友其德也"。

有为之士，而且品德高尚纯粹。盖棺论定，柳镇的为人与为政清正廉明、刚直不阿、以天下为公的品质，使他无论生前还是死后未留下任何明显的异议。这一点在柳宗元为叔父写的碑文中也可以旁证：

> 公元兄以纯深之行、端直之德，名闻于天下。官至侍御史，持斧登朝，宪章肃清。（《故叔父殿中侍御史府君墓版文》）

所谓"纯深之行"，意思就是行为诚挚而纯粹，毫无谋私之嫌。这一点，在柳宗元中进士之后（柳宗元中进士在其父逝世之前），唐德宗对柳镇"不为子营私"的评价也可见一斑。皇帝的信任是一种无形的嘉奖，何况是生前获得。反观柳宗元的仕途，主政者的信任实在是柳宗元仕途通达与否的关键。

以上材料，足以可见柳镇为人之光明磊落，很好地树立了自己大公无私的高尚形象。在这些叙述中，我们也感受到柳宗元对其父这种大义为公、持心方正、坚持理想的高度崇敬。

从坚守理想、割除弊政的政治抱负上来看，柳宗元是继承了其父的遗风。即使在他被定义为"罪臣"的情况下，依然怀抱着"唯以中正信义为志，以兴尧、舜、孔子之道，利安元元为务"（《寄许京兆孟容书》）。但在树立"大义为公"的政治形象这一点上，纵观柳宗元的一生仕途，却尚有争议，确实是未谨先君之身教的。

当然，我们不能轻率地认为柳宗元与"二王"等人谋求变法不是为了中兴家国、造福苍生之公利，但依据现有大量材料，他们的行止确实给人以不够威重和磊落的印象。比如，柳宗元的朋友韩愈有这样的论述："子厚前时年少，勇于为人，不自贵重顾藉，谓功业可立就，故坐废退。"（《柳子厚墓志铭》）[①] 这里韩愈以友人的身份来评价，实际上相当含蓄和温和。"谓功业可立就"这一说，并没有展开来批评友人及其党人那种急功近利、不善于权衡全局的行事特点，也在"为功业可立就"与"坐废退"之间留下了

[①] （唐）韩愈著，卫绍生注译《韩愈集》，中州古籍出版社，2010，第254页。

很大的因果空间。而这个空间在《资治通鉴》中有所填补。

> 叔文虽判两使，不以簿书为意，日夜与其党人屏人窃语，人莫测其所为。(《资治通鉴》卷二三六)①
>
> 每事先下翰林，使叔文可否，然后宣于中书，韦执谊承而行之。外党则韩泰、柳宗元、刘禹锡等主采听外事。谋议唱和，日夜汲汲如狂，互相推奖，曰伊、曰周、曰管、曰葛，偭然自得，谓天下无人。荣辱进退，生于造次，惟其所欲，不拘程式。士大夫畏之，道路以目。素与往还者，相次拨擢，至一日除数人。其党或言曰，"某可为某官"，不过一二日，辄已得之。(《资治通鉴》卷二三六)②

王夫之对这一段的解读更为直接地表达了对革新派工作及行事作风的批评。

> 所可惜者，器小而易盈，气浮而不守。事本可共图，而故出之以密；谋本无他奇，而故居之以险。胶漆以固其类，亢傲以待异己，得志自矜，身危不悟。以言要之，不可大受而已矣。(《读通鉴论》)③

"器小""气浮""居之以险""得志自矜，身危不悟"，这些特点也告诉我们，当时这支年轻的革新队伍抱着多么急切而又自负的心态，他们自认为在从事一项改天换地的伟大事业，因而缺乏一种老练政治家的从容、稳重，以及和光同尘的觉悟。这实际上是把革新的道路越走越窄，甚至给人以权谋私的印象。在中唐这个党锢之争与藩镇割据、宦官擅权交织的复杂局势中，一小部分革新者用国家权柄来摧毁藩镇、宦官两大势力的权力，并给人以谋求私利的印象，这无疑会失去一大部分持中间态度者的

---

① 《资治通鉴》，北京联合出版公司，2016，第2818页。
② 《资治通鉴》，第2818页。
③ 康震：《康震讲柳宗元》，中华书局，2018，第20页。

支持，以至于进入孤军之境。① 在这一点上，柳宗元及其改革同僚未能如其父那样树立"大义为公"毫无异议的正面形象，他们的一些引起众怒的行为方式，遑论当时授人以柄，即使是一百多年之后，也被政见对立者（反对革新）司马光挑出多种弊病。而这些无关革新内容、很大程度上是政治行为的不成熟，是可以自觉地避免的。

最后，柳镇遭遇过安史之乱、建中之乱两大丧乱的仕宦生涯，可谓起落跌宕，但他能够穷达自任，出处由己，也就是说，在心态上他对自己仕途的把握是相对柳宗元更为有力的、主动的、自由的。柳镇为官比较坎坷，得罪了不少人，受了不少罪，仕途艰辛，但从他的人生经历来看，他相对于柳宗元是比较有韬光养晦之意识的。而这一点，从人情常理来推测，作为坚守理想、忧及天下却又仕途坎坷的父亲，或许曾经告诫自己的儿子，不要过于激进和理想化，要懂得出处自任，仰待时机，但是，柳宗元在这方面显然未能做到，这从二者对《周易》的接受或可略见一二。

三 "不谨"之二：《易》直方大，遁世无闷

前文已述，在进与退的人生选择中，柳镇表现出比较圆融的境界。其母德清君赞美他"兹谓遁世无闷矣。乱有间，举族如吴，无以为生"。（《先侍御史府君神道表》）"遁世无闷"出自《易·乾卦·文言》，是对初九爻"潜龙勿用"的注解："不易乎世，不成乎名，遁世无闷。不见是而无闷。乐则行之，忧则违之……"意思是："有龙一样品德而暂时隐居的人，他们不会因世俗的丑恶改变自己的品德，也不会因侥幸的成功而扬名于世。他们遁隐于世也不苦闷，不能扬名于世也不苦闷。"那么，我们是否可以根据柳镇对《周易》的接受，来看他的人生哲学呢？

在《先侍御史府君神道表》中，有一条柳宗元父亲如何接受《周易》的材料。柳宗元对父亲的学养有这样的描述："先君之道，得《诗》之

---

① 康震：《康震讲柳宗元》，中华书局，2018，第19页。

群,《书》之政,《易》之直方大,《春秋》之惩劝。"①。其中,"《易》之直方大"与其他三者的言说方式有所不同:其他三者皆泛言经典之功用及特点,而对《周易》,独独从中抽捡出"直方大"三字,作为父亲,当是对其明确训示或特别强调过的。

"直方大"出自《周易·坤卦》:"六二,直方大,不习,无不利。""直方大"意为:"六二处于中正之位,有端方之体,宏大之德。"② 六二爻处于坤卦中正之位,有正直、宏大、端方的品德,即使不学习(或引申为不作为),也能够顺利行事。《象》曰:"六二之动,直以方也。'不习,无不利',地道光也。"③ 意思是六二的变动处于中正之位,顺从事物的规律性,能持以方正之德,即使不习(不能有所作为),亦能发扬大地生发哺育万物的德行。此卦辞及《象传》的解释,都凸显了两点:第一,坤卦中正之位的宏大端方之德;第二,坤卦所隐含的阴柔无为却能承载万物的所谓"不习,无不利"。这两点不仅可以体现出自觉坚守自我道德的谕示,更可隐喻在"不习"的境遇中,发扬坤母之道的人生哲学。这在柳宗元对父亲经历的叙述中也有所体现。

> 先君独乘驴无僮御以出,求仁者冀以给食。尝经山涧,水卒至,流抵大壑,得以无苦。被濡涂以行无愠容,观者哀悼而致礼加焉。季王父六合君忤贵臣,死于吏舍,犹鞫其状。先君改服徒行,逾四千里,告于上,由是贷其问。(《先侍御史府君神道表》)

安史之乱期间,柳镇带领族人隐居在王屋山,生活非常艰辛,甚至到了骑着驴、饿着肚子出去讨饭的程度。雪上加霜的是,还遇到了大洪水,柳镇被洪水摧残得十分狼狈,却能"无愠容",因而受到了"观者"的同情和尊敬,对他"致礼有加"。这种困境中超然自适"无愠容"的精神,我们在柳宗元贬谪岁月的创作中,在他此期间很多具有反思、愤懑或怨怼

---

① (唐)柳宗元:《柳宗元集》,中华书局,1979,第294页。
② 《周易》,中华书局,2011,第31页。
③ 《周易》,第32页。

的作品中，似乎极少感受到。其父所秉持《周易》的这一点要义，或许正是柳宗元未能圆满践行的。

关于柳宗元在为人处世方面对《周易》的领悟，学界已有不少成果，比如：有研究者认为"（柳宗元）自强不息、中正有为的人格特质，并秉持刚柔相济的处世原则，将《易》道贯穿到了自己的为人之道中"①。也有研究者根据柳宗元《与萧翰林俛书》中"居蛮夷中久，惯习炎毒……读《周易·困卦》至'有言不信，尚口乃穷'也，往复益喜曰：'嗟乎！余虽家置一喙以自称道，诟益甚耳。'用是更乐喑默，思与木石为徒，不复致意"，得出结论为：柳宗元在身处逆境时从《周易》中找到正确的应对方式的例子，也从一个方面反映了《周易》不仅影响了柳宗元的诗文创作，而且影响到了他的思想行为方式。柳宗元引用《困卦》内容，确实是非常适合其当时所处的境况的。他不仅在这句卦辞里找到了自己面临困境时，所应采取的正确行为方式，而且也由此获得了一种心理上的慰藉。于是"往复益喜"，心下高兴，此后"更乐喑默"，不再作无谓的辩解。② 这些成果探讨《周易》对柳宗元行为思想（尤其是遭到贬谪后的自我反省）的影响，比较全面细致地分析了柳宗元对《周易》的接受情况。

然而，如果我们将柳宗元对自己父亲关于《周易》接受的叙述，对比他自己在人生逆境中对《周易》精神的抽取，我们会发现，从根本上来讲，柳宗元所缺少的正是"六二"此爻之"不习，无不利"，这种超越政治事功与个人荣辱的坤德之境界，也就是其父处于逆境而"无愠容"的气度。相反，怨愤之情在他的作品集中俯拾即是，聊举三例。

> 虽万受摈弃而不更乎其内（《答周君巢饵药久寿书》）
> 陷瑕委厄兮，固衰世之道。（《吊苌弘文》）
> 吾自得友君子，而后知中庸之门户阶室。渐染砥砺，几乎道真。然而常欲立言垂文，则恐而不敢。今动作悖谬，以为僇于世，身编夷

---

① 张倩郧：《刚柔相济　中正有为——易学对柳宗元人格形成的影响》，《枣庄师范学院学报》2018年第4期。
② 郭丽湖：《〈周易〉对柳宗元诗文的影响》，《湖南科技学院学报》2010年第6期。

人,名列囚籍。以道之穷也,而施乎事者无日,故乃挽引,强为小书,以志乎中之所得焉。(《与吕道州温论〈非国语〉书》)

从以上资料我们看到的是一个有着骚人怨愤之气的柳宗元。他的痛苦源于对"道"的执着、对理想的坚守,也来自外在环境(对立的政治势力)对自己冠以"罪臣"的粗暴定义。他以及此时期的贬谪文人由此体现出一种极为强烈的"执着意识"。尚永亮先生在《元和五大诗人与贬谪文学考论》中将这种"执着意识"阐释为"信念执着""顽强抗争""发愤著述"三个层面①,是恰当稳妥的。但是,从另一面来看,这样的执着也意味着:他懂得超脱的道理而无法实现比较彻底的超脱,故无法寻找新的心灵安顿。比如在《对贺者》这篇文章中,有如下对话:

> 柳子以罪贬永州,有自京师来者,既见,曰:"予闻于坐事逐,予适将唁子。今予视子之貌浩浩然也,能是达矣,于无以唁,敢更以为贺。"柳子曰:"子诚以貌乎则可也,然吾岂若是而无志者耶?姑以戚戚为无益乎道,故若是而已矣……吾尝静处以思,独行以求,自以上不得自列于圣朝,下无以奉宗祀,近丘墓,徒欲苟生幸存,庶几似续之不废。是以傥荡其心,倡佯其形,茫乎若升高以望,溃乎若乘海而无所往,故其容貌如是。子诚以浩浩而贺我,其孰承之乎?嘻笑之怒,甚乎裂眦;长歌之哀,过乎恸哭。庸讵知吾之浩浩非戚戚之尤者乎?子休矣。"

这段资料的意思是,柳宗元被贬永州后,有从京师来的故交来看他,原本想要安慰他,看到他"浩浩然"的样子,于是说"于无以唁,敢更以为贺"。我们且不论这个故交是否含有讥讽之意,但是由柳宗元的对答可见,他在遭贬后所表现出来的"浩浩然"并不是他的真实心境,其真实的心境是"嘻笑之怒,甚乎裂眦;长歌之哀,过乎恸哭"。而且此时柳宗元

---

① 尚永亮:《元和五大诗人与贬谪文学考论》,文津出版社,1991,第195~207页。

的内心非常之敏感，非常在意别人对自己人生态度的定义。柳宗元面对别人以为其"浩浩然"的误解，急切地争辩，主要在于表达"吾岂若是而无志者耶？"其用意主要在于表明自己的守志不渝。他终究不能"遁世无闷"，亦跳脱不出"万里孤囚"（《放鹧鸪词》）的自我定义。而我们也忍不住追问，柳宗元的这种精神不自由究竟是什么原因造成的？仅仅是因为对理想的执着吗？这将是一个值得继续琢磨的问题吧。

结　语

综上所述，柳镇作为盛唐之后、中唐之前这一代士人中的一员，既是名门之后，亦为大家柳宗元之父，体现了这一时期思想接续的轨迹，在唐代文学思想史上担当了特殊的角色意义。尤其是柳镇对柳宗元的言传身教的影响，以及从柳宗元对父亲德行品格的追怀，兼以深深自省曰"宗元不谨先君之教，以陷大祸"，由此来钩沉柳镇、柳宗元两代文人的思想差异，并以此为切入点来探究柳宗元人生理想、价值取舍、悲剧生成等问题，具有一定的意义。"先君之教"主要应有这样的两方面：一是坚持理想，刚正不阿，大义为公，审时度势；二是能够在人生逆境中发扬坤母地德，遁世无闷，出处自适，主动地掌握自己的精神安顿。这两方面中，柳宗元确实在很大程度上未能很好地谨"先君之教"（比如在大义为公的政治形象上，在出处自适、超越事功上）。这些方面的缺失也确实在一定程度上令柳宗元陷于种种囚锁中愁苦至极，无法自拔，以致中年寿夭。诚然，我们无法苛求柳子在心怀尧舜之志，却因时运相悖而遭受平白非议，被冠以"罪臣"之名的境遇下，能像他的父亲以及宋代与之有着相似命运的大文豪苏东坡那样深谙并践行圆融韧柔之道。从理想巅峰到人生暗夜，这样被命运残酷地定义、裹挟，柳宗元所经历的是比其父以及苏东坡更沉重的枷锁、更冷酷的打击、更绝望的期待。其所坚守的，也正是其所负重的，而明知如何突围却甘心自囚于斯的那种倔强、执着、高傲，也正是柳宗元的魅力所在。

中国书店《柳子厚咏柳山水文》价值探微与版本指瑕

李都安*

摘　要：相较其他柳宗元文集版本，晚明如皋冒襄家藏《柳子厚咏柳山水文》行文、款式少见，价值亦殊。自冒襄刻成该书私赠王士禛始，数百年间辗转多人递藏，2013年方由中国书店影印出版。影印本价值虽珍，但有个别问题值得关注。

关键词：柳宗元　咏柳山水文　冒襄

自宋以来，世间多见柳宗元著作集版本传刻、流布，藏研者众。2013年3月，柳州市政府地方志办公室编纂的《柳宗元著作版本图考》（以下简称《图考》）出版。该书著录柳宗元诗文著作（诗文集、文集、诗集、选集）自宋代至清代的各种版本，主要为刻本，兼及钞本、影印本、石印本。重要版本无一遗略，计有今存于世的宋代六种刻本，元、明、清版本齐备，同时兼录日本、朝鲜版本。从版本类型考虑，将摹刻本（影刻）、钞本、石印本、影印本分类记载。[①]

刘汉忠编审浸淫柳宗元文集版本多年，于编纂《图考》贡献甚巨。余得其赐《图考》一册，览柳宗元著作版本图辑五十五种及附录各本柳宗元诗文刊本六种概貌，蔚为大观，手不释卷。2013年8月，《柳子厚咏柳山水文》经中国书店影印出版（外封见附图一）。余虑其于《图考》未载，

---

* 李都安，柳州文庙博物馆、柳州市柳宗元文化研究会。
① 柳州市政府地方志办公室《柳宗元著作版本图考》编辑部：《编纂纪要》《柳宗元著作版本图考》，广西人民出版社，2012，第1页。

建议柳州市图书馆购置数套以广存藏。亦自购一本呈刘编审检阅,旬日后刘编审将书还回,并撰就《冒襄其人》《精雅刻本的秘传》《读之魂怡眼醉》等章见于报端、专著。①

今踵武其后,冀补前贤未见柳宗元文集著作之遗,敬祈方家雅正。

一 《柳子厚咏柳山水文》刊刻年代、流布轨迹考

《柳子厚咏柳山水文》内封页后牌记框内(见附图二)有"据中国书店藏明末清初刻本影印原书版框高十七厘米宽十四点三厘米"文字,言其刊刻年代在明末清初。此为概略而言,该书载藏书印多方,于其可考流布轨迹、波折处颇多。

(一)《柳子厚咏柳山水文》刊刻年代考

书内目录叶一上卷端题名"雉皋冒襄辟疆甫评点"(见附图三)。刘编审遍阅全书并翻检冒襄诗文集后,提出"书为冒襄家藏、晚年刊刻"的重要观点。

冒襄(1611～1693),字辟疆,别号巢民,另号朴巢,江南如皋人。有《朴巢诗集》《朴巢文集》传世。《如皋冒氏丛书》载有《冒巢民先生年谱》。余于《年谱》未得拜读,参他书并节录续修四库本《冒襄诗集》《冒襄文集》所载如下:

> 谢康乐游山诗文三十一首,益以与庐陵王义真书畲、范光禄第二书、与第二书并游名山记暨六朝来评谢诸家彙为一秩,继柳柳州游山记、杜少陵夔州诗后刻之。岁辛巳忆余省觐趋南岳曾手录此诗于富春道中。……迄于今,余将老矣。十八年来,足迹未尝越三百里外。②
>
> 金陵游记一卷济南王阮亭先生作也。……文笔之妙,简会似刘孝

---

① 刘汉忠:《冒襄的〈柳子厚咏柳山水文〉》,《南国今报》2014 年 2 月 10 日(30)。另见刘汉忠《冒襄的〈柳子厚咏柳山水文〉》,《柳州日报》2018 年 1 月 2 日(06);刘汉忠:《冒襄的〈柳子厚咏柳山水文〉》,载《域史考镜辑存》,云南民族出版社,2019,第 419~421 页。

② (清)冒襄:《评点谢康乐游山诗序》,载《巢民文集》卷二《续修四库全书》第 1399 册,上海古籍出版社,2002,叶五六七下至叶五六八上。

标世说注，秀削如郦道元水经注，峭洁如柳柳州游记，悲慨如孟才老东京梦华录。……余旧评柳子厚游山记、谢康乐游山、杜少陵夔州诗，每缺然于陆放翁入蜀记。今得阮亭先生此集，冷然续柳柳州，诸君子光响于人，湮代邈之，余补入为四家，放翁有知，当帖然不争也。①

查方诗铭编《中国历史纪年表》，"辛巳"为公元1641年。其年"如皋冒襄自襄阳东还，过宜春与张自烈会，自烈为序《衡岳诗草》。《同人集》八"②。此记载可证冒襄"省觐趋南岳曾手录此诗于富春道中"故事，其间冒襄或刊刻含"柳柳州游山记"在内的柳宗元诗文集（疑为《柳子厚咏柳山水文》）在杜少陵（甫）《夔州诗》前。而冒氏作《评点谢康乐游山诗序》在十八年后（1659）。后有《王阮亭先生金陵游记题辞》之作。该作中提及"柳柳州游记""柳柳州"各一次表明至迟在1659年左右，《柳子厚咏柳山水文》或已刊刻完成。

冒襄在《柳子厚咏柳山水文》中《愚溪诗序》篇后有自注文字，节录如下：

> 余结巢吾皋南郭古朴之巅，即名朴巢。……余幼多小慧，以致跃露无成，聊借意于柳柳州，将神游于大朴。③

刘编审据《巢民诗集》载《朴巢初成得二十韵纪之》④断"诗约作于康熙初年，冒襄评点编刻柳文的时间大体可知"。

而在数年前，"通州包壮行为冒襄作《朴巢记》、《同人集》三"⑤，

---

① （清）冒襄：《王阮亭先生金陵游记题辞》，载《巢民文集》卷五《续修四库全书》第1399册，上海古籍出版社，2002，叶六零六上。
② 张慧剑：《明清江苏文人年表》，人民文学出版社，2008，第554页。
③ （唐）柳宗元撰、（清）冒襄点校《愚溪诗序》，载《柳子厚咏柳山水文》，中国书店，2014，叶三上。
④ （清）冒襄：《朴巢初成得二十韵纪之》，载《巢民诗集》卷三《续修四库全书》第1399册，叶五二七下至叶五二八上。
⑤ 张慧剑：《明清江苏文人年表》，第540页。

翻检方诗铭编著《中国历史纪年表》，其时在1638年（明崇祯十一年、后金（清）崇德三年）。至此，可明确冒襄朴巢初成事在康熙初年之前，更为接近刊书时间。

综上所述，将刊刻时间定在起自公元1638年前后冒襄朴巢初成编刻《柳柳州游山记》，迄于1659年（清顺治十六年）左右编刻完成，似比内封页牌记框粗泛言之"明末清初"更为精准。

（二）《柳子厚咏柳山水文》流布轨迹考

《柳子厚咏柳山水文》版刻独特，数百年间辗转多人递藏，流布轨迹命运多舛。

书前目录叶一上有藏书印、记四方（见附图三），刘编审识读后并考证为：

> 书前的钤印可见数百年传承之迹，篇目页下白文"王士禛印"、朱文印"阮亭"，知最初为王渔洋所得，可以肯定是冒襄私相赠给之物。……此书何时散出，期间几经转藏，无法得知。近代为陶湘所得，以有"阳湖陶氏涉园所有书籍之记"。……陶湘藏书散出之后，此本为收藏家康生所得，有朱印一方。①

刘编审认为，冒襄与王士禛（1634—1711）同为明末遗民，且交游多年、情谊甚笃，遂在刻成《柳子厚咏柳山水文》后私相授受。其后递藏至天津藏书名家陶湘手中，再传于康生，最后流入中国书店。

余见《柳子厚咏柳山水文》书内文《愚溪诗序》有印五方（见附图四），或为刘编审遗漏。乃就印文内容询诸刘汉忠编审、河南大学赵炳清教授。刘汉忠编审识读出"念堂"，赵炳清教授识读出全部内容并复核再三。谨按上下顺序、列于后：

白文"念堂阅过""念堂"，朱印"彭桨之印"，白印"仁""俊"。

刘编审疑"念堂"为清初画家禹之鼎，抑或与其作品有关。"仁"

---

① 刘汉忠：《冒襄的〈柳子厚永柳山水文〉》，《南国今报》2014年2月10日（30）。

"俊"应连读作人名或表字,或为清季江苏吴县(今苏州市吴中区)人王捍郑(字仁俊)。按图索骥,谨述如下:

禹之鼎(1647—1716),江苏兴化人,字尚吉,一字尚基,一作尚稽,号慎斋。清代康熙年间著名画家,后寄籍江都。野史载:"初为李氏青衣,公事毕,窃弄笔墨,主人教其专习绘事。"①禹氏初师蓝瑛,后取法宋元诸家,转益各师,精于临摹,功底扎实。肖像画名重一时,有白描、设色两种面貌,皆能曲尽其妙。形象逼真,生动传神。有《骑牛南还图》、《放鹇图》、《王原祁艺菊图》等传世。

禹之鼎23岁时曾为明末清初著名诗人、画家"画中九友"之一的吴伟业写照。其年吴伟业已六十余岁。冒襄与吴伟业相熟多年,有诗文往还②和人际重叠。如"河南苏崑生以吴伟业介,到如皋会冒襄说曲。《同人集》四"③、"如皋冒襄家剧班据刻本上演吴伟业所著《秣陵春》传奇,襄纪以诗。《同人集》一"④。

禹之鼎曾为乔崇修(字念堂)绘有《念堂溪边独立图》(现藏故宫博物院)。念堂之父乔莱(1642—1694),字子静,一字石林,号画川逸叟,江苏宝应人。乔氏家族为乡邦望族,书香世家。莱少从王士祯(即王士禛,后避雍正皇帝胤禛讳改禛为祯)游,士禛称其诗"奇秀峭拔"。古文师汪琬,亦为推许。曾入仕途,后为名所累,晚治废圃名纵棹园,研究经学,潜心读易。著《应制集》、《使粤集》、《归田集》与《易俟》二十卷并行于世。禹之鼎为其绘有《乔莱观画像》轴(南京博物院藏)。

---

① (清)徐珂:《禹之鼎画山水人物》,《清稗类钞》第九册,中华书局,1984,第4087页。
② (明)冒襄:《寄吴梅村编审四首》,《巢民诗集》卷五《续修四库全书》第1399册,上海古籍出版社,2002,叶五四六下;(明)冒襄:《答别毛亦史即次见投原韵并致梅村先生》,《巢民诗集》卷五《续修四库全书》第1399册,叶五四六下至叶五四七上。
③ 张慧剑著《明清江苏文人年表》,一六六六 丁未 康熙六年条,人民文学出版社,2008,第735页。
④ 张慧剑著《明清江苏文人年表》,一六八八 戊辰 康熙二十七年条,人民文学出版社,2008,第862页。

于此可审读出禹之鼎仅是线索，影印本母本或为王士禛转赠乔莱，乔莱再传至其子乔崇修所持是大概率事件。至于"彭桨之"或"彭桨"，查《明人室名字号索引》《清人室名字号索引》（增订本）两书，无载。

换种思路，约与王士禛同时，时人并称"彭王"的彭孙遹或与此相关，有书载：

> 彭孙遹（1631—1700），字骏孙，号羡门，金粟山人。海盐（今浙江海盐）人。清初词人。与清初诗人王士禛并称"彭王"。顺治六年进士。康熙六年进士。康熙十八年举博学鸿词第一。授编修，累官至吏部右侍郎，兼翰林院学士。年七十致仕，康熙赐"松桂堂"匾额，遂以此名其集。著有《松桂堂》三十七卷、《延露词》三卷及《金粟词话》等。索引：彭孙遹，骏孙、羡门、金粟山人；松桂堂、柏悦堂、南园。①

前明遗老冒襄隐逸江湖，不仕清朝。王士禛虽与其诗词酬唱往还，但在顺治、康熙两朝怀柔政策下，于1658年中进士后入朝为官，彭孙遹（1659）、乔莱（1667）步其后尘。从三人入仕过程，依稀可见清初前明部分江南文人内心对清从"推拒"到顺从的"不自觉"家国认同心态变化。而同仕清朝，一殿为臣，三人所在家族更趋同于一个命运联合体。

余识见有限，仅臆测王士禛藏《柳子厚咏柳山水文》，经彭孙遹、乔莱间交相递阅，再传至乔莱子崇修、彭孙遹子弟同侪，遂有"彭桨之"或"彭桨"之藏书印。

"仁""俊"印文，刘编审提及或为清季江苏吴县人王捍郑（字仁俊）。王捍郑（1866—1913），其人虽《清人室名字号索引》无载，但他书载其"家世清寒，通籍以后唯以书籍碑版为长物，遂精金石文字，治小

---

① 张福庆编著《中国古代文学家字号室名别称词典》，华文出版社，2002，第230页。

学"。① 同书载：

> 伦明《辛亥以来藏书纪事诗·王仁俊》一生踪迹傍南皮，晚隐金门鬓似丝，学综九流书百种，儒林传里独遗伊。②
>
> 吴县王捍郑（仁俊），张文襄督粤日，曾校书广雅书局；张移湖广，又充存古学堂教习；即张管学部，又调为学部右丞。殁于辛亥后。庚辛间（1920~1921）书始散出，余得其著全书目一张：……《缘督庐日记抄》载捍郑遗书出售，系甲辰（1904）闰五月，地在上海。故都遗稿之出，又后五年。据闻捍郑有遗妾，嫁某湖北人，挟稿以行。诸稿由湖北人手价售云。③

王捍郑得见彭氏家藏《柳子厚咏柳山水文》，甚或藏之，但其藏书先后在1904年、1909年、1914年三次散佚。《柳子厚咏柳山水文》或由此散于江湖，为陶湘所获，再传于康生，及至最终流入中国书店。

> （《柳子厚咏柳山水文》）刻本罕传，从来公私书目未见其名，是潜藏数百年的秘物。此种戋戋小册，私家随兴而作，印数很少而且只为分赠亲知。非有心人存藏，极少能流传下来。④

此书自刻成后历多人递藏，终得面世，甚为不易。览阅、赏鉴所载藏书印、记，见之叹惜，而流传、辗转信息在不可查处更多。若精加考证，甚或又是一段古代典籍善本流播佳话。

---

① 徐卓垣、伦明等著，徐雁、谭华军整理《清代藏书楼发展史 续补藏书纪事诗传》，辽宁人民出版社，1988，第136页。
② 徐卓垣、伦明等著，徐雁、谭华军整理《清代藏书楼发展史 续补藏书纪事诗传》，第135页。
③ 徐卓垣、伦明等著，徐雁、谭华军整理《清代藏书楼发展史 续补藏书纪事诗传》，第135~136页。
④ 刘汉忠：《冒襄的〈柳子厚永柳山水文〉》，《南国今报》2014年2月10日（30）。

二 影印本价值探微与版本指瑕

（一）影印本价值探微

作为编刻者私刻雅玩之物，《柳子厚咏柳山水文》版本价值尤殊，主要体现在两个方面。

1. 补世间柳宗元文集未见之遗

"由宋入元，柳集多为重刻本，大多用赵松雪（孟頫）字体，版式细字行密。……明代承元人之风，初期柳集无明确时间款识的版本，往往让学者难以断定，或称为'元明间刻本'，到了正德前后开始出现'宋体字'开版的风气，不过这种'宋体字'还是与真正的宋刻本的字体有区别。……"①

《图考》所载二十九种柳宗元著作刻印本（其中明刻本二十三种，清顺治至康熙刻本六种）（起页66，迄页187）。笔者逐页过目，依稀能见明初至清前期柳文刊刻的大部分风貌。其中明清版刻精美者以下述三种为最。

明代诸刻本中以"嘉靖二十六年（1547）游居敬刻本版式精整雅丽，以当时横轻竖重的'宋体字'上版，点画精绝，同样令人称赏不已"。清人叶德辉推为"明人刻书之精品"②。

明代摹刻本中，济美堂《河东先生集》一直以来为鉴赏家所称道不已。刻本的字体版式与当时徐时泰东雅堂覆刻《韩昌黎集》同。长久以来，称为"明济美堂郭氏覆刻宋世彩堂本。"叶德辉云："此与徐氏东雅堂《韩集》版式行字相同，盖同出宋廖莹中世彩堂。"③傅增湘亦云："郭氏此书雕镂极精美，近年世彩堂本出世，持以相校，不特字体之规格宛然，即笔致亦复肖似，可谓良工妙技矣。"

---

① 柳州市政府地方志办公室编《柳宗元著作版本图考》，广西人民出版社，2013，第11页。
② （清）叶德辉著，吴国武、桂枭整理《书林清话（附书林馀话）》卷五《明人刻书之精品》，华文出版社，2012，第125~126页。
③ （清）叶德辉著，吴国武、桂枭整理《书林清话（附书林馀话）》卷五《明人刻书之精品》，华文出版社，2012，第127页。

张元济先生在《宝礼堂宋本书录》中持"济美堂版式相同于廖氏，注语大有增减，世传覆廖本者，实为赝言"观点，然《中国古籍善本书目》《国家珍贵古籍名录》同记为"唐柳宗元撰，宋廖莹中校正"。吴文治先生编校"五百家注本"据多种柳集进行互校，发现"济美堂本"是据"五百家注本"翻刻的事实。版式明显仿宋世彩堂本，而文字内容却依据五百家注本，着实让人不免惝恍迷离之感，这些疑问也正使版本学者、鉴赏家为之着迷。

进入清代，在林林总总的版刻中，写刻一向为藏家所称赏。以版刻精美称著的康熙汪立名《唐四家诗集》中有《河东诗钞》二卷，字体并非通常的圆润通熟知体，而峭立之势，笔画清晰，峭险之势突出，在清三代写刻本中可称名品。

以上文字见载于《图考》①。余因工作关系，亲见柳宗元文集古籍实物有二。

一是藏于柳州市博物馆的明嘉靖二十八年（1549）王士翘刻、三十一年（1552）朱有孚续刻本《柳文四十三卷别集二卷外集二卷》，框高18.8厘米，广12.3厘米。半叶十一行，白口，左右双边。此书天津图书馆、江西省图书馆均有藏，《中国古籍善本书目》另著录为国家图书馆、上海图书馆亦藏。余观此书，虽明人刻本有宋人风气，但字体方正、用墨厚重，字里行间距离过密，后有部分为清末书局补刻，版式略显呆板。

二是《图考》所载题为"唐柳宗元撰"的《唐柳先生集》朝鲜刻本，此书框高26厘米，广17.6厘米，半叶十行，行十八字，小字双行同，白口，四周双边。此书为常见的方正宋体，印以坚韧如帛的白皮纸，为本人首见朝鲜刻本古籍。刘编审从版式、字体、纸张老化以及书皮纸纹等方面，推为明刻印本。2014年底柳州市图书馆购藏一册。行间较一般明刻本略疏，字体为朝鲜刻本独有，亦有收藏价值，虽为朝鲜官方出品，精美

---

① 柳州市政府地方志办公室编《柳宗元著作版本图考》，广西人民出版社，2013，第11~12页。

之余仍有些许刻板。

与前述诸本相较,《柳子厚咏柳山水文》印数少,小范围传播,少了厚重,多了闲适。该书影印本的面世,可比拟为在《图考》一书所载各种柳宗元文集版本无垠绿洲中新涌出的一泓清泉。引述刘编审对该书版刻之精美精彩描述如下:

> 刻本半页七行,行十八字,小字双行同,无界行。框外刻篇名简称,便于检读。集前无序,后亦无跋,当是原刻如此,非后来佚脱者。收录柳宗元贬官永州、柳州两地时所作的散文22篇,刻字宽博,为清初刻本风格,与区湖萧云从顺治刻《楚辞》相仿,而宽博过之,以行间有评点小字。又与徐灿《拙政园诗余》(顺治十年刻本)《吴越诗选》(顺治刻本)形神绝似。版式每篇末页留墨板一方,大小不一。板框下线栏外每篇"朴巢欣赏"一语。此似未见之式。这种随心所欲正是趣味使然。私刻小册的可爱正在此。①

> 私刻小册的可爱正在此,是官刻、坊刻都不可能有的特别之处。从版式、字体、藏印等方面考证,应该是冒襄晚年所刻。②

2. 虽为私刻之书,可见编者雅趣

冒襄晚年编刻《柳子厚咏柳山水文》,在书中留有许多句读、注、评语、后记。与前人评点柳宗元文集寻章摘句、故作深沉不同,观冒襄所作评、注、记,处处可见冒襄其人雅趣:

> 冒襄对谢灵运、柳宗元诗文有特别的偏爱,这是与他闲散生涯有关。他的《王阮亭金陵游记题辞》称渔洋游记如"峭洁如柳柳州游记",又说"余旧评柳子厚游记",指的应该就是这册《柳子厚永柳山水文》。《评点谢康乐游山诗序》也有:"继柳柳州游山记、杜少陵

---

① 刘汉忠:《冒襄的〈柳子厚永柳山水文〉》,《南国今报》2014年2月10日(30)。
② 刘汉忠:《冒襄的〈柳子厚永柳山水文〉》,《域史考镜辑存》,云南民族出版社,2019,第419页。

夔州诗后刻之"之于。集中行间有圈有点，或三五言评语。天头处的点评则著于钩稽微旨大意。《愚溪诗序》说："天下不乏佳山水，所乏者人不能与山水相映发耳。然非天放子厚，又安能绸缪乎山水若是"。篇末归结全文要义，说"得机于庄，得趣于骚，点燃如画，变化如棋"。遣辞之雅丽，可见才情之富。评者又不时述及自身行藏，往往可见其心事，不掩所思。评点可读，也往往在此。评《游黄溪记》"其运笔空秀，如枝可扶疏，横见侧出，各有情态。至琢字香丽，时觉有蜂蝶迷恋纸上"。语辞之有味，真是情怀满纸。评《至小丘西小石潭记》"日中鱼水，月下竹柏，此种妙影，所谓缕尘绘冰，莫得其似者，非闲人不能领略耳。读之魂怡眼醉"。评者腹笥之丰，理会之深，也从评语中得知。其用语往往有味外之味。《柳州山水近治可游者记》说"不立间架，不起波浪，澹宕成文，闲心韵腕。绝雕绘处总归自然。昔董思白编审与余论画，自谓一生得意，只是气韵生动耳。此记当于气韵求之""其下多秀石可砚"加注"安得秀砚"，评者工于书法，见"砚"而知味。情趣立见。《柳州东亭记》评语"居适其宜，又随时变化，以适其宜，可谓善居室矣。文更疏澹可喜"。在所见评点柳文诸家之之中，冒襄的文字最有趣味。这是性情使然，勉强不得。①

余翻阅此书时，亦见冒襄将自身境遇比拟古人，发感慨悲情的文字多处。略录如下：

《陪永州崔使君游宴序》文后有："有词赋气，余每当极欢时，辄欲泪下。曾举以问老僧，僧答曰：常存此意。应是凤根不昧也。子厚云悲，在境遇上。读之有动，附纪于尾。"

《始得西山宴游记》文后有："茅鹿门谓公之探奇所向，疑有神助。余曰：公如是，乃可谓之神游耳。"

---

① 刘汉忠：《冒襄的〈柳子厚永柳山水文〉》，《南国今报》2014年2月10日（30）。

《永州法华寺新作西亭记》文前有"僧亦解事，何不蚤去之"妙语，文后言"子厚琉璃为胸，云丝不挂，水镜在目，雪芷俱融，足之所历，触眼生心，便成妙景、山水。法华寺西亭，皆是画中，又出象外，故末路忽然证悟，万化冥合。此是子厚入山水文章圣境，不当认其得力于佛也"。

考乎其出，多为故国变迁，物是人非所致，非冒襄一人之罪。然观是书，睹冒襄感慨自身境遇与柳子相似，亦能从书中诸般雅趣品读出冒襄暮年心境变化和寄意山水的无奈。

（二）版本指瑕

《柳子厚咏柳山水文》由中国书店影印出版，秘藏之本得见天日，其功甚伟。然影印出版之书刊刻精美、选编用心处有之，有待商榷处亦有之。刘编审曾有六问发人深思①，今略为铺展，胪列如下。

1. 题名与书内文目录不符

外封页题为"柳子厚咏柳山水文"，出版说明言"一书收录了柳宗元贬官柳州刺史所作诗文"，版权页所记书名亦如题拟（见附图五）似可对应"咏柳"之题。而内文目录是"柳子厚永柳山水文"，有心人一见即可知为柳宗元贬官谪居永州、柳州时作，且二十二篇文章中居永州时作疑占十七篇，居柳州五篇。应改成"柳子厚永柳山水文"为妥。

2. 原本刊刻时代定位失当

书内封牌记框有"据中国书店藏明末清初刻本影印原书版框高十七厘米宽十四点三厘米"字样，出版说明言"中国书店藏有一部单刻本，其书半页七行，行十八字小字双行同，无栏格，版印精美。据版式、字体、纸张、藏印等方面考证为明末清初刻本。这一刊本未见历代公私书目等文献资料著录，颇为罕见"。

应该说，中国书店在影印出版此书时还是下过一定功夫，但正如前文

---

① 刘汉忠：《冒襄的〈柳子厚永柳山水文〉》，《域史考镜辑存》，云南民族出版社，2019，第421页。

所述，即便公私书目无藏，《柳子厚咏柳山水文》在冒襄本人的诗集、文集处仍有许多线索可供发掘。出版者考订不精，原本刊刻时代定位失当是确证无疑。

3. 内文所涉地望定位问题

《柳子厚咏柳山水文》一书疑收柳宗元谪居永州文十七篇，谪居柳州文五篇，五篇中《柳州山水近治可游者记》《柳州东亭记》关乎柳州本土风物，余多读之。

而《桂州訾家洲记》作于元和十三年（818）即柳宗元逝世前一年，所记为今桂林市区訾家洲（位于象鼻山对面东岸）风景，除在柳州为文外，实与永州、柳州无甚大关系。

《潭洲东池戴氏堂记》冒襄考证为"子厚谪永过潭所作"，百家注本题作："潭州杨中丞作东池戴氏堂记"，夏卫平认为："奇人戴简为人处世奇之又奇，……这或许对柳宗元形成的援儒入佛的思想体系，有所启迪。"①

《邕州马退山茅亭记》在今南宁市辖范围附近。世彩堂本、百家注本题作《邕州柳中丞作马退山茅亭记》。此文争议较多，夏卫平对此有专条述及。②

以上所列题名与书内文目录不符、原本刊刻时代定位失当、内文所涉地望定位问题等可商榷处三，意在说明《柳子厚咏柳山水文》出版方于版本刊刻及考证之外仍有很多功夫需下。

三　功夫在诗外

刘编审言："在所见评点柳文诸家之中，冒襄的文字最有趣味。这是性情使然，勉强不得。"③另《柳子厚咏柳山水文》影印本面世，在唐宋

---

① 夏卫平撰，吴文治、谢汉强主编《潭州东池戴氏堂记（作品提要）》，《柳宗元大辞典》，黄山书社，2004，第83页。
② 夏卫平撰，吴文治、谢汉强主编《潭州东池戴氏堂记（作品提要）》，《柳宗元大辞典》，第84页。
③ 刘汉忠：《冒襄的〈柳子厚永柳山水文〉》，《南国今报》2014年2月10日（30）。

文学史及版刻研究外,可将顾启先生等人于30余年前开拓的明末清初冒襄研究领域补入冒襄、冒氏家族及与本书有交集的王士禛、乔莱诸家一节。当然这不包含在今天的讨论范围,附言于此,不作赘述。

宋人陆放翁(游)在嘉定元年(1208)的《示子遹》诗中留有给儿子陆遹"汝果欲学诗,工夫在诗外"的殷切嘱咐。今日再读此诗,与其说是放翁遗诗教子,毋宁是留给当前古典文献整理出版者的铮铮警言。成业之道无他途可取,唯在心与力尔。

后　记

撰写此文的想法发端于2013年下半年,其时本人在"美丽广西　清洁乡村"专项活动中任工作队员。越二岁,再赴大苗山深处挂任贫困村党组织第一书记跨四年头尾近三载。去岁得返。数年间公事傍余,无暇静心,赖导师赵炳清先生多年教导、刘汉忠编审多次提点,方有所悟,乃自删削,草就此文。

附图一　《柳子厚咏柳山水文》外封页

附图二　《柳子厚咏柳山水文》内封页牌记框

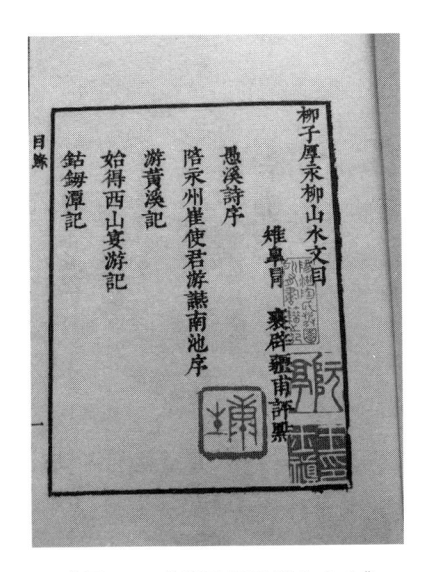

附图三　《柳子厚咏柳山水文》
　　　　　内目录叶一上

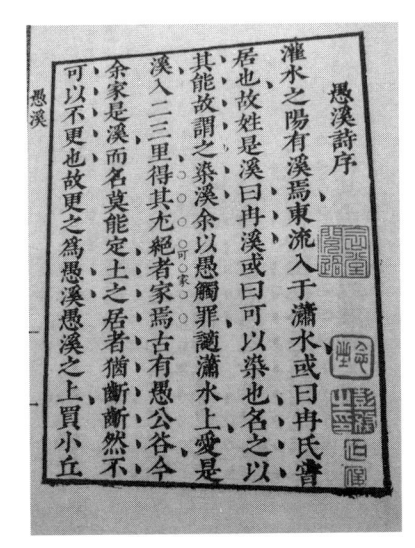

附图四　《愚溪诗序》
　　　　　叶一上

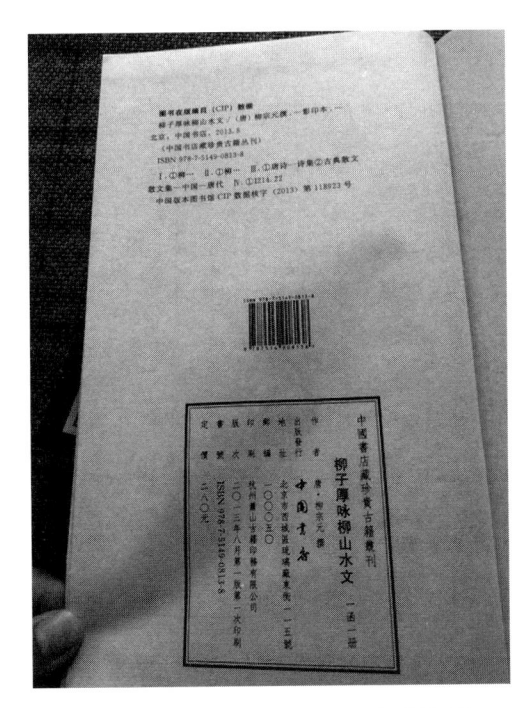

附图五　《柳子厚咏柳山水文》版权页

唐代墓碑文体之变革

——从王维《能禅师碑》到柳宗元《大鉴禅师碑》*

莫山洪**

摘　要： 墓碑文作为古代的一种应用性文体，自蔡邕始即走向骈俪。王维和柳宗元都曾经为禅宗六祖惠能作过碑文，这两篇碑文可以说体现了墓碑文由骈俪向散体的转变。王维所作《能禅师碑》可以说是这种骈俪风气在碑文中的突出表现，无论是句式还是用典，都是非常标准的骈体。柳宗元革新文体，对墓碑文也进行了改革，其《大鉴禅师碑》是古代墓碑文的一个新变化，体现出古文句式在墓碑文中的使用，反映了中唐文体革新的新成就。这也是柳宗元"化骈为散"的体现。

关键词： 墓碑文　王维　柳宗元　惠能

碑文，即刻在碑石上的文字，墓碑文是其中主要的一种文体。刘勰《文心雕龙·诔碑第十二》称："碑者，埤也。……夫属碑之体，资乎史才。其序则传，其文则铭。标序盛德，必见清风之华；昭纪鸿懿，必见峻伟之烈，此碑之志也。"[①] 碑铭常常连用，徐师曾《文体明辨序说》为此

---

*　基金项目：广西哲学社会科学 2018 年度一般项目"柳宗元与柳江文化研究"（项目编号：18BZW003）。
**　作者简介：莫山洪，文学博士，南宁师范大学文学院教授，著有《骈散的对立与互融》《骈文学史论稿》等。
① 黄叔琳注，李祥补注，杨明照校注拾遗《增订文心雕龙校注》，中华书局，2000，第 155~156 页。

又作了界定:"碑实铭器,铭实碑文,其序则传,其文则铭,此碑之体也。又碑之体主于叙事,其后间以议论杂之,则非矣。"[①] 碑文由序和铭构成,一般而言,铭肯定是韵文,序则骈散皆有(本文讨论的主要是碑序)。褚斌杰先生《中国古代文体概论》一书中有言:"在古代的碑文中,墓碑的数量最大。古代的墓碑,又分为埋于地下的和立于地上的两种,前者称墓志铭,后者称墓碑文或墓表文。"[②] 墓碑文也是常见的碑文之一种,其写作的变化,与文章写作的变化,基本上同步进行。一般认为,蔡邕和韩愈在碑文发展中有很重要的作用。不过,在碑文写作形式的进程中,蔡邕、王维和柳宗元则有着非常重要的意义,尤其是柳宗元,他的墓碑文对于后世墓碑文写作的确定,意义非凡。

一 唐前墓碑文文体风格的确立

墓碑文作为一种文章样式,其兴起和兴盛,有一个发展的过程。一般认为,碑文起源于李斯,而东汉蔡邕则是墓碑文成熟的主要代表作家。蔡邕作有墓碑文多篇,其中比较著名的有《郭有道碑》。

> 先生讳泰,字林宗,太原界休人也。其先出自有周,王季之穆,有虢叔者,实有懿德,文王咨焉。建国命氏,或谓之郭,即其后也。先生诞应天衷,聪睿明哲,孝友温恭,仁笃慈惠。夫其器量宏深,姿度广大,浩浩焉,汪汪焉,奥乎不可测已。若乃砥节厉行,直道正辞,贞固足以干事,隐括足以矫时。遂考览六经,探综图纬。周流华夏,游集帝学。收文武之将坠,拯微言之未绝。于时缨緌之徒,绅佩之士,望形表而影附,聆嘉声而响和者,犹百川之归巨海,鳞介之宗龟龙也。尔乃潜隐衡门,收朋勤诲,童蒙赖焉,用祛其蔽。州郡闻德,虚己备礼,莫之能致。群公休之,遂辟司徒掾,又举有道,皆以疾辞。将蹈鸿涯之遐

---

① 徐师曾著,罗根泽校点《文体明辨序说》,人民文学出版社,1962,第144页。
② 褚斌杰:《中国古代文体概论》,北京大学出版社,1990,第432页。

迹，绍巢许之绝轨，翔区外以舒翼，超天衢以高峙。禀命不融，享年四十有二，以建宁二年正月乙亥卒。凡我四方同好之人，永怀哀悼，靡所寘念。乃相与惟先生之德，以谋不朽之事。金以为先民既没，而德音犹存者，亦赖之于见述也。今其如何而阙斯礼！于是树碑表墓，昭铭景行，俾芳烈奋于百世，令问显于无穷。其辞曰：

于休先生，明德通玄。纯懿淑灵，受之自天。崇壮幽浚，如山如渊。礼乐是悦，诗书是敦。匪惟摭华，乃寻厥根。宫墙重仞，允得其门。懿乎其纯，确乎其操。洋洋搢绅，言观其高。栖迟泌丘，善诱能教。赫赫三事，几行其招。委辞召贡，保此清妙。降年不永，民斯悲悼。爰勒兹铭，摛其光耀。嗟尔来世，是则是效。

蔡邕是东汉末年的文学家，受到东汉以来文章发展的影响，蔡邕的文章比较讲究骈句的使用。作为墓碑文写作的奠基人，蔡邕的墓碑文与当时文章骈化的风气有着密切的关系。刘麟生《中国骈文史》称："蔡伯喈（邕）文一出，而后碑板文字，始成为专门绝诣，为骈文造一新记录。盖东汉文字，已渐趋整齐画一，而非伯喈之金石文字动人。"① 也因为这样的缘故，蔡邕的墓碑文也为后代学者所诟病。章学诚《丙辰札记》称："蔡中郎学优而才短，今观遗集牌版，文字不见所长。"② 钱锺书先生也称："观蔡遗文，识卑词芜。"③ 从本篇文章看，对句确实很多，已经逐渐形成了全文对仗的习气。其中也有用典之处，但还不是很多。从写作碑主生平情况看，则并不详加叙述。受文章篇幅的影响，对碑主的生平只是作了简要的概述。这应该是早期墓碑文的基本情况。且蔡邕碑文写作过多，尤其是他甚至为一些很小年纪的人写碑文，被人认为是为钱财而写作，顾炎武《日知录》就称："蔡伯喈……至于袁满来十五，胡根七岁，皆为之作碑，自非利其润笔，不至为此。"④ 很有些看不起的味道。

---

① 刘麟生：《中国骈文史》，商务印书馆，1936，第 40 页。
② 章学诚：《乙卯札记 丙辰札记 知非日札》，中华书局，1986，第 47 页。
③ 钱锺书：《管锥编》，中华书局，1979，第 1020 页。
④ 顾炎武著，栾保群校注《日知录集释》，浙江古籍出版社，2013，第 1127 页。

但是，作为一种文体的碑文毕竟因此确立了。其后墓碑文的构成，基本上也是这样的情况，即全文由序和铭两部分构成，其中序多叙述碑主生平。从语言的运用上看，自蔡邕以后，墓碑文越来越追求骈俪的特点。不过，这种情况也并非好事，也导致南北朝时期墓碑文越来越程序化。庾信的墓碑文就成为这种情况的代表，以至钱锺书先生对其墓碑文作了这样的评价："信集中铭幽诔墓，居其太半；情文无自，应接未遑，造语谋篇，自相蹈袭。虽按其题，各人自具姓名，而观其文，通套莫分彼此。"① 其《周大将军闻嘉公柳遐墓志》一文，就基本全用对句，比较出色的句子，如"况复庄谋于卫，既为社稷之臣；喜对于齐，无废诸侯之职""有徐邈之应对，居于散骑之省；有汲黯之正直，理于淮阳之郡""从容乱离之机，保此令名；舒卷风云之际，无妨贵仕"等，对仗工整，且又多用典故。不过，对于这一篇文章，钱锺书先生也曾指出其中一些不合适之处，如其中的"王祥佩刀，世为卿族；鲍永骢马，家传司隶；以此连类，差无惭德"和"魏侯之见刘廙，不觉敛容；汉主之观田凤，遂令题柱；比之今日，曾何足云"，"其谓'连类'、'拟伦'者，未必贴合；谓'不可同年语'，'何足云'者，又每为所俪事不贴合之饰词"②，又如《周上柱国齐王宪神道碑》开头一段称：

> 昔者轩皇受姓，十有四人；周室先封，十有五国。自尔承基篡胄，保受姓氏。虽复千年一圣，终是百世同宗。故知昔之东京，既称炎汉再受；今之周历，即是鄴都中兴。

句式对仗工整，用典也比较繁复，算得上是非常标准的骈文。钱锺书先生称这种情况"固六朝及初唐碑志通患"③。

可以说，墓碑文发展到这个时候，确实是形成了一种固定的模式，墓碑文写作成为程序化的作品。

---

① 钱锺书：《管锥编》，中华书局，1979，第1527页。
② 钱锺书：《管锥编》，第1528页。
③ 钱锺书：《管锥编》，第1527页。

二　王维《能禅师碑》与墓碑文骈化的进一步加深

进入唐代后，骈文依然保持兴盛，尤其是初唐四杰等人，在骈文创作上取得了突出成就，成为骈文的代表作家。不过，王勃的名作《滕王阁序》也被人诟病为"机调过熟"①，这种程序化的文章形式，延续到盛唐。

王维是盛唐时期著名的文学家，其诗歌创作影响深远，且又深受佛教影响，被后世誉为"诗佛"。王维生当盛唐之时，这也是文章骈散共融的阶段。不过，由于受到六朝、初唐骈文发展的影响，王维的文章也充满了骈俪之气。王维与佛教颇有渊源，与禅宗六祖惠能的弟子神会法师关系较为密切，应神会之请，作《能禅师碑》。

> 无有可舍，是达有源；无空可住，是知空本。离寂非动，乘化用常。在百法而无得，周万物而不殆。鼓枻海师，不知菩提之行；散花天女，能变声闻之身。则知法本不生，因心起见；见无可取，法则常如。世之至人，有证于此。得无漏不尽漏，度有为非无为者，其惟我曹溪禅师乎？禅师俗姓卢氏，某郡某县人也。名师虚假，不生族姓之家；法无中边，不居华夏之地。善习表于儿戏，利根发于童心。不私其身，臭味于耕桑之侣；苟适其道，膻行于蛮貊之乡。年若干，事黄梅忍大师。愿竭其力，即安于井臼；素刳其心，获悟于稊稗。每大师登座，学众盈庭。中有三乘之根，共听一音之法。禅师默然受教，曾不起予。退省其私，迥超无我。其有犹怀渴鹿之想，尚求飞鸟之迹。香饭未消，弊衣仍覆，皆曰"升堂入室"。测海窥天，谓得黄帝之珠，堪受法王之印。大师心知独得，谦而不鸣。天何言焉，圣与仁岂敢？子曰："赐也，吾与汝弗如。"临终，遂密授以祖师袈裟，而谓之曰："物忌独贤，人恶出己。吾且死矣，汝其行乎！"禅师遂怀宝迷邦，销声异域。众生为净土，杂居止于编人；世事是度门，混农商于劳侣。

---

①　高步瀛：《唐宋文举要》，上海古籍出版社，1982，第1184页。

如此积十六载。南海有印宗法师，讲《涅槃经》。禅师听于座下，因问大义，质以真乘。既不能酬，翻从请教。乃叹曰："化身菩萨在此，色身肉眼凡夫，愿开慧眼。"遂领其属，尽诣禅居。奉为挂衣，亲自削发。于是大兴法雨，普洒客尘。乃教人以"忍"曰："忍者无生，方得无我，始成于初发心，以为教首。"至于定无所入，慧无所依。大身过于十方，本觉超于三世。根尘不灭，非色灭空；行愿无成，即凡成圣。举足下足，长在道场；是心是情，同归性海。商人告倦，自息化城；穷子无疑，直开宝藏。其有不植德本，难入顿门。妄系空花之狂，曾非慧日之咎。常叹曰："七宝布施，等恒河沙；亿劫修行，尽大地墨。不如无为之运，无碍之慈。宏济四生，大庇三有。"既而道德遍覆，名声普闻。泉馆卉服之人，去圣历劫；涂身穿耳之国，航海穷年。皆愿拭目于龙象之姿，忘身于鲸鲵之口。骈立于户外，趺坐于床前。林是旃檀，更无杂树。花惟薝卜，不嗅余香。皆以实归，多离妄执。九重延想，万里驰诚。思布髪以奉迎，愿叉手而作礼。则天太后、孝和皇帝，并敕书劝谕，征赴京城。禅师子牟之心，敢忘凤阙；远公之足，不过虎溪。固以此辞，竟不奉诏。遂送百衲袈裟，及钱帛等供养。天王厚礼，献玉衣于幻人；女后宿因，施金钱于化佛。尚德贵物，异代同符。至某载月日中，忽谓门人曰："吾将行矣！"俄而异香满室，白虹属地。饭食讫而敷坐，沐浴毕而更衣。弹指不留，水流灯焰。金身永谢，薪尽火灭。山崩川竭，鸟哭猿啼。诸人唱言："人无眼目。"列郡恸哭，世且空虚。某月日迁神于曹溪，安座于某所。择吉祥之地，不待青鸟；变功德之林，皆成白鹤。呜呼大师，至性淳一，天姿贞素，百福成相，众妙会心。经行宴息，皆在正受；谭笑语言，曾无戏论。故能五天重迹，百越稽首。修蛇雄虺，毒螫之气销；跳㚟弯弓，猜悍之风变。畋渔悉罢，蛊酖知非。多绝膻腥，效桑门之食；悉弃罝网，袭稻田之衣。永惟浮图之法，实助皇王之化。弟子曰神会，遇师于晚景，闻道于中年。广量出于凡心，利智逾于宿学，虽末后供，乐最上乘。先师所明，有类献珠之愿；世人未识，犹多抱玉之悲。谓余知道，以颂见托。偈曰：

> 五蕴本空，六尘非有，众生倒计，不知正受。莲花承足，杨枝生肘，苟离身心，孰为休咎。至人达观，与佛齐功，无心舍有，何处依空？不着三界，徒劳八风，以兹利智，遂与宗通。愍彼偏方，不闻正法，俯同恶类，将兴善业。教忍断嗔，修慈舍猎。世界一花，祖宗六叶。大开宝藏，明示衣珠，本源常在，妄辙遂殊。过动不动，离俱不俱，吾道如是，道岂在吾？道遍四生，常依六趣，有漏圣智，无义章句。六十二种，一百八喻，悉无所得，应如是往。

王维在这篇文章中，一方面叙述了惠能的生平，另一方面则对惠能的成就给予了高度的评价。这也是惠能传记中最早的一篇由著名文人写作的作品。受六朝以来骈文创作风气的影响，本文在艺术上有两个特点。

第一是骈化而又富于变化的句式及灵活多样的语言表现。全文句式都以对仗句出之，非常整齐，虽偶有散句，但并不影响全文的骈俪气息。全文的对句中，隔句对与单句对相互交替使用，形成纡徐曲折的特点，节奏感非常强烈，且由于单句对与隔句对交替使用，节奏富于变化。隔句对如"鼓枻海师，不知菩提之行；散花天女，能变声闻之身""名师虚假，不生族姓之家；法无中边，不居华夏之地""不私其身，臭味于耕桑之侣；苟适其道，膻行于蛮貊之乡"等，对仗非常工整。单句对如"在百法而无得，周万物而不殆""善习表于儿戏，利根发于童心""中有三乘之根，共听一音之法"等，对仗也十分工整。骈句富于气势，但却又不利于叙事。为了更好地叙述惠能的事迹，王维又在整齐的骈句之间杂以散句，在一些时间节点上，往往用一个词语或一个单句来引起，如"年若干""临终""如此积十六载""至某载月日""某月日"等，在整齐的句式之间贯穿这样的单句，一方面便于叙事，另一方面也能在整齐之中寻求变化。同时，在表达时间变换时往往还使用了一些带有时间性质的关联词语，置于对句的开头，在节奏上也引起了一种变化，也使句式在整齐之中富于变化，如"既而""俄而"等。此外，为了更生动形象地展现惠能的风采，文章还使用了人物的语言来表现人物，"而谓之曰""乃叹曰""乃教人以'忍'曰""常叹曰""忽谓门人曰"，每处使用的语言都不一样，充分展现了王维语言运用的娴熟技巧。

第二是典故的增多。典故运用是骈文的一大特色，尤其是六朝以来的骈文作品，特别注重典故的运用。骈文发展到初唐时期，王勃的骈文用典就非常繁复了，如其《滕王阁序》，在用典上就非常突出。王维生于四杰之后，其文章自然也受到四杰的影响，用典依然是其中的主要特点。不过，王维这篇碑文是为佛教僧侣所写，因而用典也颇有佛教的特色，即其中所用的典故基本为佛教所有。据清人赵殿成《王右丞集笺注》①，本文所用佛教典故计有《维摩诘经》《华严经》《金刚经》《楞伽经》《涅槃经》《法华经》《璎珞经》《遗教经》《传灯录》等，充分展现了王维丰富的佛教知识。同时，王维又是一读书人，受传统文化的影响，其中也有不少出自子书的典故，如《庄子》《列子》等，还有一些从史书及前人诗句中化用而来的典故，可以说非常丰富，真正体现了一个学者渊博的知识。当然，文章中大量佛教语言的出现，也给读者带来了很大的理解上的困难——毕竟不是每个人都熟悉佛典的。这其实也是六朝以来骈文创作中存在的一大毛病，王维并未能将之更改，反而更加过之。

另外，本文既是对惠能的介绍，自然也就会对其生平进行描述，因而本文在写作上还有一个特点，就是运用丰富的词语来展现惠能的生平，具体而生动。文章叙述惠能的生平，用史家之手笔，抓住惠能一生中的几件大事：获弘忍传法、确立自己的地位、拒不奉诏、去世，每件事也都用比较富裕表现力的词语来表现其特点，如写其去世一节，作者用"异香满室，白虹属地"表现惠能的与众不同和超尘脱俗，又用"山崩川竭，鸟哭猿啼"表现众人的悲伤，富于表现力。

王维的《能禅师碑》可以说充分体现了初唐以来骈文的特点，对仗工整，典故繁复，辞藻华丽。

三 柳宗元《大鉴禅师碑》与中唐文体革新

中唐是文学史上一个变革的时代，这种变革，一方面是以韩柳为首的

---

① 王维著、赵殿成笺注《王右丞集笺注》，上海古籍出版社，1998，第446~459页。

古文运动,另一方面则是以元稹、白居易为首的通俗化运动。韩柳的古文运动,侧重于对文体形式尤其是句式的变革,是把文章从骈体转向散体。元白的变革,则是侧重于对诗歌语词和内容的改革,使诗歌更贴近生活,更易于为普通百姓所接受。这两场变革,看似由不同的人物领导,实则相互之间还是有一定的交融,古文运动的倡导者韩愈和柳宗元,在文章的写作上,也有通俗化的倾向,表现在柳宗元的作品中,那就是文章句式的"化骈为散"[①] 和文章语言表达的通俗化。这一点,在柳宗元的《大鉴禅师碑》一文中得到了比较明显的体现,而《大鉴禅师碑》也是墓碑文文体变革中的一篇重要文章。

元和十年(815),柳宗元被贬为柳州刺史,并于是年六月抵达柳州。柳宗元与佛教关系密切,在柳州期间也与一些僧侣有往来,如浩初、方及等。在柳期间,也曾创作了不少与佛教有关的文章,其中的《大鉴禅师碑》为其到柳州当年所作之文,也是为禅宗惠能法师所作的碑文。文章称:

> 扶风公廉问岭南三年,以佛氏第六祖未有称号,疏闻于上。诏谥大鉴禅师,塔曰"灵照之塔"。元和十年十月十三日,下尚书祠部,符到都府。公命部吏洎州司功掾,告于其祠。幢盖钟鼓,增山盈谷,万人咸会,若闻鬼神。其时学者千有余人,莫不欣踊奋厉,如师复生;则又感悼涕慕,如师始亡。因言曰:自有生物,则好斗夺相贼杀,丧其本实,悖乖淫流,莫克返于初。孔子无大位,没以余言持世,更杨、墨、黄、老益杂,其术分裂,而吾浮图说后出,推离还源,合所谓生而静者。梁氏好作有为,师达摩讥之,空术益显。六传至大鉴。大鉴始以能劳苦服役,一听其言,言希以究,师用感动,遂受信具。遁隐南海上,人无闻知。又十六年,度其可行,乃居曹溪,为人师,会学去来尝数千人。其道以无为为有,以空洞为实,以广大

---

① 关于柳宗元的"化骈为散",请参阅拙著《骈散的对立与互融》第四章"隋唐五代文章骈散对立与互融的深化"第五节"柳宗元的'化骈为散'",齐鲁书社,2010,第205~221页。

不荡为归。其教人，始以性善，终以性善，不假耕锄，本其静矣。中宗闻名，使幸臣再征，不能致，取其言以为心术。其说具在，今布天下，凡言禅皆本曹溪。大鉴去世百有六年，凡治广部而以名闻者以十数，莫能揭其号，乃今始告天子，得大谥，丰佐吾道，其可无辞。公始立朝，以儒重。刺虔州，都护安南，由海中大蛮夷，连身毒之西，浮舶听命，咸被公德。受旗纛节戟。来莅南海，属国如林。不杀不怒，人畏无噩，允克光于有仁。昭列大鉴，莫如公宜。其徒之老，乃易石于宇下，使来谒辞。其辞曰：

达摩乾乾，传佛语心。六承其授，大鉴是临。劳勤专默，终揖于深。抱其信器，行海之阴。其道爰施，在溪之曹。厖合猥附，不夷其高。传告咸陈，惟道之袭。生而性善，在物而具。荒流奔轶，乃万其趣。匪思愈乱，匪觉滋误。由师内鉴，咸获于素。不植胡根，不耘胡苗。中一外融，有粹孔昭。在帝中宗，聘言于朝。阴翊王度，俾人逍遥。百有六祀，号谥不纪。由扶风公，告今天子。尚书既复，大行乃诔。光于南土，其法再起。厥徒万亿，同悼齐喜。惟师教所被，泊扶风公所履，咸戴天子。天子休命，嘉公德美。溢于海夷，浮图是视。师以仁传，公以仁理。谒辞图坚，永允不已。

文中有言，"元和十年十月十三日"，则本文为柳宗元到柳州后所作无疑。元和元年，柳宗元被贬永州司马，并在永州十年。期间柳宗元创作了很多山水游记，这些文章的一大特点就是以散体行文。但柳宗元自述其学习的经历，是先学骈文，后来才改学古文的，"始吾幼且少，为文章，以辞为工。及长，乃知文者以明道，是固不苟为炳炳烺烺，务采色，夸声音，而以为能也"（《答韦中立论师道书》），这种变化，在其永州文章中体现得尤为明显。到柳州后，柳宗元文章创作上更注重骈散的结合，一方面是为了能得到朝廷的重视，一方面也是文章成熟的表现。《大鉴禅师碑》一文叙述了作碑的由来，并对思想史作了一个简要的描述。值得关注的是，本文在形式上多与王维的《能禅师碑》不一样，体现出柳宗元文体革新的新成就。

一是句式上化骈为散。全文的句式比较丰富，有四字句，也有三字、五字、六字等句式，而其中又以四字句为主。这些句式，有比较整齐的骈句，"幢盖钟鼓，增山盈谷，万人咸会，若闻鬼神"，非常整齐。还有标准的对仗句式，如"莫不欣踊奋厉，如师复生；则又感悼涕慕，如师始亡"。但也正是这一句，充分体现了柳宗元的"化骈为散"，作者在这一标准的对句前有一句"其时学者千有余人"，以叙事的口吻，以单句引起对句，就使得整组句式变成了散句，成为骈中有散的句子。在典故的运用上，本文也没有像王维的《能禅师碑》那样大量用典，全文几乎不用典故。

二是语言通俗贴切。如前所述，全文基本以散体出之，在语言的选择上，则以通俗为本。文章虽然是为惠能写的，但是全文几乎不用典故，也极少佛教专业术语——这与王维的文章大不相同，阅读下来，通俗易懂，不存在难以理解的地方。且因柳宗元反对骈文"骈四俪六"的做法，用词相对自由，也不再是那种"抽黄对白"的藻饰模式，因而文章显得通俗易懂。

三是减少叙述性语言。既为碑文，即应当记述碑主的生平事迹。但本文对于惠能生平的介绍少之又少，与柳宗元的传记类文章殊不相同。如其《段太尉逸事状》，对段太尉的事迹叙述生动，而本文则绝少这类叙述。文章对于惠能的生平，只是简单地介绍了其学习佛法的经历，且语焉不详，即使如帝王之征召，也侧重于帝王"取其言以为心术"，非常简洁。在叙述其成就上，也并不是突出其"顿悟""空灵"，而是强调其教人以"性善"，体现的是柳宗元融合儒释的思想。

这篇文章影响较大，尤其是苏东坡对其进行了相应的评价后，成为研究柳宗元思想的重要文章。苏轼《书柳子厚大鉴禅师碑后》称："柳子厚南迁，始究佛法，作曹溪、南岳诸碑，妙绝古今，而南华今无刻石者。长老重辩师儒释兼通，道学纯备，以未自唐至今，颂述祖师者多矣，未有通亮简正如子厚者。"[①] 一方面固然是柳宗元在文章表现出了他对惠能佛法的认识，更重要的，则应该是其文章的"通亮简正"，也就是以一种简洁

---

① 孔凡礼点校《苏轼文集》，中华书局，1986，第 2084 页。

明了的语言形式，展现了惠能的一生及其佛学，成为同类文章中最优秀的一篇——文中称是"自唐至今"之最优秀者，这恐怕也认为王维的《能禅师碑》不如柳宗元的这一篇吧？

就在柳宗元写作本文后三年，刘禹锡也作了一篇墓碑文《曹溪六祖大鉴禅师第二碑》，从行文看，刘禹锡的文章颇有一些骈散结合的味道，与柳宗元文章略有不同，如其中一段称：

> 元和十一年某月日，诏书追褒曹溪第六祖能公，谥曰大鉴。实广州牧马总以疏闻，繇是可其奏，尚道以尊名，同归善善，不隔异教，一字之褒，华夷孔怀，得其所故也。马公敬其事，且谨始以垂后，遂咨于文雄，今柳州刺史河东柳君为前碑。后三年，有僧道琳率其徒，由曹溪来，且曰："愿立第二碑，学者志也。"

本段文字叙述作碑文的由来，几乎全是叙述文字。文中仍有不少整齐的四字句式，不过其中的散句甚多，可以看出刘禹锡在写作本文时，也从散体出发，尽可能使用散句。这应该说也是受到了唐代古文运动的影响，在碑文写作上趋向于用散体写作。刘禹锡的文章还是有不少用典的地方，其中还包含了道家的典故，如"筌蹄""刍狗"等，不过也并不难理解。墓碑文的趋势显然还是散体化、通俗化。

四　柳宗元墓碑文的创新及其原因

都是为禅宗六祖惠能作的碑文，从王维的《能禅师碑》到柳宗元的《大鉴禅师碑》，墓碑文发生了比较明显的变化，主要体现在三个方面：一是文章中对偶句式大量减少，文章由骈体转而为散体；二是文章中典故的运用大量减少，少用甚至是不用典故；三是文章的语言也有了很大变化，更容易为普通人所接受。

中唐是一个变革的时代，无论是诗歌还是文章，都出现了新的变化。以韩柳为首的古文运动，本来就是要打破六朝以来骈文过于僵化的模式，改变骈文句式整齐、典故繁密的现象。韩愈在墓碑文写作上有独到之处,但其文集中并无为僧人所作碑文——这当然与韩愈对佛教的态度有关系。柳宗元文集中则有10篇与佛教僧侣有关的墓碑文,可以看出柳宗元对佛教的重视。其《大鉴禅师碑》也体现出了其文体革新的思想。

为人作碑而几乎不叙述碑主的生平,这显然与王维的碑文写作不太一样。出现这样的情况,当然可以从以下几个方面考虑:一则六祖惠能的生平,在经过了百年之后,大家已经是比较熟悉了,毕竟禅宗是当时影响最大的佛教流派;二则柳宗元生当王维之后,前已有王维《能禅师碑》,对惠能的生平已经有了比较多的叙述,如果柳宗元再进行叙述,恐怕也未必能够超越王维——王维毕竟是盛唐时代优秀的文学家,且又和佛教有着更为密切的关系,避重就轻,扬长避短,这也是柳宗元这篇文章的一个特色;三则柳宗元自被贬谪永州后,一直就在进行文体的革新,他对文体的革新,其目的并不仅仅是因为骈文的约束,其中自然也包括"物不平则鸣"的思想,希望通过古文创作,以一种大家不熟悉的文体来引起世人的关注,以期重回长安。此外,由于柳宗元在永州期间写作的山水游记已经形成了一种"唐氏之弃地"的心理,往往以我观物,将个人情感融于山水写作之中,因而在他后来的文章中,个人的主观意愿往往比较浓厚,山水或者事物往往会带有个人的感情色彩。这也是为什么他在给惠能写碑文时侧重的是惠能学说中的"教人""性善"。要之,柳宗元是将自己的主张融入了对碑主的评价之中,这应该说也是他写作墓碑文的一个变化,也是柳宗元革新文体的成就。

孙昌武先生在谈到韩柳的成就时有这样的评价:"在文体的创新上,无论是理论还是实践,柳宗元的成就显然是更为突出的。"[①] 文体革新,是中唐文学发展的一大变化,余恕诚先生在《唐诗与其他文体之关系》中说:"唐代是中国历史上文学创作最具有生气的高潮时期,几乎各种文体皆备,有的在发展中推向高度繁荣境地,有的则由萌芽而趋于成熟。没有大胆创新多方吸取的精神,是不可能有如此成就的。……透过每一种文体

---

① 孙昌武:《柳宗元评传》,南京大学出版社,1998,第302页。

的发展，几乎都能看到异质的引入，及其与其他问题相融的交叉性、综合性。多种文体，包括前代和后代之间不同类型之文相互影响、渗透、交流，相互扶持，乃至相互竞争，使其在发展过程中能不断吸收各方面的营养，克服因循守旧的惰性，是文学创新和文体变革的重要动力。"[1] 这也正是钱锺书先生所说的："名家名篇，往往破体，而文体亦因以恢弘焉。"[2] 从王维《能禅师碑》到柳宗元《大鉴禅师碑》，正是从骈体向散体过渡，墓碑文体处于变革之中。柳宗元"化骈为散"，融合骈散的优点，改革文体，使墓碑文呈现出新的变化。这也是柳宗元在古文运动中所取得的成就。当然，韩柳文章形式的变革也并非一帆风顺，古文运动所带来的新文体，在韩柳之后又逐渐陷入低谷，墓碑文也一样。晚唐李商隐所作的墓碑文，又恢复了王维《能禅师碑》的写作方式，句式整齐，对仗工整。多种形式并存，这也是文学文体发展的一种常态。

---

[1] 余恕诚、吴怀东：《唐诗与其他文体之关系》，中华书局，2012，第19页。
[2] 钱锺书：《管锥编》，中华书局，1979，第890页。

《种柳戏题》本事之传播讹变与原初推探

尚永亮[*]

摘　要：围绕柳宗元《种柳戏题》之本事，始于范摅《云溪友议》的错误记载曾对后人产生了严重的误导作用。其间虽有刘斧《青琐高议》所述较近情实，但因其时代靠后，故多为人所忽略，以致范说一枝独秀，后人以讹传讹，终致《全唐诗》编者将范著所载诗系于吕温名下，形成更强的固化效应。推探其本事原初情形，大抵是柳宗元先有种柳于柳江畔之善举，民间好事者即由此编出"柳州柳刺史，种柳柳江边"的歌谣以传唱，宗元闻歌后有感于心，遂作《种柳戏题》以申发之。当然，也许还存在其他创作原委，但无论是哪种情况，都可确定：范著所载诗，前两句是柳宗元生前即有的，后两句是自宗元至范摅间人补加的，其间有一个跨时空的形成过程。

关键词：种柳戏题　柳宗元　唐诗研究

在柳宗元所作诗中，《种柳戏题》堪称别具一格。该诗以"戏题"笔墨，传神地描述了作者种柳于柳江之事：

柳州柳刺史，种柳柳江边。谈笑为故事，推移成昔年。垂阴当覆地，竦干会参天。好作思人树，惭无惠化传。[①]

---

[*] 作者简介：尚永亮，中国柳宗元学会会长，武汉大学文学院教授。
[①]（唐）柳宗元著，尹占华等校注《柳宗元集校注》卷四二，中华书局，2013，第2847页。

"柳"是诗眼。诗人姓柳,任官柳州,又种柳树,且在柳江,一个"柳"字,逗引出一篇有趣的文字。所以诗开篇连用四个"柳"字,在反复重叠中传达出一种巧妙的意义关联和特殊的声情效果。

大概正是由于此诗巧用叠字,以姓、地、树、江四者中之"柳"相互关合,开篇即入笔擒题,显得自然而精警,诙谐而多趣,所以受到后代不少诗评家的关注,或谓其"兴致洒落,正以戏佳"①;或谓"有两句叠四字者,如柳子厚诗云:'柳州柳刺史,种柳柳江边'是也"②。宋长白《柳亭诗话》更列举近体诗一篇之中叠字数见者多首,而在柳诗下特意注明"自云'戏题'"③,以突出其创作意图和形式特点。与这些评说相关,还有很多作者借鉴柳诗写法,在涉及"柳"的场合出以类似笔墨,或明言其事,或暗中化用。如北宋那位戏谑大家苏东坡即先在《故周茂叔先生濂溪》诗中写道:"应同柳州柳,聊使愚溪愚。"④ 又在《南乡子·绣鞅玉环游》一词中再次说道:"春入腰肢金缕细,轻柔,种柳应须柳柳州。"⑤ 他如元人徐瑞《送从弟兰玉视篆柳州》:"柳侯种柳柳江边,岁岁春风岁岁妍。"⑥ 明人林爱民《送郑万松经柳州府》:"闲追柳侯兴,种柳柳江边。"⑦ 陶奭龄《插柳》:"前年插柳一丈高,今年插柳如蓬蒿。柳边不是柳州柳,五柳先生持浊醪。"⑧ 清人王芑孙《种柳》:"昔人先种花,吾今更栽柳。……未携柳枝伎,聊学柳江守。"⑨ 梁焕奎《桂蠹》:"他年种柳柳长成,更对浓阴一回首。"⑩ 这样一种或咏其事,或用其意的现象,在

---

① (明)孙鑛:《孙月峰评点柳柳州全集》卷四二,民国十四年(1925),上海会文堂石印本。
② (清)赵翼著,曹光甫校点《陔余丛考》卷二三,上海古籍出版社,2011,第420页。
③ (清)宋长白:《柳亭诗话》卷二三,清光绪八年(1882)刻本,第13页。
④ (宋)苏轼著,(清)王文诰辑注,孔凡礼点校《苏轼诗集》卷三一,中华书局,1982,第1667~1668页。
⑤ (宋)苏轼著,傅成、穆俦标点《苏轼全集》词集卷二,上海古籍出版社,2000,第607页。
⑥ (元)徐瑞:《松巢漫稿》(一),(清)史简编《鄱阳五家集》卷六,清文渊阁《四库全书》本。
⑦ (清)舒启修,吴光升撰《乾隆柳州县志》卷十《艺文·诗》,清乾隆二十九年修民国二十一年铅字重印本,第14页。
⑧ (明)陶奭龄:《赐曲园今是堂集》,卷六,明崇祯刻本。
⑨ (清)王芑孙著,王义胜整理《渊雅堂全集》卷十七,广陵书社,2017,第327页。
⑩ 梁焕奎:《青郊诗存》卷四,民国壬子(1912)元年,长沙梁焕均刻本,第20页。

柳诗接受史上非常独特,它既展示了后人对这首柳诗的重视,也强化了《种柳戏题》的典型特征。用日人近藤元粹的话说便是:"种柳柳州,柳果为一典故矣。"①

然而,与这种创作中仿效、化用柳诗者相比,历史上还存在大量对《种柳戏题》之本事的误解和误传,严重干扰了对此诗创作动因的理解。其始作俑者,似当首推晚唐范摅。在范著《云溪友议》卷中《南黔南》条,记载了这样一则故事。

> 南中丞卓,吴楚游学十余年。……转黔南经略使,大更风俗。凡是溪坞,呼吸文字,皆同秦汉之音,甚有声光。先柳子厚在柳州,吕衡州温嘲谑之曰:"柳州柳刺史,种柳柳江边。柳馆依然在,千株柳拂天。"至南公至黔南,又以故人嘲曰:"黔南南太守,南郡在云南。闲向南亭醉,南风变俗谈。"②

这里所记二诗,一为"柳州柳刺史",一为"黔南南太守",句法相似,均具明显的叠字特点,且作者都是吕温,故范摅将其一并拈出,作为诗坛掌故,本是一件有意义的事。同时,这则记载也间接交代了柳诗创作的起因,亦即先有吕温赠诗在前,后有柳宗元附和引申,这就解决了创作的本事,其价值似不可低估。但问题在于,这则看似有用的材料却因一个基本的常识性错误而大打了折扣。下面试稍分疏之。

其一,吕温为柳宗元挚友,生于大历六年(771),长柳二岁;卒于元和六年(811),其时宗元尚在永州,得其死讯曾作《同刘二十八哭吕衡州兼寄江陵李元二侍御》《唐故衡州刺史东平吕君诔》等诗文痛悼之。而至宗元刺柳(815~819)之时,吕温去世已数年之久,如何能写出"柳州柳刺史"的诗来?

其二,南卓生卒年不详,但与裴度、白居易、元稹、贾岛等人有交

---

① 〔日〕近藤元粹评订《柳柳州诗集》卷三,光绪三十一年(乙巳1905),青木嵩山堂版。
② (唐)范摅著,唐雯校笺《云溪友议校笺》卷中,中华书局,2017,第141页。

往，《新唐书·艺文志》著录其《羯鼓录》一卷、《唐朝纲领图》一卷、《南卓文》一卷。其早年羁旅困顿，大和二年（828）始中制科，至大中年间（847~860）方官黔南观察使。而此时吕温去世已三四十年，又如何能预知"黔南南太守"之事？

其三，今存四库本《吕衡州集》未载二诗。而该集先由吕温友人刘禹锡编次，后由明末冯舒重编①，集中不收此作，说明编纂者或未之见，或对其取存疑态度。

如此看来，这则材料所记二诗之作者是经不起推敲的，也是完全错误的。可是，范摅这段记载却对后世发生了极大的影响。也许是由于范为唐人，距柳宗元时代较近，其所记事易于取得后人信任②；也许是后来的著书者多为耳食之徒，只管把前人文章抄录下来便是，而不去做稍加翻检即可明了事实真相的核查工作，因而，在自宋至清的千年时间中，上述记载便一而再，再而三地出现在各种笔记、诗话之中。如宋人陈应行《吟窗杂录》卷四八、计有功《唐诗纪事》卷五四、明人郭子章《六语》之《谐语》卷四、蒋一葵《尧山堂外纪》卷二九、清人吴襄《子史精华》卷四二、张玉书等《佩文韵府》卷四四之一，均录范著之语以为谈助，而质疑者罕睹。其间更有附加己意以引申者，如明人魏濬即在《峤南琐记》卷下说了这样两段话：

> 吕衡州温善谑，子厚在柳州，温谑之曰："柳州柳太守，种柳柳江边。柳馆依然在，千秋柳拂天。"南公至黔南，温又谑之曰："黔南南太守，南郡向云南。闲向南亭醉，南风变俗谈。"
>
> 柳州有种柳戏题诗："柳州柳刺史，种柳柳江边。谈笑为故事，

---

① 参见（清）纪昀等《四库全书总目》卷一百五十《集部·别集类一·吕衡州集》，中华书局，1965，第1290页。
② 四库馆臣《云溪友议》提要既谓该书一些纪事"皆委巷流传，失于考证"，又谓："然六十五条之中，诗话居十之七八，大抵为孟棨《本事诗》所未载，逸篇琐事，颇赖以传。又以唐人说唐事，耳目所接，终较后人为近。故考唐诗者如计有功《纪事》诸书，往往据之以为证焉。"（《四库全书总目》卷一百四十《子部·小说家类》，中华书局，1965，第1186页。）

推移成昔年。垂阴当覆地,耸干会参天。好作思人树,惭无惠化传。"盖追忆衡州戏语而作也。①

较之《云溪友议》之单从吕温一方说起,这两段文字将吕诗与柳诗对照列出,进一步强调了二者间的关联;同时,于前段添加"吕衡州温善谑"一语,于后段补缀"盖追忆衡州戏语而作也"一语,从不同方面坐实了柳诗与吕温的关系。

魏濬之后,大凡涉及其事者,如清人汪森《粤西丛载》卷五、金鉷《(雍正)广西通志》卷一二七、独逸窝退士《笑笑录》卷三等,便不再提及《云溪友议》和范摅之名,而径以《峤南琐记》所载为准的,原样照录其语,遂使得三人成虎,谬误斯甚。

更为严重的是,在曹寅等编《全唐诗》卷八七〇《谐谑二》中,竟在吕温名下公然著录上引二诗,并新加二题,一为《嘲柳州柳子厚》,一为《嘲黔南观察南卓》,从而在未交代出处的情况下,将二诗的著作权郑重其事地划归吕温。由于《全唐诗》的官修性质,极易使人误以为吕温便是这两首诗名副其实的作者,而很难从历史的、学理的角度进行质疑,以正视听。此一错误,只有留待今日的专家学者来订正了。②

当然,关于这首误植为吕温之诗,文献中也有不同于范摅的记载。如刘斧《青琐高议》前集卷一《柳子厚补遗》条载:

柳宗元,字子厚,晚年谪授柳州刺史。子厚不薄彼人,尽仁爱之术治之。民有斗争至于庭,子厚分别曲直使去,终不忍以法从事。于是民相告:"太守非怯也,乃真爱我者也。"相戒不得以讼。后又教之

---

① (明)魏濬:《峤南琐记》,《丛书集成初编》本,中华书局,1985,第33~34页。
② 按:查王启兴主编《校编全唐诗》(湖北人民出版社2001)、陈贻焮主编《增订注释全唐诗》(文化艺术出版社2001),于吕温名下均未收此二诗。此外,王国安《柳宗元诗笺释》(上海古籍出版社1993)卷三、尹占华等《柳宗元集校注》(中华书局2013)卷四二亦于《种柳戏题》下辨此二诗作者之误。又,拙稿完成后,始蒙莫道才教授见告,知其有《〈全唐诗〉载吕温二首诗均为伪诗说》一文,载《古籍整理研究学刊》,2005,第3期,可参看。

植木、种禾、养鸡、育鱼,皆有条法。民益富。民歌曰:"柳州柳刺史,种柳柳江边。柳色依然在,千株绿(抄本作柳)拂天。"①

刘斧为北宋末人,想必读过《云溪友议》,但他却未从范说,而是将"柳州柳刺史"归诸"民歌",这一方面说明他对范说有怀疑;另一方面也说明其所载或当另有来源。

与刘斧大略同时的阮阅在《诗话总龟》卷四一《诙谐门》中也涉及此事,但仅记载了"柳州柳太守"(按:此处易"刺史"为"太守",与诸本异)和"黔南南太守"二诗,而略去了吕温其人,并在后诗前添加"人嘲之曰"数字②,这就将诗作从具指的作者换成了泛指的众人。据此而言,阮阅及其所征引文献之作者也是不信范摅的话的。③

那么,刘斧等人所载事可信吗?回答大致是肯定的。

首先,种柳是惠民之举,自然易于赢得民众的爱戴。韩愈在《柳子厚墓志铭》中说柳宗元到柳州后,"因其土俗,为设教禁,州人顺赖。其俗以男女质钱,约不时赎,子本相侔,则没为奴婢。子厚与设方计,悉令赎归。其尤贫力不能者,令书其佣,足相当,则使归其质。观察使下其法于他州,比一岁,免而归者且千人"④。又在《柳州罗池庙碑》中记载说:"凡令之期,民劝趋之,无有后先,必以其时。于是民业有经,公无负租,流逋四归,乐生兴事,宅有新屋,步有新船,池园洁修,猪牛鸭鸡,肥大蕃息。子严父诏,妇顺夫指,嫁娶葬送,各有条法,出相弟长,入相慈孝。……大修孔子庙,城廓道巷,皆治使端正,树以名木,柳民既皆悦喜。"⑤ 这两段话,叙述了柳宗元在柳州的善政及柳民对他的感戴之情,其中"树以名木,柳民既皆悦喜",所指虽非种柳一端——考《柳宗元集》,即有《柳州城西北隅种甘树》《种木槲花》等诗作;但因"柳"之

---

① (宋)刘斧撰辑,施林良校点《青琐高议》,上海古籍出版社,1983,第10页。
② (宋)阮阅编,周本淳校点《诗话总龟》,人民文学出版社,1987,第403页。
③ 按:《总龟》此条未交代出处。
④ (唐)韩愈:《柳子厚墓志铭》,马其昶校注,马茂元整理《韩昌黎文集校注》第七卷,上海古籍出版社,2014,第571页。
⑤ (唐)韩愈:《柳州罗池庙碑》,第七卷,第550页。

一字与人、地、树、江的多重关合，既自然贴切，又新奇有趣，其时有好事者将之编成歌谣，传唱开来，便是情理中的事了。

其次，细详《种柳戏题》诗意，当与民间歌谣存在一定的对应关系。起首二句之"柳州柳刺史，种柳柳江边"，开门见山，不加铺垫，似即为对民歌的直接引用；颔联之"谈笑为故事，推移成昔年"，承上推衍，将首联所说以"谈笑"与"故事"总括之，意为今日尔等所唱虽为一时之谈笑，但随着时间推移，也许会成为日后之故事；而在后人看来，眼下的所作所为，自然也就成了可堪追忆的"昔年"。这里有时空的转换，有人事的更迭，两句话十个字，简当之至，余味曲包。到了诗作的后幅，作者掉转笔锋，既设想所种之柳"垂阴当覆地，耸干会参天"的繁盛之状，又借"好作思人树，惭无惠化传"二语，通过对召公之典的巧用，将诗思拉回到种柳与理政益民的关联上来，这便大大提升了诗的品位；而由"戏题"所产生的调侃、谐谑意味，也因其所包含的德政主旨而避免了流向肤薄浅露。令人读来，别具一种亲切活泼的情趣。

如此看来，这首《种柳戏题》与民间歌谣便有了较密切的关联。推探其本事原初情形，大抵是柳宗元先有种柳于柳江畔之善举，民间好事者即由此编出"柳州柳刺史，种柳柳江边"的歌谣以传唱，宗元闻歌后有感于心，遂作《种柳戏题》以申发之。

不过，事情也不是绝对的。除此之外，还可能存在以下两种情形。一是宗元率人种树之际，或有参与者因其姓与地、江、树之关合，而随口说出"柳州柳刺史，种柳柳江边"的话，以博一粲；宗元即以此为话头，作《种柳戏题》一首；而后人又因宗元此诗，繁衍出"柳州柳刺史，种柳柳江边。柳色依然在，千株柳拂天"的歌谣，以追忆、纪念这位曾造福于柳州的父母官。换言之，前两句是原有的，后两句是后人补加的；在后两句中，《云溪友议》记作"柳馆依然在，千秋柳拂天"，《青琐高议》记作"柳色依然在，千株绿拂天"，字词不无小异，但无论是哪种情况，一个"依然在"，一个"柳（绿）拂天"，都说明这是后人的语气，而非宗元当时人所能道。二是《种柳戏题》本无依傍，其首二句乃宗元自作，后世百姓因感其德政，遂取其原句而补缀后二句，传唱开来。比较这两种情形，又当以前者为合乎情理一些。

倘若这一推断可以成立,那么可以认为:围绕《种柳戏题》之本事,始于范摅《云溪友议》的错误记载曾对后人产生了严重的误导作用,其间虽有刘斧《青琐高议》未循范说,所述亦略得情实,但因其时代靠后,且未突出"柳州柳刺史"与"黔南南太守"的叠字特征,故多为人所忽略,以致范说一枝独秀,后人以讹传讹,终为《全唐诗》编者纳入官修典册,形成更强的固化效应。这种情形,一方面固然造成了诗歌解读的困扰,另一方面也须看到,范著将两首叠字诗的创作权归诸吕温,虽属无稽,但却不能因此而否定此二诗的真实性。换言之,这两首叠字诗必定出现在柳宗元至范摅的四五十年间,是中晚唐无名诗人极具特点的一种创作,其形成存在一个跨时空的持续过程。而且推寻起来,"黔南南太守,南郡向云南"一诗系受"柳州柳太守,种柳柳江边"之影响而作,也不无可能。

《段太尉逸事状》意蕴诠释

张乃良*

摘　要：《段太尉逸事状》是柳宗元传状类文章的经典之作，创作于作者被贬逐永州时期。文中写到的段太尉事迹多是柳宗元实地考察所得，也有从崔能处听闻得知，所写事迹不是柳宗元杜撰，而是注入自己感情的实录。柳宗元选择"逸事状"这一文体，是为了不受"行状"体整饬刻板的约束，把段太尉最为闪光的逸事加以文学化的渲染，并借此表达自己对段太尉无限的崇敬仰慕之情。柳宗元在其文章中始终以"太尉"称呼段秀实，而未直呼其名，这其中有作者对段秀实义烈行为的景仰情感的注入。"不忍人无寇暴死"，这句话是全文的文眼，段太尉的一切行为的心理动因都可以从这句话得到解释。段太尉忠烈形象的最后造型以"笏击泚首"定格在历史长河中。"笏击泚首"蕴含的文化能量在中国历史文化中不断放大递增。

关键词：柳宗元　段太尉　逸事状

文学研究的终极指归应该是对作家留存的文本的诠释与解读，诸如作者身世的考察，其思想的分析评价，文集版本流传的订正，文字音韵的诠释，等等，说到底都是要为文本解读服务的。所以，回归文本才是文学研究的正途与归宿。文学史上流传不衰的名家经典文本更值得不断地解读，

---

* 作者简介：张乃良，宝鸡文理学院文学与新闻传播学院教授，硕士生导师。主要从事古代文学教学与研究。出版有专著《贾宝玉论》。

以求更准确地获得文本中蕴含的丰富意义。

一 注情书写的实录精神

《段太尉逸事状》（以下简称《逸事状》）是柳宗元传状类文章的经典之作，创作于作者被贬逐永州时期。宋文安礼的《柳先生年谱》，今人施子愉先生的《柳宗元年谱》都将此文系于元和九年。当时他的老朋友韩愈担任史馆修撰，奉命编修《顺宗实录》。柳宗元写好这篇文章后直接呈献史馆，给韩愈修史作参考。他又怕自己的这篇文章不能受到重视，便以私人身份给韩愈写了《与史官韩愈致段秀实太尉逸事书》，强调了逸事状足可采信的依据："窃自冠好游边上，问故老卒吏，得段太尉事最详。今所趋走州刺吏崔公，时赐言事，又具得太尉实迹，参校备具。太尉大节，古固无有。然人以为偶一奋，遂名无穷，今大不然。太尉自有难在军中，其处心未尝亏侧，其莅事无一不可纪。"①"窃自冠好游边上"指的是贞元十年（794）柳宗元22岁时，曾游历邠州。他在《送邠宁独孤书记赵辟命序》中说"仆闲岁骤游邠疆"。他在邠州滞留的时间不算短，应该是"父卒后常往邠州省侍其叔。至贞元十二年其叔死，乃持丧归长安"。②在此次游历中，他一定对段太尉的逸事进行了搜罗，段太尉的"大节"也一定给他留下了深刻印象。针对当时有人认为段太尉是"偶一奋"而不虑死，柳宗元表示愤慨，并加以驳斥。

永州时期的柳宗元处在政治失意时段，心情抑郁，他的主要创作方向是山水游记，企求寄情山水以纾解胸怀。除此之外，他似乎也乐于从前朝的贞忠之士身上汲取更加丰富的政治能量，为下一步的政治崛起积聚力量。这篇逸事状应该是他这一思想的产物。柳宗元写这篇文章的时候（元和九年，814）距离段太尉被朱泚杀害（建中四年，783）已经过去了三十余年。段太尉被害的这一年，柳宗元才刚满十岁。文章中写的段太尉主

---

① （唐）柳宗元：《柳宗元集》，中华书局，1979，第811页。
② 施子愉：《柳宗元年谱》，《武汉大学学报》1957年第1期。

要事迹，都是他后来潜心搜求到的，他对段太尉的敬仰也是在这一过程中逐渐加深的。文章中说自己曾"出入岐周邠斄间，过真定，北上马岭，历亭障堡戍"，就太尉的事迹访问"老校退卒"，又从永州刺史崔能处得到了自己未曾获知的详情，可谓"备得太尉遗事"。陈景云《柳集点勘》注解："崔公名能，尝为浑瑊从事，瑊以副元帅统邠、蒲诸军，则太尉在邠实迹，崔必有得之于其州人，出子厚旧闻外者。"[1] 由此可以判断，《逸事状》中写到的段太尉事迹多是柳宗元实地考察所得，也有从崔能处听闻得知，所写事迹不是柳宗元杜撰而是注入自己感情的实录。

柳宗元对段秀实的追慕书写与他一生十分推崇正直忠贞之士分不开。"柳子读古书，观直道守节者即壮之"，对历史上为国为民坚持正义而英勇献身的仁人志士表示深深的仰慕，这种感情帮助他确立了"以中正信义为志，以兴尧、舜、孔子之道"的人生观。他强调"凡居其位，当思直道。道苟直，虽死不可回也"，弘扬正气，歌颂忠贞，成了柳宗元许多作品的重要主题。尤其值得注意的是，他就唐代中叶发生的许多重大事件，突出地赞扬了诸多与邪恶势力作坚决斗争、表现出凛凛正气和铮铮铁骨的忠贞之士，贯彻了他写诗作文"以辅时及物为道"的宗旨。[2] 在《逸事状》中，柳宗元对段太尉的三件逸事记叙得层次井然，人物形象丰赡生动，栩栩如生。产生这样的艺术效果，是他笔下注入感情的结果，也是此篇成为经典的主要因素。

北宋欧阳修、宋祁在合著的《新唐书·段秀实传》里几乎引用了柳宗元的《逸事状》全文，但是在一些关键之处却发生了文本变形，文句表意也多有不通之处。如写段秀实只身勇赴郭晞军营，面对杀气腾腾的披甲军士，"太尉笑且入：'杀一老卒，何甲也？吾戴吾头来矣。'"短短两句话，段秀实的气概声势跃然纸上。《新唐书》则这样写"杀一老卒，则何甲也！吾戴头来矣"。多了一"则"字，少一"吾"字，气概声势顿时暗弱且语意不通。前人已经指出这个错误："宋景文修新史，曰：'吾戴头来

---

[1] （唐）柳宗元：《柳宗元集》，中华书局，1979，第813页。
[2] 谢汉强：《柳宗元笔下的忠贞之士》，《广西社会科学》1998年第6期。

矣。'去一'吾'字，便不成语，吾戴头来者，果何人之头耶？"① 又比如，写焦令谌的抗暴残忍，占人田地租给农民，约定收成各得一半，大旱年份追索农夫地租。"我知入数而已，不知旱也。"《新唐书》却这样写："我知入，不知旱也。"去掉了一个很关键的"数"，语意便极其含混不清了。这样的例证还可以举出许多。还需要指出的是，柳宗元写焦令谌结局是因段秀实的仁德而"一夕自恨死"，这其实是柳宗元没有核实的误书。因为焦令谌大历八年（773）还担任泾原兵马使。但《新唐书》不加考稽，直接沿袭了柳宗元的错误，此足以反映作史者对传主漠然的态度。这就是史官千篇一律程式化的历史书写与柳宗元注入感情书写的根本分野。

二 文体选择寄寓的匠心

中国文学发展史的实践证明，不同的文体可以提供给作家借以表达不同内容、寄寓不同情感的范式。而作家在不同文体的创作实践中也自觉选择了能够更加透彻更加全面地表达自己内心世界的文体样式。刘勰的《文心雕龙》对各类文体的特征以及审美取向进行了系统深刻的阐释论述。他在《定势》篇中说："夫情致异区，文变殊术，莫不因情立体，即体成势也……此循体而成势，随变而立功者也。"②"因情立体"就是根据文章要表达的内容确定体式，"即体成势"就是由体式所形成的文章风格的趋势、趋向，更鲜明地呈现出文章的整体风貌。他在《体性》篇中强调"夫情动而言形，理发而文见，盖沿隐以至显，因内而符外者也"③。这里说的"情动""理发""隐""内"指文章内容而言，"言形""文见""显""外"指文章形式而言。明代陈洪谟也认为："文莫先于辨体，体正而后意以经之，气以贯之，辞以饰之。体者，文之干也；意者，文之帅也；气者，文之翼也；辞者，文之华也。体弗慎则文庞，意弗立则文舛，气弗昌

---

① （唐）柳宗元：《柳宗元集》，中华书局，1979，第176页。
② 刘勰著、周振甫注《文心雕龙注释》，人民文学出版社，1981，第339页。
③ 刘勰著、周振甫注《文心雕龙注释》，第308页。

则文萎,辞弗修则文芜。"① 刘勰反复阐述的"情"与"体"、"体"与"势"、"理"与"文"、"内"与"外"的关系,陈洪谟强调的"体"与"文"的关系,都是文章内容与形式的能动制约、相互依存关系。这个关系应该是作家进行创作之前以内心之情去适应外在文体形式的审美选择。徐复观先生在《〈文心雕龙〉的文体论》一文中对文体的理解分析十分准确深邃。他认为"实用性的文学,在客观上都有它所要达到的一定目的,而这种所要达到的目的,便成为文体的重大要求,也成为构成文体的重大因素之一,于是某类的文章,要求某种的文体,也便成为文体论的重要课题,体和类相合的,便是好文章,体与类不相合的,便不是好文章"。他进而梳理出"文体"一词三个方面的意义,即体裁、体要、体貌。"体裁之体,可以说未含有作者的人的因素,在体要中而始可以看出人的智性经营之迹,至体貌而始有作者的性情,有作者的精神状貌。"② 由此可知,作家选择某一种问题进行创作不是随意的,也不是无因的。

柳宗元用"逸事状"这一文体记述段秀实这个英雄,自然是有意为之。"逸事状"是"行状"的变体。行状是记述死者世系、籍贯、生卒年月和生平概略的文章。刘勰说:"状者,貌也。体貌本原,取其事实,先贤表谥,并有行状,状之大者也。"③ 多为"门生故旧状死者行业上于史馆,或求铭志于作者之辞"④。"逸事状,则但录其逸者,其所已载不必详焉,乃状之变体也。"⑤ 古时权贵名望之士去世之后,朝廷要根据其德行业绩赐予谥号,史馆要为他编写传记,亲友要请人作墓志,所依据的原始材料便是亡者的行状。作为行状变体的逸事状则是节选人物最有代表性的逸闻逸事加以描摹,往往显出作者匠心,所以更具有文学性。⑥ 柳宗元选择"逸事状"这一文体,是为了不受"行状"体本身整饬刻板的约束,把段太尉最为闪光的逸事加以文学化的渲染,并借此表达自己对段太尉无

---

① (明)徐师曾:《文体明辨序说》,人民文学出版社,1998,第81页。
② 徐复观:《中国文学精神》,上海书店出版社,2004,第130页。
③ 刘勰著、周振甫注《文心雕龙注释》,人民文学出版社,1981,第280页。
④ (明)吴讷:《文章辨体序说》,人民文学出版社,1998,第50页。
⑤ (明)徐师曾:《文体明辨序说》,人民文学出版社,1998,第147页。
⑥ 吴承学、刘湘兰:《传状类文体》,《文史知识》2009年第2期。

限的崇敬仰慕之情。也就是说，正是作者自青年时期就表现出的这种感情，决定了他选择的这一文章体式。李翱却不以为然，对行状的写法表示不同看法，尤其对柳宗元的这篇逸事状提出批评。他在《百官行状奏》中说："臣今请作行状者，不要虚说仁义礼智，忠肃惠和，盛德大业，正言直道，芜秽简册，不可取信，但指事说实，直载其词，则善恶功迹，皆据事足以自见矣。假令传魏征，但记其谏争之词，足以为正直矣。如传段秀实，但记其倒用司农寺印以追逆兵，又以象笏击朱泚，自足以为忠烈矣。今之为行状者，都不指其事，率以虚词称之，故无魏征之谏争，而加之以正直，无秀实之义勇，而加之以忠烈者，皆是也，其何足以为据？"[①] 柳宗元把《逸事状》上给韩愈的时候，李翱也一定是看到了，他这时候也担任史馆修撰。他指责柳宗元没有写段秀实"倒用司农寺印以追逆兵"和"以象笏击朱泚"两件事，所以就认为不能表现段秀实的义勇和忠烈。李翱显然没有搞清楚柳宗元写的不是"行状"，而是行状之变体"逸事状"，他说的两件事在正史里必将记载，逸事状则不必再书。后来的实际情况是新旧唐书都对李翱提到的两件事给予书写。柳宗元担心正史有对段秀实的大节记载有遗漏，所以才以《逸事状》呈送史馆。检视《柳宗元集》，行状体文只有三篇，除过这篇《逸事状》，另外两篇是《柳常侍行状》《陈给事行状》。说明柳宗元对"行状"与"逸事状"的文体功能以及两者区别是有清晰理解和认识的。

三　称谓表达出的内心景仰

柳宗元在《逸事状》中始终以"太尉"称呼段秀实，而未直呼其名，这样的称谓表达了作者柳宗元对段秀实义烈行为的景仰和膜拜。这犹如《三国演义》中作者对关羽的崇敬借"公"这一称谓加以表达。文章中转述第三人对太尉称呼时也以"公"为称，如尹少荣、焦令谌都以"段公"称呼段太尉。太尉作为官名不是始于唐朝。战国时秦有国尉，位在左更

[①] （清）董诰编《全唐文》，中华书局影印，1983，第6399页。

上,大良造下。秦统一以后改称太尉,为全国最高的军事长官,与掌政务的丞相,掌监察的御史大夫共同负责国家政务。隋唐、五代、宋初、辽金均以太尉与司徒、司空合称三公,名义上参议国之大事,实为加官或赠官。元以后废。太尉亦常用作对武官的尊称,而不问其官职的大小。① 段秀实的太尉职衔不是实授,而是追赠。为的是表彰他在朱泚叛乱时忠烈义勇的表现。《全唐文》中唐德宗的《赠段秀实太尉诏》大气磅礴、义正词严地叙述了给段秀实加赠"太尉"的缘起因由,也高度评价了段秀实的历史功绩,宣示了段秀实这个忠烈之士在政治伦理中的昭示意义。

> 见危致命之谓忠,临义有勇之谓烈。惟尔克励臣节,不惮杀身;惟朕式嘉乃勋,懋昭大典……故开府仪同三司检校礼部尚书司农卿上柱国张掖郡王段秀实,操行岳立,忠厚精至,义形于色,勇必有仁。顷者常镇泾原,克著威惠。叛卒知训,咨尔以诚;贼泚藏奸,欺尔以诈。守人臣之大节,洞元恶之深情。端委国门,挺身白刃,誓碎凶渠之首,以敌君父之仇。视死如归,履虎致咥。噫!天未悔祸,事乖垂成,雄风壮图,振骇群盗……惟我信臣,无愧前哲。声闻寰宇,义冠古今。足以激励人伦,光昭史册,不有殊等之赏,孰表非常之功?爰议畴庸,特超简限,著之甲令,树此风声。可赠太尉,谥曰忠烈。宣行史官……仍废朝三日,收京城之后,以礼葬祭,旌表门闾。②

柳宗元在行文中以"太尉"称呼段秀实,在情感上传承了这道诏书表达的国家意志和正义力量,他要借自己的文章,使段秀实的太尉之名让世人尽知。柳宗元之后的诗人们沿用了对段秀实以太尉呼之的情感寄托。如许浑的《经故太尉段公庙》:"静想追兵缓翠华,古碑荒庙闭松花。纪生不向荥阳死,争有山河属汉家。"诗人以汉高祖刘邦的功臣纪信比喻为唐朝社稷安危付出生命的段太尉。白居易的新乐府诗《青石激忠烈也》:

---

① 俞鹿年主编《中国官制大辞典》,黑龙江人民出版社,1992,第166页。
② (清)董诰编《全唐文》,中华书局影印,1983,第556页。

"青石出自蓝田山，兼车运载来长安。工人磨琢欲何用，石不能言我代言。不愿作人家墓前神道碣，坟土未干名已灭。不愿作官家道旁德政碑，不镌实录镌虚辞。愿为颜氏段氏碑，雕镂太尉与太师。"一块出自蓝田山中的青石，不愿做墓碑，不愿做刻录空话的德政碑，只愿做记载段太尉的忠烈碑。

四　文眼蕴含的人文情怀

一般的教科书选录此文，在题解中注重对文中"勇服郭晞""仁愧焦令谌""节显治事堂"三件逸事的解读分析，较少或者根本不去分析段太尉何以有此刚毅智勇和坚强的内心。当他毫无惧色地对郭晞军营中"大噪"桀骜的"甲者"说"吾戴吾头来矣"时，是什么给了他这样无畏的气概？本来，段太尉担任的是泾州刺史，白孝德担任的是邠宁节度使，段太尉是白孝德的下属，不该插手邠州事务，也无权干预邠州的驻军。只要白孝德没有召唤或者命令，段太尉完全可以继续他在泾州"甚适少事"的刺史职任。段太尉之所以对邠州发生的军士祸乱不能坐视听任，"以状白府，愿计事"，根本原因是他"不忍人无寇暴死"。我认为这句话是全文的文眼，段太尉的一切行为的心理动因都可以从这句话里得到解释。他制止郭晞兵卒的暴乱，贱卖坐骑为农夫交租，与乱臣贼子朱泚势不两立，乃至最后以笏痛击泚首，都是出于他禀赋了一颗"不忍人"之心。这是作为一个儒者的"仁"心，也是公心。文中尹少荣说段太尉是"仁信"之人，柳宗元评价段太尉为"儒者"，可谓知人之论。柳宗元的"不忍人"字句显然出自孟子的"不忍人之心"。孟子原话这样说：

> 人皆有不忍人之心。所以谓人皆有不忍人之心者，今人乍见孺子将入于井，皆有怵惕恻隐之心……由是观之，无恻隐之心，非人也；无羞恶之心，非人也；无辞让之心，非人也；无是非之心，非人也。恻隐之心，仁之端也；羞恶之心，义之端也；辞让之心，礼之端也；是非之心，智之端也。人之有是四端也，犹其有四体也。有是四端而

自谓不能者，自贼者也；谓其君不能者，贼其君者也。凡有四端于我者，知皆扩而充之矣，若火之始然，泉之始达。苟能充之，足以保四海；苟不充之，不足以事父母。①

那么什么是"不忍人之心"呢？朱熹这样解释："天地以生物为心，而所生之物因各得夫天地生物之心以为心，所以人皆有不忍人之心也。"他认为这种人人皆有的"不忍人"之心是与生俱来的天赋，是天地所给定的。因为朱熹哲学的一个重要命题就是"天地以生物为心"，由这一命题他推导出恻隐之心是人心的根本，恻隐之心就是仁爱之心的结论。② 以"不忍人"之心为根基土壤，滋养含育，扩大充实，就可以"保四海，事父母"。段太尉就是这么做的。这颗"不忍人"之心，段太尉早年就已经用心涵育着。两唐书对段秀实幼年成长经历有这样的记载："秀实性至孝，六岁，母疾，水浆不入口七日，疾有间，然后饮食。及长，沉厚有断。"③ "秀实六岁，母疾病，不勺饮至七日，病间乃肯食，时号'孝童'。及长，沉厚能断，慨然有济世意。"④ 成年后的段秀实能够"沉厚有断"，怀有"济世"之意，和他对母亲的"至孝"是分不开的，"至孝"之心的人性本初就是"不忍人"之心。孔子说"仁者必有勇"，唐德宗诏书评价段太尉"勇必有仁"也都是说明仁勇不可分，仁孝不可分，仁义不可分，仁节不可分。段太尉的"不忍人"之心是以仁为根基且一以贯之，所以他的智勇、仁德、气节不是偶一为之，不是"武人一时奋不虑死"。因此，解读这篇文章，只有抓住了"不忍人"这个文眼，才能对全文做出深刻的理解。

我想，柳宗元写作本文，也一定是以此立意的。因为，和段太尉一样，柳宗元也怀有一颗"不忍人"之心，他与段太尉是"心有戚戚"。柳宗元从永州被朝廷召回京城不久，又被外放为柳州刺史，他的好朋友刘禹

---

① 杨伯峻：《孟子译注》，中华书局，1960，第79页。
② 王锟：《"天地以生物为心"——朱熹哲学的"生本论"》，《哲学研究》，2006年第2期。
③ 《旧唐书·段秀实传》，中华书局，1975，第3583页。
④ 《新唐书》，中华书局，1975，第4847页。

锡被放为播州刺史。播州就是今天的贵州遵义，当时属于比柳州更加偏远蛮荒的地方，全州仅五百户。柳宗元得知这一消息，心想刘禹锡尚有高堂老母，岂能受得了这样的颠簸劳苦，于是愿意自己去播州，换刘禹锡去相对好一点的柳州。这就是文学史上著名的"以柳易播"。韩愈的《柳子厚墓志铭》深情地记载了这个故事：

> 其召至京师而复为刺史也，中山刘梦得禹锡亦在遣中，当诣播州。子厚泣曰："播州非人所居，而梦得亲在堂，吾不忍梦得之穷，无辞以白其大人；且万无母子俱往理。"请于朝，将拜疏，愿以柳易播，虽重得罪，死不恨。遇有以梦得事白上者，梦得于是改刺连州。呜呼！士穷乃见节义。①

人类历史上无数事实证明，一个人对大节的坚守，其人性的善恶、情义的薄厚往往只有在困厄潦倒的生命节点，在社会政治动荡、民族生死存亡之际才会显露出真面目。段太尉种种可歌可泣的事迹，也正是他处在危难困苦境地所激发出来的人性至情的真实表现。这一点才是《逸事状》反映的人性光华所在，这也是柳宗元写此文的人性基础。读者于此不可轻易划过，而要以心含英咀华，方能贯通千年的文化意脉，体味触摸穿越时空的文字的温度、人性的温度，才能激活领悟文学作品对人心的感发。

五 "笏击泚首" 传递的文化能量

柳宗元文章中所写最后一件逸事"节显治事堂"主要凸显段秀实与叛臣不共戴天的政治气节。文中虽然没有具体写出"笏击泚首"的细节，但读者可以从"泚反，太尉终"的叙述中追索出来。

段太尉忠烈形象的最后造型以"笏击泚首"定格在历史长河中。朱泚

---

① （唐）韩愈著，马其昶校注，马茂元整理《韩昌黎文集校注》，上海古籍出版社，1986，第510页。

叛乱称帝后，欲拉拢段秀实为其助力，段秀实表面迎合，内心深处则表现出对朱泚的憎恨、势不两立与不共戴天。史书这样记载：

> 明日，泚召秀实议事，源休、姚令言、李忠臣、李子平皆在坐。秀实戎服，与泚并膝，语至僭位，秀实勃然而起，执休腕夺其象笏，奋跃而前，唾泚面大骂曰："狂贼，吾恨不斩汝万段，我岂逐汝反耶！"遂击之。泚举臂自捍，才中其颡，流血匍匐而走。凶徒愕然，初不敢动；而海宾等不至，秀实乃曰："我不同汝反，何不杀我！"凶党群至，遂遇害焉。①

这段文字对段秀实就义之际的刚烈忠勇形象写得栩栩如生。唐德宗听到段秀实不屈遇害后"垂涕久之"，颁布了《赠段秀实太尉诏》和《赠太尉段秀实纪功碑》两篇文章。后来宪宗也颁布了《命裴冕配享肃宗李晟段秀实配享德宗庙庭诏》，文宗也有《太尉段秀实袝庙诏》。古代，能感动皇帝的人实在不多，何况能感动三个皇帝。② 这其中的根本原因是段太尉的挥笏一击，这一击不仅击碎了奸臣的狼子野心，更是击出了中国文化中崇敬忠贞刚烈人格的灿烂火花。

"笏击泚首"蕴含的文化能量在中国历史文化中不断放大递增。尤其在改朝换代之际，这种能量会表现出巨大的感召力量。南宋灭亡，文天祥被俘，在监狱中写下了气贯长虹的《正气歌》。天地之间的正气是由历史上那些忠烈之士代代相传的。文天祥赞叹段太尉身上的浩然正气："或为击贼笏，逆竖头破裂，是气势磅礴，凛然万古存。"明代李东阳《司农笏》写道："司农手中无寸铁，夺笏击贼贼脑裂，贼虽未死气已折，奉天天子双泪横，十年弃卿真负卿，臣身区区劳记忆，平原太守曾未识。"明朝灭亡，作为遗民的张岱写的《司农笏》说："段秀实，勃然起，夺象笏，扑狂兕。破贼头，出脑子，血并流，污当贮。笏下如轰雷：恨不万段

---

① 《旧唐书·段秀实传》，中华书局，1975，第 3587 页。
② 左言洪：《洞悉人心 智勇双全——谈段秀实的智慧与口才》，《中华活页文选教师版》，2013 年第 1 期。

汝。"清人蒋士铨在吴地的何氏家中，见到一张文天祥所用过的琴，有感而发，题写了一首《文信国琴》也写到了"司农笏"："君不见渐离之筑司农笏，千载流传同宝器。"诗人们的咏叹，使段太尉手中笏板成了象征忠烈的符号，这个符号蕴含的文化能量薪火相传，代代不熄。

《新唐书》段秀实传赞词说："宗元不妄许人，谅其然也。非孔子所谓仁者必有勇乎？"遍览柳宗元的诗文，确实如此。能够得到他的赞许、肯定、记载的人定是非凡之人，如赞美安史之乱中死守睢阳的南霁云的《唐故特进赠开府仪同三司扬州大都督南府君睢阳庙碑》可与此篇对读。他秉承的史传精神与司马迁一脉相承，往往在细微之处蕴含真情感、真思想、真精神。阅读他的文章，从细处着眼不失为一大法门。

研究新视野

柳侯祠传统祭礼仪程之恢复

陈 俊[*]

摘 要：柳州人民对柳宗元的祭祀，始于唐代，但传统祭礼面貌究竟如何，是否能够尝试恢复呈现？本文以2019年柳侯祠清明祭柳活动为契机，就柳侯祠传统祭礼的恢复，做一些探索尝试。

关键词：柳宗元 柳侯祠 传统祭礼

唐长庆二年（822），柳州百姓在罗池边上建立庙宇，命名为"罗池庙"，奉柳宗元为"罗池神"。长庆三年（823），韩愈应柳宗元生前部下所请，为其写下《柳州罗池庙碑》，记述建庙缘由和关于"罗池神"的传说。碑文末尾部分的《迎享送神诗》，正是韩愈为柳州民众祭祀柳宗元所作的唱诗。这可以看作柳州民众规范祭祀柳宗元之始。时至今日，对柳宗元的祭祀已由唐代官方默许的民间"淫祀"，发展到宋代之后官方认可并组织参与的地方神祭祀活动。但随时间推移，柳侯祠几经迁址，历代修葺，对于柳宗元的祭礼也随时代不断变化。罗池庙建立之初，对柳宗元的祭祀所用何种祭礼，流程如何？历史信息早已模糊不清，况且礼仪随时代发展，一些不适应现代社会的祭仪也逐渐被新的做法所替代。2019年是柳宗元辞世1200周年，有人提出将祭柳宗元的传统仪式在柳侯祠恢复一下，笔者尝试结合柳侯祠的场地条件，进行一系列的传统祭礼恢复考证，希望得到大家的指正。

---

[*] 作者简介：陈俊，柳州市军事博物园馆员。

一　柳侯祠传统祭礼之选定

关于柳宗元的祭祀活动，根据韩愈《柳州罗池庙碑》碑文的"迎享送神诗"内容，柳州人在唐代就已经开始了对柳宗元的祭祀活动，但古代柳州人祭祀柳宗元选何种祭礼，仪程如何，却罕有人提及。鉴于此，笔者尝试进行柳宗元传统告祭仪式的复原。首先要解决的问题就是，柳宗元传统祭礼所用古礼为何？

如依照《大唐开元礼》中"诸州祈诸神"[①]的篇章，严格依照唐代的仪程复原，"瘞"的环节在普通人看来是带有浓厚迷信色彩的，且仪程并没有体现"迎享送神"的内容，缺乏参与感。鉴于柳宗元在柳州推广儒学兴办文教的功绩，和唐宋礼书当中对于地方神祭祀仪程较为简单的情况，有学者建议参照文庙的祭仪来祭祀柳宗元。

政府于文庙举行告祭，一般都是采用高等级的释奠礼，现在开展活动可以采用较次一等级的释菜礼。柳子厚在宋代被敕封为"文惠昭灵侯"，元代改封为"文惠昭灵公"，对其祭祀[②]礼仪的最高规格亦当用释菜礼。由于释菜礼只一献，不读祝，比较简单，祭柳宗元应该增加读祝，亦可视实际情况由一献增加至三献。尤其是柳州的祭柳活动，更应当加进迎、送神与吟诵《迎享送神诗》的环节。2019年柳州柳宗元传统祭礼，实际以明代释菜礼作为基础，结合柳州柳侯祠场地情况和传统习俗，进行调整恢复。

二　柳侯祠祭柳仪程之恢复

（一）仪注[③]

祭之日，先于柳侯祠陈设如仪，酒尊、盥洗之所依释奠礼陈设于丹墀，

[①]（唐）唐玄宗敕撰《大唐开元礼》，民族出版社，2000。
[②] 就柳侯祠祭柳采用何种传统祭礼的问题，原曲阜文物局局长孔祥林先生建议，可参照明代释菜礼为基础进行恢复。
[③]（明）李之藻撰《泮宫礼乐疏》，文渊阁四库全书影印本。

执事者先就位，各赞引分东西立，分献官分列于柳侯祠外，待献官至。

  通赞唱：排班！

  献官以下各就位，与祭人员均北面柳侯祠前道路两侧站立，以东为上。

  通赞唱：班齐！

  通赞唱：辟户！

  未行礼之先，礼生二人在柳侯祠仪门内两傍立待，闻唱即打开大门。

  通赞唱：迎神！（唱诗班吟诵"迎享送神诗"）

  吟诵毕。

  通赞唱：鞠躬！拜，兴；拜，兴；拜，兴；拜，兴；平身！

  献官以下俱行四鞠躬礼。

  赞引唱：行礼！

  赞引唱：诣盥洗所！

  赞引引献官至洗所（入大门过仪门，于门内东侧司洗者立候之处），司洗者酌水，盥毕，进巾。

  众与祭人员随献官入大门后按原队形北向，立候于仪门之外。

  通赞唱：进香。（献官进香）

  赞引唱：诣酒尊所！

  赞引引献官至尊所（柳侯祠仪门与大殿之间甬道东侧司洗者立候之处）。

  赞引唱：司尊者举幂酌酒！

  执事者以前虚爵受酒，在献官前行，柳侯之爵由大殿中门进，朝上立，赞引献官亦由左门入。

  赞引唱：诣至柳侯神位前！引献官至神位前，一鞠躬，面北立。

  赞引唱：献爵！执爵者转身于献官右双手高举进爵，献官接爵双手高举至额，以爵授接爵者，奠于神位前正中。奠爵后一鞠躬退（凡退，都不能转身，面向神位后退至献官身后）。

  赞引唱：鞠躬！兴，平身！献官一鞠躬。

  赞引唱：诣读祝位！读祝位设于庙中香案前，赞引引献官至祝位，读祝者从案上西侧取祝文，退立于献官之左。

赞引唱：拜！献官、读祝者皆俯身揖礼。

通赞随唱：众官皆拜！所有参加祭祀者俱鞠躬。

赞引唱：读祝！读祝者读祝文，毕，仍将祝文置于案上，退，堂西朝上。

赞引与通赞同唱：拜，兴，平身！所有参加祭祀人员俱一鞠躬。

与祭众人平身后，保持队形向后转身退出大门回归原位立候。

赞引引献官由门左出，两庑分献官由中门出，至原拜位立。

通赞唱：送神！（众人目视柳侯祠仪门片刻，唱诗班吟诵"迎享送神诗"）

吟诵毕。

通赞唱：鞠躬！拜，兴；拜，兴；拜，兴；拜，兴；平身！

献官以下俱四鞠躬。

通赞唱：阖户！殿内二礼生关闭大门。

通赞唱：礼毕！

注意：上台阶时，右脚先上，左脚跟上，然后右脚再上上一个台阶。下台阶时，左脚先下，右脚跟上，然后左脚再下下一个台阶。经过柳侯神位前和跨过庙中间的甬道时，要先弯腰，然后快速经过。

（二）祭品

1. 陈设：

2. 祭器与祭品

笾豆各二：笾分放枣、栗子，豆分放菁菹、兔醢。为彰显柳州的祭柳地方特色，也可以荔枝、芭蕉盛装笾豆内增设为祭品。

3. 祭品做法

枣：胶枣煮熟去皮，水润洁净，盛笾内。

栗：拣选大颗栗子，去皮，盛笾内。

菁菹：拣选菁菜，用汤芼过，切成小段，加盐、姜、油、醋调和，盛豆内。

兔醢：将兔肉切碎，加油、盐、姜、花椒、茴香、葱白拌和，煮出香味，实豆内。

如无菁，可用芹菹，用洁净生芹切成长段，不仅佐料，盛豆内。

如无兔肉，可用醯醢，将猪膂肉切小方块，加油、盐、姜、茴香、葱白拌过，煮熟，以香为度，盛豆内。

4. 说明

祭祀后，可将枣、栗装袋分送予参加祭祀者，枣也可不去皮，栗子可用熟的，也不去皮。

（三）祝文

祝文主要包括举行的时间、地点、缘由、赞语几部分，历史上都是用年号纪年，现在没有年号，用西历不妥，阴历比较好。样式（因地）。

三　影响柳侯祠恢复传统祭礼效果的几个问题

（一）传统祭祀当中的"拜"的变化

古代祭礼逢拜必跪，在现代社会人们基本上是不会接受的，所以仪注当中的拜，我们一律以鞠躬替代。着传统祭服的献官，则采用揖礼。

（二）祭祀中的服装

祭祀中的服装，献官、赞礼者着"玄端"，礼生等从祭人员着"圆领袍"（男女均可），参祭女士如不着圆领袍可选"齐胸襦裙"。民俗巡游队伍中，甚至可以出现少数民族的服装。在这里需要顺带一提的是，近十年间在国内兴起的汉服运动,提出了汉民族服饰的概念,很多人会认为这是"古装",或者简单将它混淆为某一时代的服装。实际上他应该与韩服、和服等一样,是一个民族文化概念,今天的汉民族,穿着本民族不同形制的传统服装。在传统祭祀礼仪队伍当中,对传统服饰有相对的要求,巡游队伍中,服装大方庄重即可。

(三) 祭祀中"迎享送神诗"的呈现

"迎享送神诗"是与柳宗元并称"唐宋八大家"的韩愈为柳州罗池庙撰文,它的呈现应当是柳州柳侯祠传统祭礼区别于其他地方祭柳最为典型的文化特征。为使"迎享送神诗"能够高质量呈现,策划执行团队找到了2017年中华经典吟诵大会冠军赵广鹏先生录制音频文件,分别在迎神和送神的环节中使用,所用吟诵调为"楚调唐音"。

(四) 是否严格依照某时代古礼复原

最初进行用礼的选定时,笔者是希望严格依照唐礼呈现的,在实际操作过程中,遇到了前面提到的"瘗""拜""迎送神""三献""服装"等一系列问题。根据现代的礼俗习惯,很多古礼的仪程人们是难以接受的,如果为所谓的"原汁原味"而不顾及民众的心理感受,祭祀活动恐怕是难以达到效果的。所以在2019年的清明传统祭柳仪程,选择了参与感较强的"恢复",而不是原汁原味的"复原"。以较为完备的明代释菜礼为基础,去了"瘗"的环节,改了"拜"的细节,增了"献"的次数,突出了"迎送神"的地方特色,整体效果还是比较好的。严格依照古礼进行的祭祀,实际上可以考虑专门作为文化展示的环节,丰富到整个祭柳活动当中。

"礼"会随时代变迁而不断发展、变化,柳州人民对柳宗元的祭祀,也在不断地发展延续,诚如"迎享送神诗"中所表达的那样,"我民报事兮无怠其始,自今兮钦于世世"。

永贞革新辨

郭新庆[*]

摘　要：永贞革新是救唐衰势之举，结果被皇权、宦官、藩镇勾结在一起"剿杀"了。王叔文之死，八司马遭贬，这些都是历史的冤案。而唐宋一些人扬韩抑柳是皇权和门阀观念作祟。永贞革新和柳宗元实际是被宪宗皇权陷害了。

关键词：永贞革新　王叔文　柳宗元　韩愈

柳宗元参加的永贞革新运动，是中唐时一件重大政治事件，虽半途夭亡，但对当时社会和后世都产生了深远的影响。参加永贞革新运动是柳宗元一生值得称道的事，它改变了柳宗元的人生，从此走了一条背离传统仕途的道路。永贞革新运动历来纷争不断，成了守旧派指责柳宗元等人的口实。时至今日，一些研究者还认为柳宗元坚持永贞革新运动的守正之道是不识"世态人情"的"愚拙"，是不识时务之举。如果柳宗元如寻势利而为，我们就看不到柳宗元今天的样子了。历史是一种博弈，正是因为有许多不惧恶势力的"愚拙"的坚守付出，以至流血牺牲，才有今天社会的发展。

革新运动的起因

永贞革新是今人的提法，历史上称"二王八司马事件"。所谓革新，

---

[*] 郭新庆，中国柳宗元研究会理事。

从字面解释指革除旧的，创造新的。作为政治运动，是蠲除旧弊，立新政。《新唐书·宪宗本纪》赞曰："德宗猜忌刻薄，以强明自任，耻见屈于正论，而忘受欺于奸谀。……及奉天之难，深自惩艾（惩戒，惩治），遂行姑息之政。由是朝廷益弱，而方镇愈强，至于唐亡，其患以此。"详观史料，革新派久怀此志，所以一掌新朝，就急不可耐地对德宗朝的三大弊政下手。风风火火地推行起改革的新政来。可惜革新只持续了短短的六个月时间，还没来得及展开自己的政治抱负，就在宦官、藩镇和旧派朝臣的联合"围剿"下失败了。

顺宗李诵是德宗的长子，上元二年（761）正月生，比柳宗元大十三岁，比王叔文小八岁。建中元年（780），十八岁的李诵被立为皇太子，在储位长达二十六年。新旧《唐书》说，顺宗"性宽仁有断，礼重师傅"，"喜学艺，善隶书"。德宗"每赐大臣方镇诗制，必命书之"。泾原之乱时，太子李诵随侍德宗逃难，在朱泚围攻奉天时。他"常身先禁旅，乘城拒战，督励将士，无不奋激"。德宗晚年宠信宦官，任用幸臣裴延龄、韦渠牟为相，排陷陆贽等人，人不敢言，而李诵从容论争。每次向德宗进言，从不顾及宦官的脸色。史家论赞说："居储位二十年，天下阴受其赐。"史载顺宗居储位，久图有为，在东宫时，即蓄意欲除宦官。宦官俱文珍等人必久怀仇怨之心。

王叔文，永贞革新的主帅，越州山阴（今浙江绍兴）人，出身寒微。父亲做过城尉，左金吾卫兵曹一类小官。《旧唐书·王叔文传》说：叔文"粗知书，好言道理"，受到德宗赏识，以棋待诏入东宫侍读太子李诵。叔文常言人间疾苦，"以道合于储后，凡十有八载"①。可见两人君臣相交之深。柳宗元等人与王叔文交结也有十几年，他们品评："叔文实工言治道，能以口辩移人。"② 其人"坚明直亮，有文武之用"③。《旧唐书·王叔文传》记载说："太子尝与侍读论政道，因言宫市之弊，太子曰：'寡人见上，当极言之。'诸生称赞其美，叔文独无言。罢坐，太子谓叔文曰：'向论宫市，君独无言何

---

① 柳宗元：《王侍郎母刘氏志》。
② 《新唐书·刘禹锡传》。
③ 柳宗元：《王侍郎母刘氏志》。

也?'叔文曰:'皇太子之事上也,视膳问安之外,不合辄预外事。陛下在位岁久,如小人离间,谓殿下收取人情,则安能自解?'太子谢之曰:'苟无先生,安得闻此言!'由是重之,宫中之事,倚之裁决。每对太子言,则曰:'某可为相,某可为将,幸异日用之。'密结当代知名之士而欲侥幸速进者,与韦执谊、陆质、吕温、李景俭、韩晔、韩泰、陈谏、柳宗元、刘禹锡等十数人,定为死交;而凌准、程异,又因其党以进;藩镇侯伯,亦有阴行赂遗请交者。"从中可以看出,王叔文是一个很有城府的人,他与太子李诵图谋革新政治的谋划远非一日,很早已在人事上做了布局。

史书记载,德宗猜疑刻薄,晚年昏庸,为郜国公主事杀死太子李诵的妃子(郜国公主的女儿),几次要废太子另立①,为此事李诵一度想饮毒酒自尽,后来幸仗宰相李泌的救援得免。可能是长年压抑和心绪不宁,贞元二十年(804)九月,太子李诵中风失语。这时德宗也患病不起,哭着要见太子,宦官俱文珍等人,图谋作梗,不让德宗见太子。"凡二十余日,中外不通,莫知两宫安否。"② 贞元二十一年正月,德宗死,宦官扣住德宗遗诏,三日密不发丧。在此危难之时,王伾以翰林待诏入住皇宫,稳住东宫太子。《旧唐书·卫次公传》记载说:"东宫疾恙方甚,仓卒召学士郑絪等至金銮殿。中人或曰:'内中商量,所立未定。'"面对内廷宦官的诡词,"众莫敢对"③。而革新派翰林学士凌准"独抗危词"④,王伾也在一旁助势。德宗旧臣卫次公说:"太子虽有疾,地居冢嫡,中外属心。必不得已,犹应立广陵王(李诵长子李纯,即后来的宪宗皇帝)。不然,必大乱。"⑤ 郑絪等众人附和,宦官的阴谋才没能得逞。这时,"太子知人

---

① 考《旧唐书》,顺宗为太子而几废者屡焉。《旧唐书·李泌传》载:"顺宗在春宫,妃萧氏母郜国公主交通外人,上疑其有他,连坐贬黜者数人,皇储亦危。泌百端奏说,上意方解。"
② 《资治通鉴》卷二三六"永贞元年"。
③ 《资治通鉴》卷二三六"永贞元年"。
④ 此语见于柳宗元《故连州员外司马凌君权厝志》。元和三年(808),凌准死于连州贬所,柳宗元作该文及《后志》悼之,并记述此事:"德宗崩,近臣议秘三日,乃下遗诏,君独抗危议,以语同列王伾,画其不可者十六七,乃以旦日发丧,六师万姓安其分。"又有《哭连州凌员外司马》诗哀悼他,诗中也提到凌准抗颜宦官密不发诏这件事:"孝文留弓剑,中外方危疑。抗声促遗诏,定命由陈辞。"
⑤ 《资治通鉴》卷二三六"永贞元年"。

情忧疑，紫衣麻鞋，力疾出九仙门，召见诸军使，人心粗安"。① 一个病弱的皇帝就这样在革新派的架扶下走向了皇权的宝座。

短命的永贞革新运动

顺宗即位，任命王叔文为起居舍人，充翰林学士。这是侍奉皇帝左右的近臣。翰林学士玄宗时始设，德宗以后成了皇帝最亲近的顾问和秘书，经常值宿内廷，承命撰拟任免将相和册后立太子等文告，有"内相"之称。按唐制，中唐以后的皇帝诏命均由翰林学士草制后，交由阁台宰相集朝臣宣读施行。翰林学士是"天子私人"，直接参与朝政决策，位尊权重。王伾被任命为左散骑常侍，充翰林学士，可以随意在内廷走动。王伾，杭州人。始以翰林侍书待诏入侍东宫，深为顺宗宠信。王伾是书法家，可惜没有墨迹传世，但从顺宗善隶书看，他必定精于隶书无疑。王叔文引用韦执谊为宰相，主外廷。又引荐柳宗元、刘禹锡、陆质、吕温、李景俭、韩晔、韩泰、陈谏、凌准、程异等人，同襄朝政。表面上连成了一个掎角之势。

此间，柳宗元被升迁为礼部员外郎，专管诏书和奏章一类重要事务。《旧唐书·柳宗元传》说："顺宗继位，王叔文、韦执宜用事，尤奇待宗元。与监察吕温密引禁中，与之图事。转尚书礼部员外郎，叔文欲大用之。"据史书记载，永贞年间，政令每每都经"叔文与柳宗元等裁定"②。王叔文对柳宗元和刘禹锡的话"言无不从"，"京师人士不敢指名，道路以目，时号'二王、刘、柳'"。③ 柳宗元自己后来说：宗元"以文字进身"④，"无异能，独好为文章，始用此以进，终用此以退"。⑤ 又说："宗元于众党人中，罪状最甚。"⑥ 柳宗元是永贞革新的主将，至死他都没改变当年的初衷。

---

① 《资治通鉴》卷二三六"永贞元年"。
② 《旧唐书·俱文珍传》。
③ 《旧唐书·刘禹锡传》。
④ 《柳河东集》第三十六卷《上河阳乌尚书启》。
⑤ 《柳河东集》第三十六卷《上李中丞献所著文启》。
⑥ 《柳河东集》第三十卷《寄许京兆孟容书》。

顺宗因中风失音，不能理政，朝廷大事都由王叔文、柳宗元等人主理，其间施政的主要内容有六点。

（1）除雍免税等。正月二十四，顺宗即皇帝位，二月初六，就罢除翰林阴阳星卜医相复棋诸待诏三十二人。二月二十四日，罢除各种杂税乱赋和例外进奉，并免掉了百姓历年拖欠的诸色逋负。据《旧唐书·顺宗纪》记载，当时免除的诸色课利租赋钱帛共五十二万六千八百四十一贯。其间还放还宫女和女乐九百人，并禁进乳母。施政伊始，诏停内侍郭忠政等十九人正员官俸钱。史评家说，这为中、晚唐绝无仅有之大事。停俸的十九个宦官显然是扰民害市之尤奸恶者。韩愈的《顺宗实录》不敢书此事，两《唐书》也不记载，幸《册府元龟》中保存此条，今得一见。

（2）罢宫市，禁五坊小儿。所谓宫市，名义是替皇帝采买东西，实际上是直接向百姓抢夺财物。这些替皇帝采买东西的人，德宗时由太监充任。他们依仗皇帝的权势，往往随意抑价，"率用直百钱物，买人数千钱物"（《唐会要》语），甚至白取白拿。贞元年间，长安市里置"白望数百人"①。何谓白望？《资治通鉴》有注云："白望者，言使人于市中左右望，白取其物不还本价也。"这些人同他们的主子，承办宫市的宦官一样，是一群明抢明夺的强盗。白居易的《卖炭翁》诗，就是"苦宫市也"。一车千余斤木炭，宦官用半匹红纱一丈绫，就抢走了。烧炭翁在冰天雪地里，衣单口饥，欲哭无门。《新唐书·食货志》说："有赍物入市而空归者。每中官（宦官）出，沽浆卖饼之家，皆撤肆塞门。"

五坊是替皇帝饲养打猎用的鹰犬等物的地方。小儿是对在五坊里当差人的称呼。这些人和白望一样，借权势，为非作歹，到处残害百姓。《资治通鉴》卷二三六里记载说，贞元末，"五坊小儿张捕鸟雀于闾里者，皆为暴横以取人钱物，至有张罗网于门不许人出入者，或张井上使不得汲者，近之，辄曰：'汝惊供奉鸟雀！'即痛殴之。出钱物求谢，乃去。或相聚饮食于酒食之肆，醉饱而去，卖者或不知，就索其直，多被殴詈；或时留蛇一囊为质，曰：'此蛇所以致鸟雀而捕之者，令留付汝，幸善饲之，

---

① 《资治通鉴》卷二百三十五，唐纪五十一。

勿令饥渴。'卖者愧谢求哀,乃携挈而去"。王叔文、柳宗元等宣布罢除这些弊政,消息传出后,"人情大悦"①。

(3)贬惩李实,召用贤臣。李实出身皇族,为人奸诈凶险,残暴多恶。在做山南东道节度留后时,"刻薄军士衣食,军士怨叛谋杀之"。可德宗喜欢信用他。李实任京兆尹后,恃宠为非作歹,肆意残害百姓,弄得京城附近怨声载道。贞元十九年(803),京城长安一带大旱,到处都在闹饥荒,百姓苦不堪言。可他为了"聚敛进奉,以固恩顾",竟上书说:"今年虽旱,而谷甚好。"硬是强迫百姓按丰年交纳租税。致使百姓叫苦连天,纷纷"徹屋瓦木,卖麦苗以供赋敛"。艺人成辅端作辞讽刺说:"秦地城池二百年,何期如此贱田园,一顷麦苗五石米,三间堂屋二千钱。"李实听说后,以诽谤朝政罪把成辅端活活打死。还"毙人于府者十数","京师贵贱同苦其暴虐"。王叔文主政,就把他贬为通州长使。消息传出,"市人皆袖瓦石投其首",李实得知后,从小路逃出京城。"人人相贺"。这些《旧唐书·李实传》都有记载。革新派主政这一年,京城长安附近九县从正月到七月,没下一滴雨,又是大旱之年,柳宗元为京兆尹王权写《为京兆府昭应等九县诉夏麦旱损状》,请求朝廷豁免租税。

在贬李实的同时,王叔文等"精加访择"有才干的人为官,用故相抚州别驾姜公辅为吉州刺史,前户部侍郎判度支、汀州别驾苏弁为忠州刺史。又诏令有"名德才望"的陆贽等人回京。《资治通鉴》卷二三六说:"德宗之末,十年无赦,群臣以微过谴逐者皆不复叙用。至是始得量移。壬申,追忠州别驾陆贽、郴州别驾郑余庆、杭州刺史韩皋、道州刺史阳城赴京师。"这里说的陆贽与柳宗元拜师习《春秋》的陆质不是一个人。陆贽(754—805)是德宗朝的重臣,十八岁举进士,做过县尉、监察御史,因精于吏治,被德宗招为翰林学士。动乱时期,他随德宗颠沛流徙,出谋划策,号称"内相"。翰林学士是职掌草拟诏令的,他写的诏令精明大义,情理折人,"虽武人悍卒","闻者皆感泣思奋"。②陆贽固守儒道,为相

---

① 《唐语林》卷六。
② 《旧唐书·陆贽传》。

时，词锋尖锐，不为德宗和幸臣所喜。他说："吾上不负天子，下不负吾所学，不恤其他。"① 贞元十年（794）十二月，陆贽因裴延龄谗言，被罢太子宾客。翌年四月，又遭谗险被杀害，赖群臣救免，贬为忠州（今四川忠县）别驾。别驾是刺史的佐吏，因别驾乘车随刺史出行得名。陆贽贬后，"避谤不著书"。陆贽提携青年后进，韩愈、王涯、元结、李绛等都是在他知礼部贡举时选拔的，后来都成了出将为相的人才。陆贽前后在朝十余年，他的治世理念和政绩为柳宗元和革新派所敬重，所以革新派一掌权，就立刻下诏召陆贽等人回京，可惜遭贬十年的陆贽还没等到诏书，人已病死了，年仅五十二岁。阳城也没等到诏书已死在贬所了。

（4）掌控盐铁转运权。《新唐书·王叔文传》说："叔文贱时，每言钱谷为国大本，将可以盈缩兵赋。可操柄市士。"之前，盐铁转运使由浙西观察使李锜兼任。他借机中饱私囊。地方官吏和盐铁使也假借给皇帝"进奉"，任意抬高盐价，搜刮民脂民膏。一般老百姓买不起盐吃，只好喝淡汤度日。王叔文罢去了李锜的盐铁转运使，控制盐铁收入，把盐铁转运权收回朝廷，任用杜佑为盐铁转运使，他自己充度之、盐铁副使，实掌其事，并让刘禹锡转屯田员外郎、判度之盐铁案，帮他属理。不久，王叔文又出任户部侍郎。在此期间，"盐铁使月进钱"和额外"进奉"都被罢除了，老百姓自然欢喜。

（5）抑制藩镇。这一年五月，剑南西川节度使韦皋派副使刘辟见王叔文求领三川。韦皋（745—805）是一个文官出身的节度使，曾因平定朱泚叛乱有功，升任陇州刺史，奉义军节度使。贞元元年转任西川节度使，驻蜀地二十一年，是一个领得三十一州的强藩。韦皋智谋过人，他因与南诏通好，打击吐蕃侵扰有功，顺宗加授他检校太尉。可他"自持重臣，远处西蜀"，有些傲视革新派，他让刘辟对王叔文说："太尉使辟致微诚于公，若与某三川，当以死相助；若不与当有以相酬。"② 王叔文听后，大怒，厉声拒绝了韦皋的要求，并要以杀死刘辟作为回击。王叔文等人抗藩的勇气和气节可

---

① 《旧唐书·陆贽传》。
② 《新唐书·王叔文传》。

嘉，可这时革新派已四面受敌，形势相当严峻。王叔文等人虽有计谋，可缺少权谋，一副读书人的憨状，暴露出革新派缺乏政治应变的弱点。

（6）谋夺宦官军权。随着施政的开展，革新派与宦官的矛盾日益尖锐，王叔文等人策划夺宦官掌控的神策军兵权。他们选老将范希朝为右神策统军，充左右神策、京西诸城镇行营兵马节度使，让韩泰为神策行营行军司马，实际掌控中央禁军。《顺宗实录》记载，开始中人尚未悟，待边将来报，才发觉兵权将被人夺去，俱文珍"乃大怒曰：'从其谋，吾属必死其手。'"于是"密令其使归告诸将曰：'无以兵权属人。'"范希朝至奉天，诸边将避而不见。"韩泰白叔文，计无所出……"消息走漏，是直接导致夺兵权失败的原因。可这么机密的大事，怎么会事前让边将得知消息呢？据史料记载，范希朝本为神策军夙将，受宦官袒庇，想必与神策军边将有密切的交往。为此，宪宗即位，范希朝不但没有受到王叔文等人牵累，反而在元和元年（806）三月初二，由神策行营西节度使升任为右金吾大将军，充朔方灵盐节度使，这里的奥秘就不难想象了。《旧唐书·俱文珍传》说："贞元末，宦人领兵，附益者众。"其实，这时宦官的权势已大得难以撼动了。谋夺宦官兵权是王叔文等人施政最大的一件事，它的失手，加速了永贞革新的失败。

失败的原因

革新的失败有多方面原因，其中宦官和藩镇作梗，以及革新派内讧是其主要原因，而革新的基础脆弱和施政的失误，更加剧了这些矛盾。历史经常会有偶然性，可判断和行动的不慎只能让其走向反面。王叔文错用了一个范希朝，本来"欲以自固"（《顺宗实录》语）的谋夺兵权却直接把自己剿灭了。

（1）一个病弱的皇帝，一条脆弱的执政链条。据《旧唐书》王叔文传、俱文珍传和《顺宗实录》等史料记载，顺宗失音，疾不能言，王伾即入，以诏召叔文，入坐翰林中使决事。伾以叔文意入言于宦官李忠言，忠言转于皇帝身边的美人牛昭容，美人受旨于帝；帝宣之于忠言，忠言授之于叔文,叔文与朝士柳宗元、刘禹锡、韩晔等图议,然后下中书,俾韦执谊施行。天下事皆专断与叔文,而李忠言、王伾为之内主,韦执谊行之于外。王伾主往来传授,柳宗元、刘禹锡、陆质、吕温、李景俭、韩晔、韩泰、房启、陈谏、凌准、程异等人谋议唱和,采听外事。《旧唐书·王叔文传》称其为"转相结构"。这样的执政手段,其中任何一个环节出了问题,政令都没法施行。《旧唐书·王叔文传》说:"内官俱文珍恶其弄权,乃削去学士之职。制出,叔文大骇,谓人曰:'叔文须时至此商量公事,若不带此职,无由入内。'王伾为之论请,乃许三五日一入翰林,竟削内职。"本来脆弱的链条,这样就更加不畅了。而专外的韦执谊与王叔文"交恶",不时"异同",也让施政难以推行。宦官俱文珍等最后完全掌控了顺宗,革新派就土崩瓦解了。

(2) 薄弱的执政基础。贞元末年,顺宗即位前,已居相位四人,贾耽、杜佑、郑珣瑜和高郢;翰林学士五人,卫次公、郑䌹、李程、王涯和凌准。九人里除杜佑、凌准外,七人都抵制和排斥王叔文等人。《顺宗实录》卷二贞元二十一年三月里有这样一段纪事:"乙酉,吏部尚书平章事郑珣瑜称疾去位。其日珣瑜方与诸相会于中书。故事(指老规矩):丞相方食,百寮不敢谒见者。叔文是日至中书,欲与执谊计事,令直省(执事官)通执谊。直省以旧事告,叔文叱直省,直省惧,入白执谊,执谊逡巡惭赧(有所顾虑而难为情),竟起迎叔文,就其阁语良久。宰相杜佑、高郢、珣瑜皆停箸以待,有报者曰:'叔文索饭,韦相已与之同餐阁中矣。'佑、郢等心知其不可,畏惧叔文、执谊,莫敢出言。珣瑜独叹曰:'吾岂可复居此位!'顾左右取马径归,遂不起。前是左仆射贾耽以疾归第未起,珣瑜又继去,二相皆天下重望,相次归卧,叔文、执谊益无所顾忌,远近大惧焉。"《旧唐书·刘禹锡传》说:"宗元素不悦武元衡,时武元衡为御史中丞,乃左授右庶子。侍御史窦群奏禹锡挟邪论政,不宜在朝,群即日罢官。韩皋凭藉贵门,不附叔文党,出为湖南观察使。"朝廷内外不时传出强烈的反对声,就连杜佑后来迫于压力等原因也站到了王叔文等人的对面,拥护宪宗监国。韩皋是革新派执政时召回京起用的,这时也加入了反对派的行列。

(3) 内讧。韦执谊立异，乃王叔文之致命伤。韦执谊为人有心计，很早就居显位。他贞元二年（786）撰《翰林院故事》，已任学士。对韦执谊的投机做法，新旧《唐书·韦执谊传》记载说："韦执谊者，京兆人，父浼，官卑。执谊幼聪俊有才，进士擢第，应制策高等，拜右拾遗，召入翰林学士，年才二十余。德宗尤宠异，相与唱和诗歌，与裴延龄、韦渠牟等出入禁中，略备顾问。德宗载诞日，皇太子献佛像，德宗命执谊为画像赞，上令太子赐执谊缣帛以酬之。执谊至东宫谢太子，卒然无以藉言，太子因曰：'学士知王叔文乎？彼伟才也。'执谊因是与叔文交甚密。"《唐音癸签》据《唐实录》记载这样一件事，说"韦执谊从兄夏卿为吏部侍郎，执谊为翰林学士，受财为人求科第，夏卿不应，乃探出怀中金，以纳夏卿袖，夏卿摆袖，引身而去"。顺宗立，王叔文用事，乃擢韦执谊为宰相。"执谊既为所引，然外迫公议，欲示天下党与者，乃时时异论相可否，而密谢叔文曰：'不敢负约，欲共济国家事尔。'叔文数为所梗，遂诟怒，反成仇怨。"《顺宗实录》具体收录了两件事："贬宣州巡官羊士谔为汀州宁化县尉。士谔性倾躁，时以公事至京，遇叔文用事，朋党相煽，颇不能平，公言其非。叔文闻之，怒，欲下诏斩之，（韦）执谊不可，则令杖杀之，执谊又以为不可，遂贬焉。由是叔文大恶执谊，往来二人门下者皆惧。先时刘辟以剑南节度副使将韦皋之意于叔文，求都领剑南三川时，叔文怒欲斩之，而执谊固执不可。辟尚游京师未去，至闻士谔，遂逃归。"这期间，王叔文为裁抑藩镇势力，曾计议任命革新派成员房启为荆南节度使，也因韦执谊的阻拦迟迟不能实现，已经在荆南等待接任的房启，只好改做容管经略使。偏巧此时王叔文又因母死得去职守丧，这对革新派来说无疑是雪上加霜。见大势已去，"执谊益不用其语，（叔文）乃谋起复，斩执谊与不附己者，闻者恼惧"。施政链断了，矛盾已至水火，这恰好给宦官和藩镇可乘之机。

韦执谊在人品上实无可称道之处。《新唐书·韦执谊传》说：革新失败，韦执谊"知祸且及，虽尚在位，而临事奄奄无气，闻人足声辄悸动"。其惊恐哀泣之状让人有些不耻。

(4) 宦官和藩镇联手对付革新派。先是宦官立宪宗为皇太子与王叔文抗衡。王叔文等人与宪宗早期的关系，不见史传，但在立太子一事上显然是另有他想。《新唐书·郑絪传》载："顺宗病，不得语，王叔文与牛美人用事，权震中外，惮广陵王雄睿，欲危之。帝召絪草立太子诏，絪不请辄书曰：'立嫡以长。'跪白之，帝颔乃定。"顺宗担心宪宗强势和工于心计，欲另有所立。可在宦官和旧臣的威逼下，没有行动能力的顺宗只能屈从了。《顺宗实录》说：宦官与旧臣议立时，"叔文默不发议"。《旧唐书·王叔文传》说："叔文未欲立皇太子"，当宦官扶立宪宗后，"叔文独有忧色，而不敢言其事，但吟杜甫题诸葛亮祠堂诗末句曰：'出师未捷身先死，长使英雄泪满襟。'同而嘘唏泣下"。这显然对革新派是一个重大的打击。宪宗为太子，"时执谊惧太子怒己专，故以（陆）质侍东宫（做太子侍读），阴伺意解释左右之。质伺间有所言，太子辄怒曰：'陛下命先生为寡人讲学，何可及它？'质惶惧出。"① 可见宪宗为立太子事与王叔文等人结怨之深。顺宗让位后，不久就不明不白地暴崩了，这显然是宦官和宪宗做手脚害死的。

这一年六月，藩镇韦皋等人开始向王叔文发难，先是"韦皋上表请皇太子监国，又上皇太子笺。寻而（荆南节度使）裴均、（河东节度使）严绶表续至，悉与皋同"。（《顺宗实录》语）接着，三节度使又连上表要皇太子勾当军国政事。而朝中的宦官俱文珍等，与藩镇沆瀣一气，内外互应。其实这是宦官在背后操纵串通的。唐代的宦官从玄宗开元时起已成内朝权力之执掌者，成为与外大臣宰相并称的内大臣。到后来，外大臣的宰相也要依附于宦官，就是皇帝也由宦官随意废立。而宦官之所以能这样呼风唤雨，是他们所掌控的禁军比任一个驻边的节度使都强大。据《新唐书·兵志》记载德宗时禁军已扩大到十五万。后来武宗时左右神策军"每军有十万"②。而当时节度使手下其能作战的最多不过三五万，少的仅一万。唐代士人和外藩依附宦官求媚取利求官的时有所见。而"贞元末，宦官领兵，附益者众"。③《旧唐书·裴垍传》说："严绶在太原，其政事一

---

① 《新唐书·陆质传》。
② 《大唐求法巡礼行记》卷四。荆南。
③ 《旧唐书·俱文珍传》。

出监军（宦官）李辅光，绶但拱手而已。"《李辅光墓志》云："元和初，皇帝践祚（指宪宗即位），旌宠殊勋。"显然是指参入操纵严绶等藩镇上书请宪宗监国立功一事。又据《新唐书·裴均传》：均为大珰（珰：指宦官）窦文场之养子。其上表受宦官指使不言自明。

这时，王叔文等人已没有了抵抗的能力。据《新唐书》王叔文、王伾传说，叔文母丧，他在翰林院置酒，邀宦官李忠言和俱文珍等人，他说自己离职，百谤会至，想求各位帮忙，结果当场遭到俱文珍的驳斥，而叔文无言以对。想凭杯酒释憾于宦者，太书生气了。"叔文既居丧，伾日请中人及杜佑起叔文为宰相，且总北军，不许，又请以威远军使同中书门下平章事，复不可，乃一日三表，皆不报，忧悸，行且卧，至夕大呼曰：'吾疾作。'舆归第。"大势已去，王伾也称病躺倒了。

这年八月五日，宪宗即皇帝位，永贞革新彻底失败了。

（5）泥沙俱下，谤者纷起。《资治通鉴》卷二百三十六说，王叔文主政时，"谋议唱和，日夜汲汲如狂"。革新派不分白天黑夜，夜以继日地谋划着施政大计，以至如醉如狂的地步，从中可看出当年革新派的精神风貌和如火如荼的革新氛围。随之追利求官者也纷至沓来。"于是叔文及其党十余家之门，昼夜车马如市。客候见叔文、伾者，至宿其坊中饼肆、酒垆下，一人得千钱，乃容之。"投机求利者之盛，可以想见。这时，革新派内部也出现了腐败受贿的现象。《旧唐书·王伾传》记载说："伾与叔文及诸朋党之门，车马填凑，而伾门尤盛，珍玩赂遗，岁时不绝。室中为无门大柜，唯开一窍（窬窦），足以受物，以藏金宝，其妻或寝卧于上。"而这些人一旦欲望得不到满足，就会反目成了革新派的仇人。柳宗元元和四年（809）在《寄许京兆孟容书》里说到这件事，"射利求进者填门排户，百不一得，一旦快意，更造怨黩（黩 dú：怨言，诽谤），以此大罪之外，诋诃（诋毁，斥责）万端，旁午搆扇（纷纷蓄意煽惑）尽为敌仇，协心同攻，外连强暴失职者以致其事"①。永贞革新失败后，谤言纷起，以致多年以后还追着柳宗元等人不肯散去。

---

① 这里指西川节度使韦皋与荆南节度使裴均、河东节度使严绶等相互联结，反对王叔文等人。

历史上对永贞革新的评价

史家往往以成败论英雄，成者王侯，败者寇。永贞革新时，强藩横行，宦官欺世，一群手无寸兵而位卑的年轻人，守着病瘫失音的弱皇帝，在施政的初期，就已显露了败象。柳宗元《感遇二首》诗说："迥风（旋风）且夕至，零叶委陈荄（荄 gāi：草根）。所栖不足持，鹰隼纵横来。"应是说这时的危象。革新失败后，柳宗元等人遭贬受谤议是很自然的事。韩愈带头反对永贞革新，其中一个重要原因，是王叔文主政后，没有起用他，直到那年夏秋宪宗继位时，才把他转任为江陵府法曹参军。韩愈为此痛恨王叔文，并迁怒于柳宗元、刘禹锡。韩愈求仕有时不择手段。贞元十八年（802），三十五岁的韩愈，出任国子监四门博士，可不知什么原因，贞元十九年去职了。这期间他有《上李尚书书》，向工部侍郎京兆尹李实献文求助，其谄媚之态让人不齿。上书不久，韩愈做了监察御史。这时他一反前态，立刻与张署、李方叔写《御史台上论天旱人饥状》的奏疏，揭示李实欺瞒灾情的事情。结果因得罪李实被贬为连州阳山令。这样的结果是韩愈没想到的，本为求进的奏疏不但没让他获益，反而因此遭贬。这件事本来与两年后才主政的柳宗元等人没有相干，可韩愈却借此机会发泄永贞革新时不被起用的恼怒。他在《赴江陵途中寄赠三学士》的长诗里把他的遭贬归罪于柳宗元和刘禹锡。他说："同官尽才俊，偏善柳与刘。或虑语言泄，传之落冤仇。"这显然是在泄愤，又故意把自己说成是受害者，以向旧派朝臣求援。韩愈还作诗《永贞行》，攻击王叔文、柳宗元等人"小人乘时偷国柄"，并颠倒黑白，说宦官掌控的禁军是"天子自将非他师"，还诋毁革新派，说"天位未许庸夫干"。韩愈的这些话完全是反对王叔文的宦官、藩镇和旧派朝臣的腔调，而他说得更激切、刻薄。王叔文成了小人，柳宗元等人是依附小人的"速进者"。两《唐书》沿袭此说，后代又一直有人随之。

清人王鸣盛是知名学者，他在《十七史商榷》里反复申说王叔文革新之公忠体国。他说："叔文与宦官为难，……叔文行政，上利于国，下利于民，独不利于弄权之阉官，跋扈之强藩。"他认为，王叔文革新，使贞元弊端廓然一清，"自天宝以至贞元，少有及此者"。清朝同治时的陈其元写了一本《庸闲斋笔记》，他在论述"古人被冤"时，为王叔文等人申冤。施子愉《柳宗元年谱》说："韩愈以与王叔文政敌俱文珍有旧之故，其《顺宗实录》于王叔文自多贬词曲笔，未可尽信。"详观史料，此语实为公允之说。《顺宗实录》对俱文珍又多有讳饰。如《旧唐书·俱文珍传》及《新唐书·刘贞亮（即俱文珍）传》皆以俱文珍为宦官中拥立宪宗之首，而《顺宗实录》则以刘光琦居首，以俱文珍次于刘光琦之后。其用心可见。尽管如此，宦官对直笔的一些记述还是不满。《新唐书·路隋传》说："初，韩愈撰《顺宗实录》，书禁中事为切直，宦官不喜，訾（zǐ 诋毁，诽谤）其非责，帝诏隋刊正。"《新唐书》又说："自韩愈《顺宗实录》，议者哄然不息，卒窜定无全篇。"《旧唐书·韩愈传》说："其撰《顺宗实录》，繁简不当，叙事出于取舍，颇为当代所非。"我们今天在《韩集·外集》里看到的《顺宗实录》，已不是原始那个样子了。

王叔文是一代儒者伟才，宪宗继位后他被贬出京城，转年就被赐死杀害了。韩愈和《唐书》说王叔文是小人，可又举不出一事证之。说到"择君置臣之道"，是否也暗涉立宪宗太子位之争，不得而知。但据常理，王叔文不至于因议立宪宗太子时"默不发议"，就招致杀头之祸。王叔文抵制和反对宪宗为太子和监国，遭宪宗嫉恨这是情理中的事。宋代胡致堂说："伾、文忌宪宗在储位，有更易秘谋，未及为而败。"此说出之何处不得而知。可王叔文由此遭杀身之祸是说得通的。宪宗痛恨王叔文和八司马，在他们被贬后，接连下诏：八司马"纵逢恩赦，不在量移之限"。柳宗元是宪宗最痛恨的人，宪宗到死也没放过他。

柳宗元参与永贞革新，关乎他一生荣辱，后世人多为此惜之，可我们翻遍他留下的文字没见到他有一丝的悔意。

柳宗元"英年早逝"成因剖析

骆正军*

摘 要：柳宗元出生于唐代宗大历八年（773），唐宪宗元和十四年（819）十月五日，在柳州因病去世，年仅 47 岁，可谓"英年早逝"。其成因大体归纳起来，无外乎三种：一是先天遗传之长寿基因，虽然因人而异，但不够理想；二是后天环境之恶劣，尤其是被贬永州与迁任柳州之后，挚友亲人先后离世，悲愤苦闷，精神压力巨大，病患交加，身体素质急剧下降；三是情志偏颇，观念拘谨，不注重养生，久病医治无效，无力回天。但他忠耿为国，初心不改，爱民惜民，不辞辛劳，终致油涸灯尽，英年早逝，虽故犹荣，永为后人效仿与借鉴之楷模。

关键词：柳宗元 长寿基因 贬谪

柳宗元出生于唐代宗大历八年（773），20 岁中进士，31 岁晋升监察御史里行，33 岁就任礼部员外郎（掌管文教外交的礼部副司级官员），成为中唐王朝政治核心的一员干将。由于"永贞革新"的失败，被贬到"夷獠之乡"的永州。唐宪宗元和十年（815）正月，他 43 岁时奉诏赴长安，"十年憔悴到秦京，谁料翻为岭外行"（《衡阳与梦得分路赠别》），

---

* 作者简介：骆正军，湖南省宁远县人，广东海洋大学寸金学院教授、高级政工师，已退休。出版过专著有《柳宗元思想新探》《灞亭柳》。

当年的六月，他被任命为更加偏远的柳州刺史；元和十四年（819）十月五日，在柳州因病去世，年仅47岁。无论是在唐代还是现当代，柳宗元的生命都是非常短暂、非常有限的，完全可以称得上"英年早逝"。

那么，其成因何在？笔者对此进行了一番比较深入的探究，现归纳于下：一是先天遗传之长寿基因，虽然因人而异，但不够理想；二是后天环境之恶劣，尤其是被贬永州与迁任柳州之后，挚友亲人先后离世，悲愤苦闷，精神压力巨大，病患交加，身体素质急剧下降；三是情志偏颇，观念拘谨，不注重养生，久病医治无效，无力回天。但他忠耿为国，初心不改，爱民惜民，不辞辛劳，终致油涸灯尽，英年早逝，虽故犹荣，永为后人效仿与借鉴之楷模。剖析如后，就教于大方。

一　先天遗传之长寿基因，不够理想

现代医学研究表明，遗传是长寿与否非常重要的一个原因。专家指出，通常在人们40岁以前，遗传对寿命的影响占15%～25%，此时生活习惯因素还占有非常大的比重，换句话说，年轻时爱不爱惜身体，对寿命的影响是很大的。到了40岁以后，遗传的作用开始越来越凸显，并且随着年龄的增长，遗传因素的比重也越来越大。

传统的科学观点认为，决定人长寿的因素是后天保健，而不是先天遗传。而研究人员最近提出了与此相反的观点。他们搜集了大量的证据表明：有些家庭由于基因倾向而能活到100岁或100岁以上。医学专家认为，已经有确凿的证据表明，如果你的亲属长寿，那么你长寿的概率也会增加，而且亲缘关系越近，这种影响越明显。

专家研究发现，长寿主要遗传自母亲，也就是说，如果母亲长寿，子女长寿的可能性比较大；但如果父亲长寿，子女则未必长寿。专家解释说，人的线粒体中很多位点，确实跟长寿有关，线粒体是母系遗传，而长寿老人中女性比例可为男性的好几倍，所以看似长寿遗传自母亲，但这种遗传并不是一种因果关系，只是有一些相关性。

遗传病是指由遗传物质发生改变而引起的或者是由致病基因所控制的

疾病。遗传病是指完全或部分由遗传因素决定的疾病，常为先天性的，也可后天发病。如先天愚型、多指（趾）、聋哑、血友病等，这些遗传病完全由遗传因素决定发病，并且出生一定时间后才发病，有时要经过几年、十几年甚至几十年后才能出现明显症状。有些遗传病需要遗传因素与环境因素共同作用才能发病，如哮喘病，遗传因素占80%，环境因素占20%；胃及十二指肠溃疡，遗传因素占30%~40%，环境因素占60%~70%。

原则上，在遗传和疾病的关系上，人类所有的疾病，如胃癌、大肠癌、抑郁症等，都具有遗传影响和背景，但只有在大约12%的疾病中，遗传因素起主要作用。遗传性疾病常可表现为家族性，这是因为同一家系中的成员可共同具有某一致病基因，但同一家系的成员也处于相似的生活条件和环境中，由相似环境条件所引起的非遗传性疾病，有时也具有家族性。

那么，柳宗元的先天遗传长寿基因究竟怎样？从与他有血缘关系的家人和亲眷的情况来看。

（1）先祖：柳庆（517—566）49岁，柳宗元的七世祖，后魏时期曾先后担任过散骑常侍、骠骑大将军、尚书右仆射转左仆射，进爵为平齐县公。

（2）父亲：柳镇（739—793）54岁，天宝末年以明经科高第，以文章垂声当时。曾先后担任过太常博士、长安主簿、殿中侍御史等职。因秉公执法得罪奸相窦参，于贞元五年（789）被贬为夔州（今重庆奉节）司马，三年后，窦参事发被贬，柳镇受召入朝为侍御史。

（3）叔父：柳缜（746—796）曾任殿中侍御史，贞元十二年（796）正月九日，暴疾去世，享年50岁。

（4）同祖的堂伯父：柳府君（727—781），曾任弘农县令，建中二年去世，年55岁。

（5）姑姑：前渭南县尉颍川陈君之夫人——河东柳氏，唐贞元十七年（801）九月六日去世，时年44岁。（《亡姑陈夫人墓志》）

（6）母亲：卢氏（739—806），柳宗元等人获罪遭贬，当时，他的母亲卢氏已经66岁了，由于年近古稀，夫死女亡，无人照管，柳宗元只好扶母南行，从繁华的京都长安，来到荒僻的永州，一路车船颠簸，凄风苦雨，的确无比艰辛。到永州之后，因为借住在寺庙里，水土不服，生活难以适应，他的母亲不久就染病在身，于第二年五月十五日，撒下与她相依为命的独子，在龙兴寺里撒手西归。

（7）大姐：博陵崔简的夫人，崔简曾任刑部员外郎、连州刺史，元和五年（810），柳宗元被贬谪永州期间，朝廷任命崔简为永州刺史，但还没有到任，就被湖南观察使李众诬以贪污罪，流放驩州（今越南荣市）。元和七年（812）正月二十六日，死于驩州，只活了39岁。而柳宗元的大姐，比崔简早十年去世，葬在长安东南少陵北，年纪应该还不到30岁。崔简有儿女十人，都是柳宗元的大姐所生（《上湖南李中丞》），"孤处道泪守讷"跟随在崔简身边的两个小孩处道及守讷（小名韦六、小卿），因为护送崔简的灵柩过海，突然遇到暴风，海浪太大，落水淹死；"今尚有五丈夫子"，如今还留下五个男孩（《永州刺史崔公权厝志》）。

（8）大外甥女——崔媛，带着弟弟们前来投奔柳宗元，过后由他做主，将崔媛许配给朗州（今湖南常德）员外司户薛巽为妻，生有一子一女；但元和十二年（817）六月二十八日，崔媛因"肝气逆肺，牵拘左腋，巫医不能已"——无法治疗而去世（《薛君妻崔氏墓志》）；还有一个外甥崔骈，本来英俊潇洒，文辞出类拔萃，但也因"毒中骨髓"，年纪轻轻，就"中道夭亡"，实在令人惋惜（《祭外甥崔骈文》）。

（9）二姐：前京兆府参军裴瑾的夫人——因为患了骨髓之疾病，不治身亡，唐贞元十六年（800）三月十三日去世，时年30岁。生儿三个，名"崔五、崔六、崔七"：最小的崔七，比柳宗元的二姐早死八个月；老二崔六，比柳宗元的二姐晚死五十天；老大崔五，又名"裴铣"，由其奶妈抚养长大，后来护送其母的灵柩，归葬到长安东南少陵之北原（《亡姐裴君夫人墓志》）。

（10）女儿：和娘——柳宗元在长安时的非婚生女儿，生于贞元十七年（801），元和五年（810）四月三日，在永州夭折。

（11）堂弟：柳宗直——元和十年（815）七月十七日因疟疾病逝于柳州，年仅33岁。

尽管这些亲眷的过世，有着内外许多主客观的原因，但活的寿命都不太长。柳宗元在永州期间，"百病所集，痞结伏积，不食自饱"。（《寄许京兆孟容书》）"痞"，中医指腹腔内可以摸得到的肿块，即肿瘤，恶性肿瘤则为胃癌；胃癌不仅会造成消化系统损害，而且可能发生转移，影响肝肾及呼吸功能，严重者出现贫血、消瘦、营养不良等症状，最终危及生命。

柳宗元是否患有胃癌，虽然没有明确的科学证据，但其病情好像比较严重，甚至影响到了饮食和消化功能。因此可以说，他身上先天遗传的长寿基因，并不非常理想。

二 后天环境恶劣，尤其是被贬永州与迁任柳州之后，挚友亲人先后离世，悲愤苦闷，精神压力巨大，病患交加，身体素质急剧下降

柳宗元被贬永州，一是在精神方面，受到官场的强力打压，极感憋屈、痛苦和无奈，亲友们的相继去世，使其备感痛苦。据《资治通鉴》第236卷中记载：永贞元年（805）八月，"贬王伾开州司马、王叔文渝州司户。伾寻病死贬所。明年，赐叔文死"。开州，即今日的重庆开县；王伾被贬之后，很快就病死在开州；第二年，王叔文也在渝州（如今的重庆市），被赐死。而且，唐宪宗李纯还特地下诏，明确指出："王叔文之党既贬，虽遇赦无得量移。"等于是在仕途上给永贞革新集团的骨干成员们，亮起了无法逾越的"红灯"。

元和三年（808），"八司马"之一的凌准，被贬之后，"居母丧，不得归，而二弟继死。不食，哭泣，遂丧其明以没。"（柳宗元《故连州员外司马凌君权厝志》）他的遭遇的确非常悲惨，连母亲去世都不能回去送葬尽孝，两个弟弟也相继病故。凌准伤悲过度，不进饮食，终日哭泣，结果自己也性命不保，实在令人惋惜。他留下了四个儿子，因为凌准与柳宗元关系不错，其中两个特地来永州，拜请柳宗元为其父撰写墓志铭。

柳宗元先后写了两篇文章，并作诗一首《哭连州凌员外司马》："顾

余九逝魂,与子各何之。我歌诚自恸,非徒为君悲。"诗中赞誉了凌准的聪明才智、远见卓识与过人的胆识,并且回忆自己与他相遇之后,共同从事革新大业的经过,本来是想匡济生民,如今反被众人嗤笑。自己的灵魂也九死一生,与他各自一方。今日所写此诗歌,是发自内心的悲痛,并非完全为他伤心而落泪。从中不仅可以看出柳宗元与凌准的深情厚谊,而且也流露出他自己担惊受怕的真实感受。

元和六年(811)八月,柳宗元的表兄兼挚友吕温,不幸病死于衡州(今湖南衡阳市)。吕温生于唐代宗大历七年(772),比柳宗元大一岁,但出道晚了五年,到唐德宗贞元十四年(798)才登进士第,又登博学宏词科,授集贤殿校书郎,成了柳宗元的同僚,并且志同道合,一起参加了王叔文的永贞革新集团。

贞元二十年(804),吕温随秘书监张荐出使吐蕃,于元和元年(806)才回到长安,因此幸免于永贞革新失败的牵连。后来,吕温由于得罪了宰相李吉甫,被贬至道州(今之湖南道县)任刺史,政绩出色,迁任衡州,年仅40岁,英年早逝,壮志未酬。

吕温病逝之后,柳宗元深感无奈,连续写了三篇文章,以表哀思和追怀。他在《唐故衡州刺史东平吕君诔》一文中,反复称道吕温智慧、勇敢、仁厚、笃孝,夸他的才能可以用来使天下小康,他的志向、方略可以用来造福百世。字里行间,流露出柳宗元对挚友的无比钦佩,同时,也有着同病相怜和惺惺相惜的许多感慨。

柳宗元在《惩咎赋》中说:"哀吾党之不淑兮,遭任遇之卒迫。——既明惧乎天讨兮,又幽栗乎鬼责。惶惶乎夜寤而昼骇兮,类麕麚(jūnjiā)之不息。"其意为反躬自省:我为革新派的不幸遭遇感到非常悲哀,这次剧变仓促而又紧迫。——我既明地里惧怕受到上天的讨罚,又暗中为鬼的责难而战栗。晚上睡觉时心中惶惶不安,白天也像受惊的麕鹿恐骇不息,与抑郁症的情形相差无几。

他在《解祟赋》中,谈到自己被贬之后,很多小人还在背后摇唇鼓舌,流言蜚语,不绝于耳。如:"膏摇唇而增炽兮,焰掉舌而弥煽";"讼众正,诉群邪";"恶人之哗";等等。俗话说:"人在矮檐下,岂能不低头?"面对如此强力的打压和来自敌对方面的唇枪舌剑,柳宗元申诉无门,备觉无奈,不得不低头认错。他再三地反省,写下的不少诗词和文章,都或多或少地流露出深深的自责。

他在《先太夫人河东县太君归祔志》中,说"穷天下之声,无以舒其哀矣。尽天下之辞,无以传其酷矣"。反复抱怨,由于自己的错误,导致母亲遭受很大的折磨,迁徙来到瘴疠充斥的地方,水土不服,医药、饮食不周,神佛也无法呵护,而不幸过早地病逝;加上没有合适的安葬之处,天地虽然可以穷尽,而眼前的冤屈无法申诉……真是字字血、声声泪,通篇都透露出他对母亲离世的万分悲痛,以及发自灵魂深处的无穷自责。

元和五年(810)四月三日,女儿和娘刚满十岁就不幸早夭。柳宗元在《下殇女子墓砖记》中,对女儿和娘表示深切的哀惋,字里行间,处处都传递着万分无奈的信息,也足以看出柳宗元初到永州之时,那种丧魂落魄、精神创伤累累的凄惨处境。

杨荧郁先生在他的《试析柳宗元〈登柳州城楼寄四州刺史〉的情感基调》一文中指出,"百越之地,山重水复,'南蛮'之野,路远途遥。莫说相见时难,就连寄出一封书信都不容易……诗人心中真是'愁'茫茫,'思'茫茫。其'愁'由'思'而生,其'思'因'愁'而甚——不知这样的'愁思'要到何日才算是一个尽头?"柳宗元在给刘禹锡的一首长诗中诉说自己"守道甘长绝,明心欲自刭;贮愁听夜雨,隔泪数残葩"(《同刘二十八院长》)——为了表明自己对唐王朝的忠耿,他甚至可以不惜抹脖子自杀;他经常满腹愁苦倾听夜雨,泪眼模糊地数着凋残的花瓣,日夜不安,坐卧不宁,从中可见其精神压力之巨大,几乎到了崩溃的边缘。

二是外部环境与物质条件的艰难困苦,疾病增多。柳宗元到了永州,"至则无以为居,居龙兴寺西序之下"(《永州龙兴寺西轩记》)。意思是说,他来到永州后,因为没有地方居住,只好借住在龙兴寺的西厢房中。柳宗元在写给长辈和亲友的许多书信中,都非常详细地谈到了自己在永州时的身体情况。如:"自遭责逐,继以大故,荒乱耗竭,又常积忧恐,神志少矣,所读书随又遗忘。一二年来,痞气尤甚,加以众疾,动作不常。

眊眊然骚扰内生，霾雾填拥惨沮，虽有意穷文章，而病夺其志矣。每闻人大言，则蹶震怖，抚心按胆，不能自止。"（《与杨京兆凭书》）

译成白话是：我从遭遇贬逐以来，碰上母亲病故等大事，惊慌忙乱耗费了许多精力，又经常忧虑和恐惧，神志受到影响，所读的书随看随忘。近一二年来，腹腔里的肿块尤其厉害，再加上其他的毛病，动作行为都很不正常。眼睛昏花而烦恼从内心产生，像有雾霾阻挡在眼前，虽然有心致力于撰写文章，但因病夺走了我的志向。每次听到别人大声说话，就感觉惊骇颤抖，我只好抚摸胸腹，很久才能停止下来。

他由于长期"与囚徒为朋，行则若带縲索，处则若关桎梏，彳亍而无所趋，拳拘而不能肆，槁然若卉，颓然若璞"（《答周君巢饵药久寿书》）。"为孤囚以终世兮，长拘挛而轘轹"（《惩咎赋》）——残酷的政治迫害，使柳宗元深感痛苦和忧郁，身体素质也急剧下降，衰弱而多病：不仅头昏眼花，双脚因得了南方易发的风湿病而痉挛，行路受到影响。"居蛮夷中久，惯习炎毒，昏眊重膇，意以为常。"（《与萧翰林俛书》）"百病所集，痞结伏积，不食自饱。或时寒热，水火互至，内消肌骨，非独瘴疠为也。"（《寄许京兆孟容书》）——柳宗元还患过时冷时热、寒战不已的疟疾，俗称"打摆子"。

此外，由于"永州多火灾，五年之间，四为天火所迫，徒跣走出，坏墙穴牖，仅免燔灼。书籍散乱毁裂，不知所往。一遇火恐，累日茫洋，不能出言，又安能尽意于笔砚，矻矻自苦，以危伤败之魂哉！"（《与杨京兆凭书》）——五年之内，他的住所有四次被火灾延及，只好打着赤脚仓皇出逃，靠在墙壁上挖洞保命，才避免被大火烧焦。许多书籍都散乱、撕裂、烧毁，不知丢弃到哪里去了。一遇火灾就内心惊恐，整天茫洋失措，不能说话，又怎么能集中精力在笔墨上，由于危险而丧魂失魄，真是吃尽了苦头。从其自述，足以看出柳宗元当时那种精神创伤累累、凄惨而无奈的处境。

好不容易熬过十年，柳宗元满怀希望受诏回到京城，结果又被任命到更加偏远的广西柳州为刺史。此地条件更为艰苦，他在《寄韦珩》的诗中写道："炎烟六月咽口鼻，胸鸣肩举不可逃。桂州西南又千里，漓水斗石麻兰高。阴森野葛交蔽日,悬蛇结虺如蒲萄。"——柳州一带,气候炎热,令人口干舌燥,经常汗流浃背,胸闷气短;柳州离开桂林还很远,乘船沿漓水前往,急流险滩,石崖交错;且两岸树木参天、遮天蔽日,野藤缠绕,十分阴森,林中蛇虫遍地,野蜂窝高悬树梢,状如葡萄。

柳宗元六月二十七日到达柳州,他的堂弟柳宗直、柳宗一,以前一直跟随在身边。宗直原来患过疝气病,每当发作之时,就寝食难安,俯仰不得;但学习上一直非常刻苦,犹工书法;学成 11 年了,受到柳宗元的拖累,而无法中举。宗直因事在永州停留,路上又感染了疟疾,七月初才赶到柳州,十六日跟随去雷潭祈雨,十七日就不幸病卒。

"呜呼!天实析余之形,残余之生,使是子也能无成!"(《志从父弟宗直殡》)——这难道不是老天爷在惩罚自己,摧残我的余生吗?堂弟这么优秀的学子,竟然都无法成就事业,老天爷真是太不长眼了!可见此事,给柳宗元精神上的打击十分巨大,使得他号啕、自责不已。

"零落残魂倍黯然,双垂别泪越江边;一身去国六千里,万死投荒十二年。桂岭瘴来云似墨,洞庭春尽水如天;欲知此后相思梦,长在荆门郢树烟。"(《别舍弟宗一》)亲友们作古的作古,离去的离去,自己就像孤魂野鬼一样,现在堂弟宗一又要远去荆州一带,迫不得已在柳州江边告别。自己离开长安越来越远,回顾这十多年的经历,屡经磨难,有过多少生离死别。眼前的柳州,时刻弥漫着瘴气,乌云低垂,昏暗如墨涂染,与洞庭一带的天光水色,风光截然不同。从此之后,兄弟们只能在梦里相见了——字里行间,不仅着力描摹了此地环境的恶劣,也有他对自己过往遭遇的感伤,更是对亲友们的不舍与眷恋。

此外,他在《与浩初上人同看山寄京华亲故》也曾写道:"海畔尖山似剑芒,秋来处处割愁肠。若为化得身千亿,散上峰头望故乡。"——那些山峰如同倒竖的利剑,寒秋来临,时刻都在切割者自己忧愁的肝肠;如果能够幻化成千亿的佛身,恐怕也会登上各处山顶,共同怅望故乡。诗中,痛苦的遭遇,满腹的乡愁,深深的伤悲,情景交织,可触可感。

来到柳州,他的身份虽然变了,生活条件有所改观,但疾病如影随形,而且多次危及性命:"奇疮钉骨状如箭,鬼手脱命争纤毫。今年噬毒得霍疾，支心搅腹戟与刀。迩来气少筋骨露，苍白澘泪盈颠毛。"（《寄韦珩》）他在柳州期间，曾经患过疔疮，像铁钉锥骨、利箭穿心一样疼痛，生死只差分毫，侥幸才从勾魂的小鬼手中逃脱。后来又因为误食有毒的食品，得了霍乱，上吐下泻，心腹中似有刀戟在戳搅，差一点就送了命。近来渐渐气力衰竭，骨瘦如柴，满头乌发早已花白，随风飘拂。

柳宗元所撰写的书启不少，其中一些是尚在朝廷中且手握实权的达官亲友，如《寄许京兆孟容书》《与杨京兆凭书》《与裴埙书》等，都谈到过自己的身体状况，"炎昏多疾，气力益劣，昧昧然人事百不记一，舍忧栗，则怠而睡尔"。——记忆力大大下降，整天战栗，昏昏欲睡。所言基本属实，可见柳宗元此时此际，已然病魔缠身，即将不久于人世，其身体和精神上的折磨，是常人不能想象的。

三是情志偏颇，观念拘谨，不注重养生之道，久病医治无效，无力回天柳宗元忠耿为国，初心不改，爱民惜民，不辞辛劳，终致油涸灯尽，英年早逝，虽故犹荣，永为后人效仿与借鉴。与他那些同时被贬的挚友们相比，柳宗元的情志比较偏颇、格外执着。他的结发妻子杨氏，因病去世之后，受门阀观念的影响，担心无后人传宗接代，一直想找门当户对的淑女为婚，但却无法如愿；他身边有女子长期陪伴生活，而且也生养过几个孩子，柳宗元直到谢世，也没有给她一个应有的名分，与他的个性和情感上的缺陷相关，当然也可以视为时代的局限。

柳宗元不太注重自身的保养，在永州期间，经常"借酒浇愁"。据不完全统计，柳宗元的诗句中，与"酒"相关联的达20余处，如："但愿得美酒，朋友常共斟"（《觉衰》）；"留欢唱容与，要醉对清凉"（《弘农公五十韵》）；"骤歌喉易嗄（沙：沙哑），饶醉鼻成皶（渣：酒糟鼻）""劝策扶危杖，邀歌当酒茶"（《同刘二十八院长》）；"浪游轻费日，醉舞诓伤春"（《酬娄秀才》）；"樽酒聊可酌，放歌谅徒为"（《零陵赠李卿元侍御》）；等等。

《饮酒》诗说："今旦少愉乐，起坐开清樽。举觞酹先酒，为我驱忧烦。"——清晨起来，觉得生活无趣，便开始举杯饮酒，其目的是驱除烦恼。甚至"尽醉无复辞，偃卧有芳荪。彼哉晋楚富，此道未必存"——他一醉方休，哪怕醉倒在草地和绿荫树下，还觉得那些达官贵人，有谁知晓"饮酒的乐趣"？

《柳宗元全集》中，与酒相关的文章篇目有 5 篇，如《序饮》《法华寺西亭夜饮赋诗序》《娄二十四秀才花下对酒唱和序》等。而文章内容中，迎来送往，相互宴请，饮酒赋诗，撰文作序之处，更是多不胜数，如："羽觞飞翔，匏竹激越。煦然而歌，婆娑而舞，持颐而笑，瞪目而倨，不知日之将暮……"（《陪永州崔使君游宴南池序》）——羽觞（觞音如"商"，指酒杯），又称羽杯、耳杯，是中国古代的一种盛酒器具，器具外形椭圆、浅腹、平底，两侧有半月形双耳。因其形状像爵，两侧有耳，就像鸟的双翼，故而得名。此文是柳宗元因刺史崔敏的邀请，到南池参加酒宴所作，文中提及，客人们相互举杯敬酒，歌舞相伴，直到日落西山。

"日与其徒上高山，入深林，穷回溪，幽泉怪石，无远不到。到则披草而坐，倾壶而醉。醉则更相枕以卧，卧而梦"，"引觞满酌，颓然就醉，不知日之入。苍然暮色，自远而至，至无所见，而犹不欲归"。（《始得西山宴游记》）——柳宗元到永州之后，一有空闲，每天就和那些同伴，上高山，入深林，走到曲折溪流的尽头。幽僻的泉水，奇异的山石，没有一处僻远的地方不曾到过。到了目的地就分开草而坐下，倒尽壶中酒，一醉方休。醉了就互相枕着睡觉，进入梦乡。大家经常斟满酒杯，喝得东倒西歪，醉眼蒙眬，不知不觉，太阳下了山，灰暗的暮色，由远而至，直到看不见什么了还不想返回。

"买小丘，一日锄理，二日洗涤，遂置酒溪石上……余病痞，不能食酒，至是焉醉。遂损益其令，以穷日夜而不知归。"（《序饮》）——他们在愚溪旁的西小丘劳作之后，将酒菜摆放在西边的巨石上，饮酒作乐；柳宗元由于肠胃有重病（痞疾：中医指腹中郁结成块的病，与现在的癌症相当），他不胜酒力，早就醉了，但还是同大家一道，猜拳行令，直到天色昏暗，也忘了回家。

吕国康先生认为，柳宗元"在永州任司马，虽为闲职，官禄照领，不必像陶渊明那样亲自耕种，以求温饱。酒完全可以购买，与朋友饮酒是常事。他的郊游是追求闲适，他的饮酒是自我陶醉，其目的是转移视线，以求适应环境,安宁心情"。胡士明先生的《柳宗元诗文选注》也说,"它写出了诗人在特定环境中似醉非醉的特有状态,以及他蔑视世俗的鲜明个性,不失为自画像中的一幅佳作"。郭新庆老先生认为,"柳宗元喜饮酒,在永州也经常以酒浇愁,出游时更是喝得酣畅淋漓,让自己借酒性融入山水美景里。但柳宗元厌恶喝酒失态,主张饮酒要像做人一样讲酒德,不能饮而没形,也不能醉而忘形"。(《饮酒与棋艺》)

笔者以为,柳宗元喜欢饮酒,有些好酒贪杯,而且身体欠佳,容易喝醉,且醉后随地困卧,直到日落西山,还不愿回家。俗话说,"抽刀断水水更流,借酒浇愁愁更愁",如此没有节制,必然伤及身体,肠胃会更加不好,痞病只重无减。

柳宗元虽然曾经撰文,批评大姐夫崔简,乱服石钟乳,但他自己也曾食用过,幻想延年益寿。崔简曾经给柳宗元来信,有数百句的篇幅,谈到石钟乳,说"土之所出乃良,无不可者"。认为只要是土里出的就好,没有不可以的。柳宗元在回信中说,前次姐夫所送来的石钟乳不好,听说您所服用的跟此相类似,又听说您经常内心烦闷躁动,我估计是没有得到精粹的石钟乳,而被粗糙的矿物所误导,恐怕会伤了您的身体,仍旧错下去,因此再三言语提醒、劝阻。

章士钊在《柳文指要》卷三十二中说:"子厚寿止于四十七,谅亦与石钟乳不无连谊。"他认为,柳宗元只活了47岁,估计跟他深信食用石钟乳可以延长自己的寿命有很大关系。由于长期水土不服,致使体弱多病,他曾在与部将魏忠、谢宁饮酒时,预言自己"恐怕活不过明年",谁知竟然一语成谶。

从另一个角度来看,柳宗元虽然"风波一跌逝万里,壮心瓦解空缧囚"(《冉溪》)。被贬永州,地位"陡降",尽管远离了京城长安的"政治场",长达十年的投荒闲置,如同被抛弃、被拘囚般的贬谪命运,使他落入了遥遥无期的等待与苦苦的煎熬之中。但他"穷与达固不渝兮""虽九死其犹未悔"(《吊屈原文》),仍然一如既往地大力提倡"辅时及物",撰写了许多这样的文章,如:脍炙人口的《捕蛇者说》,揭露暴赋酷役对人民的残害,竟然比异蛇还要厉害,"故为之说,以俟夫观人风者得焉"。

因此，开了一张《捕蛇者说》的药方，让了解民间情况的官吏从中吸取教训。

零陵县代理县令（相当于现在的代县长）薛存义，任职仅两年的时间，就离任高升。柳宗元带着酒菜，特地赶到江边为他饯行，还写了《送薛存义之任序》，对其政绩给予了高度的评价。柳宗元明白无误地说：官吏本来是民众的仆役，是为老百姓办事的；而不是将民众作为自己的仆役来使唤和对待。

柳宗元生性严谨，忠于职守，辛劳为国，初心不改："到官数宿贼满野，缚壮杀老啼且号。饥行夜坐设方略，笼铜枹鼓手所操。"（《寄韦珩》）——刚刚走马上任，还来不及洗去长途跋涉的风尘，便忍饥挨饿，连夜筹划"退贼"的方略，并且亲自播鼓助战，赶跑烧杀抢掠的山贼，以保一方百姓的安宁。

在任柳州期间，柳宗元为了解民愿，排民忧，造福于百姓，他积极倡导移风易俗，清除陋习，以改变当地百姓愚昧落后的观念；改革弊政，解放奴婢（此举比美国的南北战争解放黑奴，早了一千多年）；兴修寺庙，兴办教育，以利于传播儒家学说；并带头栽柑种柳，开荒植竹，打井修路，以发展生产，从而使柳州的经济、文化，都有了新的发展。

与柳宗元同时代的好友韩愈、刘禹锡相比较，他们同为贬官，但活的寿命却很不一样。韩愈，是柳宗元可以托孤的好朋友，是真正的"诤友"，尽管两人之间存在不少思想上的分歧、政治上的矛盾等，但相互间表现出真切的同情与理解。韩愈三岁丧父，由其兄韩会及嫂嫂抚养长大，25岁中进士，29岁登上仕途，亦曾在功名与仕途上屡受挫折，后历官国子祭酒、兵部侍郎、吏部侍郎、京兆尹等职，政治上较有作为。长庆四年（824）病逝于长安，终年57岁。

刘禹锡（772—842），他与柳宗元，是一对志同道合的战友，关系更加亲密无间。他不仅替柳宗元抚养遗孤，写了两篇祭文《祭柳员外文》和《重祭柳员外文》，而且将柳宗元遗留下的诗文，代为收集编刻。刘禹锡曾任监察御史，是王叔文政治改革集团的一员。永贞革新失败被贬为朗州（今湖南常德）司马，落魄而不自聊，吐词多讽托幽远。蛮俗好巫，他曾依骚人之旨,作《竹枝词》十余篇,武陵溪洞间到处传唱。十年后召还,改任连州,再徙夔、和二州。此后担任过主客郎中、礼部郎中、集贤直学士。出刺苏州,徙任汝、同二州,迁太子宾客分司。会昌时,加检校礼部尚书。卒年七十二岁,赠户部尚书。其母更是活了九十余岁,对刘禹锡来说,不仅先天遗传的长寿基因较好,而且与他性情豪爽而义气,素来直言无忌,恐怕也大有关联。

"贤者不得志于今,必取贵于后,古之著书者皆是也。"(《寄许京兆孟容书》)柳宗元将自己有限的物质的外在的生命(躯体),换得了无限的精神的内在的生命(思想),于诗于文,均取得了巨大的成就,实现了个体生命的"自我意识"的时空上的超越与转换。笔者认为,柳宗元任职柳州,尽管只有短暂的四年时间,便令人痛惜地英年早逝,但却给柳州的百姓留下了"鞠躬尽瘁、勤政为民"的许多脍炙人口的佳话,也为中华民族留下了一分格外珍贵的政治思想和文化遗产。

柳宗元与永州、柳州赏石文化渊源

欧阳辉亮[*]

内容摘要：柳宗元在《永州八记》中，篇篇都写有山水奇石，在他精雕细刻出永州山水幽深之美的同时，处处显现着观石、赏石、爱石的早期赏石文化，他是我国最早系统著述奇石文化理论并与实践有机融合的"专家"，对古今永州、柳州乃至全国赏石文化的发现、传承、研究与发展等起到了重大的影响和引导推进作用。

关键词：柳宗元　永州八记　赏石文化

众所周知，柳宗元是唐代杰出的思想家、文学家，也是有名的政治改革家。他因永贞革新得罪朝廷宦官、藩镇及保守势力，由朝中尚书郎被贬邵州刺史，途中再贬为永州司马，在永州度过了他人生最晦暗最感伤却是他文学创作最丰富和哲学思想全面成熟的十年。其著名作品"永州八记"等六百多篇诗文，经后人辑为三十卷，名为《柳河东集》。后因他终于柳州刺史任上，被称柳柳州。"永州八记"是柳宗元山水游记的代表作，也是我国游记散文中的奇葩。经细细研读，我们发现柳公在"永州八记"中精雕细刻出永州山水幽深之美的同时，处处显现着观石、赏石、爱石的早期赏石文化，他是我国最早系统著述奇石文化理论并与实践有机融合的"专家"，对古今永州、柳州乃至全国赏石文化的发现、传承、研究与发展等，起到了重大的影响和引导推进作用。

---

[*] 作者简介：欧阳辉亮，高级摄影师。原为湖南省永州市国税局副调研员，永州市民俗摄影协会常务副会长兼秘书长，现为永州市历史文化研究会会员等。

一 柳宗元的"永州八记",篇篇都以石为记

通过仔细研读柳宗元的"永州八记",发现柳公在每记里都对"怪石"书有独到见解,对赏石观的形成与当今石文化的影响深刻。试看第一篇《始得西山宴游记》,记的是唐元和四年九月二十八日,柳公坐在法华寺西亭,隔河遥望西山,发现西山胜景大为称异。于是带着仆人越过湘江,沿染溪而行,第一次游记西山。游记开头即概述被贬至永州的心境和对居地山水观感:"自余为僇人,居是州。恒惴慄。时隙也,则施施而行,漫漫而游。日与其徒上高山,入深林,穷回溪,幽泉怪石,无远不到。"(自从我遭到贬谪,居住到永州,心中一直忧惧不安。公务闲隙,便去散心漫步,到处转悠。每天与同伴爬高山、钻深林,迂回在曲折的山间小溪,见到深幽的泉水、怪异的山石,无论多远都去看个究竟)由此看到,柳公对永州山水、奇石的浓厚兴趣与探索求真的风格。

第二篇《钴鉧潭记》中写道:"其始盖冉水自南奔注,抵山石,屈折东流。"(钴鉧潭水由冉水自南向北奔流如注,终因山石顽立而不得不曲折向东流去)。阐明奇石中的水石的形成离不开水,不仅要落差大而且还要水量大,山石的根基要牢,经得起大水的冲刷。用"抵"和"顽"字生动地将水作用于山石,然后形成了奇石,这样水石点、线、面的水洗度和石皮的形成就自然了。

第三篇《钴鉧潭西小丘记》中说:与友李深源、元克己同游一小丘,"即更取器用,铲刈秽草,伐去恶木,烈火而焚之。嘉木立,美竹露,奇石显"(我们就轮流拿起镰刀、锄头等工具,铲去杂草,砍掉乱七八糟的刺木,点起大火把它们烧掉。好看的树木、竹子露出来了,奇石也显露出来了)。于是"书于石,所以贺兹丘之遭也"(把这篇文章写在石碑上,用来祝贺这座小丘,终于得到了欣赏它的知己)。由此进一步阐明了山丘风化奇石的寻找方法和地方,并通过人工劳作创造出良好的赏石环境。由境生情,由情生文,达到一种石奇还要得到石友的共同认可并有心得体会传之于世,即是奇石共雅文的境界。

第四篇《至小丘西小石潭记》描绘：小潭"全石以为底，近岸，卷石底以出，为坻为屿，为嵁为岩"（小潭的底部全是石头，靠近岸边的石底向上翻卷过来露出水面，成为坻、屿、嵁、岩各种不同的形状）。阐明对奇石要以貌示韵，如奇石盆景，形成独特，欣赏它要贴近大自然，才能对奇石文化有深刻的认识和比较，进而提高保护意识。

第五篇《袁家渴记》道："有小山出水中。山皆美石，上生青丛，冬夏常蔚然。其旁多岩洞，其下多白砾。"（有座小山从水中露出来。山上都是美石，上面生长绿色的草丛，冬夏都浓密茂盛。山旁有许多岩洞，山下有许多白色的亮石）阐明水中小山上奇石的周围环境，这对奇石的形成是有重要作用的。山下白色的亮石常年经水，无尘泥之染，既有好的视觉，又留下了天然质感，让人想象无穷。

第六篇《石渠记》中记载："其侧皆诡石、怪木、奇卉、美箭，可列坐而庥焉。"（水潭的旁边全是奇异的美石、怪异曲折的树木、奇特的花草、美丽的箭竹，它们像排列了座位，让人们观赏休息）阐明奇异的美石不仅靠水的冲刷与风蚀，还要有植物、花草等来衬托搭配，其艺术效果更动人、更具魅力，吸引人们驻足观赏。

第七篇《石涧记》："其水之大，倍石渠三之一，亘石为底，达于两涯。若床若堂，若陈宴席，若限阃奥。"（石涧的水比石渠的水大一倍又三分之一。石涧的底部是延续不断的石头，一直延伸到两岸，这些奇石有的像床，有的像门堂的基石，有的像筵席上摆满菜肴，有的像用门槛隔开的内外屋等）记述大而有型的象形石形成的独特环境以及在大水量的冲击下，所呈现出的圆润、古拙而富有的韵律感，奇石独特鲜明的个性和立体视觉效果特别强烈。

第八篇《小石城山记》里先后记载："有积石横当其垠。其上为睥睨，梁欐之形；其旁，出堡坞，有若门焉。"（有一座石山横挡在路的尽头。上方的山石形成了女墙和栋梁的形状；旁边又凸出一块好像堡垒，有一个洞像门）"或曰：其气之灵，不为伟人，而独为是物，故楚之南少人而多石。是二者，余未信之。"（也有人说：这地方山川钟灵之气，不孕育伟人，而唯独造就这奇山胜景，所以楚地的南部少出人才而多产奇峰怪石。对这二种说法,我都不信)这八记中最后的一篇,统揽全局概括了对奇石要有大认识、大气势、大理念,不能局限于一方石、一组石的"奇"与怪,而要有一城石"奇"的气魄,有一个地方文化氛围与历史积淀。

二 柳宗元的奇石观,比中国首部论石专著早三百余年

中国的赏石文化记录最早见于战国的《尚书·禹贡》,将当时青州岱畎所产怪石列为贡物之一。其后的《山海经》对美石的产地也做了一些记载。先秦时期对奇石的记载零零星星,隋唐时期才形成收藏奇石的潮流,直到宋代达到繁荣期。中国赏石文化理论雏形的形成,经历了1500余年,最后由北宋赏石大家米芾根据多年藏石、赏石的研究和实践,才对观赏石提出了"皱瘦漏透"四字为品石美学标准而载入史册。

在现今的赏石文化界,《云林石谱》被认作是中国第一部论石专著,书成于南宋绍兴三年(1133)。但是,柳宗元的"永州八记"里首篇《始得西山宴游记》写于元和四年(809),他提出的早期赏石观,比《云林石谱》早324年。柳宗元对奇石"无远不到"的探究精神和对石形、质地、纹理以成物象者为佳的赏石观,对永州石、道州石、江华石、祁阳石等名石书传,对后来者的传承,都有重要影响和启迪。

三 柳宗元的赏石文化,对永州、柳州及全国影响深远

通过对柳宗元《永州八记》中奇石观的探索学习和透视,我们深刻体会到柳宗元对中国奇石文化的深远影响。

一是对赏石观的形成起到了重要引导作用。柳宗元在永州十年,从被贬初到时的"恒惴慄"(心中一直忧惧不安)、人生地不熟、政治前途渺茫,到"时隙也,则施施而行,漫漫而游……幽泉怪石,无远不到",利用空闲到处走访考察,主动发现山美石奇,关注民生,借景抒情,用永州

的山水奇石书写美丽画卷，成就了他毕生中最辉煌的文学巨献。此后的永州石、道州石、江华石、祁阳石等名石书载盛传，都深受柳宗元赏石观的影响。他在永州形成的文化积淀与赏石观等，到柳州得到进一步升华。当他看到柳州的石头奇特自然，便采龙璧石制砚，赠予当时在广东连州的唐代著名大诗人刘禹锡，从此柳州的石头便有了"龙璧柳砚"的美称。这一开创性的实践活动，带动了1200多年来柳州赏石、玩石、藏石文化的发展，成就了柳州的"中国石都"。

二是对赏石文化起到了启蒙和推动作用。石头感悟自然，忠实记录着大自然的历史。因石生悟而感慨，抒发情感，柳宗元做出了伟大贡献。"永州八记"写于公元809—814年。而与他同时代的著名诗人白居易的《太湖石记》作于公元843年，对太湖石的鉴赏价值作出了高度评价。这些影响对宋朝更大，宋徽宗以赏石为乐事，付诸实践。造皇家园林运奇石的船，以十船组成一"纲"，就是史上有名的"花石纲"，广泛收藏自然奇石，虽劳民伤财，但也对中国赏石文化作出了贡献。

三是对大自然科学发展作出了历史贡献。柳宗元作为唐代杰出的思想家、文学家和政治改革家，在因改革被贬永州的低落期，仍忧国忧民，注重发现和爱护自然环境，以文学大家独有的眼光和思想，以小见大，写景明理，处处描绘永州山水、奇石之美，倡导遵循自然规律，不滥挖滥伐滥筑，不破坏自然环境，构筑融自然、人文和科学为一体的文化模式，以身作则践行三者之间的优质互补和融合发展，对中国文化奔腾向前和绵延发展的内在机制的形成，提供了无穷的精神动力与历史催化，值得我们认真研究和传承光大。

利民万代 彪炳千秋
——柳子庙堂与柳子精神

吴同和[*]

摘 要：柳宗元穷其一生，给后人留下了极其宝贵的精神财富。他"勤勤勉励，唯以中正信义为志，以兴尧舜孔子之道，利安元元为务"，处世做官为人，唯求与自然、社会和谐相融，勤力劳心，乃践行"和合之道"的先驱者之一。其精神内核就是两个字：利民。本文将从介绍柳子庙堂起笔，概叙庙堂历史沿革及永州百姓崇仰"柳子菩萨"的轶事，解读5副楹联的文化密码，参悟《荔子碑》等6方古碑的多维内涵，剖析柳子利民的精神特质，以纪念追怀一代宗师柳宗元。

关键词：柳子庙堂 柳子精神 柳宗元

柳宗元一生，处世做官为人，唯求与自然、社会和谐相融，勤力劳心，利安元元，堪称践行和合之道的先驱者之一。漫步柳子庙堂，瞻仰神像，品读杨翰"山水来归"等楹联佳句，吟咏韩愈《荔子碑》等千古名碑，可真切感受柳子精神的深刻内涵。

一

零陵古城，寺庙林立，最负盛名的是文庙、武庙和柳庙。

---

[*] 作者简介：吴同和，特级教师，全国中学语文优秀教师，湖南省永州市柳宗元研究学会理事，湖南省舜文化研究会理事，舜文化研究基地特聘研究员，湖南科技学院客座教授。

文庙始建于南宋嘉定初年，落成于零陵河西黄叶渡（今零陵柳子街口码头）愚溪桥西。元至正二十年（1360），首迁至东山，后六次改建，四易其址。现今文庙为乾隆四十年（1775）所建，位于东山南侧永州五中校园内。

武庙始建于明洪武初年，后毁于兵火，复修多次，至光绪十年（1884）复修，方成定局，现今武庙为 2017 年新修。

柳子庙，始建于北宋仁宗至和三年（1056），原名柳子厚祠堂，比文庙早 150 多年，比武庙早 300 多年。原址在河东东山（现零陵文庙附近），南宋绍兴十四年（1144）迁至柳子街。现今柳子庙是清光绪三年（1877）重修。

南宋文学家汪藻（1079—1154）《永州柳先生祠堂记》曰："盖先生居零陵者十年，至今言先生者必曰零陵，言零陵者必曰先生。"[①] 在零陵人心目中，柳宗元是名片，是文化符号，是偶像；柳子庙是唯一的偶像载体，是柳子精神的集中体现。新中国成立初期，这里一度是小学，后小学易址；"文革"时期，零陵朝阳中学迁入，正殿、厢房均被辟为教室。也正是这个原因，庙堂文物所遭毁损不多。相形之下，文武二庙的毁损就严重得多；特别是武庙，除正殿、抱厦和丹墀外，所剩几无。

零陵老百姓尊柳宗元为柳子菩萨。"子"，源自春秋，当初只用于称呼孔孟老庄等个别品德高尚、学识渊博的人，柳宗元被尊为"柳子"，可知其地位之高。有宋以来，柳子庙一直是祭柳场所，每年春（清明）秋（重阳）二祭，香烟缭绕，前来拜祭的官民争先恐后，络绎不绝。"文革"时期，因破"四旧"，祭祀活动曾一度中断，柳氏宗亲家祭如常。1982 年，朝阳中学撤出，柳子庙重归当地政府文化部门负责管理，庙宇得以修缮，祭祀活动也逐渐恢复。2001 年，"永州市柳宗元研究学会"成立，是年清明，学会众理事首次与社会各界民众公祭柳宗元。此后，每年清明祭柳，遂成定规。2016 年 12 月 16 日，国务院同意将湖南省永州市列为国家历史文化名城。当年重阳佳节，古城华灯璀璨，万头攒动，柳子街民众开

---

① 吕恩湛：《道光永州府志》，岳麓书社，2008。

启柳子家宴,秋祭模式遂以定型。柳庙两旁楹联,记下了这一历史时刻:

> 感恩戴德　少长贤愚同赴柳子家宴
> 固本清源　工农商学共修孝门初心

在永州老百姓心目中,柳子菩萨基本被神化了:每年端阳佳节,当地百姓必定会自发在潇水零陵段举行龙舟竞赛;竞赛之前,所有龙舟,都必须划进愚溪,到柳庙之前放鞭拜庙,以求菩萨保佑,竞赛夺冠;亦祈风调雨顺,国泰民安。近年来,孩子开蒙读书,或参加中考高考,家长们会领着孩子进庙许愿。2002年金秋时节,"第二届柳宗元国际学术研讨会"在古城永州零陵隆重召开,8月20日,中外专家学者及市区各界官民千余人,公祭柳宗元。可是会前几天,潇水流域发生了多年不遇的秋汛,天降暴雨,其势凶猛,河水漫及路面,随时可涌进街区。19日晚,大雨如注,河水又一次暴涨。组委会领导心急如焚,策划了几种应对方案,雨伞雨衣都订购好了……没想到,20日凌晨,天空放晴,河水陡然消退;8时许,红日高照,万里无云,庄重的祭祀仪式得以顺利进行。目睹这一奇迹,柳子街民众则以手加额,连呼"柳子菩萨显灵了!"

二

游学永州山水胜迹,参详柳子昔时"利安元元"相关信息,解读柳庙楹联碑刻,有助于我们走近"千万孤独"的柳宗元。

(1) 山水、自然、家国与人品相融为一,是古人心目中的和合之境。柳宗元的山水华章"永州八记"及柳庙正门楹联所表述的,正是古往今来百姓万众所向往的愿景,也是古代圣贤孜孜以求的"大同"理想的形象概况。

> 山水来归黄蕉丹荔
> 春秋报事福我寿民

利民万代　彪炳千秋 ◆

　　此联是清末同治年间永州知府杨翰（1812—1879）集韩愈《荔子碑》（即《迎享送神诗碑》）诗句而成，并书丹。一般认为，上联写柳宗元任柳州刺史时开凿水井，使乡民有水可用，使蕉黄荔丹。下联赞柳宗元兴办学校，造福百姓万民。仔细揣摩咀嚼，可获得多维多向的审美愉悦。

　　上联写景，赞奇山异水。意思是，自然界美景全都"归萃"于此——永州、柳州皆然。蕉"黄"荔"丹"，色泽艳丽，层次分明，足以令人陶醉。黄丹二色，至尊至贵；参之肃然怡然，思之豁然超然。伫立庙门之前，举目四顾，不觉神思飞举，上下纵横，仿佛进入人与自然相融为一的化境。柳子庙迁址开街以来，无论是原住民还是外来客，凡有幸在此生活过往，均可尽享大自然恩赐，领悟人与自然的和合之乐。柳宗元当年曾在此卜居，放浪形骸，无远不到；游山玩水，走村串户之后，发"乐居夷而忘故土"之叹。明代永州知府曹来旬生活在"山水来归"的佳境之中，由衷感叹："愚与不愚俱莫论，而今愚溪复予伴。可易愚溪名予斋，老守一愚乐衎衎。"① 而今时空虽异，但若有缘置身愚溪桥畔，柳子庙前，谁都会物我两忘，心旷神怡。下联抒怀，表"利民"初心。"福我寿民"，既是百姓的愿望，也是柳公"利安元元"的初衷。因而，此联语及双关：既代柳宗元立言，表达理想；亦代百姓立言，表感恩戴德之情。

　　远古虞舜大帝将"解愠阜财"② 视为终身追求的目标和愿景。柳宗元一贯认为，做官的，一定要"福我寿民"，千方百计为百姓赐"福"益"寿"；只有这样，春秋报事，向皇上禀报民情民愿，向百姓晓谕国弱国强时，才能无愧于心。柳宗元言行一致，长安十三年、永州十年、柳州四年，始终坚持"勤勤勉励，唯以中正信义为志，以兴尧舜孔子之道，利安

---

① 正德六年曹来旬《游愚溪》诗题刻，见潇湘文化网，http：//lib.huse.cn/lzy/news_view.asp? newsid=13660。
② （清）阮元校刻《十三经注疏·礼记正义·乐记》（清嘉庆刊本），中华书局，2009，第3325页。载：昔者，舜作五弦之琴，以歌《南风》。郑玄注曰：南风，长养之风也，言父母之长养己。其辞未闻也。即舜所歌《南风》，歌词是什么，郑玄没有闻说。唐孔颖达疏曰：案《圣证论》引《尸子》及《家语》（即《孔子家语》）难郑云："昔者舜弹五弦之琴，其辞曰，南风之熏兮，可以解吾民之愠兮；南风之时兮，可以阜吾民之财兮。"郑云其辞未闻，失其义也。

元元为务"①。他提出"官为民役""民可黜罚"② 等政治主张，对"早作而夜思，勤力而劳心"③ 的县令薛存义，推崇之至，对身受"赋敛之毒，有甚于是蛇者"的蒋氏一家寄予深切同情。

谪永十年，柳宗元劳心勤力，造福农桑，歌以咏志，万流景仰。刺柳四年，办了三件大事：修复崩坏的孔庙，积极传播儒家思想；废除奴俗，解放奴婢；发展生产，保证国家税收，改善百姓生活。

总之，无论在长安、永州、柳州，柳宗元都不忘"福我寿民"；无论与天地、亲友还是官民相处，都遵"和合之道"行事做人。唯其如此，他才得到百姓万众的敬仰和历史的肯定。

柳庙大门两侧"清莹""秀澈"的题额，取自《愚溪诗序》"清莹秀澈，锵鸣金石，能使愚者喜笑眷慕，乐而不能去也！"愚溪之水清莹、秀澈，至纯至净，至清至洁。则永州山水之形神虚实，可感可知矣！

综上，杨翰这副楹联，集中体现了柳子精神的"利民"内核。它的妙处在于，既描绘人与自然、社会融而为一的"和合之境"，亦彰显柳宗元"利安元元"的民本思想和高洁人格。

前殿正门题额"八愚千古"之"八愚"，一指愚溪、愚丘、愚泉、愚沟、愚池、愚堂、愚亭、愚岛等八个景点，一指柳宗元"作《八愚诗》，纪于溪石上"（《愚溪诗序》）之事。只可惜，柳宗元的"八愚诗"被光阴和流水冲刷得无影无踪，唯《愚溪诗序》传之千古。

（2）前殿楹联乃湖南省交通厅干部吴叔羽先生所撰。吴叔羽，1918年7月18日出生于浙江宁波，师从著名词学家唐圭璋老先生（1901～1990），终生以诗词为伴，为传承、发扬中华传统文化做出了积极贡献。联曰：

---

① （唐）柳宗元：《柳宗元集》，中华书局，1979，第780页。
② （唐）柳宗元：《柳宗元集》，中华书局，1979，第616页。柳宗元饯别薛存义并告曰："凡吏于土者，若知其职乎？盖民之役，非以役民而已也。"（今要之为"官为民吏"）柳宗元又打了个比方，受民供养的官吏好比是主人聘请的"用人"，但如果这个"用人""受若直，怠若事，又盗若货器，则必甚怒而黜罚之矣"（今要之"民可黜罚"）。
③ （唐）柳宗元：《柳宗元集》，中华书局，1979，第616页。

利民万代　彪炳千秋

政纪荔子碑两地湖山留胜迹
文传柳州集千秋风范壮愚溪

此联理彰情显，意雅辞工，对仗考究，平仄谐和。上联言柳宗元德政之"荔子碑"在永柳二州留下胜迹，下联话柳宗元诗文《柳河东文集》令永州愚溪声名远扬。结合永柳二州奇山异水、韩昌黎《迎享送神诗》"荔子丹兮蕉黄"诗句及"永州八记"经典句段，咀嚼品咂，柳宗元人品学品文品宛然可遇。

"千秋风范壮愚溪"，千真万确。柳宗元永州十年，虽未行政掌权，但劳心勤力，利安元元，著书立说，奖掖后学，天地为凭，日月可鉴。薛存义与柳宗元交谊数年，潜移默化，受益良多，即为一例。

薛存义，唐元和年间名闻荆楚的良吏。元和七年（812）春，永州刺史韦彪力荐其任零陵代理县令。上任之后，他劬勤勉励，清正廉明，使"讼者平，赋者均，老弱无怀诈暴憎"[①]。其政绩，为州府赞赏，县宰效仿，百姓拥戴，柳宗元称赞他是有革新思想的循吏，"官为民役"的典型。

柳宗元与薛存义同乡，年或相若，志趣相投，可谓同声相应，同气相求。二人均喜山水鸟鱼，常移情幽远。受柳宗元影响，薛存义任职期间，曾于东山南麓，铲除藩篱，疏导水流，修建"读书林""湘秀""俯清"等三亭，与民同乐。作为挚友，柳宗元作《零陵三亭记》，阐扬其建造三亭的意义：修亭造景之举，是"为政之具"，值得肯定。山水胜景，既可美化环境，也可使为政者开阔心胸，消除忧烦；其天然的造设，可以使人清明宁静，心境平和。而长期在舒适安逸环境中为官，思路会更通畅清晰，办事更有效率，可奏"理达而事成"之效。经柳宗元提点，薛存义茅塞顿开，接受了柳宗元"天人合一"的哲学观，因而愉悦非常。

元和九年（815）冬，薛存义调离零陵，柳宗元作《送薛存义序》赠别。

柳宗元之"千秋风范"，于此可知一斑。

---

① （唐）柳宗元：《柳宗元集》，中华书局，1979，第616页。

前殿对面古戏台，乃柳庙之一绝。麟凤龟龙凌空摆尾，貔貅麒麟腾跃欲飞，皆呈祥瑞喜庆之相。"山水绿"题匾，出自《渔翁》"欸乃一声山水绿"，乃晚清诗人、画家、书法家何绍基（1799—1873）手笔。二、三层檐楣间，群雕太上老君和八仙同列，别具匠心，迎合着永州百姓万众对"柳子菩萨"的崇仰心理。

（3）中殿两侧的长联是清代翰林院待诏杨季鸾所作，惜乎原联早已不存。杨季鸾（1799—1856），字紫卿，湖南省宁远县平田村人，清代著名诗人，监生，御赐"孝廉方正"。联曰：

才与福难兼贾傅以来文字潮儋同万里
地因人始重河东而外江山永柳各千秋

上联以西汉贾谊因提倡改革遭贬湖南长沙，中唐韩愈因谏阻宪宗迎佛骨被谪广东潮州，北宋苏轼以忤朝政黜降海南儋州等事，感慨三位大才子"才福难兼"。下联以柳宗元因参加永贞革新被贬永柳之事，赞柳宗元以才华、思想和政绩，使山西河东、湖南永州、广西柳州三地闻名于世。

此联有似一篇袖珍论文。上下联各16字，前5字为论点，以下11字为论据，论证严密，无懈可击。

值得一提的是，悬挂在永州柳子庙中殿两侧的长联"才与福难兼……"是中国书法家协会副主席刘艺先生书写的。刘先生不知缘自何种版本，将上联"文字潮儋同万里"的"字"误写为"学"。这是一大失误。

须知，贾韩苏等文人（包括柳宗元），虽然都是文坛巨擘，但他们获罪外放左迁，绝不是因"文学"，而是因诉诸"文字"的文章和政见触忤朝廷、权贵所致。查《辞源》得知，"文字"，定义为"语言的书写符号""连缀而成的文章"。通俗地说，"文字"，当指"人类用来表示观念、记录语言的符号，亦指"文书""文章""书籍"等。"文学"，可指"文章博学，为孔门四科之一"，可指"文献经典"，也泛指"文才或文艺作品"。一般认为，广义的"文学"，指"以文字记述思想的著作"；狭义的

"文学"，则专指以艺术的手法，表现思想、情感或想象的各类作品。清代是中国最后一个封建王朝，也是古代文学发展史上最后一个阶段。这个时期，"文学"基本用以专指诗词、散文、小说、戏曲等"文艺作品"，而非泛指"以文字记述思想的著作"。

依对仗论，"文学"与下联"江山"，对仗不工。"文学"二字虽不是联绵词，但不能拆分并列；在特定语境里，"文字"或可拆开并列。如此，"文字""江山"可以对举，"文学""江山"则不可也。

另据中央办公厅原巡视员胡若隐先生考证，杨季鸾曾为永州柳子庙撰写过两副楹联，当年均由他的同年好友何绍基书丹于永州柳子庙壁柱：

> 他（杨季鸾）还为永州柳子庙撰写两副对联：其一为"才与福难兼，贾傅以来，文字潮儋同万里；地因人始重，河东而外，江山永柳各千秋。"其二为"胜地喜临江，万叠云山来缥缈；高情还爱石，一园花竹尽玲珑。"以上二联均由何绍基书于永州柳子庙壁柱，后因年久失修，原迹淡去……①

综上，可以确定，网上"文学潮儋同万里"的表述，为以讹传讹，不足为信。

中殿楹联之上的匾额"都是文章"，也有讲究。传说某年春祭，文人墨客商议为柳庙增挂一块牌匾，议论了半天，不知如何措辞。一书生突发奇语："柳宗元是旷世奇才，出口下笔，都是文章，难道还找不到合适的匾文吗？"于是，"都是文章"遂定为匾文。书法家则篆隶结合，随心所欲，将"章"下面最后一竖，穿"日"而过，意为柳子文章可开天破日，穿越时空；同时将"都"字部首"阝"写成本字"邑"。邑，古"侯国"之谓。意柳宗元文章影响巨大，既可藏"邑"，亦可传"国"也。

（4）正殿一副楹联，选自清代永州籍大学士徐显尊七律《谒柳词》（"西山松柏老霜枝，暇日登临谒古祠。环带湘流分钴鉧，高收月色冷愚

---

① 胡若隐：《记文化界的永州"三杨"》，永州新闻网，2016年7月15日。

池。羁臣未尽离骚恨,荔子犹传妥侑碑。岂是文章无可用,故数山水赴幽思。")之颈联:

羁臣未尽离骚恨
荔子犹传妥侑碑

妥,安稳,安定。侑,在筵席旁助兴,劝人吃喝,劝酒。上联代柳公怀屈原,有悲有怨;下联假碑文颂柳子,蕴愁蕴哀。此联分别引用《楚辞》和《诗经》的典故表情达意。《诗·小雅·楚茨》曰:"我艺黍稷,我黍与与(茂盛貌),我稷翼翼(繁盛貌)。我仓既盈,我庾(露天堆积谷物处)维亿(数量大)。以为酒食,以享以祀。以妥以侑,以介景(大)福。"

这首诗的大意是,我们种下黍稷,生长繁盛。秋季粮食丰收,囤尖仓满;做成美酒佳肴,祭献列祖。先人前来享用,然后赐福子孙。柳宗元永州十年,境遇有似屈原,多离骚别怨;到柳州后,作为一方父母官,"千秋万岁兮侯无我违"。四年内,做过三件利国利民的好事,深受百姓拥戴。几百年后,大学士徐显尊谒柳祠,入享堂。读《荔子碑》,思前想后,感慨万千。无形中,似觉有人劝酒,颇快畅惬意;但细细品味,却又五味杂陈,诸情丛生。今天,我们揣摩《荔子碑》,情感如何?有助酒兴,还是有伤酒兴呢?

(5)正殿柳子雕像两侧廊柱有一副楹联:

并时才力韩公笔
异代江山屈子思

此联取自清代文人、湖南督学使吴大受(1662—1723)游学永州柳子庙所作的七律《愚溪柳先生祠》:"司马羁留十载迟,愚溪溪畔系愚诗。并时才力韩公笔,异代江山屈子思。持节(古代使者所持的节,借以泛指信符)忆曾题断壁,攀萝何处觅残碑(攀萝:用手牵挽着萝蔓的细条。残碑：八愚遗址除愚溪外，已无处寻觅，而八愚诗碑也失传。此句极写荒凉衰败之景）。重来耆旧（指年高而有声望的人）风流尽，只有荒祠枕水湄（枕：卧时以头枕物。此处作坐落解。湄：水边，岸旁。这句是说，人已去，祠亦荒，唯有愚溪空流，流不尽柳宗元放逐之悲愁）。"

上联赞柳宗元的才华堪与同时代的韩愈齐名，下联叹其爱国爱民的情怀可同战国时楚国的屈原媲美。

柳子庙正殿磅礴大气。大殿正中供奉汉白玉柳子坐像，神像刚毅，正气凛然，既有经纶满腹胸怀大志的神韵，亦蕴虎落平阳孤寂落魄之深忧。坐像与其上"利民"的匾额，殿前廊柱的楹联，两侧墙壁"永州八记"版刻写意画，以及左右门楣"廉""洁"二字等相配，集中体现了柳子精神的精髓。

三

柳子庙堂大殿后面享堂有大小古碑20余方。

（1）东侧第一方碑刻《游愚溪》，乃明武宗正德六年（1511）永州知府曹来旬撰诗并书丹，字迹清晰，保存完好，已有500多年历史。

> 出城西渡湘江岸，愚溪远落青天半。
> 重山叠水郁迢遥，嘉禾奇葩纷绚烂。
> 揩目四顾尽清幽，古今应作南土冠。
> 我问溪名胡为愚，共说先生有词翰。
> 试取遗篇次第看，抚卷不觉发长叹。
> 先生直道世不容，官谪司马迁陬窜。
> 潇湘十载苦淹留，山水娱情度宵旰。
> 有才无用自谓愚，托名愚溪博一粲。
> 顾此先生犹谓愚，矧予斗筲何足算。
> 愚与不愚俱莫论，而今愚溪复予伴。
> 可易愚溪名予斋，老守一愚乐衎衎。

曹来旬，生平事迹不详。清刘道著修、钱邦芑编撰《永州府志·循吏十五》载："曹来旬，字伯良，河南郑州进士。历监察御史，独持风裁，以武昌知府改任政事。精明，丰采凛然。凡公廨祠宇，无不修整，首兴学校，俱有规模。以忤当道而去。"他不畏邪佞，敢于斗争，《明史·刘瑾传》有其触怒权宦刘瑾而被贬的记载。秉性如此，故官越做越小，以致谪贬潇湘。

作为一个文人雅士，曹来旬游愚溪，已摆脱官场羁绊。他放浪形骸，恣意纵横，置身于幽远之境，移情以山水之间，几忘乎所以，喜悦非常。游历万绿掩映之中的重山叠水，饱览绚烂多姿的嘉禾奇葩。顾盼之间，郁郁葱葱，清幽之境无不爽心悦目；远眺近观，一泓泉流远而近，细而巨，蜿蜒而至，似"漱涤万物"：这一方水土堪为"南土冠"。无怪乎七百多年前的柳司马对它怜爱有加，甚至"乐居夷而忘故土"。

作为一个地方官员，曹来旬游愚溪，又有了一缕特殊情结。他与柳宗元有类似的遭遇，早年因得罪权宦刘瑾等"八虎"，不但被逐出京城，做不成监察御史，而且连武昌知府也不保，最后改知南荒永州，亦可谓"风波一跌逝万里"了。同病相怜，极易共鸣。转瞬间，感官的愉悦已化为理性的思考，进而喟叹："先生直道世不容，官谪司马遐陬窜。潇湘十载苦淹留，山水娱情度宵旰。"面对潺潺溪流，曹知府似已参悟柳司马"有才无用自谓愚，托名愚溪博一粲"的禅机。如唐代诗人常建游古寺，眼见"山光悦鸟性，潭影空人心"之景，遂悟"悦""空"之玄一般，精神异常愉悦："顾此先生犹谓愚，矧予斗筲何足算。"有幸来到当年先生谪居之地，得以观愚溪奇景，读先生华章，仰柳公风范，学子厚懿德，平生之愿足矣！他决心师法先贤，以愚溪为伴，宵衣旰食，抱勤守愚，义无反顾地加入愚者的行列，"老守一愚乐忴忴"——这是真正意义上的"同声相应，同气相求"，一种解脱，一种悟彻，一种升华。

作为一首七言古诗，《游愚溪》很有特色：全诗22句，有三层意思。前6句为第一层，叙诗人游观愚溪之所见；中10句为第二层，赞柳公立世品性，析愚溪命名缘由；后6句为第三层，表诗人伴愚守愚之心志。全诗点"愚"蕴"悟"，表"意"倾"情"，或显或隐，有虚有实，熔写景状物、议论抒情为一炉；加之全诗一韵到底，皆用 an 韵，且全是仄声，更予人以一气呵成之感。

（2）《寻愚溪谒柳子庙》，是明朝宰相严嵩留下的珍贵墨宝。

> 柳侯祠堂溪水上，溪树荒烟非昔时。
> 世远居民无冉姓，迹奇泉石空愚诗。
> 城春湘岸杂花木，洲晚渔歌清竹枝。
> 才子古来多谪宦，长沙犹痛贾生辞。

严嵩（1480—1567），字惟中，一字介溪，江西分宜人，明孝宗弘治十八年（1505）二甲进士，改翰林院庶吉士，授翰林院编修，旋丁忧归里，在其家乡钤山之麓建"钤山堂"，隐居读书八载，著《钤山堂集》，又总纂《正德袁州府志》。诗文峻洁，声名愈著。正德十一年（1516），严嵩还朝复官，任明代宰相；他倒行逆施，专擅朝政 20 年，是一个千夫所指的大奸臣。

《寻愚溪谒柳子庙》是严嵩刚步入官场，以翰林国史编修身份出使桂林，还朝途经永州拜谒柳子庙时所作，当时他还是一个才华横溢的有为青年。看着柳宗元满面沧桑的塑像，联想到汉朝被贬长沙的名臣贾谊，低头回顾自己前段的遭遇，崇仰之情油然而生，于是撰诗勒石。这首诗，描写了愚溪风光，表达了他对柳宗元的同情、追慕和景仰。严嵩的诗句，清丽婉约，妙绪纷披，有王维、韦应物风格，读之令人拍案叫绝。明代三才子之首杨慎（1488—1559）评《寻愚溪谒柳子庙》曰："结句有讽，妙在犹字……'痛'字更见辛苦。"看来这诗句，绝非"奸相"感怀，而是读书人"士子情怀"的流露。柳子庙能保存这一块古碑，足见永州人胸怀的宽阔和包容。严嵩碑文精妙，书法造诣很高，碑刻目前在全国仅存一二。物以稀为贵，故国家文物界专家确定此碑是"国宝"级珍品。

（3）以首句"荔子丹兮蕉黄"而得名的《荔子碑》，乃韩愈《柳州罗池庙碑》结末之《迎享送神诗》，故称《迎享送神诗碑》。此碑集柳子厚德政、韩昌黎文辞、苏东坡书法为一体，神凝形聚，文情俱佳，是名副其实的"三绝碑"。因其字体疏密相间,内美外拙,呈凝重雄强之貌。宋人朱熹推崇为"奇伟雄健"之作,明人王世贞评为东坡"书中第一碑"。又因其凿石刻工亦为一绝,东坡书法神韵尽显于碑石,故享有"四绝碑"之誉。

此碑于南宋嘉定十三年庚辰九月初九(1220年10月5日)重阳吉辰刻制完成,置立于柳州罗池庙,是为祖碑。永州"荔子碑"(4方),乃满人廷桂任永州知府时,于清同治五年(1866),得碑文拓本,嘱人复刻而成,并保留了跋记、叙记等沿革史料,是艺术价值极高的稀世珍宝。

【碑文】

荔子丹兮蕉黄,雜肴兮進侯之堂。侯之舩(同"船")兮兩旗,渡中流兮風㶚(yù 迅疾状)之。待侯不來兮不知我悲。侯乘白駒兮入廟,慰我民兮不嚬(同"颦",皱眉、忧愁)以笑。鵝之山兮柳之水,桂樹團團兮白石齒齒。侯朝出遊兮莫來歸,春与猿吟兮秋与鶴飛。北方之人兮謂侯是非,千秋萬歲兮侯無我違。願侯福我兮壽我,驅厲鬼兮山之左。下無苦濕兮高無乾,秔稌(jīng tú 粳稻与糯稻)充羨兮蛇蛟結蟠。我民報事兮無怠其始,自今兮欽於世世。

【案】碑文依古碑镌刻,使用了繁体字。

【译诗】

荔子丹红鲜艳,芭蕉澄黄飘香;
手捧肴蔬果品,进献柳侯祠堂。
恭迎太守船队,旗幡猎猎作响;
溯游中流风起,江水滔滔激扬。
久候太守未见,吾民神黯心伤。
忽报策马驾到,倏然降临庙堂;
倾情抚慰百姓,谈笑如播暖阳。

利民万代　彪炳千秋

鹅山桂树丛丛，柳水白石齿齿。
柳侯移情幽远，观游朝出暮归；
春与楚猿共吟，秋偕白鹤同飞。
北方士人偏颇，妄论太守是非；
千秋万岁可证，柳侯与民无违。

祈盼福我寿民，驱鬼除恶山外；
低田无惧苦湿，高地远离旱灾。
稻谷充盈仓廪，蛇蛟蟠结交泰。
岁时祭祀柳侯，报事永不懈怠；
崇仰钦敬如初，年年世世代代。

【浅品】

韩愈《迎享送神诗》，19句，三个层次。

1~7句为第一层，描百姓迎柳盛况。这七句话，有类律诗之起承转合。一、二句为"起"，绘南国六月荔蕉之美，状百姓踊跃祭奠之诚。史载，柳宗元于唐宪宗元和十年（815）6月27日到达柳州，以"荔子丹兮蕉黄"起兴，既点明时令，又渲染物候，层次分明，足以令人陶醉。黄丹二色，至尊至贵；参之肃然怡然，思之豁然超然。而"杂肴兮进侯之堂"句，为一伏笔，世代迎享送神虔诚恭敬之格调就此而定。三四句为"承"，描述当年柳州官民迎接柳侯场面。闻说柳公即将登陆柳州，官家船队集结柳江，"侯之舡兮两旗，渡中流兮风泊之"，百姓翘首远望，场面十分热烈，心情极为迫切。第五句为"转"，"待侯不来兮不知我悲"，不免有些失落。似舟行水上，一波三折。此处情感为一"跌"。六七句为"合"，官民相聚，其乐融融。柳公没有惊动百姓，未从水路行船破浪上行，而从旱路"乘白驹兮入庙"。消息传来，百姓转悲为喜，奔走相告，柳刺史"慰我民兮不颦以笑"，倾情抚慰百姓，谈笑如播暖阳，喜庆谐和之至。

8~13句为第二层，叙柳宗元政绩。柳州虽为南蛮边鄙之地，但"鹅

373

之山兮柳之水，桂树团团兮白石齿齿"，青山绿水，风景如画。如何规划蓝图，如何造福一方？柳宗元放下行囊，不辞劳苦，实地调查研究。"朝出游兮莫来归，春与猿吟兮秋与鹤飞"，获取第一手资料，从而着手规划、整改，造福百姓。其苦心或许为人误解，甚至有人非议，"北方之人兮谓侯是非"。但他认为，山水胜景，既可美化环境，也可使为政者开阔心胸，消除忧烦；其天然的造设，可以使人清明宁静，心境和平。而能长期在舒适安逸环境中为官，思路会更通畅清晰，办事更有效率，从而奏"理达而事成"之奇效。柳侯刺柳四年，办了三件大事：修复孔庙，积极传播儒家思想；废除奴俗，解放奴婢；发展生产，保证国家税收，改善百姓生活。这些功德，柳州人民，世世代代，永远铭记在心。这一层，叙而不议，平白如话，却又无比亲切；"千秋万岁兮侯无我违"9字，柳刺史德政功业官品人品，宛然在目。在音韵处理上，第二层6句基本用ei韵，韵脚依次为"水""齿""归""飞""非""违"，整齐圆润，韵味悠长。

13~19句为第三层，表达百姓祈盼和心愿。老百姓"愿侯福我兮寿我，驱厉鬼兮山之左。下无苦湿兮高无干，秔稌充羡兮蛇蛟结蟠"。通俗地说，希望柳侯多赐百姓福寿，带领大家战胜灾荒，让低田无惧苦湿，令高地远离干旱；蛇蛟蟠结交集，万物自由繁衍。令人疑惑的是，"秔稌充羡兮蛇蛟结蟠"，秔稌充羡，稻谷充盈仓廪，当然是好事；可"蛇蛟结蟠"，缠绕在一起，岂不令人恐惧？殊不知，麟凤龟龙是各类动物的"王者"，为古人奉之为"四灵"。《礼记·礼运》曰："麟凤龟龙，谓之四灵。故龙以为畜，故鱼鲔（wěi 鲟鱼）不淰（shěn 惊走）；凤以为畜，故鸟不獝（xù 惊飞）；麟以为畜，故兽不狘（xuè 惊跑）；龟以为畜，故人情不失。"意思是，什么叫作四灵？麟凤龟龙叫作四灵。如果龙可畜养，鱼鳖类水生动物就尾随而来；如果凤可驯服，飞禽类就不至于惊飞无定；如果麟成为家畜，走兽类就不会惊跑远遁；如果龟成为家畜，则可用以占卜，预先察知人之过去未来。蛇，小龙也，故"蛇蛟结蟠"，繁衍后代，实为祥瑞之兆。另一方面，人类、谷物、动物等万物生存发展相互作用相互平衡，是自然界一种重要法则，不可违反。生活在千年以前的大文豪韩愈，能体悟到这一自然法规的意义，实在非常难能可贵。

韩愈《迎享送神诗》作于唐长庆二年（822），距柳宗元逝世（819）仅三年。斯人已去，忠魂永存。韩昌黎乃为百姓代言："我民报事兮无怠其始，自今兮钦于世世。"回首文惠昭灵侯一生"福我寿民"之功德，柳宗元得到永柳二州乃至神州华夏人民世世代代的祭奠崇仰，情理之中也！这结句与首句"杂肴兮进侯之堂"遥相呼应，回味无穷。

《迎享送神诗》，风格有类屈原《楚辞·九歌》，语词典雅，音韵谐和；立意奇崛，情感含蓄，铺叙舒缓，气韵飘逸。值得一提的是，全诗除第五句"待侯不来兮不知我悲"为单句外，其余18句，或6字，或7字，或8字，或9字，均为骈偶。两句一韵，或 ang 或 an，或 iao 或 ei，皆随心用韵，顺意遣词，加之每句都有"兮"字相衬相随，读来更觉抑扬顿挫，意趣无穷。

四

柳宗元一直苦苦寻求属于自己的路，处世做官为人，始终坚持"勤勤勉励……利安元元为务"的原则。在长安为官时，参加王叔文政治革新，积极兴利除弊；柳州四年，勤政爱民。这些利民的业绩，获得了民众的敬仰和历史的肯定。

柳宗元逝于唐元和十四年（819）。去世后第三年，唐长庆二年（822），柳州人民修建了罗池庙。北宋仁宗至和三年（1056），永州人民在东山始建柳子厚祠堂。

宋崇宁三年（1104），宋徽宗赵佶颁诏书敕封柳宗元为柳州文惠侯；宋绍兴二十八年（1158），宋高宗赵构又颁诏书加封其为文惠昭灵侯。

永州十年，"利安元元"表现为另一种形式。

永州十年之贬，是柳宗元人生一大转折。有虚职而无实权，"复起为人"的希望基本破灭。他于是调适心态，在思想时空里穿越思考，于矛盾彷徨中历练前行。其复杂难状的心态，有"东山再起"与"甘于现状"的二难选择，有"忧患元元"与"实现价值"的激烈冲突，也有"顿悟"与"迷失"的相互碰撞……经过不断调整、磨合，终于以一种独特的方式存活下来，并最大限度地济世利民。一方面，他潜心研读诸子百家典籍，博观约取，以为我用，写出了《封建论》《非〈国语〉》《天对》等惊世骇俗之作。另一方面，为排解心中郁悒，常与龙兴寺住持重巽和尚参禅悟道，打坐念经；或与老友新朋放浪形骸，移情幽远，释放心中块垒，回归真实自我。久而久之，心境渐趋平和，似入净土灵山。于是，"永州八记"、《江雪》、《渔翁》等一大批"情同景共，思与境偕"的山水华章如奇峰异嶂，层见叠出，令人目不暇接。

据考证，《柳宗元全集》共收入各类作品678篇，写于永州的近500篇，占72%左右。试举之：山水游记25篇，17篇写于永州。诗歌两卷，164首，99首写于永州。寓言作品30余篇，20余篇写于永州。辞赋作品30余篇，20余篇写于永州。其他如人物传记、谈师论理的文论，也多写于永州。永州十年，柳宗元虽然没有掌权行政，但在恶劣的环境里，表现了非凡的洞察力、思考力、创造力。因此可以说：柳宗元永州十年，做的是"利民万代，彪炳千秋"的大好事；较之长安十三年、柳州四年，"利民"功德虽然是隐性的，但或许更大更多，更值得肯定。

柳宗元"因俗而治"施政理念之"俗"再探

——兼论其与岭南少数民族之关系

杨智雄*

摘　要：柳宗元于元和年间进入岭南西部的柳州地区，从此与岭南少数民族有了紧密的联系。通过将柳宗元施政柳州时所面对之"俗"问题进行考察，可以看到岭南西部地区的少数民族崇尚"断发文身"、争强好斗及敬重和信仰巫神的风习。柳宗元执政期间"因其土俗"的对待，并在此基础上处理了棘手的奴婢问题，解决了其背后隐藏着的复杂的政治问题，恰当地处理了与地方豪族统治的利益关系，赢得当地人民的拥护和敬仰。

关键词：柳宗元　因俗而治　俚僚

元和十年（815）柳宗元任命为柳州刺史，由此踏上了贬谪生涯的最后旅途，也因此逐渐地熟悉了岭南少数民族的各种风俗，写下了许多描绘岭南少数民族风俗的作品。韩愈在评价柳宗元时说，"因其土俗，为设教禁，州人顺赖"①，尤其称赞"因俗而治"的施政理念。追溯柳宗元施政的踪迹发现，柳宗元在执政期间正确地看待岭南少数民族，保护当地人民的习俗和利益，使得一方百姓安居乐业。可以说柳宗元"因俗而治"的施

---

* 作者简介：杨智雄，南京师范大学文学院博士研究生。
① 柳宗元：《柳宗元集》，中华书局，1979，第1434页。

政思想对岭南少数民族地区产生深远的影响。对此,拙文《论柳宗元"因俗而治"的施政理念及影响》已有对柳宗元的施政进行探讨①,本文在此基础上将柳宗元施政柳州时所面对的"俗"的问题列为单独考察的对象,并作进一步的讨论。

一 柳宗元施政之地的族源及其民族分布

岭南西部柳江流域以优越的地理环境和丰富的自然资源为人类生存和发展提供了良好的条件,其种族繁杂,历史悠久。先后出现柳江人文化、白莲洞文化、大龙潭鲤鱼嘴文化、柳江台地文化等,它们历经了漫长的年代,把这一地区土著部族文明推向了高峰。因古代岭南少数民族是我国南方一个古老的族群,支系较多,活动范围广,故有"百越"之称。

秦汉时期的百越民族西欧、骆越等土著族群的支系就居住在这一地区。随着历史的变迁,至隋唐时期这一地方的民族分化成不同的支系,几乎散居岭南的大部分地区。例如俚部族便是重要的一支。据《太平御览》卷785《四夷部》引万震《南州异物志》云:俚人分布"在广州之南,苍梧(治今广西梧州)、郁林(治今广西贵县)、合浦(治今广西合浦)、宁浦(治今广西横县)、高梁(治今广东恩平)五郡中央,地数千里"②。可见俚部族已经散居岭南各地,包括广西、广东及海南等地。此外,唐代活跃在这一地带的还有僚部族支系。《新唐书·南蛮传》记载:"有乌武僚,地多瘴毒。"③ 乌武僚部族当是东汉至两晋时期乌浒人的遗称。《后汉书·南蛮传》记载:"灵帝建宁三年(170),郁林太守谷永以恩信招降乌浒人十余万内属。"④《旧唐书·地理志》在记述这一地区时直接引用"汉广郁县地,属郁林郡,右西欧、骆越所居。后汉谷永为郁林太守,降乌浒人十

---

① 杨智雄:《论柳宗元"因俗而治"的施政理念及影响》,《广西科技师范学院学报》,2016年第6期。
② 李昉等:《太平御览》,钦定四库全书子部影印本。
③ 《新唐书》,中华书局,1975,第6267页。
④ 《后汉书》,中华书局,1965,第2829页。

万，开七县，即此也"①。唐代史籍记述岭南少数民族时尚有乌武僚之说，可见自汉以来郁林地区是乌浒蛮即隋唐时期的乌武僚人生活之地，主要活动于"汉广郁县地，属郁林郡，右西欧、骆越所居"旧地。

经魏晋至隋唐，人们经常将俚僚视为一族，故出现连称的现象。《宋书·林邑国》卷97记载："广州诸山并俚僚，种类繁炽。"② 又如《太平御览》卷785引裴渊《广州记》云："俚僚贵铜鼓，高大为贵。"③ 由此有人认为俚僚只是一个泛称，俚僚实为同一族，如《南史·兰钦传》载："破俚帅陈文彻。"同书《欧阳頠传》亦载："兰钦征夷僚，擒文彻。"④ 另有《隋书·南蛮传》卷82记载："南蛮杂类，……曰蜑、曰儴、曰俚、曰僚、曰㐌……古先所谓百越是也。"⑤ 从史料中分析，俚僚人至少到隋代时期已经分化成两个不同的民族。这些庞杂的部族至唐代时，主要分居岭南各处。《旧唐书·地理志》说："桂水在县（宣化县）北，奔烊阿河，俗呼郁林江，即骓越水也，亦名温水，古骓越地也。"⑥ 宋人乐史《太平寰宇记》卷166贵州（今广西贵县）风俗条说"郡连山数百里，有俚人，皆为乌浒之夷"⑦，乐史认为俚人属于乌浒的东部民族。鉴于上述，故学者对岭南地区俚僚及其周边民族的理解和说法存在分歧，关于俚僚问题，有学者认为，岭南地区的俚僚，实指俚人，僚只是泛称；也有学者认为，俚是俚，僚是僚，"僚人原先主要聚居在牂牁郡，魏晋时有一部分逐渐扩散至西南和岭南一些地区，由于在岭南的俚与僚相杂而居，故史籍记述时常用俚僚连称；亦有人认为，僚实际古骆越的后人"⑧。关于乌浒或者乌武僚与俚僚的问题亦存在争论，但大多数学者认为"唐代岭南地区的乌武僚和俚僚在族源上有着密切关系"⑨。

---

① 《旧唐书》，中华书局，1975，第1663页。
② 《宋书》，中华书局，1974，第2377页。
③ 《太平御览》，钦定四库全书子部影印本。
④ 《南史》，中华书局，1973，第1613页。
⑤ 《隋书》，中华书局，1982，第1832页。
⑥ 《旧唐书》，中华书局，1975，第1663页。
⑦ 《天平寰宇记》，中华书局，2007。
⑧ 《中国历代民族史隋唐民族史》，社会科学文献出版社，2007，第160页。
⑨ 《中国历代民族史隋唐民族史》，第161页。

此外，柳宗元执政柳州时，在今广西左、右江流域一带分布着较为活跃的少数民族，通常称为"西原蛮"和"黄洞蛮"。《新唐书·南蛮传》云："西原蛮者，居广、容之南，邕、桂之西。"① 这是一部族居住于唐代所置的西原州内的少数民族。中唐时期比较活跃，曾经举兵起义，反抗朝廷的压迫。柳宗元《为裴中丞上裴相乞讨黄贼状》《为裴中丞上裴相贺破东平状》等作品均有反映。

总而言之，无论持哪种观点，俚僚部族均属于西欧骆越的后代，并且世代活动于岭南地区是毋庸置疑的。程州先生考证说："我们可以认为，骆越民族及文化直接起源于居住在这一地区从柳江人开始的人类远祖。骆越民族应是壮族的本支，这些石器时代的遗址与'骆越文化'有着密切的渊源。"② 程州先生认为"骆越民族应是壮族的本支"虽有值得商榷之处，但是"骆越民族及文化直接起源于居住在这一地区从柳江人开始的人类远祖""石器时代的遗址与'骆越文化'有着密切的渊源"是值得肯定的。柳宗元施政之前的柳州地区其民族之源与民族的分布是尤为复杂的，但是值得肯定的是这里在大一统前，柳州地区就已经有一定的文化形态，一定程度上构建了相对独立的文化特色。

二 柳宗元施政之地的文化习俗及其民风

所谓的俗一般理解为风俗、习俗、风习，即是一种悠久的历史文化传承，是一种相沿成习的生活方式。在柳文中屡见"漓水斗石麻兰高""欲投章甫作文身"等相关表述，可见唐代岭南西部地区尚存迥异于别地的习俗。柳宗元《南省转牒欲具江国图令尽通风俗故事》诗云："圣代提封尽海壖，狼荒犹得纪山川。华夷图上应初录，风土记中殊未传。椎髻老人难借问，黄茆深峒敢流连。南宫有意求遗俗，试检周书王会篇。"诗中反映的内容及提到的《华夷图》《风土记》《周书》均涉及南国风俗的问题。

---

① 《新唐书》，中华书局，1975，第6267页。
② 程州：《简述柳州石器时代遗址以及与骆越民族的关系》，《史前研究》，2010，第116页。

岭南少数民族分布甚广，他们居住在不同的地区，生活习俗也不尽相同，但总体而言各地大同小异。岭南地区土地潮湿，故其文化习俗多与此息息相关。《隋书·地理志》记载："自岭以南二十余郡，大率土地下湿，皆多瘴疠。"①《贞观政要》卷九载，贞观元年太宗欲发兵岭南，魏征反对说："岭南瘴疠，山川阻深，兵运难行，疾疫或起。"②柳宗元《岭南江行》诗云："瘴江南去入云烟，望尽黄茆是海边。"反映的正是南方多瘴气的环境。因"山川阻深""土地下湿""皆多瘴疠"，容易"疾疫或起"，故岭南少数民族居民多为"麻栏"住房。"麻栏"或称"干栏"，多由竹木结构而成，顶盖茅草或稻草，分上下两层，上层住人，下层养畜。柳宗元《寄韦珩》诗："桂州西南又千里，漓水斗石麻兰高。"说明唐代岭南居民住所的基本特点。因自然环境奇异之故，岭南少数民族地区的居民形成了属于自己的文化特色。

首先，岭南少数民族崇尚"断发文身"，这是带有独特色彩的文化习俗。"断发文身"是南方少数民族地区的一种古老的生活习俗。《史记·周本纪》记载越人："常在水中，故断其发，文其身，以象龙子，故不见害。"由此可知"断发文身"与南方的生活习惯紧密相关，同时也是一种文化，一种氏族部落图腾信仰和祖先崇拜，甚至奉为保护之神。《汉书·严助传》记载："越，方外之地断发文身之民也。"可见"断发文身"一直是岭南少数民族地区尚有的习俗。这种习俗一直保持至唐代，以至柳宗元诗中多有反映，"共来百越文身地""欲投章甫作文身"等。这种风俗不仅反映南方少数民族对图腾的崇敬和敬畏，而且也是当地人民礼仪和审美的追求。

其次，争强好斗是岭南少数民族社会民风的一大习性。岭南少数民族由于长期处于自然经济的封闭状态，加之生活条件的凶险恶劣，促成争强好斗的民风。柳宗元《柳州文宣王新修庙碑》中写道："仲尼之道，与王化远迩。唯柳州古为南夷，椎髻卉裳，攻劫斗暴，虽唐虞之仁不能柔，秦

---

① 魏征等：《隋书》，中华书局，1982，第869页。
② 吴兢：《贞观政要》，潜江朱氏大易阁大字刊本，哈佛燕京图书馆中文善本特藏影印本。

汉之勇不能威。"① 因长期处于"王化远迩"之地，形成了"攻劫斗暴"的心理。此外，"当道相贼以为俗"② 亦是当时的另一番景象。柳诗《寄韦珩》说："到官数宿贼满野，缚壮杀老啼且号。"③ 可见当时的社会治安和生活环境。这是柳宗元所面对的社会环境和民风习俗，也是柳宗元施政的政治环境。柳文《柳州复大云寺记》云："董之礼则顽，束之刑则逃。"④ 柳文中流露出作者无奈和惊怵的心理。

再次，岭南少数民族多信奉巫神。据《朝野佥载》卷五载："岭南风俗，家有人病，先杀鸡鹅等以祀之，将为修福。若不瘥，即刺杀猪狗以祈之。不瘥，即刺杀太宰以祷之。更不瘥，即是命也，不复更祈。死则打鼓鸣钟于堂，比至葬讫。初死，且走，大叫而哭。"⑤ 在岭南少数民族地区，多以鸡鸭鹅及猪狗等养禽祭拜鬼神和为病人祈祷治病，若病不好便付命于天，且死后以鸣鼓送终，这反映了这一地区对鬼神的信奉和迷信。柳宗元在《柳州复大云寺记》中写道："越人信祥而易杀，傲化而偭仁。病且忧，则聚巫师，用鸡卜。始则杀小牲；不可，则杀中牲；又不可，则杀大牲；而又不可，则诀亲戚饬死事，曰'神不置我矣'因不食，蔽面死。"⑥ 可见其地区对巫神信仰之深。金鉷《广西通志》记载"兴隆（今马山县境）瑶，疾病巫祷"⑦（卷93），"永福北僮：病无医药，信巫畏鬼"（卷93），"崇善（在崇左）俍人：疾病不药，惟事觋"（卷93）。此外，"新宁（今扶绥县境）苗，疾病歌舞禳鬼"（卷93），可见瑶、壮、苗等少数民族将这种巫神信仰一直延续至明清及近代。由此窥见，岭南各地少数民族对巫鬼巫神的敬重和信仰。他们认为对这些巫神的祈祷、礼拜或祭献，就可以获得福气与保护，而亵渎了巫神就有可能带来灾难。

总之，岭南地区属于一个多元文化的融合体，既有土著文化，也有外

---

① 柳宗元：《柳宗元集》，中华书局，1979，第124页。
② 柳宗元：《柳宗元集》，第475页。
③ 柳宗元：《柳宗元集》，第1141页。
④ 柳宗元：《柳宗元集》，第752页。
⑤ 《王灏辑畿辅丛书·朝野佥载》，定州王氏谦德堂校刊本影印本。
⑥ 柳宗元：《柳宗元集》，第752页。
⑦ 金鉷：《广西通志》，钦定四库全书影印本。

来文化。随着中央政权统治地位的扩大和巩固，中原文化源源不断地流入岭南少数民族居住之地。柳州地区自秦代以来属桂林、象郡、南海等郡管辖，随之亦撒入中原文化的种子，在边缘的少数民族地区与土著文化结合生长，带有独特的色彩。贾谊《过秦论》说："南取百越之地，以为桂林、象郡。"①"秦时已并天下，略定扬越，置桂林、南海、象郡，以谪徙民。"② 经汉魏至晋代，略有岭南之称，如《晋书》卷九十中有"朝廷欲革岭南之弊"之称。柳州旧时属于桂林郡，《汉书·地理志》记载："郁林郡，故秦桂林郡，属尉佗。"南朝时置龙州。隋文帝开皇年间置马平县。唐李吉甫《元和郡县志》卷三十七载："柳州本汉郁林郡谭中县之地，迄陈不改，隋末陷贼，武德四年平萧铣，于此置昆州，又改为南昆州，贞观八年改为柳州，固柳江为名。"③ 由以上史料可知，柳州地区自秦汉以来已陆续归属中央统治之列，也是中原正统封建文化陆陆续续传入岭南地区的见证。

三 柳宗元治柳施政所面临的民族问题

唐代自安史之乱后开始由盛转衰，即使在柳宗元生活时期一度出现中兴之貌，但放眼局部仍存在诸多不安定之处。安史之乱后，宦官掌权和藩镇割据一直是唐王朝的两大政治问题。步入中唐，藩镇割据矛盾势力加剧，北方战乱频繁，同时也加剧了南方的社会矛盾，南方的负税加重，各少数民族与唐王朝的矛盾也时常出现，甚至爆发了起义。少数民族与唐王朝矛盾激化，爆发"黄洞蛮"起义、莫瑶起义等。在柳宗元的《为裴中丞奏邕管黄家贼事宜状》《为裴中丞上裴相乞讨黄贼状》《为裴中丞举人自代伐黄贼表》等文章里都有提到。唐兵南下镇压少数民族起义，发兵过

---

① 《史记》，中华书局，1959，第280页。
② 《史记》，第2967页。
③ 另有三说：因柳岭得名说详见柳昫《旧唐书·地理志四》；因柳星得名说详见欧阳修、宋祁等编《新唐书·地理志》；因柳宗元得名说详见陈正祥《广西地理》，重庆正中书局，1946；详细考证见石勇先生《略论柳州得名及柳江名称沿革》考证文章（《成都大学学报》，第21卷第3期，2007年3月）。

处，屠杀百姓，焚烧户舍，抢劫财物，残酷镇压少数民族起义。"邕、容两管，因此凋弊，杀伤疾患，十室九空，百姓怨嗟，如出一口。"① 可见，岭南地区的社会环境并不安宁。因此，如何处理岭南的边疆问题是考验柳宗元智慧的政治问题也是民族问题。

岭南奴婢的买卖之风极为盛行，这是突出的政治问题。岭南地区的奴婢买卖问题不是简单的经济问题，其背后隐藏着复杂的政治问题，它直接关涉政府与地方豪族的利益，上升为政治与民族问题。在岭南俚僚少数民族社会里，奴婢对于地方豪族部落酋长有重要的影响，他不但可以作为商品进行买卖，作为财富评判的标准，而且可以作为地方豪强势力的说明，尤其是在唐中央实行的羁縻政策之后，拥有奴婢的数量对于地方豪族统治地位有重要影响。《隋书·食货志》记载："岭外诸酋，因生口、翡翠、明珠、犀象之饶，雄于乡曲者，朝廷多因而署之，以收其利。历宋、齐、梁、陈皆因而不改。"② 所谓的"生口"指的便是用来买卖的奴婢。朝廷根据"雄于乡曲者"来设官治理，"多因而署之"。《旧唐书·冯盎传》记载高梁郡大首领冯盎就拥有"地方数千里，奴婢万余人"③。可见奴婢可被视为地方豪族财富的象征。根据《新唐书·地理志》序言的内容可以大致知道羁縻州府的设置有两个特点：（1）以内府少数民族部落设置，大者为羁縻都督府，小者为州。（2）都督刺史由部落酋长担任，皆得世袭。④ 由此可以看出，部落的强弱大小对于地方豪族担任朝廷官职职位的高低直接有关系。

羁縻政策的推行有着悠久的历史渊源。自从秦始皇平定南越，封建制度开始在岭南地区确立和发展，但是岭南各地的封建制度发展存在严重的不平衡。六朝以来，中央王朝在俚僚等少数民族比较集中的地区，实行依靠地方部族首领治理的政策。如《隋书》卷24《食货志》记东晋南朝以来，"诸蛮陬俚洞……雄于乡曲者，朝廷多因而署之，以收其利。历宋、

---

① 韩愈：《韩愈集》，上海涵芬楼据元刊本影印本。
② 《隋书》，中华书局，1982，第671页。
③ 《旧唐书》，中华书局，1975，第3288页。
④ 《新唐书》，中华书局，1975，第959页。

齐、梁、陈，皆因而不改"①。杜佑《通典》卷184《州郡十四古南越风俗》条曰："五岭之南，人杂夷獠，不知教义，以富为雄。"② 这种政策的直接后果之一，是在岭南形成了一个特殊的地方豪族首领阶层，他们除了拥有世袭的政治特权外，还占有大量的土地和财富，尤其是为数众多的"生口"即奴隶。王承文教授认为"奴婢的数量往往是衡量其'豪富'程度的重要标志"。③ 无论在经济基础还是拥有的人力资源都可以说明，唐代岭南地区豪族的形成与拥有的奴婢息息相关。在这样的基础上形成了岭南的几大豪族，如唐初的高州冯氏家族，其祖母是著名的冼夫人，"世为南越首岭，跨据山洞，部落十余万家"④。到唐玄宗天宝年间，冯氏统治万安州，"州大首领冯若芳请（鉴真大和尚）住其家。三日供养。若芳每年常劫取波斯舶二三艘，取物为己货。掠人为奴婢。其奴婢居处，南北三日行，东西五日行，村村相次，总是若芳奴之住处也"。⑤ 由此看来，万安州内领户几乎全部是冯家奴婢。岭南除了冯氏家族之外，尤其是在柳宗元施政之地的柳州附近地区还有其他豪族，如《新唐书·南蛮传》中记载："西原蛮，居广、容之南，邕、桂之西，有宁氏者相承为豪。又有黄氏，居黄橙洞……天宝初，黄氏强，与韦氏、周氏、侬氏相唇齿，为寇害，据十余州。韦氏、周氏不肯附，黄氏攻之，逐于海滨。"⑥ 由此可以说明，在岭南西道的大部分地区存在强大的豪族势力，他们不仅在氏族之间相互侵夺，而且拥有抵抗朝廷的军事力量。柳宗元《为裴中丞举人自代伐黄贼表》说："今黄贼尚据荒陬，犬巢未覆。"⑦ 另有《柳宗元集·代裴中丞谢讨黄少卿贼表》引宋代韩醇注曰："贞元十年，黄洞首领黄少卿攻邕管等州，经略使孙公器请发岭南兵讨之，德宗不许。元和间，曰黄承庆，曰黄少度，曰黄昌瓘，皆迭起为患。桂管观察使裴行立与容管经略使

---

① 《隋书》，中华书局，1982，第671页。
② 《通典》，摛藻堂四库全书荟要史部影印本。
③ 王承文：《唐朝岭南地区的奴婢问题与社会变迁》，《中山大学学报》，第2005年，第6期。
④ 《隋书》，中华书局，1982，第1800页。
⑤ 〔日〕真人元开：《唐大和上东征传》，中华书局，1979，第68页。
⑥ 《新唐书》，中华书局，1975，第6267页。
⑦ 柳宗元：《柳宗元集》，中华书局，1979，第991页。

阳旻争欲攻讨，宪宗许之。"① 可见在柳宗元任职期间，周边的社会环境并不太平，民族之间矛盾重重，甚至战火迭起。

基于上述讨论的社会环境，柳宗元在处理奴婢问题时尤其谨慎。一方面遵照朝廷明令："具闻奏，岭南、黔中、福建等道……应缘公私买卖奴婢，宜令所在长史切加捉搦，并审细勘责，委知非良人。百姓然许交关，有违犯者，准法条处分，朕理国济人以义，为利务于当者必举，询弊者必除"②，"自今岭南诸道辄不得以口饷遗及将诸处博易。又有求利之徒，以口博易，关镇人吏，容纳颇多，并款所在长吏，严加捉搦，如更违犯必重科惩，如长吏不存勾当，委御史台察访闻奏"③；另外一方面结合复杂的政治环境的实际情况制定政策。《新唐书·柳宗元传》记述："柳人以男女质钱，过期不赎，子本均，则出没为奴婢。宗元设方计，悉赎归之。尤贫者，令书庸，视直足相当，还其质。已没者，具已钱助赎。"④ 由此看出柳宗元处理奴婢问题的谨慎之处，首先是制定切实的政令，将因债款过期而被封建主强迫当终身奴婢的人质以"赎买"的方式有步骤地释放。其次，对因还不起债的债户，可以"书庸"的契约形式按照时间计算工钱，等攒足抵债的钱便可以释放。再者，对于无力赎回的债户，柳宗元"具已钱助赎"，他自己出钱帮忙赎回。此外，柳宗元作《童区寄传》为古代的岭南少数民族地区蓄奴及买卖人口进行披露，"生男女必货视之。自毁齿已上，父兄鬻卖，以觊其利"⑤，同时赞扬区寄智慧，起到宣扬并教化的作用，"乡之行劫缚者，侧目莫敢过其门"⑥。

总而言之，柳宗元在柳州任职期间尽管岭南地区社会环境并不安宁，尤其是面对棘手的奴婢问题时，它背后隐藏着复杂的政治问题，牵涉地方豪族统治的利益关系，同时也上升为边疆政权稳固的问题，但是柳宗元以

---

① 柳宗元：《柳宗元集》，中华书局，1979，第989页。
② 李昉：《文苑英华》，中华书局，1982，第2204页。
③ 王若钦等：《册府元龟》，凤凰出版社，2006，第1780页。
④ 《新唐书》，中华书局，1975，第5142页。
⑤ 柳宗元：《柳宗元集》，第475页。
⑥ 柳宗元：《柳宗元集》，第475页。

其智慧的处理方式解救了大量的奴婢，使家人团聚，"柳民既皆悦喜"①，同时解放了生产力，促进了生产发展，"于是民业有经，公无负租，流逋四归，乐生兴事"②。当时桂管观察使裴行立闻之而推广到其他地区，"观察使下其法于他州，比一岁，免而归者且千人"③，韩愈也因此而效法于袁州。清人刘熙载评价柳宗元在柳州的政绩时说："柳州系心民瘼，故所治能有惠政。"④ 柳宗元结合当地陋俗，实事求是地制定政策，解放了大量的奴婢，推动了唐代岭南少数民族地区的社会进一步发展。

四 结语

综上所述，笔者通过将柳宗元施政柳州时所面对之"俗"问题列为单独的对象进行考察，发现在柳宗元入柳之前的岭南西部地区的少数民族族源历史悠久，种族繁杂，分布广泛。他们依托岭南西部优越的地理环境和丰富的自然资源提供良好的条件创造了具有地域特色的文化。经秦汉的西欧骆越至隋唐时期的俚僚等部族均一脉相承地铸造了相对独立的文化特色。随着中央大一统的逐步加深，这些具有鲜明地域色彩的民族文化与源源不断流入的中原文化融合创造了独特的地域文化。这些地域文化与岭南地理环境、生活习俗息息相关，从而造就了崇尚断发文身、好胜及敬重和信仰巫神的文化习俗。柳宗元于元和年间进入岭南西部的柳州地区，其间岭南地区社会环境并不安宁，尤其是棘手的奴婢问题。它背后隐藏着复杂的政治问题，牵涉地方豪族统治的利益关系，同时也上升为边疆少数民族政权稳固的问题，但是柳宗元以其智慧的处理方式解救了大量的奴婢，使家人团聚，恢复生产，"柳民既皆悦喜"。柳宗元结合当地风习，"因俗而治"，实事求是地制定政策，保护当地人民的习俗和利益，赢得当地人民的拥护和敬仰。

---

① 谢汉强等：《柳侯祠石刻注释》，广西人民出版社，1993，第18页。
② 谢汉强等：《柳侯祠石刻注释》，第18页。
③ 谢汉强等：《柳侯祠石刻注释》，第11页。
④ 刘熙载：《艺概》，上海古籍出版社，1978，第24页。

柳宗元对桂林"甲天下"山水形象的发现与建构

莫道才[*]

摘　要：桂林山水甲天下的形象建构完成于宋代王正功，但是对桂林这一形象的最初建构最大贡献者是柳宗元。在柳宗元之前，对桂林的认识是零散的。柳宗元之后，人们才在山水上取得共识，并在"天下"的宏观视野下建构了桂林山水的形象，是柳宗元发现了桂林的山水之美。

关键词：柳宗元　桂林　山水形象

文学对地理名胜的建构贡献巨大，从某种意义上说，名胜都是文学家发现和建构的。没有文学也很难说有名胜，所有名胜都可以说是文学名胜。人们对桂林的了解是由于"桂林山水甲天下"这一家喻户晓的诗句。20世纪80年代在清理王城独秀峰石壁时，发现了一首刻在崖壁上的诗《嘉泰改元桂林大比与计偕者十有一人九月十六日用故事行宴享之礼作是诗劝为之驾》，才知道这句诗的出处是宋代王正功的诗。诗云："桂林山水甲天下，玉碧罗青意可参。士气未饶军气振，文场端似战场酣。九关虎豹看劲敌，万里鹍鹏竚剧谈。老眼摩挲顿增爽，诸君端是斗之南。"之后，人们认为是王正功提出了"桂林山水甲天下"的说法，但是梳理桂林山水被发现的过程，对桂林山水"甲天下"的这一建构最早是唐代柳宗元建立

---

[*] 作者简介：莫道才，广西师范大学文学院教授博士生导师。

的,王正功是化用了柳宗元的说法,或者说是用了柳宗元的文典,在此基础上点铁成金。

一 柳宗元之前:对桂林山水认知模糊与零碎化片段

桂林,历史上作为岭南地区的重镇一直存在。在秦始皇开拓岭南时就在岭南设立了桂林郡、南海郡、象郡。当时今天的桂林虽然不是桂林郡治,但却是桂林郡最北的边界地区。西汉时期的零陵郡在今天全州一带。中原对桂林郡的认知基于来自该地区的作为香料的桂皮进贡和贸易。《汉书》卷一"桂林"条下注释云:"文颖曰:桂林:今郁林也。"师古则不同意:"桂林,今之桂州境界左右皆是,其地非郁林也。"最早将"桂林"纳入文学视野的是张衡的《四愁诗》。

> 我所思兮在太山。欲往从之梁父艰,侧身东望涕沾翰。美人赠我金错刀,何以报之英琼瑶。路远莫致倚逍遥,何为怀忧心烦劳。
> 我所思兮在桂林。欲往从之湘水深,侧身南望涕沾襟。美人赠我琴琅玕,何以报之双玉盘。路远莫致倚惆怅,何为怀忧心烦伤。
> 我所思兮在汉阳。欲往从之陇阪长,侧身西望涕沾裳。美人赠我貂襜褕,何以报之明月珠。路远莫致倚踟蹰,何为怀忧心烦纡。
> 我所思兮在雁门。欲往从之雪雰雰,侧身北望涕沾巾。美人赠我锦绣段,何以报之青玉案。路远莫致倚增叹,何为怀忧心烦惋。①

分析这首诗,四段构思按照东南西北四个方位来描写,这是模仿民歌叙事的写作模式。"太山""桂林""汉阳""雁门"这是四个方位的代表。这说明当时的桂林郡在中原的视野里是很遥远的,"欲往从之湘水深,侧身南望涕沾襟。"在遥远的南方,属于南方疆土边界了。这是"桂林"

---

① 沈德潜编《古诗源》,吉林出版集团,2017,第56页。

第一次进入文人的视界。《盐铁论》之《力耕第二》:"美玉、珊瑚出于昆山,珠玑、犀象出于桂林,此距汉万有余里。"① 在中原人视野里,桂林是出产珠玑、犀牛、大象的地方。《盐铁论》之《通有第三》:"荆阳南有桂林之饶,内有江湖之利,左陵阳之金,右蜀汉之材。"② 可见桂林是南方的代表性地名。"秦并天下,略定杨粤,置桂林、南海、象郡,以适徙民与粤杂处。"③ 桂林在汉代的语境里均是边缘边鄙之地。这种叙述在汉代很常见,如《淮南子》。

> 西至临洮、狄道(临洮,垄西之县,洮水出北狄道,汉阳之县),东至会稽、浮石(会稽,山名也。浮石,随水高下,言不没,皆在辽西界。一说:会稽山在太山下,封于太山,禅于会稽是也。会稽,或作沧海……),南至豫章、桂林(豫章,豫章郡;桂林,欎林郡……),北至飞狐、阳原(飞狐,盖在代郡南,飞狐山。阳原,盖在太原,或曰伐郡,广昌东五阮门是也)。④

可见在汉代,"桂林"一词已经具有南方方位的坐标意义。之后,文学之中再一次出现桂林,则是江淹的《哀千里赋》。

> 萧萧江阴,荆山之岑。北绕琅邪碣石,南驰九疑桂林。山则异岭奇峰,横屿带江;杂树亿尺,红霞万里。水则远天相逼,浮云共色;云云无底,溶溶不测。其中险如孟门,豁若长河;参差巨石,纵横龟鼍。

这里开始关注了"桂林"的自然,南朝对桂林的关注已经是有"山"有"水"了,"山则异岭奇峰"对桂林的山势描摹还是到位的,但大多是想象的意象,是模糊化的印象,是因为作者并未亲身了解体验这一地区。

---

① 王利器校注《盐铁论校注》卷第一,中华书局,2006,第29页。
② 《盐铁论》卷第一,中华书局,2006,第41页。
③ 《汉书》,中华书局,2005,第2839页。
④ 刘文典撰,殷光熹点校《淮南鸿烈集解》,安徽大学出版社、云南大学出版社,1998,第444页。

比较了解桂林的，可以说还是之后的郦道元《水经注》"漓水亦出阳海山"条之注。

漓水与湘水，出一山而分源也。湘、漓之间，陆地广百余步，谓之始安峤，峤，即越城峤也。峤水自峤之阳南流注漓，名曰始安水。故庾仲初之赋《扬都》云：判五岭而分流者也。漓水又南与沩水合，水出西北邵陵县界，而东南流至零陵县西，南径越城西。建安十六年，交州刺史赖恭自广信合兵小（引者注："小"疑"出"字）零陵越城迎步骘，即是地也。沩水又东南流注于漓水，《汉书》所谓出零陵下漓水者也。漓水又南合弹丸溪，水出于弹丸山。山有涌泉，奔流冲激。山嶝及溪中，有石若丸，自然珠圆，状弹丸矣，故山水即名焉。验其山有石窦，下深数丈，洞穴深远，莫究其极。溪水东流注于漓水。漓水又南径始兴县东，魏元帝咸熙二年，吴孙皓分零陵南部，立始兴县。漓水又南，右会洛溪，溪水出永丰县西北洛溪山，东流径其县北，县本苍梧之北乡，孙皓割以为县。洛溪水又东南径始安县，而东注漓水。漓水又东南流，入熙平县，径羊濑山，山临漓水，石间有色类羊。又东南径鸡濑山，山带漓水，石色状鸡，故二山以物象受名矣。漓水又南，得熙平水口，水源出县东龙山，西南流径其县南，又西与北乡溪水合，水出县东北北乡山，西流径其县北，又西流南转，径其县西，县本始安之扶乡也，孙皓割以为县。溪水又南注熙平水，熙平水又西注于漓水。县南有朝夕塘，水出东山西南，有水从山下注塘，一日再增再减，盈缩以时，未尝愆期，同于潮水，因名此塘为朝夕塘矣。漓水又西径平乐县界，左合平乐溪口，水出临贺郡之谢沐（沭）县南历山，西北流径谢沐（沭）县西南，西南流至平乐县东南，左会谢（沭）众溪，派流凑合，西径平乐南。孙皓割苍梧之境，立以为县，北隶始安。溪水又西南流，注于漓水，谓之平乐水。①

---

① （北魏）郦道元著，陈桥泽校正《水经注校正》，中华书局，2007，第899~900页。

391

这是从地理描述角度首次将桂林山水详细写了出来，而且是将"山""水"合在一起叙写，描述非常详尽。"山水"第一次明确地紧紧联系在一起，"山水即名焉"，这样"山水"与"桂林"就有了一种必然的联系。

二 柳宗元到桂林之前已具有以"天下"观照自然的意识

中国古代文化是以"天下"为视域的，从空间看"普天之下莫非王土"就是这样的视域，从时间坐标看也是以"天下"为人生目标的。所谓"修身齐家治国平天下"就是这一反映。汉唐时代，国土版图空前扩大，文人的视域更加开阔。隋唐之后，国土空前扩大，南北文化得以交融。唐人的遍游天下的壮举就是这种情怀，这就培养了以天下观照世界的眼光。盛唐文人的游历更多是在长江流域和黄河流域和西域边塞。中唐以后，西部和北方的生活空间收到压缩，朝官内斗造成的贬谪使得大量文人南迁，他们看到了迥异于北方的风景，由北到南也产生了与北方自然的比较。在比较中用天下的视野来表达。柳宗元在永州时期对山水观照就有了与众不同的"天下"意识。

《柳河东先生集》中用"天下"者凡339处。他观察社会用"天下"。《馆驿使壁记》云："凡万国之会，四夷之来，天下之道途，毕出于邦畿之内。"

他观察自然用"天下"。《永州龙兴寺东丘记》云：

> 游之适，大率有二：旷如也，奥如也，如斯而已。其地之凌阻峭，出幽郁，寥廓悠长，则于旷宜；抵丘垤，伏灌莽，迫遽回合，则于奥宜。因其旷，虽增以崇台延阁，回环日星，临睨风雨，不可病其敞也；因其奥，虽增以茂树丛石，穹若洞谷，蓊若林麓，不可病其邃也。①

---

① （唐）柳宗元撰，尹占华、韩文奇校正《柳宗元集校注》，中华书局，2013，第1852页。

他在叙述永州的自然地貌时总是不自觉地与北方作比较。如《钴鉧潭西小丘记》"噫！以兹丘之胜，致之沣、镐、鄠、杜，则贵游之士争买者，日增千金而愈不可得。今弃是州也"云云。他在《游黄溪记》开篇云："北之晋，西适豳，东极吴，南至楚、越之交，其间名山水而州者，以百数，永最善。环永之治百里，北至于浯溪，西至于湘之源，南至于泷泉，东至于东屯，其间名山水而村者，以百数，黄溪最善。"可以看出他在观察自然山水时是以"天下"的视角来看待的。

三 柳宗元对桂林山水的发现与建构

柳宗元元和十年再次远迁柳州。元和十年（815年）三月底，柳宗元从长安出发，赴柳州，六月二十七日抵达。经过桂林时所作的几篇文章是桂林山水发现最集中的体现。而以"天下"意识对桂林山水自然的发现就体现在《桂州裴中丞作訾家洲亭记》。

> 大凡以观游名于代者，不过视于一方，其或傍达左右，则以为特异。至若不骛远，不陵危，环山洄江，四出如一，夸奇竞秀，咸不相让，<u>遍行天下者</u>，惟是得之。
>
> 桂州多灵山，发地峭坚，林立四野。署之左曰漓水，水之中曰訾氏之洲。凡峤南之山川，达于海上，于是毕出，而古今莫能知。元和十二年，御史中丞裴公来莅兹邦，都督二十七州事。盗遁奸革，德惠敷施。期年政成，而富且庶。当天子平淮夷，定河朔，告于诸侯，公既施庆于下，乃合僚吏，登兹以嬉。观望悠长，悼前之遗。于是厚货居氓，移民于闲壤。伐恶木，刜奥草，前指后画，心舒目行。忽焉如飘浮上腾，以临云气。万山面内，重江束隘，联岚含辉，旋视其宜。常所未睹，倏然互见，以为飞舞奔走，与游者偕来。乃经工化材，考极相方。南为燕亭，延宇垂阿，步檐更衣，周若一舍。北有崇轩，以临千里。左浮飞阁，右列闲馆。比舟为梁，与波升降。苞漓山，涵龙宫，昔之所大，蓄在亭内。日出扶桑，云飞苍梧。海霞岛雾，来助游

物。其隙则抗月槛于回溪，出风榭于篁中。昼极其美，又益以夜，列星下布，颢气回合，邈然万变，若与安期、羡门接于物外。则凡名观游于天下者，有不屈伏退让以推高是亭者乎？

既成以燕，欢极而贺，咸曰：昔之遗胜概者，必于深山穷谷，人罕能至，而好事者后得以为己功。未有直治城，挟阛阓，车舆步骑，朝过夕视，讫千百年，莫或异顾，一旦得之，遂出于他邦，虽物辩口，莫能举其上者。然则人之心目，其果有辽绝特殊而不可至者耶？盖非桂山之灵，不足以瑰观；非是州之旷，不足以极视；非公之鉴，不能以独得。噫！造物者之设是久矣，而尽之于今，余其可以无藉乎？①

除了这篇文章，柳宗元还写了《上裴行立中丞撰訾家洲记启》。

右，伏奉处分，令撰《訾家洲事记》。伏以境之殊尤者，必待才之绝妙以极其词。今是亭之胜，甲于天下，而猥顾鄙陋，使之为记。伏受严命，不敢固让，退自揣度，惕然汗流。累奉游宴，窃观物象，涉旬模拟，不得万一。窃伏详忖，进退若坠。久稽篆刻，则有违慢之辜；速课空薄，又见疏芜之累。愆期废事，尤所战栗。谨修撰讫，上献。退自局蹐，不知所裁。无任陨越惶恐之至。②

这两篇文章三次用到"天下"之语。"至若不骛远，不陵危，环山洄江，四出如一，夸奇竞秀，咸不相让，遍行天下者，惟是得之。""则凡名观游于天下者，有不屈伏退让以推高是亭者乎？""伏以境之殊尤者，必待才之绝妙以极其词。今是亭之胜，甲于天下"这是对桂林山水的发现和初步建构。裴行立（774—820），绛州稷山（今山西绛州）人。元和八年任安南都护，十二年任桂管观察使，任中讨黄家洞叛乱。十五年再任安南都

---

① （唐）柳宗元撰，尹占华、韩文奇校注《柳宗元集校注》，中华书局，2013，第1785~1787页。
② 同上，第2304~2305页。

护,七月卒。《新唐书》卷 129 有传。柳宗元与裴氏一族有很深的渊源。柳宗元一生交游的河东裴氏人物近二十人,这其中有姻党、上司和同年,也有僚友、父执和国相。裴行立是柳宗元做柳州刺史时的顶头上司,在柳宗元生命的暮年里,裴行立是其重要的交游对象。以裴行立为中心的裴氏人物还有裴行立之兄、裴叔猷之长子以及裴度,所有这些裴氏人物都对柳宗元晚年的文学创作产生了一定的影响。① 柳宗元有 17 篇作品与裴氏有关。包括《桂州裴中丞作訾家洲亭记》《上裴行立中丞撰〈訾家洲亭记〉启》《贺裴桂州启》《上裴桂州状》《为裴中丞上裴相乞讨黄贼状》《代裴中丞谢讨黄少卿贼表》《为裴中丞伐黄贼转牒》《为裴中丞举人自代伐黄贼表》《为崔中丞请朝觐表》《为桂州裴中丞上中书门下乞朝觐状》《为裴中丞奏邕管黄家贼事宜状》《为裴中丞贺克东平赦表》《代裴中丞贺分淄青为三道节度表》《祭纛文》《祃牙文》《为裴中丞贺破东平表》,受裴行立之命为其弟裴某撰写墓志《故处士裴君墓志》。可见,柳宗元与裴氏不是一般的关系。正因如此,元和十五年七月,柳宗元归葬万年,所需费用即由裴行立资助。柳宗元与裴行立都是由北方来到南方,有共同的游宦迁谪之感。

四 中唐以后"甲天下"的话语频现,至宋而流行

柳宗元能用"天下"的视域来观照桂林山水,与中唐的文化背景也有关系。

中唐时期,"甲天下"的观照世界的话语开始流行。如白居易《庐山草堂记》。

> 匡庐奇秀,甲天下山。山北峰曰香炉,峰北寺曰遗爱寺,介峰寺间,其境胜绝,又甲庐山。②

---

① 万德敬、王鹏飞:《柳宗元与河东裴氏交游考论(二)——柳宗元与裴行立》,《太原师范学院学报》2009 年第 3 期。
② (唐)白居易撰,朱金城注《白氏长庆集》,上海古籍出版社,1988,第 2736 页。

可以看出白居易也是用"甲天下"来发现庐山之美。之后，这种说法也流行了。唐僖宗年间活跃的高彦休在《东都焚寺》中云：

> 东都圣善寺，缔构甲于天下。①

这类例子还有，有指家族的，如元稹《夏阳县令陆翰妻河南元氏墓志铭》。

> 我外祖睦阳郑公，讳济，官族甲天下。②

五代王定保《唐摭言》记载云：

> 卢汪门族，甲于天下，因官家于荆南之塔桥，举进士二十余。③

有指才能的，如刘禹锡《唐故中书侍郎平章事韦公集》。

> 陇西牛公僧孺李公宗闵以能直言极谏征咸用对策甲于天下。

更多的是指山水自然的，如杜牧《杭州新造南亭子记》。

> 吴越古今多文士，来吾郡游，登楼倚轩，莫不飘然，而增思吾郡之江山甲于天下，信然也。④

宋代以后"甲于天下"的话语就更多更常见了。例如：
余靖《庐山归宗禅院妙圆大师塔铭》：

---

① （唐）高彦休：《唐阙史》2卷卷下，明万历十六年谈长公钞本。
② （唐）元稹著，冀勤点校《元氏长庆集》60卷，中华书局，2010，第402页。
③ （五代）王定保撰，阳羡生校点《唐摭言》，上海古籍出版社，2012，第70页。
④ 《文苑英华》1000卷，卷八百三十四，明刻本。（唐）杜牧撰《樊川文集》，上海古籍出版社，2012，第70页。

江南号为:江山佳丽甲于天下。其岩岫峻拔,磅礴千里者,庐阜。①

释慧洪《送修彦通还西湖序》:

东吴山川清胜,甲于天下。②

宋子安《东溪试茶录》:

又以建安茶品甲于天下,疑山川至灵之卉,天地始和之气,尽此茶矣。③

苏轼《表忠观碑一首》:

吴越地方千里,带甲十万,铸山煮海、象犀珠玉之富,甲于天下。④

当然,也开始有指桂林山水之美"甲天下"了。如宋代陈起的《玉华洞》。

忆昨游桂林,岩洞甲天下。奇奇怪怪生,妙不可摹写。玉华东西岩,具体而微者。神工巧穿凿,石壁生孔罅。玲珑透风月,宜冬复宜夏。中有补陀仙,坐断此潇洒。空山茅苇区,无地可税驾。举目忽此

---

① 余靖:《武溪集》20卷,卷七《寺记》,清文渊阁四库全书本。
② 释慧洪:《石门文字禅》30卷卷二十四,四部丛刊景明径山寺本。
③ 宋子安:《东溪试茶录》,不分卷,宋百川学海本。
④ (宋)苏轼著、李之亮笺注《苏轼文集编年笺注》,巴蜀书社,2011,第597页。

逢，心骇见希诧。题诗丑不能，行人亦无暇。"①

宋人姜特立《送潘叔昌主教清湘》也用得到过："酝藉金闺客，风流粉署郎。文尝追屈贾，身合到潇湘。经术东莱学，才名上国光。遐方岂淹泊，云路看腾骧。"自注云："潇湘山水，清绝甲天下。昔人谓骚人墨客如屈原宋玉贾谊辈，皆尝至焉，此天所以厚秀杰之士理或然也。"②

宋代孙觌《鸿庆居士集》42卷卷三诗载有其途径桂林时写一组《桂林十咏》诗，诗题很长，曰《桂林山水奇丽，妙绝天下，柳子厚记訾家洲亭粗见其略。余以六月六日度桂林岭，欲更仆诣象属暑甚，遂少留日，从诸公于岩穴之下穷林巨壑，近接阛闠之中，远不过闉之趾，举高望远，夸雄斗丽，殆不可状，择其尤者以十诗记之，名之曰〈桂林十咏〉》③这里提到柳宗元《訾家洲亭记》对"桂林山水奇丽妙绝天下""粗见其略"。可见其启发意义。

也正是在这一大背景下，王正功才写出了"桂林山水甲天下"的诗句。他在《嘉泰改元桂林大比与计偕者十有一人九月十六日用故事行宴享之礼作是诗劝为之驾》诗云：

桂林山水甲天下，玉碧罗青意可参。士气未饶军气振，文场端似战场酣。九关虎豹看劲敌，万里鹍鹏㝍剧谈。老眼摩挲顿增爽，诸君端是斗之南。

百嶂千峰古桂州，乡来人物固难俦。峨冠共应贤能诏，策足谁非道艺流。经济才猷期远器。纵横礼乐封前疏。三君八俊俱乡秀，稳步天津最上头。

这二首诗是同时作的，"桂林山水甲天下"即出自首句。而第二句"玉碧罗青意可参"，诗化用了韩愈的诗《送桂州严大夫同用南字》："苍

---

① 陈起：《江湖小集》卷七十八，清文渊阁四库全书补配清文津阁四库全书本。
② 姜特立：《梅山续稿》17卷卷四，傅增湘家藏钞本。
③ 孙觌：《鸿庆居士集》42卷，卷三诗，清文渊阁四库全书本。

苍森八桂,兹地在湘南。江作青罗带,山如碧玉簪。户多输翠羽,家自种黄甘。远胜登仙去,飞鸾不假骖。"这是写桂林的。"玉碧罗青"化用"江作青罗带,山如碧玉簪"。完全有理由相信,王正功写这首诗开头都是在化用前人的成句。而"桂林山水甲天下"也极有可能是从柳宗元的两篇文章中提炼出来的,而"甲天下"就是柳宗元"是亭之胜,甲于天下"的凝练结果。

从以上文本个案梳理看,"桂林山水甲天下"这一表现空间地理的名句文本生成过程说明,这是唐宋文学家集体智慧的结晶,是一个连续的积累提炼的结果。

从《三管英灵集》中咏柳宗元诗看广西诗人对柳宗元的接受[*]

张 彦[**]

内容摘要：《三管英灵集》是清代的广西地方诗总集，此总集选明清广西籍诗人六首咏柳宗元的诗歌，包括戴钦《谒柳子厚祠》、王嗣曾《柳侯书院》、朱桓《愚溪》、叶时暂《柳侯祠》、刘棻《柳侯碑》、陈玉《谒柳侯祠》。其中四位诗人为柳州籍诗人，五首诗歌咏地为柳州，可见柳宗元对柳州诗人和诗歌创作的影响力。广西士子以敬佩感激之情，赞赏柳宗元开发柳州乃至广西文化之功，他们或是继承柳宗元的诗歌风格，或是学习柳宗元的人生境界，或是传承柳宗元的文化革新，形成了广西文脉上重要的一环。

关键词：《三管英灵集》 柳宗元 柳宗元诗歌

《三管英灵集》是广西第一部由官方出版的诗歌总集。清道光十六年（1836）至道光二十一年（1841），由广西巡抚梁章钜主持编纂，《三管英灵集》的"三管"，原指唐代岭南五管中的广西三管，即桂管、邕管、容管，所辖境相当于今广西，因此后人把"三管"作为广西的代称。总集收录中唐至清道光年间广西诗人五百余人，诗歌三千余首，其中有六首咏柳宗元的诗歌，数量虽少却可见明清广西诗人对柳宗元的接受之一斑。

---

[*] 本文为国家社科基金一般项目"清代岭南地方诗总集研究"（项目编号18BZW100）、桂学研究院项目"清代广西诗歌总集研究"（项目编号 2018KT03）阶段性成果。

[**] 张彦，广西师范大学文学院教授。

从《三管英灵集》中咏柳宗元诗看广西诗人对柳宗元的接受

《三管英灵集》卷五选戴钦诗歌九首,其中有一首《谒柳子厚祠》:

窈窕山门入柳堂,阴阴松桧郁秋香。多才怜汝终疏放,往迹令人倍感伤。荒冢草寒铺夜月,断碑字没卧斜阳。遥将万古英雄泪,洒向江流孰短长。①

戴钦(1493~1526),字时亮,号鹿原,自署玉溪子,明代马平县(今广西柳州)人。先祖世居江西宁州,明洪武初年从征戍柳。戴钦自幼聪颖过人,读书过目成诵,为文作诗,下笔千言,皆不经人道语。正德九年(1514)进士,官至刑部郎中。嘉靖三年(1524)议大礼,廷杖,创重卒,著有《鹿原存稿》。《三管英灵集》卷五戴钦传后,引《四库全书总目提要》所云戴钦《鹿原存稿》九卷的结集情况:"其集刻于闽者八卷,曰《玉溪存稿》;刻于滇者二卷,曰《戴秋官集》。此则其姪希颢所合辑,凡文二卷、诗七卷。"②惜乎戴希颢辑《鹿原存稿》的明刻本今已不存,仅存《鹿原集》明天一阁抄本,藏国家图书馆。③戴钦别集现存两个版本,除天一阁抄本外,尚有民国黄华表刻《玉溪存稿》,藏桂林图书馆。④明抄本时间较早,内容完善,具有较高的文献价值,诗较黄刻本为多。

清人汪森编《粤西诗载》,便依据了戴希颢辑的《鹿原存稿》,他在《粤西通载·发凡》中说:"(粤西)明世登春秋两闱者甚众,而求其著作,仅见戴时亮、蒋文定、李月山、张羽王三四种而已。"⑤虽未明言戴钦别集的版本,但《粤西文载》卷五十二、五十九分别收录周仲士的

---

① (清)梁章钜:《三管英灵集》卷五,清道光桂林汤日新堂刻本。
② (清)梁章钜:《三管英灵集》卷五,清道光桂林汤日新堂刻本。
③ 可参考刘汉忠《戴钦著述的刊刻流传》(《柳北文史》第7~8辑,政协柳州市柳北区委员会印,1992,第64页;石勇《戴钦生平及著作考》,《广西社会科学》2007年第5期)。
④ 滕福海、石勇:《戴钦诗文集校注》(巴蜀书社,2014)底本即为民国黄华表刻《玉溪存稿》。
⑤ 桂苑书林编委会校注《〈粤西诗载〉校注》第一册前言,广西人民出版社,1988,第7页。

《鹿原存稿序》和戴希颢《鹿原稿跋》。而《三管英灵集》选戴钦诗所据是《粤西诗载》等总集，而非戴钦别集，因《三管英灵集》卷五选戴钦诗九首，八首见于《粤西诗载》，另《同诸公寺中对雪》一首，《鹿原集》明抄本和《玉溪存稿》民国刻本、《粤西诗载》皆不见著录，见朱彝尊《明诗综》卷四十、《四朝诗》明诗卷五十五，为《三管英灵集》收录。如果梁章钜搜集到戴钦别集的刻本或抄本，定不会只选九首诗。且《三管英灵集》所收戴钦诗八首文字沿袭《粤西诗载》，而与今存的明抄本《鹿原集》不同。现据《鹿原集》明天一阁抄本，校《谒柳子厚祠》一诗。明抄本《鹿原集》中《谒柳子厚祠》与《粤西诗载》卷十七《谒柳子厚祠》均作："窈窕山门入柳堂，阴阴松桧洒秋香。多才怜汝终疏放，往迹令人倍感伤。荒冢草寒惟夜月，断碑芜没自斜阳。遥将万古英雄泪，洒向江流孰短长。"① 其中"阴阴松桧洒秋香"，《三管英灵集》作"阴阴松桧郁秋香"；"荒冢草寒惟夜月"，《三管英灵集》作"荒冢草寒铺夜月"；"断碑芜没自斜阳"，《三管英灵集》作"断碑字没卧斜阳"。《三管英灵集》选戴钦诗依据《粤西诗载》，且对戴钦诗歌字句擅自改动，改动后往往不及原诗。

《谒柳子厚祠》一诗创作时间不可考，诗歌记戴钦去柳侯祠拜谒先人的感受，情景交融又直抒胸臆，字里行间流露柳州诗人戴钦对谪居柳州的柳宗元前辈的敬佩与怜悯，敬佩柳宗元诗文的才华横溢和敢于政治改革的英雄情怀，怜悯柳宗元身后的寂寞和空无，七律有唐代怀古诗的兴味。戴钦是明中叶粤西诗坛翘楚，梁章钜《三管诗话》引《四库全书总目提要》，称戴钦诗歌好摹古，"钦与何景明、李濂、薛蕙等同时友善。所作颇刻意摹古，然不越北地之余派也"。并举戴钦《游老君洞》七律（名山江上遍维舟）一首，评价其诗"虽亦是袭取唐人之貌，而声律俱足，在三管吟坛中，不得不推为巨擘矣"。② 可见梁章钜对戴钦诗歌的欣赏，将之推上广西诗坛大家的宝座。《明诗纪事》戊签卷十二也强调"时亮诗音节浏

---

① 桂苑书林编委会校注《〈粤西诗载〉校注》第五册，第145页。
② 蒋凡：《〈三管诗话〉校注》，广西人民出版社，1996，第82页。

亮，粤西诗在明中叶此为翘楚"。① 皆说明戴钦成就高，是明"前七子"之复古一脉。梁章钜还认为，戴钦诗最大的特点是长于写近体律诗，声律抑扬顿挫，平仄相间，清丽浏亮。如《谒柳子厚祠》一首七律，不事雕琢，不用典故，故意学古，化去痕迹，自然而然。《粤西丛载》卷六引明代宜州李文凤《月山丛谈》，说广西提学姚镆云："戴钦作文佳思如泉涌，不知从何处得来。"戴钦中乡试后，为诗即有佳句，远近传诵，登第后更有名，人皆敬仰。闽人丘养浩问李文凤："君识戴时亮否？"李文凤笑曰："此余邻邑生，何为不识也？"丘养浩赞戴钦："顷见其诗文，天人也。清新丽则，有天然之趣。"②《粤西文载》卷七十云，戴钦"为文及诗清新俊逸"③。不仅见出戴钦在明代广西乃至岭南地区的诗名之大、地位之高，也见出他诗歌风格学唐复古，沿袭柳宗元诗歌的自然清新一路。

《三管英灵集》卷十七选王嗣曾《柳侯书院》一诗：

亭池环古庙，世道赖熏陶。弦管怀前哲，人文蔚圣朝。花香春课静，灯影夜窗遥。几度罗池月，精魂不可招。④

王嗣曾，字志堂，一字鹤崖，马平人，乾隆二十五年（1760）举人，有《鹤崖诗稿》，已佚。

王嗣曾生平不详，可能曾在家乡柳州的柳侯书院读书，所以诗歌描写书院清幽的环境，罗池清月，森森祠庙，夜阑人静，长灯夜读，窗前影动，不禁想到前哲柳宗元在柳州教化民众，移风易俗，传道授业，使柳州乃至广西的人文精神高扬，文脉渊源长流。

《三管英灵集》卷三十二选朱桓咏怀柳宗元的《愚溪》：

柳州昔谪宦，到此已忘机。山水与情远，文章得趣微。天空群雁

---

① （清）陈田：《明诗纪事》第十四册，商务印书馆，1936，第1538~1539页。
② 黄振中等：《〈粤西丛载〉校注》上册，广西民族出版社，2007，第297页。
③ 黄盛陆等：《〈粤西文载〉校点》第五册，广西人民出版社，1990，第237页。
④ （清）梁章钜：《三管英灵集》卷十七，清道光桂林汤日新堂刻本。

过,江阔一帆飞。但见烟深处,渔歌欸乃归。①

《三管英灵集》卷三十二选朱桓30首,朱桓亦是影响较大的一位粤西诗人。桓字芝圃,一字海谷,临桂人,乾隆五十八年(1793)进士,由检讨迁御史,嘉庆年间历任福州知府、福建盐法道、两广盐运使。"善书画,官福建时,海贼归诚,奉檄受降,曾绘图以传世。善书用笔极劲,有明人遗意。兼写竹兰石,亦古劲多姿。"②当时岭南名士多有题画诗存世。《临桂县志》载,朱桓有《自适吟》《筱庭文集》。朱桓擅长用五律写山水羁旅,如咏怀柳宗元的《愚溪》,歌咏柳宗元谪居永州自适放达的心态,获得了陶渊明一般的山水真意,他将永州的冉溪改名为愚溪,象征他逃离官场机关算尽的琐碎,回归内心自由的真性情,柳宗元将这样的思考融入山水游记和山水诗中,学渔父一般欸乃一声山水为之清新。《三管诗话》卷中梁章钜赞朱桓诗句"皆句朴而情至"③,从此诗看来,朱桓理解并歌颂柳宗元的山水精神,诗语自然朴素却又深情无限。

《三管英灵集》卷三十五选叶时哲《柳侯祠》:

两粤属边徼,秦汉为荒戍。往来无冠裳,晨夕共寒煦。豺虎当墟市,蝮蛇喷毒物。一自我侯来,清风驱瘴去。登城访遗迹,山鬼为呵护。黄柑二百株,手植知何处。默然更无言,低徊日将暮。④

《三管英灵集》卷三十五叶时哲传:"叶时哲,字亮工,马平人。"据《越雪集》抄本(中国科学院图书馆藏)、徐世昌《晚晴簃诗汇》卷一百二十四:"叶时哲,字亮功,号鹤巢,柳城人,有《越雪集》。"⑤又据方

---

① (清)梁章钜:《三管英灵集》卷三十二,清道光桂林汤日新堂刻本。
② 《临桂文史》第七辑,政协广西临桂县委员会办公室印,1994,第86页。
③ 蒋凡:《〈三管诗话〉校注》,广西人民出版社,1996,第117页。
④ (清)梁章钜:《三管英灵集》卷三十五,清道光桂林汤日新堂刻本。民国《柳州县志》为"百粤属边徼""山鬼为阿护"。
⑤ (清)徐世昌:《晚晴簃诗汇》卷一二四,中华书局,1990,第5339页。

履篯《叶鹤巢〈越雪集〉诗序》:"叶君鹤巢,修能内茂,道实外冲。"①"晢"繁体字"晢"与"晳"形近,或《三管英灵集》抄刻错讹。又今《柳州市志》载"叶时晳,字亮工,号鹤巢,马平人"②,"晳"为"晰"的异体字可通用。因此,校订并补录《三管英灵集》卷三十五叶时晳传:叶时晳,字亮工,号鹤巢,马平人,清乾隆诸生。

叶时晳师从山东高密诗人李宪乔,李宪乔多年任职广西各地,乾隆五十八年(1793)任柳城知县,多次与师友门生结社诗酒唱酬。时人孙顾崖题叶时晳所居之处为"鹤巢",李宪乔云:"鹤巢识见高远,不肯随俗转移,谁言越无雪耶?"并为叶时晳诗集题名为《越雪集》。叶时晳诗作有唐人风格,张鹏展《峤西诗抄》选诗26首,《三管英灵集》选诗27首,多为五律。因此廖鼎声《咏叶时晳》曰(李宪乔门下的童葆光、童毓灵、袁思名三人亦在内):"《主客图》成有师法,二童入室真古交。升堂岛鹤律渐细,仅许到门唯鹤巢。"③

《柳侯祠》一诗,肯定了柳宗元对广西文化开发的重要意义,中唐柳宗元来柳州之前,两广为边疆之地,荒芜一片,野兽当路,毒物纵横。而柳宗元的到来,为广西培养人才,传播文化做了许多有益的事。柳侯死后,英灵仍在呵护柳州学子。柳州诗人叶时晳正是继承柳宗元的诗歌精神和文化精神继续创作的,而乾嘉年间的师者李宪乔正如柳宗元一样,为广西诗脉和文脉的传续贡献力量。

《三管英灵集》卷四十一选刘棻《柳侯碑·并序》:

> 碑径五寸余,广尺许,四周多落角,文磨灭几不可辨。予过罗池庙,访遗址,盖子厚所书剑铭也。其词曰:"龙城柳,神所守,驱厉鬼,出匕首,福四民,制九丑。"人或言携其拓本过洞庭,可无波涛之险,亦颇验。
>
> 剑如燃犀照水万怪伏,铭如仓史造字鬼夜哭。人抱奇气自剑吐,

---

① (清)方履篯:《万善花室文稿》卷三,商务印书馆,1936,第64~65页。
② 柳州市地方志编纂委员会《柳州市志》第七卷,广西人民出版社,2003,第305页。
③ 王俊、杨奔:《柳州诗存》上册,广西人民出版社,2009,第292页。

瘴雨蛮烟尽驱逐。元和十载请易播，文采不藏窜南服。未挥巨刃摩天扬，反因龙城供薄录。今历六千七十二甲子，断碣飘零慕高躅。烬余劫火费追寻，绣蚀苔花那堪读。钗痕屋漏杂疑似，雀篆鸡碑纷断续。来辟榛莽考故址，黄蕉丹荔余清馥。人与神剑已化去，题名千古耀穷谷。铭剑一十有八字，铭心一语四民福。呵护有灵靖冥两，波浪不惊感神速。相对古碑若对剑，咫尺光芒怵心目。①

《三管英灵集》刘䓛小传云："字香士，嘉庆十二年举人，有《爱竹山房诗文集》。"② 刘䓛无籍贯著录，别集已无存，其诗有赖《三管英灵集》得以保存，选其诗41首，包括五古17首、七古5首、杂古4首、五律4首、七律5首、七绝6首。刘䓛长于古体诗，五古学陶，清淡舒缓。七古《宋皇祐平蛮碑歌》《柳侯碑》《驱寒》等，学韩愈，奇句拗调。刘䓛诗作又多为咏史怀古诗，一系列的咏史怀古诗从古史故事中寻找至理，有述有评，借鉴人生，《读汉晋史纪偶述》云："读书自鉴古，寸心相默印。"③

刘䓛在《柳侯碑》序言中交代了自己专门去罗池庙访柳侯碑。柳宗元于元和十年（815）被贬为柳州刺史，元和十四年（819）卒于柳州任上，柳宗元死后，柳州人民为他立了衣冠冢，罗池即在其旁，当地百姓奉他为"罗池神"，立庙纪念他、崇奉他。柳侯碑相传是柳宗元手迹，且发现此碑时，还同时出土一把短剑，加之碑文中有"驱厉鬼，出匕首"语，故人们又称碑为剑铭碑。刘䓛记载了碑的尺寸大小、字迹不清，以及柳宗元所书剑铭："龙城柳，神所守，驱厉鬼，出匕首，福四民，制九丑。"并记录自己听说此碑文有神奇功用，传说旅途中携带此碑文拓片，具有护佑平安的灵性。刘䓛《柳侯碑》诗的前四句，总论剑铭碑福佑人民、降妖除魔的神性，柳宗元书法之鬼斧神工，以及柳宗元驱除广西荒蛮的环境，使中原文化在这里发源绵延。又四句叙事追怀，记柳宗元元和十年被贬柳州，未能

---

① （清）梁章钜：《三管英灵集》卷四十一，清道光桂林汤日新堂刻本。
② （清）梁章钜：《三管英灵集》卷四十一，清道光桂林汤日新堂刻本。
③ （清）梁章钜：《三管英灵集》卷四十一，清道光桂林汤日新堂刻本。

施展一生才华抱负,反而困居龙城,而柳宗元不顾一己安危,仍向唐宪宗请求换刘禹锡更远的播州(贵州遵义)贬地,刘蕡赞其难得一见的兄弟义气。其后刘蕡怜悯人剑化去,断碑飘零,但留剑铭神性依然,呵护广西人民,激励广西士子北上洞庭,求学求仕,平安好运。

《三管英灵集》卷四十九选陈玉《谒柳侯祠》。陈玉,字梅史,马平人,道光间太学生。《三管英灵集》选其诗 19 首,大多为古体诗,《古莲池纪游》组诗 10 首,描写皇家园林的风光,而《谒柳侯祠》《谒刘蕡祠》皆取材于柳州本地,赞扬唐代寓居柳州文人的精神及其影响。《谒柳侯祠》云:

> 天心每忌才,文章亦憎命。扼才才亦显,安命命斯正。先生谪柳州,一蹶不复振。教养溥仁慈,歌颂写忠荩。悒郁以致死,伤哉在清鲠。人为先生悲,我为先生幸。譬此栋梁材,围轮高十仞。工倕思用之,痛挚加斧刃。譬彼空群骥,展足千里迅。孙阳既相之,羁勒敛其性。先生居清要,绅笏日垂搢。不贬柳江滨,经济有谁信?年少擢高科,玉佩锵厥韵。愈穷诗愈工,几与风雅近。元和跨鹤来,泽我龙城郡。瘴雨洗山川,蛮服开文运。忆昔古圣贤,遁世多不闷。庙享自千秋,沈沦何足论。升堂谒遗像,跪拜申爱敬。令民不能忘,于戏德至盛。①

此诗首四句,诗人憎恶天命扼杀人才,又赞人才之不屈天命的精神,这是对柳宗元贬谪坎坷人生的高度概括与评价。其后又翻案评论,后人皆为柳宗元伤悲,而陈玉以其贬谪为人生大幸,比兴手法言自古奇才异士天将降大任必将苦其心志并劳其体形,外放之后才能自由施展才华,困顿之后才会反省平生收敛傲气。陈玉认为柳宗元高门贵族,年少登科,又年纪轻轻居朝廷高位,而参与政治革新,必定无人信其有才能,反而是贬谪柳州,方于柳州施展经民济世的能力,驱散荒蛮,培育人才,开启文运,泽

---

① (清)梁章钜:《三管英灵集》卷四十九,清道光桂林汤日新堂刻本。

被龙城，让后人供奉庙堂，折服尊敬和感叹。也正是柳州之贬谪，让柳宗元的诗歌更加风雅精进。最后，陈玉抒发自己拜谒柳宗元遗像时崇敬的心情。

《三管英灵集》选明清广西籍诗人的六首咏柳宗元的诗歌，其中四首为柳州籍诗人所作，五首歌咏地为柳州，可见柳宗元对柳州诗人和诗歌创作的影响力。他们或为粤西诗坛翘楚，或为走出广西的朝廷命官、封疆大吏，或为普通的广西学子，他们怜悯柳宗元才华横溢而改革失败后被贬的命运，赞扬柳宗元贬谪之后遁世无闷的自适心态，又以敬佩感激之情，赞赏柳宗元开发柳州乃至广西文化之功，甚至以柳侯神为人生旅途中的前进动力和精神护佑。他们或是继承柳宗元的诗歌风格，或是继承柳宗元的人生境界，或是传承柳宗元的文化革新，形成了广西文脉上重要的一环，启示我们今人仍需传承柳宗元的诗歌精神和文化精神，延续地方文脉任重道远。

附 录

《文学遗产》2020年第3期报道："中国柳宗元研究会第九届年会暨国际学术研讨会"召开

2019年是唐代文学家、思想家柳宗元逝世1200周年。2019年10月31日至11月1日，"中国柳宗元研究会第九届年会暨国际学术研讨会"在桂林召开。来自南开大学、武汉大学、复旦大学、西北大学、台湾师范大学、台湾东华大学以及日本岛根大学、冈山大学等海内外四十余所高校、科研机构的八十多位专家学者与会，会议收到论文七十余篇。

与会学者围绕柳宗元思想与事迹、柳宗元作品版本与文献、柳宗元诗文艺术、柳宗元与唐代文学及地域文化关系等展开研讨。王基伦就柳宗元文本的主题意识、刘真伦就中唐公羊学与柳宗元思想的关系、张勇就韩柳孟子观的对立及其思想史意义、卢盛江就粤西唐诗之路视野下的柳宗元诗歌、查屏球就贞元学潮与韩柳及唐人对阳城的书写、下定雅弘就柳宗元诗的"泪"、尚永亮就《种柳戏题》的本事讹变与原初、户崎哲彦就柳宗元佚诗真伪、李芳民就柳宗元自撰家族墓铭的文化内涵及情感特征、陈松柏就柳宗元与王叔文的关系、张蜀蕙就湖湘路与柳宗元诗歌、莫道才就柳宗元对桂林甲天下山水形象的构建，在大会上发言。这次研讨会对柳宗元研究有所推进，新时代唐代作家研究正进一步走向深入。

（广西师范大学　莫道才）

《中国社会科学网》2019年11月3日报道：柳宗元研究逐步走向深入

中国社会科学网讯（记者 李永杰）今年是唐代伟大的文学家和思想家柳宗元去世1200周年。10月31日到11月1日，中国柳宗元研究会第九届年会暨国际学术研讨会在桂林举行。

来自中国社会科学院文学研究所、南开大学、武汉大学、复旦大学、西北大学、台湾师范大学、台湾东华大学、日本岛根大学、冈山大学、《文学遗产》编辑部等高校和研究机构的80多位专家学者齐聚位于历史文化名城桂林市的广西师范大学，就柳宗元思想与事迹研究、柳宗元作品版本与文献研究、柳宗元诗文艺术与唐代文学及地域文化关系研究、柳宗元与当代文化建设及其他与柳宗元相关论题研究展开深入交流研讨，会议收到论文70多篇。

广西师范大学副校长苏桂发向大会致欢迎辞。广西师范大学文学院院长吴大顺介绍了广西师范大学文学院和古代文学学科情况，中国柳宗元研究学会会长尚永亮、与会专家代表南开大学教授孙昌武和日本岛根大学教授户崎哲彦先后致辞。开幕式由中国柳宗元研究会副会长、广西师范大学文学院教授莫道才主持。

"柳宗元思想的主体是中唐公羊学。"华中科技大学中文系教授刘真伦表示，柳宗元完整接受了啖助、赵匡、陆淳"立忠为教，以大一统""以权辅正，裁之圣心""民为国本，观民定赋"的国家治理学说。通过对社会、国家、权力的起源，国家制度建设以及治国之道的讨论，建立了自己独树一帜的国家学说体系；通过对"经""权"的内涵及其边界的界定以及具有理论性和思辨性的剖析，构建出一套"大中""大公""大和"的

《中国社会科学网》2019年11月3日报道：柳宗元研究逐步走向深入

理论体系，为啖、赵、陆的主张提供了必要的理论支撑。

台湾师范大学教授王基伦在题为"柳宗元文本的主题意识探究"的报告中提出，以外在时空环境和对内在作品本身的理解，进行主题学的分析，发觉以儒家学说为本，建立"利安元元"的"大中之道"，是柳宗元心中恒有的主题意识，他以此为人生行为的准则。故而柳宗元的儒学思想含有浓厚的经世用意，他对经书有创造性的注释，主张儒学为本，始终有回返京城的心愿，山水游记也有反映现实人生的意义，往往在暂时解脱认同地方的空间中挣扎过日子。

在广西师范大学文学院教授莫道才看来，柳宗元是最早发现了桂林山水之美的。"桂林山水甲天下"的形象构建虽定型完成于宋代王正功，但是对桂林这一形象的最初建构最大贡献者是柳宗元。在柳宗元之前，人们对桂林的认识是模糊和零散的。他认为，柳宗元将桂林山水置于"天下"的观照视野下，构建了桂林山水的定位，发现了桂林山水的独特价值。

同为"唐宋八大家"的韩愈和柳宗元，却对儒学先师孟子的评价截然不同。安徽师范大学文学院教授张勇表示，韩愈高度赞扬孟子，认为他是"孔子之道"的正宗传承者，因此主张将其列入"道统"；柳宗元则极力贬低孟子，认为他违背"孔子之道"的真精神，反对将其列入"道统"。韩愈、柳宗元围绕孟子"夷夏观""义利观""心性论"等思想展开了论辩。他认为，二人对立的原因与实质在于对当时儒佛道三教关系及儒"道"内涵的不同理解。其对立，是对"儒学是什么"这个中唐"时代之问"的不同回答，对宋代儒学发展方向的选择作用很大。

中国唐代文学学会副会长、南开大学文学院教授卢盛江表示，唐诗之路的命题，揭示了唐诗发展的一个重要现象，对其进行研究，有助于更为深入全面地了解唐诗发展和创作的面貌。"粤西唐诗之路，作为全国唐诗之路中的一条，与柳宗元关系密切，应该从粤西唐诗之路的视野，来考察柳宗元的诗歌。"他说。

学界普遍认为，唐贞元时期的文学创作有"尚荡之风"。复旦大学中文系教授查屏球表示，贞元一朝士风多有激荡冲动的特点，韩愈、柳宗元贞元之文也多受这一文风影响，他们为阳城的抗争及由此引起的学潮而感动,所写的相关文章也多有与这一士风相通的激荡多气放恣不拘的特点。韩、柳二人,写作时间不同,对内廷抗争、太学学潮感受不同,立场有别,所叙有异。他认为,比较文本可纠正史书之误,更具体了解此事在当时的影响以及贞元士风特色。

日本冈山大学教授下定雅弘抓住柳诗中的"泪"这一具体意象,分析了其背后的诗人深层心态。他认为,柳诗中的"泪"诗体现出柳宗元的意识与心情的变化,而这些不仅仅是他一个人的变化,还与时代的变化密切相关。柳宗元诗歌"泪"的表现形式是学杜甫而得来的,具体可以分为写实、比喻、夸张三种。

"湖湘路在唐宋时期多为文人南贬的道途,柳宗元、刘禹锡两次南行湘水分赴贬地,元祐文人亦随之南下,可以说这是一条文化的甬道。"台湾东华大学教授张蜀蕙表示,唐人杜甫南行避乱、元结隐居、柳宗元与刘禹锡的文采与遭遇,使得湖湘之路具有浓厚的逐臣情感与文化氛围,成为文人逐臣的贬途。

中国柳宗元研究学会会长、武汉大学文学院教授尚永亮在题为"《种柳戏题》之本事讹变与原初推探"的论文中提出,范摅所著的《云溪友议》中所载《种柳戏题》,前两句是柳宗元生前即有的,后两句是自宗元至范摅间人补加的,其间有一个跨时空的形成过程。

研讨会结束后,与会专家齐聚訾洲公园柳宗元雕像前吟诵柳宗元《訾家洲亭记》,以此纪念柳宗元去世1200周年。

《唐代文学年鉴》（2020年卷）报道：中国柳宗元研究会第九届年会暨国际学术研讨会在桂林举行

2019年是唐代伟大的文学家和思想家柳宗元去世1200周年。由中国唐代文学学会柳宗元研究会与广西师范大学联合主办，广西师范大学文学院/新闻与传播学院承办的中国柳宗元研究会第九届年会暨国际学术研讨会2019年10月31日至11月1日在桂林举行。

中国柳宗元研究会副会长、广西师范大学文学院莫道才教授主持开幕式。广西师范大学副校长苏桂发教授向大会致欢迎辞。广西师范大学文学院院长吴大顺教授在欢迎辞中介绍了广西师范大学文学院和古代文学学科的悠久历史及发展情况。中国唐代文学学会副会长、中国柳宗元研究会会长武汉大学尚永亮教授致开幕辞。与会专家代表、中国柳宗元研究会前会长、82岁高龄的南开大学孙昌武教授和日本柳宗元研究权威、岛根大学户崎哲彦教授发表感言寄语。

本次研讨会有来自中国社会科学院文学研究所、南开大学、武汉大学、复旦大学、西北大学、台湾师范大学、台湾东华大学、日本岛根大学、冈山大学、《文学遗产》编辑部等海内外40多所高校和研究机构近80位专家学者与会。研讨会分两场大会报告、三场分组讨论进行，就柳宗元思想与事迹研究、柳宗元作品版本与文献研究、柳宗元诗文艺术与唐代文学及地域文化关系研究、柳宗元与当代文化建设及其他与柳宗元相关论题研究展开深入交流研讨，会议收到论文70多篇。这次会议在学术研究上有深入的进展，取得了丰厚的成果。此次会议收到论文丰富，研究水准很高，出席的柳学专家知名度很高，范围很广，展现了柳学研究的新水平。

会后,与会专家在訾洲公园柳宗元雕像广场举办了诵读柳宗元《訾家洲亭记》活动,纪念柳宗元去世1200周年。

(莫道才)

《桂林日报》2019年11月5日报道：纪念柳宗元去世1200周年

——海内外专家会聚桂林作学术研讨

本报讯（记者张弘/文 通讯员林虹伶 周雪瓴/摄）今年是唐代伟大的文学家和思想家柳宗元去世1200周年。10月31日到11月1日，由中国唐代文学学会柳宗元研究会与广西师范大学共同举办的中国柳宗元研究会第九届年会暨国际学术研讨会在桂林举行。来自海内外40多所高校和研究机构的80多位知名专家学者，就柳宗元思想与事迹研究、柳宗元作品版本与文献研究、柳宗元诗文艺术与唐代文学及地域文化关系研究、柳宗元与当代文化建设及其他与柳宗元相关论题研究展开深入交流研讨。会议收到学术论文70多篇。

"柳宗元思想的主体是中唐公羊学。"华中科技大学中文系教授刘真伦表示，柳宗元完整接受了啖助、赵匡、陆淳"立忠为教，以大一统""以权辅正，裁之圣心""民为国本，观民定赋"的国家治理学说。通过对社会、国家、权力的起源，国家制度建设以及治国之道的讨论，建立了自己独树一帜的国家学说体系；通过对"经""权"的内涵及其边界的界定以及具有理论性和思辨性的剖析，构建出一套"大中""大公""大和"的理论体系，为啖、赵、陆的主张提供了必要的理论支撑。

台湾师范大学教授王基伦在题为"柳宗元文本的主题意识探究"的报告中提出，以外在时空环境和对内在作品本身的理解，进行主题学的分析，发觉以儒家学说为本，建立"利安元元"的"大中之道"，是柳宗元心中恒有的主题意识，他以此为人生行为的准则。故而柳宗元的儒学思想含有浓厚的经世用意，他对经书有创造性的注释，主张儒学为本，始终有回返京城的心愿，山水游记也有反映现实人生的意义，往往在暂时解脱认同地方的空间中挣扎过日子。

广西特聘专家、漓江学者、广西师范大学文学院莫道才教授在题为"柳宗元对桂林'甲天下'山水形象的建构"的大会发言中指出：柳宗元是最早发现了桂林山水之美的。"桂林山水甲天下"的形象构建虽定型完成于宋代王正功，但是对桂林这一形象的最初建构最大贡献者是柳宗元。在柳宗元之前，对桂林山水的认识是模糊和零散的。柳宗元将桂林山水置于"天下"的观照视野下，对桂林甲天下山水形象进行了构建。在《上裴行立中丞撰訾家洲记启》中提出了"今是亭之胜，甲于天下"，由此构建了桂林山水的定位，发现了桂林山水的独特价值。

中国唐代文学学会副会长、南开大学文学院教授卢盛江表示，唐诗之路的命题，揭示了唐诗发展的一个重要现象，对其进行研究，有助于更为深入全面地了解唐诗发展和创作的面貌。"粤西唐诗之路，作为全国唐诗之路中的一条，与柳宗元关系密切，应该从粤西唐诗之路的视野，来考察柳宗元的诗歌。"他说。

"湖湘路在唐宋时期多为文人南贬的道途，柳宗元、刘禹锡两次南行湘水分赴贬地，元祐文人亦随之南下，可以说这是一条文化的甬道。"台湾东华大学教授张蜀蕙表示，唐人杜甫南行避乱、元结隐居、柳宗元与刘禹锡的文采与遭遇，使得湖湘之路具有浓厚的逐臣情感与文化氛围，成为文人逐臣的贬途。

研讨会结束后，与会专家齐聚訾洲公园柳宗元雕像前吟诵柳宗元《訾家洲亭记》，以此纪念柳宗元去世1200周年。

《唐代文学年鉴》（2020年卷）报道：柳宗元研究在新时代走向深入

——中国柳宗元研究会第九届年会暨国际学术研讨会述要

莫道才

2019年是唐代伟大的文学家和思想家柳宗元去世1200周年。2019年10月31日到11月1日，中国柳宗元研究会第九届年会暨国际学术研讨会在桂林举行。中国柳宗元研究会副会长、广西师范大学莫道才教授主持开幕式。广西师范大学领导及中国柳宗元研究会会长尚永亮教授致辞。与会专家代表南开大学孙昌武教授和日本岛根大学户崎哲彦教授发表感言。来自南开大学、武汉大学、复旦大学、西北大学、台湾师范大学、台湾东华大学、日本岛根大学、冈山大学、中国社会科学院文学研究所、《文学遗产》编辑部等海内外40多所高校和研究机构近80位专家学者与会，会议收到论文70多篇，就柳宗元思想与事迹研究、柳宗元作品版本与文献研究、柳宗元诗文艺术研究、柳宗元与唐代文学及地域文化关系研究、柳宗元接受及其他与柳宗元相关论题研究展开深入交流研讨。这次会议在学术研究上有深入的进展，取得了丰厚的成果。

下面就会议主要论文从五个方面作简要综述。

一 柳宗元思想与事迹研究

这次研讨会讨论柳宗元的思想的论文较多，是一个热点，与会者提交的论文从各个角度探讨了柳宗元思想的各方面。主要论文观点有：

王基伦（台湾师范大学）在《柳宗元文本的主题意识探究》中提出：以儒家学说为本，建立"利安元元"的"大中之道"，是柳宗元心中恒有的主题意识，他以此为人生行为的准则。故而柳宗元的儒学思想含有浓厚的经世用意，他对经书有创造性的注释，主张儒学为本，始终有回返京城的心愿，山水游记也有落实现实人生的意义，往往在暂时解脱认同地方的空间中挣扎过日子。

刘真伦、岳珍（华中科技大学）在《中唐公羊学：定义柳宗元思想——兼论中唐公羊学的发生、发展及其理论化、思辨化、系统化》提出：柳宗元思想的主体是中唐公羊学。他完整接受了啖助、赵匡、陆淳"立忠为教，以大一统""以权辅正，裁之圣心""民为国本，观民定赋"的国家治理学说。通过对社会、国家、权力的起源，国家制度建设以及治国之道的讨论，建立了自己独树一帜的国家学说体系；通过对"经""权"的内涵及其边界的界定以及具有理论性和思辨性的剖析，构建出一套"大中""大公""大和"的理论体系，为啖、赵、陆的主张提供了必要的理论支撑。

张勇（安徽师范大学）在《韩柳孟子观的对立及其思想史意义——以儒佛道三教关系为视角》提出：韩愈高度赞扬孟子，认为他是"孔子之道"的正宗传承者，因此主张将其列入"道统"；柳宗元则极力贬低孟子，认为他违背"孔子之道"的真精神，反对将其列入"道统"。韩愈、柳宗元围绕孟子"夷夏观""义利观""心性论"等思想展开了论辩。二人对立的原因与实质在于对当时儒佛道三教关系及儒"道"内涵的不同理解。其对立，是对"儒学是什么"这个中唐"时代之问"的不同回答，对宋代儒学发展方向的选择作用很大。

王玉姝（白城师范学院）在《伸长黜奇，援佛济儒——柳宗元"统合儒释"思想考辨》中从儒家思想、根深蒂固，儒释相通、通而同之，社会功用、躬身践行三个方面入手，对柳宗元的儒释思想进行了考辨，认为二家思想具有相通之处。文章认为柳宗元提出"统合儒释"的主张，并在贬谪生涯中身体力行，验证了佛可以"佐教化"，能实现"丰佐吾道"的社会公用。其"统合儒释"的原则是"伸长黜奇"，实质是"援佛济儒"。

杨再喜（湖南科技学院）在《欧阳修"穷而后工"论溯源新辨——以柳宗元、韩愈文学思想对其影响的比较为视角》中提出：现普遍认为欧阳修"穷而后工"论直接承接了中唐时代韩愈的"不平则鸣"思想。但从内容、形式、接受条件上看，柳宗元的"感激愤悱"文学思想对欧阳修"穷而后工"论影响则更为明显。

关永利（运城学院）在《由歧异到融通——论韩愈、柳宗元对尧舜的解读》中从三个角度探析韩柳对于尧舜的见解的不同之处。其一，韩柳对于尧舜禅让的意义看法不同，韩愈从有利于国家稳定的角度解释，柳宗元则从人心向背的角度看待；其二，韩柳对尧舜住过理念与实践也存在差别，柳宗元认为是无为而治，而韩愈则定性为"何勤且烦"；其三，韩柳在道统论的效用，韩愈将其作为排斥佛道德工具而柳宗元却以之统合儒释。以上是因为韩柳的人生经历、学术思想以及韩柳观察问题的视角不同造成的。然后，尽管韩柳在对于尧舜的认识上有所分歧，但二人的出发点都是为了国家安定，并且他们二人在政治学术及文学方面都产生了重大的影响。

蒋肖云（广西外国语学院）在《苏轼对柳宗元政治思想的认同与批判》中将苏轼和柳宗元的政治思想进行比较，总结出苏轼对柳宗元在政治思想上既有认同也有批判的观点。苏轼的政治思想与柳宗元有前后相承的关系。苏轼认同柳宗元《封建论》的思想主张，认同柳宗元"三教合一"的思想倾向，但对柳宗元以"人情"凌驾"礼节"、"妄言天人关系"的政治思想以及"依附二王""敢为诞妄"的政治行为和态度进行了批判。苏轼对柳宗元的批判有合理的成分也存在局限的一面。

肖悦（广西师范大学）在《柳宗元在柳州对佛教的态度转变——以柳宗元对永州和柳州的山水描写为例》指出：柳宗元在不同的时期，对佛教思想的理解和应用是不一样的。柳宗元在永州和柳州写下了大量有关山水的诗文，柳宗元在永州时就在山水和佛教以寻求慰藉，任柳州刺史之后，柳宗元不再寄情山水来寻求慰藉，但他借佛学思想以寻求解脱的想法却比以往更深了；柳宗元还开始利用佛教来"以佐世事"，用佛教教义教化民众；在任柳州刺史之后，柳宗元与佛教的联系在实际上变得更紧密了。

讨论柳宗元事迹的论文有：李芳民（西北大学）在《家族图谱与家世记忆——柳宗元自撰家族墓铭的文化内涵及情感特征》提出：柳宗元写作的墓志碑铭文数量多且多有为世所推崇的经典之作，柳宗元为柳氏家族人物所撰写的墓志碑铭数量尤多，远高于其同时代在文坛上以文章写作著名的作家。柳宗元的碑志书写构成了人数众多的柳氏家族图谱，还体现了柳宗元本人对其家族的独特情感与记忆。

陈松柏（广东技术师范大学）在《柳宗元研究中仍需辨析的三组关系》提出：在柳宗元的相关研究中，王叔文与唐顺宗、唐顺宗与唐宪宗、柳宗元与王叔文的关系这三种关系，至今还在相关话题中产生歧义，也必将影响今后的研究。

万德敬（曲阜师范大学）在《顾少连、杜黄裳与柳宗元的为人与为文》中提出：顾少连是柳宗元的座主，杜黄裳是柳宗元的父执。这两人公忠体国，在裴延龄炙手可热的时代都曾经与之做过斗争。顾、杜二人对柳宗元的为人与为文都产生了一定的影响。"顾少连、杜黄裳是德顺宪时期非常重要的两位大臣，他们对柳宗元的为人与为文起到了不可忽视的沁染、感召和激励的作用。"

贾茜（广西外国语学院）在《"宗元不谨先君之教，以陷大祸"探析》中从柳宗元《先侍御史府君神道表》中所言"宗元不谨先君之教，以陷大祸"入手，通过对史料、文献的考证，对柳宗元之父柳镇的家世仕途、人格品质、理想与处世之道等进行考辨，提出柳镇的人生哲学来源于对《周易》的接受，并由此看出柳宗元认为"先君之教"主要有两方面：一是坚持理想，刚正不阿，大义为公，审时度势；二是能够在人生逆境中发扬坤母地德，遁世无闷，出处自适，主动地掌握自己的精神安顿。

二 柳宗元作品版本与文献研究

这次研讨会讨论柳宗元作品与文献的论文偏少，主要论文有：

尚永亮（武汉大学）在《〈种柳戏题〉本事之传播讹变与原初推探》

中提出：范摅所著的《云溪友议》中所载《种柳戏题》，前两句是柳宗元生前即有的，后两句是自宗元至范摅间人补加的，其间有一个跨时空的形成过程。

户崎哲彦（日本岛根大学）在《佚与伪之间——以柳宗元佚诗为考察对象》提出：通过搜集、梳理柳宗元的佚诗伪诗，通过考证辨伪，认为《送元暠师》《食虾蟆》等二十三首诗，在今传世宋刻集本中或见一部分，或全佚不传，或误以为是柳宗元的作品。

蔡自新（永州市柳学会）在《关于〈柳宗元集〉校笺的几处补正》中，根据史书查考提出：《柳宗元集》四封与赵尚书的书信，并不都是写给赵宗儒，其中有两封写给赵昌。根据永州现场踏勘和有关典籍，《始得西山宴游记》之西山是今珍珠岭，并非粮子岭；永州零陵城东河中的小岛是香炉山，《登蒲州石矶望横江口潭岛深迥斜对香零山》诗题中，早就确认顾岛斜对岸为香零山。

李都安（柳州文庙博物馆）在《中国书店〈柳子厚咏柳山水文〉价值探微与版本指瑕》中提出：晚明冒襄家藏《柳子厚咏柳山水文》相较于其他柳宗元文集版本具有特殊性，其行文、款式少见，价值亦较为特殊。《柳子厚咏柳山水文》刊刻时间范围定为从公元1638年前后数年冒襄初成编刻《柳柳州游山记》起，迄1659年冒襄编刻完成。此影印本的价值首先在于补充了世间所存柳宗元文集未见之遗。其次，从书中冒襄评、注、记来看，可见冒襄其人之雅趣。《柳子厚咏柳山水文》影印出版之成品亦有些微瑕疵。第一，题名与书内文不符。第二，原本刊刻时代定位失当。第三，内文所涉地之定位有些许错误。

三 柳宗元诗文艺术研究

多角度多方位探讨柳宗元的诗文艺术是这次研讨会的热点。这方面的论文主要有：

查屏球（复旦大学）在《贞元之风尚荡——贞元学潮与韩柳及唐人对阳城的书写》提出：贞元一朝士风多有激荡冲动的特点，韩愈、柳宗元贞元之文也多受这一文风影响，他们为阳城的抗争及由此引起的学潮而感动，所写的相关文章也多有与这一士风相通的激荡多气放恣不拘的特点。韩、柳二人，写作时间不同，对内延抗争、太学学潮感受不同，立场有别，所叙有异。比较文本，可纠正史书之误，更具体了解此事在当时的影响以及贞元士风特色。

吕双伟（湖南师范大学）在《刘、柳表文同异浅论》中提出：刘柳都重视文章创作，重视博览群书对文章创作的重要作用。柳宗元倡导古文，不仅变一时之文风，且对后世散文影响深远；刘禹锡的古文也特色鲜明，于韩柳之外自为轨辙。两人的表文题材拓展、语词创新、风格多样以及意象怪奇，两人唱和的高峰期是在再度遭受贬谪前后，都没有用情浮泛、用笔粗疏、用词草率的弊病。同时，刘柳的表文也存在一定的相异性。

刘城（广西教育学院）在《文学批评视野中的柳宗元与司马迁——以唐至民国初期为中心》提出：柳宗元的文章作为文学经典，取法广博，司马迁之文即是其中最重要的渊源之一。自唐代始，柳宗元与司马迁之间的师承关系，就广为人们所关注。柳宗元对司马迁及其文的推崇与参悟，柳宗元与司马迁相似经历所带来的相似文风，柳文于辞章、文法等对史迁的模仿，柳文所体现出《史记》似般的史笔与史才，柳文对史迁之文的变革与突破，柳宗元对《史记》地位提升之贡献等诸多方面，世人均有所阐论。

段天姝（云南大学）在《从孤囚之所到悠游家园：柳宗元永州空间书写的再考察》中主要从柳宗元永州前期以龙兴寺西序为中心的空间书写，和永州后期以愚溪及其周边为中心的空间书写两个阶段展开论述。提出：永州地域空间的探索和改造是柳宗元与自身和解的重要手段，而他的空间记忆和空间体验也体现了他的空间观念，进而影响了他在诗文写作中对空间叙述策略的采用。

莫山洪（南宁师范大学）在《唐代墓碑文体之变革——从王维〈能禅师碑〉到柳宗元〈曹溪大鉴禅师碑〉》中提出：柳宗元革新文体，对墓碑文也进行了改革，是古代墓碑文的一个新变化，体现出古文句式在墓碑文中的使用，反映了中唐文体革新的新成就。这也是柳宗元"化骈为散"的体现。而柳宗元的墓碑文对于后世墓碑文写作的确定，有着重大的意义。柳宗元对唐代碑文文体的变化有着重大作用。

何方形（台州学院）在《论柳诗的排忧适性意识》中提出：柳宗元诗歌广泛地反映了诗人各个时期的生存环境和心态变化，以独特的诗心去追求人生价值，深深烙下自我审美意识不断升华的印迹。柳诗表现出较为显明的排忧适性意识，注重深层微妙的灵魂探索，是一种较富创新意义的审美活动。同时，柳诗既注重内涵丰厚也讲求艺术技巧的上达，别有一番感人力量。

江建高（湖南科技学院）在《论柳宗元诗文的生态意识与自然物语》中提出：从以物观物、就事论事的方式看，柳宗元诗文中蕴涵了生态意识，诸如《种树郭橐驼传》提倡的顺物致性；《宥蝮蛇文》涉及的"天形汝躯"，众物平等；《三戒》体现出的逆物性则亡的反生态教训。柳宗元诗文中描绘的自然万物的声息、特性、节律等自然物语，反映了柳宗元"心凝形释"，与完化冥合的境状。

翟满桂（湖南科技学院）在《柳宗元永州书信论》中提出：柳宗元书信是其著作中富有内涵的部分，从中可以看到一个真实灵魂的孤独与苦闷、常情与狂态、理想与追求。文章就陈情自荐类、交流叙义类以及探讨辨道类书信的思想、心态、性格、为人和艺术特色作了分析。

张学松（信阳学院）在《〈始得西山宴游记〉：展现流寓者精神超越的经典》中提出：柳宗元流寓永州数年后，精神由"恒惴慄"到"以为凡是州之山水有异态者皆我有"再到"心凝神释与万化冥合"，完成了流寓者身份认同与精神的两度超越。《始得西山宴游记》形象地展现了其认同与超越的过程，堪称经典。随后的山水与酒，读书著述与研佛修性等是其认同与超越的主客观因素。

刘翼平在《柳宗元的永州心态》中提出：《柳宗元全集》诗文577篇中有310篇写于永州，柳宗元在永州的创作奠定了柳宗元在古代思想史、古代文学史的地位。柳宗元的永州心态是复杂的，但却不是无逻辑可循的。作者认为柳宗元的永州心态大致经历了绝望、盼归、愤懑、移情等四个逐步阶段,并且柳宗元的永州心态集中体现在《江雪》一诗中。

下定雅弘教授(日本冈山大学)在《柳宗元诗的"泪"》中提出:柳宗元诗的"泪"诗体现出柳宗元的意识与心情的变化,而这些不仅仅是他一个人的变化,还与时代的变化密切相关。柳宗元诗歌"泪"的表现形式是学杜甫而得来的,具体可以分为写实、比喻、夸张三种。

王崇任(运城学院)在《柳宗元论说文与魏晋论体文》中提出:柳宗元的论说文潜移默化地受到魏晋论体文的影响,并在此基础上有所改进,将论说文发展到了新高度。柳宗元的论说文与魏晋时期论体文的相似之处。首先,它们在思想上都敢于突破前人成见而自出机杼、独树己见。其次,在表达方式上都以精密严谨、论证有力见长。最后,两者都善于与对手观点反复驳难,结论也更为坚实有说服力。

李飞(广西师范大学)在《论柳宗元尚"清"的原因》提出:柳宗元的诗文中多次出现"清"字,历代文人们也喜欢用"清"来评鉴柳宗元的作品。分析其喜"清"的原因,与其生活环境的清幽,对屈原、宋玉等人作品的精神继承,颂人扬物、自表清白等原因有关。

陈文畑(广西师范大学)在《柳宗元诗赋"乡愁"意蕴探析》中提出:柳宗元诗赋中浓郁的"乡愁"情思和"回望"意识,蕴含着强烈的身世之悲,包含着他对个人际遇的愁怨和对仕途发展的期盼,隐含着对自己无法实现延续家族荣耀的怅惘,以及作为望族之后、京华人士身居边鄙时所深感的文化优越感的失落。柳宗元虽然深研佛理,然而"乡愁"仍是他难以排遣的方内情思。柳宗元若干表现"乡愁"情思的诗赋,文思苦涩,情深意真,具有强烈的情感穿透力和艺术感染力。

田恩铭(黑龙江八一农垦大学)在《对话与独白:柳宗元诗作中塑造的孤独者形象》中提出:柳诗呈现出清冷的意境、淡然的色调,构筑了其特有的幽深孤峻的审美品格,隐于其中的则是在清淡之中蕴聚挥之不去的深重忧思。其读书诗主要在阅读中找到自身的切入点,借助读史以阅世,诗中浸透着孤独感;其酬赠诗在与亲友的对话中内心的痛苦激荡出来,刻意突出一个陷于泥潭的孤独者形象;其山水诗往往杂自然景观的背后有隐喻之意蕴,善于塑造与自然对话的孤独者形象,若论风格可以"沉郁"言之。无论是与人对话,还是自家独白,柳宗元在诗作中都呈现出自我塑造的孤独者形象。

龙珍华(湖北第二师范学院)的《"孤臣"与"黄神"——柳宗元〈游黄溪记〉考论》提出:《游黄溪记》的精神隐喻不仅是黄溪之山水,还有黄溪之神祇。柳宗元"记黄溪之游,以黄神作标准,就所历分节布景"的写法,更是达到了"黄神即我,我即黄神"的精神高度。

张乃良(宝鸡文理学院)在《〈段太尉逸事状〉意蕴诠释》中提出:柳宗元选择"逸事状"这一文体,是为了不受"行状"体整饬刻板的约束,把段太尉最为闪光的逸事加以文学化的渲染,并借此表达自己对段太尉无限的崇敬仰慕之情。柳宗元在其文章中始终以"太尉"称呼段秀实,而未直呼其名,这其中有作者对段秀实义烈行为的景仰情感的注入。

四 柳宗元与唐代文学及地域文化关系

从文学地理学视角和地域文化讨论柳宗元的论文主要有:

卢盛江(南开大学)在《粤西唐诗之路视野下的柳宗元诗歌》中提出:唐诗之路的命题,揭示了唐诗发展的一个重要现象,对其进行研究,有助于更为深入全面地了解唐诗发展和创作的面貌。粤西唐诗之路,作为全国唐诗之路中的一条,与柳宗元关系密切,应该从粤西唐诗之路的视野,来考察柳宗元的诗歌。

张蜀蕙(台湾东华大学)在《湖湘路上阅读柳宗元——以宋元纪行诗与使程诗为研究对象》中提出:湖湘路在唐宋时期多为文人南贬的道途,柳宗元、刘禹锡两次南行湘水分赴贬地,元祐文人亦随之南,可以说这是一条文化的甬道。唐人杜甫南行避乱、元结隐居,柳宗元与刘禹锡出色的文采与遭遇,使得湖湘之路具有浓厚的逐臣情感与文化氛围,成为文人逐臣的贬途。

莫道才(广西师范大学)在《柳宗元对桂林"甲天下"山水形象的发现与建构》中指出:柳宗元是最早发现了桂林山水之美的。"桂林山水甲天下"的形象构建虽定型完成于宋代王正功,但是对桂林这一形象的最初建构最大贡献者是柳宗元。在柳宗元之前,对桂林的认识是模糊和零散的。柳宗元将桂林置于"天下"的观照视野下,构建了桂林山水的定位,发现了桂林的山水的独特价值。

钟乃元(广西民族大学)在《柳宗元自桂赴柳路线献疑》中提出:在考察柳宗元自桂赴柳路线问题时,在辩证"兰麻说""浔江说"难以成立的基础之上,认为柳宗元自桂赴柳的路线可能是桂州、阳朔、荔浦、修仁、象州、柳州这一水陆结合的路线。

吕国康(湖南科技学院)在《"八司马"与湖湘——以柳宗元、刘禹锡为例》中从以柳宗元和刘禹锡为代表的"八司马"与湖湘之关系入手,重点论述了刘、柳二人贬谪南荒后对南荒生活的适应以及刘柳对湘楚文化的接受。在此基础之上提出柳宗元、刘禹锡二人在政治、文化、思想等层面都对湖湘文化和中华文化的发展有着深远的影响,做出了巨大的贡献。

陈胤(广西师范大学)在《试论柳宗元岭南生活的隐忍与融入》中指出:其融入岭南生活主要表现在三个方面:一是中唐南方较北方安定,且其亲友故旧多南来任职做官,因而南方并没有多少疏离之感;二是柳宗元持古人的"隐忍"态度,在治理柳州的同时,也积极融入当地生活;三是柳宗元来岭南后对佛理的理解有新的突破,这是他采取积极融入态度的潜在因素。

舒乙(南京师范大学)、杨智雄(南京师范大学)在《社会参照论视域下柳宗元居柳的困境心态及其施政方略》中提出:柳宗元入柳施政是中原文化与柳州社会文化交流与融汇的过程,也是两种社会形态摩擦、碰撞与融合的反映。柳宗元不因环境的困扰而思想颓废,一蹶不振。柳宗元以更加成熟的施政方略表现出积极的政治心态。柳宗元的儒学教化、佛教教化和制度强化的施政方针是其政治成熟的主要标志,同时也体现了柳宗元成熟的施政心态。

五 柳宗元的接受及其他与柳宗元相关论题研究

张丽(运城学院)在《柳宗元和司马光天人关系的阐释及意义研究》

中提出：柳宗元和司马光的天人观生成于唐宋诸多变革语境中，两人的主要论点"天人不相预"和"天人相济"，看似矛盾而意蕴上有诸多相似，他们都据此阐释和发展儒学的内在价值，为现实的政治秩序寻求形而上的依据；并突破汉儒天命神学的思想观，高扬主体意识和理性精神，在新的高度探索人道天道问题，启发了相关问题的探索，实际上促进了儒学的转型。但两人对天的理解不相同，分别以势和礼建立起天人观的内在理路。柳宗元破除天命，回归大中之道。司马光以维护封建统治强化人伦为出发点，其天人相济思想体现出宋学从思想经典形态走向社会行为规范，走向生活世界的新儒学发展趋势。

孙雅洁（武汉大学）在《元好问——柳宗元诗歌接受史上的"第二读者"》中提出：金代元好问"论诗诗"在柳宗元诗歌接受史上有重要的地位和价值。纵观宋金之际柳诗接受的方向，"第一读者"苏轼首先构建起"陶渊明—柳宗元"的接受路径。后又融入了自唐以来"陶谢"并称的传统，形成了"陶、谢、柳"以诗风相类并论的情况。但此时谢与柳的联系仍依赖陶渊明为纽带，他们的直接关联仅局限于比较山水诗作文本的优劣。元好问挑战已形成的期待视野，将谢柳二人与陶区别开，并把柳宗元分置于谢灵运一脉。改变"陶柳"同流的接受路径，走向"谢柳"同流。

张彦（广西师范大学）在《从〈三管英灵集〉中咏柳宗元诗看广西诗人对柳宗元的接受》中提出：清代广西地方诗总集《三管英灵集》选明清广西籍诗人六首咏柳宗元的诗歌，包括戴钦《谒柳子厚祠》、王嗣曾《柳侯书院》、朱桓《愚溪》、叶时晢《柳侯祠》、刘棻《柳侯碑》、陈玉《谒柳侯祠》。其中四位诗人为柳州籍诗人，五首诗歌咏地为柳州，可见柳宗元对柳州诗人和诗歌创作的影响力。广西士子以敬佩感激之情，赞赏柳宗元开发柳州乃至广西文化之功，他们或是继承柳宗元的诗歌风格，或是学习柳宗元的人生境界，或是传承柳宗元的文化革新，形成了广西文脉上重要的一环。

侯永慧（湖南科技学院）在《廷桂惠政与柳子祠藏板〈柳文惠公全集〉》中提出：清代廷桂在任永州知府期间，颇有惠政，如同治六年重校道光《永州府志》并作《永州府志跋》、同治七年补刻《柳文惠公全集》

并作序跋、同治七年重刻《荔子碑》并作跋，记叙了搜访柳氏后裔、刊刻柳集及获得《荔子碑》拓本的事迹。廷桂实施的与学术、教化相关的惠政为永州的政治、人文发展产生了深远的影响。

卢坡（安徽大学）在《〈古文辞类纂〉选录柳宗元文发微》中提出：清代桐城派古文家姚鼐编纂《古文辞类纂》全书七十五卷，选文七百余篇，选录柳宗元文七类、三十六篇，选量适中，颇有特色，并对《经史百家杂钞》等选本产生一定影响。姚鼐将"永州八记"等游记散文悉数选入《古文辞类纂》，并对其评论模仿，这有助于推动柳氏游记散文的经典化进程，对我们解读柳氏论辩文亦有助益。

李燕青（运城学院）在《柳玭〈柳氏叙训〉综论》中提出：晚唐柳玭撰写的《柳氏叙训》比较全面地总结了唐代柳氏家族的家风与家训，流露出一定的忧患意识。文章对《柳氏叙训》中的柳氏先人及其家风和《柳氏叙训》中的忧患意识及产生来源作了梳理，肯定了《柳氏叙训》在中国家训史上的影响和地位，并指出《柳氏叙训》中符合中华优秀传统文化的内容，依然具有时代价值。

潘雁飞、黄鹏（湖南科技学院）在《柳子街故事与田野调查》中以柳子街的民间故事为考察对象，采用田野调查等方法，对柳子街民间故事进行本真记录并进行梳理，弥补了柳子街民间故事载籍的不足之处。并提出，柳子街民间故事有着独特的思想意蕴，具有一定的文化价值，值得重视，应提上地方文化部门保护传承议事日程上来。

陈俊（柳州市军事博物馆）的《柳侯祠传统祭礼仪程之恢复》则分析了柳侯祠2019年的清明传统祭柳仪程，选择了参与感较强的"恢复"古礼，而不是原汁原味的古礼"复原"。以较为完备的明代释菜礼为基础，去了"瘗"的环节，改了"拜"的细节，增了"献"的次数，突出了"迎送神"的地方特色。

这次研讨会成果丰富，对柳宗元研究有所推进，体现了新时代唐代文学作家研究进一步走向深入。

编后语

  2019年10月31日到11月1日,中国柳宗元研究会第九届年会暨国际学术研讨会在广西桂林举行。来自南开大学、武汉大学、复旦大学、西北大学、台湾师范大学、台湾东华大学以及日本岛根大学、冈山大学等海内外四十余所高校、科研机构的八十多位专家学者与会,会议收到论文七十余篇。2019年是唐代文学家、思想家柳宗元在柳州逝世1200周年,这次会议原计划是在柳州举办的,因故未能如期举行,改由广西师范大学文学院承办在桂林举办。柳宗元到柳州做柳州刺史途经桂林,在桂林写下了著名的《訾家洲亭记》以及其他诗文,桂林的訾洲公园里建有柳宗元雕像,并重建了訾家洲亭,这些都是对柳宗元的纪念。很多人知道柳州有柳侯祠,不知桂林也有柳宗元的纪念建筑。借此会议,也让柳学界了解柳宗元在桂林的行迹。在会议结束后,与会嘉宾在訾洲公园的柳宗元雕像前广场观赏身着汉服的古代文学研究生在洞箫的伴奏下吟诵柳宗元的《訾家洲亭记》,千年逢知己,山水有清音,别有一番感动。

  现在结集在这里的是这次会议的主要论文。有的专家论文已经或将要在其他刊物发表,不便收入本论文集。另外也收录了国内专业刊物和主流媒体《文学遗产》《中国社会科学网》等的报道,作为这次研讨会的资料存史。收录的论文体现的是作者的观点意见,文责自负,不代表举办方和承办方以及主编的观点。论文可能还存在各种不足,期待在交流中推进学术的发展。柳宗元研究会是在与柳宗元人生经历的重要阶段的所在地政府和高校积极推动下成立和发展起来的。先后在柳州、永州、永济、晋城、运城、西安举办研讨会,各举办地的研究者积极响应,提交了不少的文章。近年来,柳宗元研究会的学术分量越来越强,期待更多学者参与,进一步推动柳学的发展。

  在桂林举办的这次研讨会，得到了广西师范大学文学院的大力支持。本书的出版同样也得到了广西师范大学文学院一流学科建设经费的大力资助。广西师范大学古代文学学科自 1932 年建立以来在全国有重要影响力，谭丕模、吴世昌、逯钦立、冯振等古代文学界前辈大师奠定了深厚的积淀和良好的学风。唐代文学学会的两个刊物（《唐代文学研究》《唐代文学研究年鉴》）长期以来由享誉海内外的广西师范大学出版社出版。我们相信，这次学术研讨会也会给广西师大留下深刻的影响，引导一些青年学子研究柳宗元，推动柳学的发展。

中国唐代文学学会柳宗元研究会副会长 莫道才

2020 年 8 月 1 日

图书在版编目(CIP)数据

柳宗元研究新探:中国柳宗元研究会第九届年会暨国际学术研讨会论文集/莫道才主编.--北京:社会科学文献出版社,2021.8
 ISBN 978-7-5201-8970-5

Ⅰ.①柳… Ⅱ.①莫… Ⅲ.①柳宗元(773-819)-人物研究-国际学术会议-文集②柳宗元(773-819)-文学研究-国际学术会议-文集 Ⅳ.①K825.6-53②I206.42-53

中国版本图书馆CIP数据核字(2021)第175447号

柳宗元研究新探
——中国柳宗元研究会第九届年会暨国际学术研讨会论文集

| 主　　编 / 莫道才 |
| 出 版 人 / 王利民 |
| 责任编辑 / 刘　丹　宋月华 |
| 责任印制 / 王京美 |

出　　版 / 社会科学文献出版社·人文分社 (010) 59367215
　　　　　　地址:北京市北三环中路甲29号院华龙大厦　邮编:100029
　　　　　　网址:www.ssap.com.cn
发　　行 / 市场营销中心 (010) 59367081　59367083
印　　装 / 唐山玺诚印务有限公司
规　　格 / 开　本:787mm×1092mm　1/16
　　　　　　印　张:27.5　字　数:412千字
版　　次 / 2021年8月第1版　2021年8月第1次印刷
书　　号 / ISBN 978-7-5201-8970-5
定　　价 / 248.00元

本书如有印装质量问题,请与读者服务中心(010-59367028)联系

▲ 版权所有 翻印必究